Minerva Library〈社会福祉〉2

「地方」の実践からみた日本キリスト教社会福祉

近代から戦後まで

杉山博昭［著］

Minerva Library
SOCIAL WELFARE

Minerva Shobo Librairie

ミネルヴァ書房

はじめに

本書は日本のキリスト教社会福祉の歴史研究として、キリスト教社会福祉の歩みのなかでの主要な事項を論じたものである。キリスト教社会福祉の歴史については二〇一四年に日本キリスト教社会福祉学会の編集によって、『日本キリスト教社会福祉の歴史』が刊行されている。これは、通史、教派史、団体史の柱からなるが、要は網羅的に全体像を示したものであり、研究の完結ではない。むしろここで提示された概要を前提としつつ、今後の研究の活性化が意図されている。したがって、『日本キリスト教社会福祉の歴史』発刊後に期待されるのは、これを決定版として大切に扱うことではなく、キリスト教社会福祉史研究が活性化して、多数の新たな研究の契機になることである。

この点をふまえ本書は、通史ではなく、社会事業史の主要な事項や課題を選び出してそれについて、論述を行っている。大きな特徴は、キリスト教社会福祉といえばすぐに名が出てくるのは、石井十次、留岡幸助、山室軍平といった人物である。本書は改めて彼らの業績を強調するのではなく、無名な実践者を発掘することに重点を置いている。したがって、従来の社会福祉史ではほとんど知られていない人物を発掘し、紹介することに力点を置いている。社会福祉実践とは本来、社会から排除され、あたかも存在しないかのように扱われる人や集団、あるいは地域について、かかわっていくものである。「辺境」という言葉がある。一般には、国の中心部から遠く離れて人口が希薄で社会サービスも乏しい場所という地理的概念に加え、それゆえ住む人までもが価値が低いように捉えられているというニュアンスが含まれる。「辺境」とは、何も東京から遠いというだけでなく、東京の中であっても、社会から排斥されている人がいれば、その場所は「辺境」であろう。「辺境」を価値が低いとみなす発想から、社会福祉研究も自由ではなかったのではないだろうか。しかし、あえて、その場所に積極的にかかわった人もいる。そういう人の働きは忘却されやすい。具体的にはウィリアム・アキスリング、石田英雄、服部団次郎などがそれにあたる。また、地域的には東京でもありうると述べたが、東北、奄美大島、筑豊といった、社会福祉史研究であまり出てこない場所がより該当しているとはいえるであろう。

序章では、本書の基本的な枠組みを示し、社会事業実践の概要を示している。第Ⅰ部では、総論的に社会事業をどう受け止め、理解したのかを述べている。第二部はカトリックの社会事業について取り上げた。カトリック社会事業史は田代菊雄『日本カトリック社会事業史研究』の発刊以来、目立った研究成果がなかったが、その後、一番ヶ瀬康子らによる科研費を用いた研究「東北アジアにおけるカトリック社会福祉の歴史的研究」がなされた。第Ⅱ部は、その研究成果の一部である。

第Ⅲ部では、キリスト教が都市部の宗教と思われがちであるが、農村地域においても社会事業を展開していることを示すために、農村社会事業と、一九三四年の東北凶作への救護活動を分析した。また、第Ⅳ部は、キリスト教社会福祉を支えた人物を取り上げている。アキスリング、服部団次郎、松原若安は、従来の社会福祉史ではまったく登場しない人物であろうし、賀川豊彦と谷川貞夫は著名であるが、これまであまり触れられなかった側面を取り上げている。

筆者は以前、『キリスト教福祉実践の史的展開』という本を出しており、そこでは「キリスト教福祉」と題している。「社会福祉」という用語が法制度中心というイメージがあって、「キリスト教」と「社会福祉」をつなぐことに抵抗を感じたためである。しかし本書では「キリスト教社会福祉」とした。どちらを用いるか迷ったが、『日本キリスト教社会福祉の歴史』が発刊されて、「キリスト教社会福祉の歴史」という表現が一定の定着をみたと考えられるためである。また、「キリスト教社会福祉」と称される実践のうち、戦前のある時期に限定される場合は、「キリスト教社会事業」を用いる。一般に社会福祉の歴史を叙述する場合、戦前について「社会福祉」を使うことはしないので、それに従っている。「キリスト教社会福祉」という場合は、時代が限定されないうえ、実践の範疇も広いのに対し、「キリスト教社会事業」とする場合は、時代としては戦前であり、内容も当時の社会事業の概念の枠内ということになる。

こうして、戦後も一部含めて、キリスト教社会福祉の動きを議論することで、キリスト教と社会福祉の関係を問うだけでなく、社会福祉実践とは何かを史実を通じて解明しようとしている。

二〇一五年五月

杉山博昭

「地方」の実践からみた日本キリスト教社会福祉——近代から戦後まで　目次

はじめに

第Ⅲ部　農村地域における実践

第Ⅳ部　キリスト教社会福祉を支えた人物と思想

序章　キリスト教社会福祉実践史

1　キリスト教と社会福祉実践

キリスト教と社会福祉実践という場合、まず想起されるのは石井十次、留岡幸助、山室軍平、賀川豊彦といった、社会福祉史を語る場合に必ず出てくる人物である。本書ではこうした著名な人物や施設についてはあまり取り上げない。すでに高い評価を受けている人物や施設は、ある根拠によって評価を受けているのであり、筆者としてもその評価に異議があるわけではない。しかし、著名な施設・人物だけがキリスト教社会福祉ではない。むしろ、無名の多くの事業が存在し、多様な問題に立ち向かっていた。さほど知られないままで今にいたっている実践も多い。カトリックの場合、とりわけ対外的な宣伝をほとんど行わないので、実践の重要性に比して、歴史研究の対象になっていなかった。石井や留岡のような人物を熱心に語るあまりに、他の無数の実践が影に隠れてしまったのではないだろうか。

本書では、前述したようにすでに研究が重ねられている著名な施設や人物は避けて、ほとんど研究のない無名な活動に注目する。そうした活動の中にキリスト教社会福祉実践の意義があると考えるからである。「右の手のすることを左の手に知らせてはならない」（マタイ6・3）そのままの実践である。もちろん、無名であるからといって、著名な実践に比してより意義深いなどと単純にいえるわけではない。ただ、政策や社会事業界の動向から比較的自由な場にいたことも事実であるし、研究が不十分であった以上、認識されていない、何らかの積極的な要素が見出せる可能性は高い。

その際、カトリックによる実践を重視したい。一番ヶ瀬康子はじめ長崎純心大学の関係者による科学研究費研究「東北アジアにおけるカトリック社会福祉の歴史的研究」では、パリ外国宣教会に所蔵される史料の収集と翻訳、施設の記念誌など入手困難な文献の広範な収集、全カトリック施設への調査票の郵送調査、主要修道会への訪問調査、大部分の教区への訪問調査などを行った。しかしその研究成果は、一番ヶ瀬が病気のために中途で退職せざるを得なくなったこともあって、報告書として発刊されたにとどまっている(1)。参加していた個々の研究者の研究に反映してはいるが、研究の総体が必ずしも広く還元されていないように思われる。本書では、その際の研究成果を反映させることに努めたい。

カトリック施設の場合、女子修道会が主な担い手である。施設の創設者として男性である神父の名が残されていることがよくあるが、その場合も神父は創設に尽力したのであって、実際の以後の運営、実践は修道会が行っている。いずれにせよ、カトリックを重視することで、女性の役割を示すことにもなる。

無名になってしまったのは史料が少ないなどの制約があったためでもあるが、史料の多寡が実践の意義を左右するものではない。まずはそういう実践があったことを認識していくことから出発し、史料発掘へと進んでいくことが必要である。

2　キリスト教史の枠組みの見直し

キリスト教社会福祉実践を扱う場合、キリスト教史と重ねてその歩みを分析する必要がある。実践者は、社会事業の立場とともにキリスト者の立場があり、教会に属してその方針のもとで動いている。牧師・神父や修道女の場合はもちろん、信徒の場合は牧師などよりは自由ではあろうが、事情は大きく変わらない。特に日本の場合、キリスト教宣教の結果、キリスト者が生まれ、福祉実践へとつながっていくのであるから、宣教と社会福祉実践を一つの流れとして把握すべきである。

したがって、キリスト教実践史を考える場合、日本キリスト教史研究の成果を参照すべきなのである。しかし従来の社会福祉史研究において、そこに陥穽があったことも否めないように思える。日本キリスト教史の基本的枠組みとして語られてきたのは、①キリスト教は大衆への伝道を試みはしたものの失敗して、社会階層の高い者の宗教になった、②農村への伝道に失敗し、都市中心の宗教になった、③国家に迎合するようになってキリスト教の独自性を失い、ついには戦争協力にいたった、④教勢拡大に関心を持ち、社会的な課題への関心は希薄になった、ということになろう。土肥昭夫ら主なキリスト教史研究はおおむねこのような把握のもとに論述してきたし、キリスト教内部でのもろもろの議論でも、神学的な立場等にかかわりなく、こうした把握を自明の前提としてきたといってよい[2]。筆者も同様であった。

キリスト教史研究者は、キリスト教史を敗北や失敗の歴史として描きたいわけではなく、まったく逆で、キリスト教が今後日本社会に定着し役割を果たしていくために、宣教の課題を提示しようとした。ただ、表面的に受け取ってしまって、こうした見方を所与の前提としたとき、そこに合わない史実を見失うことがあった。

たとえば、農村伝道は失敗だったというのは、今日のキリスト教が農村に広がってはおらず、かろうじて存在した教会までもが閉鎖にいたっている状況からみれば、結論としては間違った評価ではない。しかし、その理解を前提としたとき、農村にはもはやキリスト教の見るべき実践は存在しないように思ってしまって、視野から除かれることはなかったであろうか。実際には、農村に伝道する試みは戦前以来繰り返され、戦後になってもむしろ活発化したといってもいいほどであり、現在でもなお、農村への関心が続いている。特に社会福祉史との関係では農村伝道のプロセスのなかで、農繁期託児所、常設託児所、災害救護などがなされてきた。高い社会階層を中心とした宗教になってしまったことは否めない面もあるが、スラムに入って、伝道を継続した活動もあるし、現在でも寄せ場で粘り強く伝道をしているケースがある。

キリスト者は、教会の動きの影響下にありつつも、隷従しているわけではなく、自己の信仰を模索して活動しており、教会の論理ではおさまらない実績を積むことも少なくない。社会事業の多くは、教会の勧めではなく、目前の必要に応じて開始しており、教会や信仰を動かした事例といってよい。キリスト教実践史の把握は、キリスト教と社会福祉双方に新たな視座を提供することになるであろう。

3 戦前の実践

戦前の社会事業の展開において、キリスト教の寄与が大きいことは、今さら強調するまでもないことである、その中には、すでに多くの研究が重ねられているものもあるが、現在ではあまり知られていない実践が数多くある。ここでは、医療、農村社会事業、離島、東北スラムについて紹介する。これらを特に取り上げるのは、存在自体が社会のなかで排除もしくは忘却されやすく、それゆえ実践も忘却されやすいのではないかと考えられるからである。社会福祉実践は、社会から排除された人たちに積極的にかかわっていく活動である。社会福祉実践の意義を把握するためには、そうした活動を意図的に取り上げることになる。地域的には、都市部よりは、都市部から遠く離れた場所になる。あるいは、援助によって社会復帰が比較的容易な人についての活動より、社会復帰が著しく困難な、身体的あるいは社会的状態にある人についての活動を、重視している。

(1) 医　療

キリスト教と医療との関係は、貧困者への医療など多様な形があるが、近年問われてきたのは、ハンセン病との関係である。ハンセン病については、キリスト教が強制隔離政策に加担したのではないかという、ネガティブな側面から語られる場合も多かったし、その面からの探求もまだ十分ではなく、今後も必要である。しかし、すべてが隔離政策の加担や補完だったわけではない。キリスト教系療養所の設置は、隔離政策の開始とされる一九〇七年の「癩予防ニ関スル件」よりも早く、場所も市街地に近くて、隔離に適してはいない。隔離政策と直接には関係ない実践、また隔離政策の是非を問いかける実践があったことも、キリスト教による実践の姿として、軽視してはならない。

カトリック系の施設である熊本の待労院は、創設者がジャン・マリー・コール神父として紹介されることが一般的である。しかし、創設後の患者の世話をしていくのは、マリアの宣教者フランシスコ修道女会の外国人修道女たちである。彼女らは来日して以来、ハンセン病患者と生活を共にして、患者の身の回りの世話をしていた[3]。修道女らに、強制隔離による民族浄化などに関心があるわけはなく、患者への無私の奉仕をしていたことは明らかである。

プロテスタント系では、福岡の「生の松原」での活動に注目したい[4]。「生の松原」と呼ばれる場所が現在の福岡市西区の海水浴場近くの松林の中にあって、ハンセン病患者の生活する地域となっていた。日本福祉大学創設者の鈴木修学が、仏教系の支援を行った場所でもある。一九三〇年代のことであるが、この地を訪れた、福岡神学校の学生であった木末登が病者の存在を知って、訪問するようになった。やがて、「生ノ松原聖バルナバ教会」が設立されることになる。教会といっても信徒数は最大時に一三名であった。

この教会は一九四一年に警察官が突然現れて病者を連行することで消滅してしまう。小規模なうえ短期間で終わったので、ハンセン病史のなかであまり注目されていないが、キリスト者の姿勢を明瞭に示す事例である。患者の存在を知ったとき、それをみずからの宣教課題としてとらえて、ただちに実践へと結びつけた姿勢がそこにはある。この教会の関係者がどの程度ハンセン病の知識があったのか不明である。聖公会なので、ハンナ・リデルの活動などを知ってはいたであろうが、その影響とか、まして政策への加担などではなく、病者と自己とを連続してとらえる発想と行動力がそこには感じ取れる。

ハンセン病療養所において、キリスト教の宣教が盛んになされた。これをどう評価するのは難しい。宣教に携わった側に、温情的動機や、病者にかかわることで自己を聖化する意識があり、療養所の治安維持に「貢献」したという面も否定できない。しかし、服部団次郎、更井良夫、河野進といった、療養所に通い続けた人たちの行動を見たとき、隔離政策の是認という限界は顕著であるものの、行き来する際の当時の交通事情等を考えた場合、自己の宗教的利益とか政策への加担が主な動機とはとうてい考えられない。

また、信仰を受け入れた後の影響を考えた場合、ハンセン病者が自治会の主要メンバーとなるなど、信仰が内面化でとどまるのではなく、社会への活動につながっている。決してキリスト者が療養所に都合よく動いていたわけではない。キリスト者医師や、キリスト教系の救癩団体である日本MTLに依拠して活動した者たちは、隔離が必要だと確信してしまって、隔離政策と同調する行動をとった。しかし、隔離政策への加担を軸にして、キリスト教の活動を評価するのも一面的である。

結核もまた、戦前において国民の生活を脅かしていた深刻な疾病であった。キリスト教による働きかけとしてすでに、白十字会の活動や救世軍による救済などはある程度語られてきた。結核においても、数多くの取り組みがあるものの、社会福祉実践の視点から語られることが少ない。

カトリックには各地での結核患者への取り組みがみられる。比較的著名なのはヨゼフ・フロジャク神父による一連の事業である(5)。フロジャクは、青年の結核患者を見舞って以降、その患者のもとを継続的に訪れるようになった。当初は患者への精神的な働きかけからはじまったが、一九二九年に民家を借りて患者を収容する活動が始まり、これが一九三〇年のベタニアの家の設立につながる。その後、患者の子どものためのナザレトの家、コロニーとしてのベトレヘムの園、育児施設の東星学園を設置した。こうした一連の活動には働き人が必要であり、一九三一年にロゼッタ姉妹会が設立され、一九三七年に修道会の設立認可を受けて、ベタニア修道女会を創設する(6)。

フロジャク神父によるもの以外にも、各地でカトリックによる事業がなされている。このうち聖テレジア七里ヶ浜療養所は、訪問童貞会によって、一九二六年に鎌倉に開設された。訪問童貞会は、一九二二年に創立された邦人修道会で、社会事業と教育に一生を捧げることを誓約する。一九二八年に七里ヶ浜に新たな土地を入手して、一九二九年に移転した(7)。有償患者のほか、減額・無償患者、自然療法による治癒の促進を目指すとともに、精神的慰安を重視した。修道女が無償労働によって支えた。

聖心愛子会は、一九三四年に結核療養所の聖園サナトリウムを秋田に設置した。新潟には、有明静養舎ベタニアの家が設置され、これを聖心愛子会が経営を継承している。一九三七年に長田シゲによって、大分県別府に光の園病院を設立した。病院は翌年に火災で全焼するが、再建することができた。ただ、戦時下に日本医療団に買収されたため、カトリック施設として継続できなかった。戸塚文卿は医師でありながら神父になった人物で、医療事業を展開していたが、結核にも関心を寄せ、千葉に海上寮を設立した。さらに結核治療を重視した病院を設立すべく尽力したが、完成とほぼ同時に死去した(8)。

聖公会をみると、ウィリアム・ライオセスリー・コルバンとソフィア・エレン・コルバン夫妻やオードレイ・マーガレット・ヘンティによる千葉県での結核救済が行われた(9)。コルバン夫妻は当初は函館で医療伝道を行っていたが、夫が病気になったため、温暖な千葉に拠点を移すことになる。千葉には、結核患者が療養に集まっていたことから、必然的に結核患者への伝道を行った。一時イギリスに帰国するが、再度来日した。夫の死去、関東大震災による施設の破壊、コルバン夫人自身の失明など困難の連続であった。

ヘンティは、父親が結核で死亡したこともあって、結核に関心があったが、日本でも青年が結核で倒れている現実があることを知って、一九三五年に九十九里浜に結核患者の静養を目的とする九十九里ホームを設立した。

聖霊福祉事業団は、現在では、社会福祉界最大といってもよい著名で大規模な福祉団体になっているが、戦前の草創期は結核救済であり、しかも事業が行き詰まって、閉鎖を決意するにいたったこともあったという。[10]

結核患者の救済は、社会事業というより医療の性格が強いので、社会事業史の範疇で取り上げることは難しい。しかし、結核の罹患は生活を根底から脅かすものであり、社会福祉実践の観点からすれば、重要な課題であったはずである。医療体制が万全とはいえなかった当時、社会事業的な面から照射して実践史の意義につなげることが求められる。

医療とキリスト教全体の動きを見た場合、特にカトリックでは、修道女が明治初期から病者のもとを訪れるなどの医療活動を行っている。医師ではないので、病気の治療というより、病気によって社会から離脱した人への人格的交わりであったといってよい。病者に向き合う姿勢が、ハンセン病や結核などに出会ったとき、当然のこととして患者へ接近していくことになった。

(2) 農村社会事業

キリスト教が都市中心に広がったとはいえ一九二〇年代以降、農村伝道に注目が集まる。教派にかかわりなく関心が持たれ、実際に農村地域への積極的な働きかけがなされていく。農村伝道は、農村社会事業の母体にもなっていく。

農村伝道を推進してくなかで、各地で行われたのは農民福音学校である。農民福音学校のあり方を総説した日本基督教連盟農村伝道委員会による『農村福音学校読本』では、農村伝道の技術的具体的なことは第六章の「農村の教会」のみに記されており、各章の見出しを並べてみると、「基督教による農村の根本的更生」「我国農村の現状」「農村経済問題」「農村社会生活」「農村の教育」というように、農村社会の実態を経済や社会体制から把握し、その改善を図ることなしに伝道はできない立場に立った論考が並んでいる。[11] したがって、農民福音学校の教育内容にも、宗教的な科目のほか、「農村社会学」「農村経済」「農民心理」「農村衛生」「農村問題」「社会事業」といった科目が入ってくる。学問に接する機会の少ない農村の青年への知的な欲求に応えることで、学校の魅力を高める面もあるが、それだけでなく実践的な意図も強くあったと見るべきであろう。

基督教連盟を中心に取り組まれた神の国運動は、多分に農村伝道が意識されているし、『社会的基督教』には農村伝道に関連する論考が多く掲載されている。『新興基督教』では、一九三四年の東北凶作を背景としたためであろうが、一九三五年二月号で、農村について特集し、農村救済に関連する論考多数を掲載している。

農村伝道は、農村での社会事業につながっていく。当時の農民は貧困や医療の不足などの生活困難のなかにあり、そこへの対応なしに宗教的な宣伝のみ行っても意味をなさなかったのである。農村伝道のために農村に赴いた者は必然的に、農繁期託児所や保健施設など、農村社会事業に関与していくことになる。

こうして、各地で農村社会事業が広がっていく。宮城県の利府農繁期託児所、長野県のメソジスト教会による信濃農村社会教区[12]、博愛社でも活動した藪本竹次による活動、聖公会の三浦清一による阿蘇兄弟団などが注目されるが、他にも各地で展開されている。なかでも兵庫県高砂には、石田英雄による曽根セツルメントが開設された[13]。石田は、組合教会の牧師であるが、賀川豊彦の影響を受けつつ、農村社会事業に尽力した。高砂に宣教の場所を定め、農村セツルメントの活動を続けた。

ただし、社会事業によって生活が一気に改善されるわけではないという限界にも直面してしまい、農村伝道は最終的に、キリスト教自身による満洲開拓に活路を求め、満洲基督教開拓村につながっていく[14]。満洲基督教開拓村は半数が死亡ないし行方不明という悲劇につながった。しかも、開拓村に関与した、賀川豊彦などの関係者は、責任を十分に明らかにせずに、戦後もなお農村伝道に関与した。

（3）離　島

近代社会の動きから取り残されやすかったのが、離島といってよい。離島は、もともと農地が乏しく、概して気候も安定しないなど生活条件に厳しい。また、情報が入りにくく、文明開化による近代社会のメリットを享受するには時間がかかり、その存在自体が、本土側から忘れやすい。しかし離島においてもキリスト教の宣教がなされ、何らかの形で社会事業につながっているケースがある。

近代初期の長崎でのカトリック慈善といえば、浦上の潜伏キリシタンであった岩永マキによる浦上養育院が著名であるが、五島もまた潜伏キリシタンの多い島として迫害を受け、その後は神父が派遣されて島内で活動するようになる。五島の各所には教会が点在している。島は半農半漁による厳しい生活であることに加え、風紀が乱れがちであるという実態もあった。その結果、間引きや堕胎、あるいは捨て子が行われており、神父はこうした実態を捨て置けなかった。オーガスト・フローレンス・ブレル神父は、孤児や貧困児の救済に関心を持ち、十字会に会員を派遣を要請して、一八八〇年に鯛之浦養育院（現・希望の灯学園）を創設した。ブレルはその後、漁船で航行中に遭難し、アルベルト・ベルー神父が引き継ぐことになる。

一八八〇年にはジョゼフ・フェルディナン・マルマン神父も、民家を借り受けて奥浦村慈恵院（現・奥浦慈恵院）を設置した。今日、創設者としては神父の名があがるのであるが、実際に子どもの世話にあたるのは十字会（現・お告げのマリア修道会）に属する女性たちであった。以後は、十字会によって運営がなされて、事業が継続、発展していき、奥浦慈恵院には一八九五年に産院が、一九三六年には診療所も設置される。[15]

佐賀県の馬渡島では、一九二九年に修道院内に孤独または貧窮の乳幼児を収容したことから事業が始まり、一九三二年に馬渡島カトリック育児院となった。児童だけでなく、高齢者の収容も行った。毎年数名が新たに入所する程度の小規模な施設で、一九三三年の入所児は5名、ほかに高齢者が2名入所している。[16]

一九二八年には、伝道場を利用して、託児事業も開始している。一九二九年に独自の建物を建設して、一九三〇年より、馬渡島カトリック託児所として開所した[17]。原則は満四歳以上小学校入学前までの児童が対象であるが、農繁期には四歳以下でも受け入れることとした。当初はカトリック信徒の子どものみが利用していたが、規模が拡大する中で他の子どもも受け入れるようになった。したがって、設立時には、カトリック教会内の相互扶助的な性格もあったが、次第に一般的な託児所の性格を加えていった。漁業と農業を中心とした離島の生活実態からすれば、託児の必要性が高かったはずである。

プロテスタントでユニークなのは、船を利用したバプテストによる伝道である[18]。福音丸という船によって、瀬戸内海の島々を伝道した事例である。直接社会事業を志向したわけではないが、キリスト教が離島にも目を向けて、宣教を試みていたことは特筆しておくべきであろう。船長として、最初に責任を負ったのはルカ・ビッケルである。島民に伝道するなかで、島の生活実態に触れ、あるいは比較的伝道対象になりやすい子どもとかかわるなどした。小豆島、因島などが主要な拠点であった。山口県の周防大島の安下庄にバプテスト教会が設立されたのは、この伝道の成果であるが、安下庄バプテスト教会では、農繁期託児所を実施している。福音丸による伝道は、船を新たに建造しつつ、一九八二年まで継続されることになる。

(4)　東　北

キリスト教は都市のみ伝道したわけではなく、全国各地で伝道をすすめた。なかでも、東北への伝道は、東北が凶作や津波などによる生活困難が発生しやすいので、社会事業につながる要素をより強く持っていた。ハリストス正教会、北部バプテスト、メソジストによる東北伝道がなされている。東北基督教育児院のように、ある程度著名な施設もあるが、それ以外にも社会福祉実践がなされている。

なかでもバプテストに注目できるものがある。バプテストは、社会事業史研究であまり取り上げられていないが、山口県長府で孤児院を設置するなど、実践を担っている。[19]なかでも東北での活動に注目すべきものが多い。[20]青森、岩手、宮城、福島という太平洋沿岸地域に教会を設置していくが、困窮の激しい地であり、凶作も何度も発生したので、それへの取り組みにも対応していく。[21]アニー・サイレーナ・ブゼルは尚絅女学院を設立して女子教育に尽力するが、貧民救済事業も行っている。[22]タマシン・アレンも同様に東北で活動して、凶作や津波への救済、農繁期託児所などを行い、岩手県久慈に移ってからは、久慈社会館を設置する。[23]ウィリアム・アキスリングは、盛岡赴任時に、凶作に遭遇して、その救済に尽力した。宮城県利府には聖農学園が設置されて、農民福音学校や農繁期託児所が行われ、その活動は戦後まで継続されていく。

東北凶作時における救護活動を、救世軍はたびたび行ってきた。特に一九三四年の凶作時には救世軍のほか、日本基督教連盟、日本基督教婦人矯風会によって行われた。救世軍は主に女性の身売り防止を、基督教連盟は託児所の運営などを行う。矯風会は他の団体とも協力して救護活動を行った。基督教女子青年会による活動もみられる。

こうした一連の活動が、東京など都市部の恵まれた階層の者による慈恵的救済という面も否定はできない。しかし、東北の現地において拠点となる教会があって、そこと連携しつつ支援を行っている。女子青年会の活動も、東北の女学校とも関係して取り組んでいる。また、アキスリングはかつて盛岡などで活動していたし、藤崎盛一は農村伝道の立場で凶作地を丁寧に廻るなど、一時の温情で行っているわけではない。

カトリックでは、秋田における聖心愛子園の発足と一連の社会事業があげられる。[24]聖心愛子会は、ドイツ出身の聖園テレジアらを中心にして設立された修道会で、秋田を拠点としていた。聖園テレジアは日本に帰化し、方面委員も務めている。秋田市内に児童施設や保育所を設立したほか、小坂鉱山に託児所を設置、岡山、鳥取県米子などにも施設を設置していくなど児童関係の施設を設置した。さらに、養老院、医院、貧困者への家庭訪問を行った。『秋田県社会時報』

には聖心愛子会関係の記事が多数掲載されており、秋田における中核的な社会事業団体として機能していたことが把握できる。なお、現在は聖心の布教姉妹会と名称を変え、本部も移動しているが、社会事業の多くは現在も継続されている。

なお、ここでは例示的に東北を取り上げたが、その他の都市部以外の地域においても何らかの伝道がしばしばみられる。後述する奄美大島は、カトリックの明治初期の伝道が成果をあげたものである。

(5) スラム

キリスト教が貧民救済を行ってきたことは、すでに取り上げられてきているし、特にスラムを対象としたセツルメントには注目が集まってきた。キングスレー館、岡山博愛会、救世軍、賀川豊彦の一連の活動、興望館などは著名である。しかし、それ以外にも、小規模ながらいくつものセツルメントがあるが、あまり知られていない。その一つは、メソジストによるセツルメントである。阿部志郎が「セツルメントはメソジストから始まる」と位置づけているように、メソジストの関係からセツルメントが生まれている。[25] それについては、日本メソジスト教会社会局が刊行した『日本メソヂスト社会事業概要』に整理されている。[26] 同書は谷川貞夫による執筆で、その記述の信用性は高いといえる。同書ではメソジストのセツルメントとして、東京の愛清館、共励館、日暮里愛隣団、愛恵学園、それと大阪暁明館をあげている。

バプテストにも注目すべきセツルメントがある。北部バプテスト・バプテスト東部組合の流れのなかから、東京では、三崎会館が生まれている。[27] 三崎会館の分館として、深川社会館が設立された。[28] 関東学院でもセツルメントが行われた。[29] 大阪では基督教ミード社会館が設立されている。南部系のバプテスト西部組合の関係では、福岡県戸畑に隣光舎が設立されている。[30] 戸畑が労働者の多い工業都市であることから、隣保事業の必要を感じたためであった。このように、バプテストは、メソジストとともに、多くのセツルメントを生み出したといってよい。

カトリックでも、セツルメントが開始される。上智カトリック・セットルメントと聖心セッツルメントである。上智カトリック・セットルメントは、上智大学教授のフーゴー・ラッサルによって設立され、学生らとともに当初は三河島、その後町屋に移って活動した[31]。聖心セッツルメントは、愛徳姉妹会によって、大阪の釜ヶ崎の地域で活動し、診療所や託児、貧困者訪問を行った。

4　戦後の実践

戦後、キリスト教と社会福祉実践との関係は大きく変容していく。福祉六法などの法制度の整備、社会福祉法人制度、措置制度などによって、社会福祉実践が公的制度の枠内で行われるようになった。施設の経営は安定するものの、信仰の実践としての性格が薄れていく。公的制度のなかで行う以上、宗教性を主張すべきでないという見解が、研究者ばかりか、キリスト者からも出されるようになった[32]。行政がその立場で指導する場合があって、キリスト教側では反発することとなった。本来なら、措置制度における公私関係のあり方について整理をすべきであったが、曖昧なまま推移したといってよい。

福祉国家への志向が強まると、キリスト教のなかでも、「社会福祉は国家にまかせて、教会形成に専念すべき」との主張がなされた。阿部志郎は、戦後のキリスト教と社会福祉との関係をしばしば論じているが、そこで絶えず触れてきたのは、プロテスタント最大教派の日本基督教団が、当初は社会福祉施設に好意的ではなかったことである[33]。

量的には多数の施設が新たに生まれる。キリスト教系の施設が増えるものの、他の施設も増えたので、相対的にキリスト教の役割は減った。このため、戦前に比してキリスト教社会福祉の位置が低下したかのような印象を与える。しかし、低下というより、場が移動したといった方がよい。なぜなら、キリスト教社会福祉実践の意義は、社会から見捨てられた者に寄り添うことである。法制度が整備され、多くの支援がなされるのであれば、何もキリスト者が意図して出向く必要がないのである。

実際には、キリスト教の社会への関心自体は、むしろ拡大したといってよい[34]。戦争責任への議論は、特に靖国神社国家護持問題とも絡んで常に活発であった。被差別部落、沖縄、在日韓国・朝鮮人など、社会的な不利益を受けている人たちへの関心が広がり、一方ではアルコール依存症や精神障害者といった、何らかの課題を抱えている人への個別的な支援へとつながった。自殺防止活動は、キリスト教が「自殺は罪」との発想で自死者やその遺族に冷たく接することがあったことへの猛省へとつながっていく。

ただそれらの動きは、社会福祉への関心を高めていくとは限らなかった。社会運動に関与する者は、神学的には保守的信仰を批判する傾向があった。保守的信仰を維持する人たちは「教会派」、社会運動を重視する人たちは「社会派」と呼ばれるようになり、両者の対立は、ことに日本基督教団内で先鋭化し、一九七〇年代には教団総会が開催できないほどであった。そこまでの厳しい状況は解消したものの、対立図式はむしろ最近の方が非妥協的な状況になっている。社会福祉実践はその狭間にあって、必ずしも高い評価を受けることにはならなかった。しかし、キリスト者による多様な社会福祉実践は広がっていった。個々のものが小規模であったり、他の活動の影に隠れたりして、目立たないだけである。

(1)　寄せ場

日雇労働者が集住している、いわゆる寄せ場が、経済大国になった日本における影の部分として存在したが、積極的に関わったのがキリスト者たちである。寄せ場は、労働市場の調整弁として、労働者に犠牲を強いる形で形成されていた。暴動などが起きれば、一時注目されるが、それ以外のときは、あたかも存在しないかのごときに、社会はふるまっている。そこに常時関心を寄せるキリスト者がいた。近年では本田哲郎神父が突出して著名な感があるが、特定の人物の取り組みではなく、多くのキリスト者が働いてきた。

戦前にはすでに、カトリック修道会である愛徳姉妹会の修道女が来日して、聖心セッツルメントが設立され、医療や託児などの事業を行っていた。戦後、労働者の町としての性格を強める中、いくつかの活動がなされるが、なかでもエリザベート・ストロームによる活動が特筆される。[35]ストロームは、ルーテル教会系のドイツ人宣教師であるが、売春婦の保護事業を目的にミッドナイト・ミッションから派遣されて来日する。しかし、売春婦の保護は、実施体制の不備もあって、成果をあげることができなかった。新たな活動の場を模索するなかで、釜ヶ崎を知り、そこでの活動に従事するようになる。保育やアルコール依存症者への支援などを行い、喜望の家を設立する。何もないところからの出発であり、場所や人員の確保や関係者の理解などを得ていくことなど、困難な課題に対処していくことの連続であった。

ストロームのほか、小柳伸顕、本田哲郎といった、著作を出した者が有名になってしまうのだが、実際には特異な人の突出した活動があるというより、キリスト者によるさまざまな活動が展開されていることにも注意しておくべきである。キリスト教のさまざまな立場での取り組みが広がるなか、釜ヶ崎では、釜ヶ崎キリスト教協友会による教派を超えた協力がなされた。[36]

山谷、寿町、笹島でもそれぞれキリスト教による活動が長く続けられている。[37]寄せ場での宣教によって、洗礼を受ける労働者があらわれる場合もあるけれども、それがキリスト教の教勢拡大になるかといえば、そうではない。つまり、キリスト教にとっての何らかの利益があるわけではなく、個々の宣教者が何をなすべきかという神との応答の中でなされた実践である。さらには、「経済大国」としての日本の真実の姿に接近することで、日本社会におけるキリスト教の立つ場所がどこなのかを厳しく問うものであった。寄せ場での活動は、労働者の生活や人生全体と全面的に向き合うことが求められる。また、キリスト者のみで活動を完結させることは難しいので、他の立場の人々との連帯や協力が必要となる。

(2)　奄美大島

奄美大島は、地理的には鹿児島と沖縄の中間にあって、しばしば忘れられた存在になる。島の特徴として、平地が少なく、各集落が孤立して点在している。毒蛇のハブが多数生息しているなど、生活は厳しい。近世には薩摩から搾取を受け、近代以降はより厳しい経済状況におかれた。敗戦後には、本土から切り離されて、米軍の統治下に入ったため、戦後の日本の発展からも遅れ、教師が密航までして教科書を入手するような有様であった。住民の所得水準は低く、それだけ生活保護の受給率が高い。だが、民間の社会福祉が生まれる条件には乏しかった。

しかし、カトリックは明治期から精力的に伝道して、多数の信徒を獲得した。日本のなかで最もキリスト教宣教が成果をあげた地域といっても過言ではない。教会が島の随所に建てられていくことになる。イギリス救貧法史研究などで知られる田代不二男が奄美大島出身であるように、カトリックの人材を輩出する地域でもある。しかし一九三〇年代には、島内でカトリックへの迫害が起きて、カトリック系の大島高等女学校が廃校に追い込まれたり、神父が島内に滞在できなくなったりする状況が生まれた。しかし、戦後は再興し、現在でも市街地に二つの大きな教会があるほか、島内各所に教会がある。

勢力の大きさを背景としつつ、カトリックは社会福祉にも貢献していくことになる。[38] ハンセン病療養所奄美和光園では、カトリック信徒が多数入所していた。他の療養所では、入所者が結婚する場合に断種手術が条件とされ、妊娠した場合は中絶が強要された。しかし、和光園のカトリック信者は断種や中絶をしなかったので、結果的に入所者の出産が相次ぐことになる。しかし、ここで問題になってくるのは、その子どもの養育をどうするかということである。当初は事務長の松原若安《じょあん》が個人的に預かるなどしたが、とうてい対応できなくなり、「子どもの家」を設置し、これが乳児院の名瀬天使園となった。さらに子どもの成長にともない、養護施設、白百合の寮が設置された。いずれも、児童福祉法による児童福祉施設として、一般の児童も入所するようになったので、奄美大島の児童福祉そのものが前進することになった。

松原は、入所者の出産の実質的に推進役になるとともに、一九七〇年代には、市議会議員となったほか、「枝手久闘争」という、奄美大島で起きた社会運動の運動団体の議長として活躍することにもなる。

子どもの出産と施設設置については、ハンセン病史研究の進展のなかで、注目されるようになってきているが[39]、これだけがカトリックの社会福祉実践ではない。その後、精神薄弱児施設の希望の星学園が設置された。それまで島内に同種の施設がないために本土の施設を利用しなければならなかったが、これによって改善された。さらに奄美大島で最初の特別養護老人ホームとして奄美の里が設置される。やはり同種の施設がないため、養護老人ホームに特養相当の高齢者が入所していた。このように、当地にまだ設置されていない施設を設置することは、社会福祉全体の水準を大きく引き上げる成果を生んだ。

また奄美では、こうしたフォーマルな施設福祉にとどまらない、幅広い実践がみられる。平地が少ないためにわずかな平地に住宅が密集していて、市街地では大火が繰り返し発生した。その救援活動を行ったり、前述の施設において教会の青年らによるボランティア活動がなされるなど、各時期における有益な活動を担ってきた。

一方、プロテスタントも福祉に貢献していく。プロテスタントは戦後になって積極的な宣教を行い、一九五六年から日本基督教団が奄美大島特別開拓伝道を試みる、初期には福井二郎、その後雨宮恵が赴任した。その結果、名瀬、瀬戸内、喜界島に教会が設立される[40]。高齢者福祉などで活躍した坪山孝は名瀬教会の出身である。雨宮は、奄美大島での伝道にとどまらず、好善社の講師として全国のハンセン病療養所に派遣されるなどの活動も行った。和光園内にプロテスタントの谷川集会が設置される[41]。当初はどの教派にも加わらずに活動していたが、日本基督教団名瀬教会に加わって、名瀬教会の伝道所となる。ハンセン病療養所にはどこでも教会があるが、この伝道所は一般の教会の一部を成しているという特質をもっている。すなわち、和光園入所者の信徒は、名瀬教会の一会員ということになるのである。また、名瀬教会では、長谷川保の協力を得つつ、特別養護老人ホームや保育所の設置を探っていく。紆余曲折があって、順調にことが運んだわけではないが、この動きが、名瀬市立伊津部保育所の運営委託を受けることにつながり、さらには特別養護老人ホーム佳南園を設立することにつながった。

(3) 筑　豊

炭鉱のある地域は、炭鉱の事業が活発であった時期には繁栄するが、閉山すると、地域全体が捨てられることになる。特に筑豊は炭鉱が集中していたことから、キリスト教によって戦後しばらくは炭鉱労働者への伝道がなされるが、閉山が相次いだ後は、閉山により疲弊する地域にどう向き合うかが焦点になる。炭鉱が活発な時期には、教会にも大勢の人たちが出席していたので、教会自身にも利益があった。しかし、地域が衰退していくと、疲弊する地域と向き合うと同時に、教会の教勢も衰退していくので、課題は深刻化するが、向き合う力量は落ちるという厳しい状況になる。一九六二年の日本基督教団総会に「筑豊炭田地方奉仕活動計画に関する建議」が出されているが、そこでは「生活保護受給家庭、母子家庭、身体障害者さらにそれに準ずる生活困窮状況にある人々やその地域社会を対象にする」とあるように、福祉課題への関心が明確である(42)。また、「筑豊の子供を守る会」が作られて、キリスト教主義大学の学生が来訪する動きもあった。

外部からの支援というものは、温情に陥りやすいうえ、長続きもしなかった。しかし、あえて筑豊を宣教の拠点として、長期にわたって定住する伝道者がいた。なかでも服部団次郎や犬養光博による宣教が特筆できるものである(43)。服部の活動は戦後まもない時期から、一九七〇年代にまでに及び、服部が牧師として働いた教会は戦後の筑豊と盛衰を共にしたといってよい。にもかかわらず、服部の知名度は犬養に比べても低く、その活動に対して正当な評価が未だなされていないと感じるので、服部を紹介しておきたい(44)。

服部は、戦前は日本基督教会の牧師で、沖縄に赴任し、当初は那覇教会であったが、あえて北部の名護に移った。名護ではハンセン病救済に尽力して、国頭愛楽園(現・沖縄愛楽園)の設立に寄与しているほか、保育所を設置して、沖縄における保育の先駆的活動を行った。しかし、戦時下に本土に戻ることを余儀なくされた。

戦後、炭鉱都市であった山口県宇部の教会を訪問して炭鉱労働者と交わったことをきっかけに、炭鉱労働者の問題を認識して、福岡県筑豊の宮田町(現・宮若市)に住み、貝島炭鉱の経営する大之浦炭鉱にて、みずから炭鉱労働者として働く体験をする。その後は、大之浦教会牧師として、炭鉱労働者への伝道、保育所長を経て、炭鉱労働者を主な対象とした幼稚園の設立を行う。閉山後も宮田町での伝道を継続した。晩年には、「復権の塔」という炭鉱労働者の師弟の記念碑の設置に尽力し、困難を乗り越えて実現させた。服部は、著書をいくつか刊行しているが、それだけでなく、教会の週報に文章を書き、地元の小規模な発行物などにも多数寄稿しており、みずからの実践について、聖書や神学による基礎づけをしていく試みも継続した。

服部による一連の活動は、狭義の社会福祉に該当するのは、保育所長をしたことくらいである。しかし、服部の人生全体を考えた場合、その時代の課題にみずから接近し、その人たちの生活と向き合って最後までかかわり続けるという点で、キリスト教社会福祉実践としての側面をもっていた。実践者としての姿勢を保持するとともに、神学的に位置づける努力も怠らなかった。服部は全国的に見れば無名の存在であろうが、戦後のキリスト教社会福祉の可能性を示した存在である。

（4）再度の農村伝道と社会福祉

戦後になって農村伝道は終焉するどころか、戦前から従事していた人たちを中心にして、ますます取り組みが進められている。農民福音学校も再開された。栗原陽太郎のような、満洲基督教開拓村に関与した者が、そのまま戦後も農村伝道の活動家として継続していることの問題性はあるが、岩井文男のように戦前から活動を開始しつつ戦後さらに影響力を高めていく者[45]、さらには戦後世代の新たな人物も加わって、農村への伝道を続けていく。農地改革がなされたとはいえ、農村の生活状況は低位であり、農村伝道は社会福祉実践と親和的な関係にあった。都市への人口移動は、むしろ農村の課題を際立たせることになった。

日本基督教団は中央農村教化研究所を設立し、これが農村伝道神学校となり、そこには保育科がおかれた（一九七三年に廃止）。戦前からの聖園学園は、戦後も活動した。戦後も農村伝道の理論的な基盤となったのは、木俣敏による「伝道圏」構想であるが、そこでは社会福祉を活用していく視点がみられる[46]。

戦前から農村伝道を推進したカナダ人のメソジストの宣教師アルフレッド・ラッセル・ストーンは、再度来日して農村伝道を行うが、洞爺丸事件で死去してその働きが中断してしまうなど[47]、困難は尽きず、農村への伝道は容易ではなかった。しかし、保育所や幼稚園の設置をはじめ、地域への何らかの奉仕活動とともに行われることになる。

農村地域の教会に保育所などを設置することで、教会の活動困難な地で拠点を確保した。保育所のような福祉施設を設置しなくても農村に伝道し、教会を立ち上げていくこと自体、地域に出向いて、さまざまな活動を行うことが不可欠であった[48]。

ただ、農村の変貌のなかで農村伝道への関心が低下したことは否めない。また農民＝経済的弱者という図式では語れなくなってくるなか、農村でのキリスト教社会福祉実践の可能性も乏しくなった面もあるが、戦前からの農村伝道と農村社会事業の歩みは、キリスト教の社会福祉実践の一つの動きとして、位置づけるべきである。農村伝道は衰退したように見えるが農村や農業への関心は、現在でもなお継続されている。現在では、社会福祉と関連付ける視点は少なくなっているものの、戦後のかなり長い期間、みずからも農村地域で生活しつつ、農民の生活とかかわろうとしたことは社会福祉実践の契機がそこにあったといってよい。

5　キリスト教と社会福祉実践のつながり

キリスト教信仰を基盤とした諸実践の特長は、それぞれの社会において、無視あるいは排除されてきた領域において対応したところにある。戦後はある程度法制度がカバーすることで、さらに領域を広げた。実践の一部は狭義の社会福祉からは分離、あるいは福祉への批判的な立場に立っていくが、以下で述べる本質的な部分は共通している。

キリスト教が社会福祉実践を絶えず生み出していったのは、なぜなのか。

第一は、キリスト教の持つ内在的な必然性である。宣教への想いを有した信徒にとって、信仰の必然的な行為として、宣教課題を見出し、実践へとつなげていった。宣教とは信徒を増やすということではなく、福音の実現である。

第二は、宣教の場としての日本社会とみずからの信仰的良心との葛藤である。日本社会のもつひずみや矛盾と、信仰の向かう方向とが食い違う場合、社会の一員としてそれにあえて立ち向かうことを信仰者としての当然の行為と考えた。こうしたことを外部から見た場合、「社会福祉実践」として評価されるのであろうが、実践者からみれば、イエスの指し示す道をたどっているにすぎないので、社会的評価へは関心をもたないことになる。教会史での位置づけが明確でない場合があるのも、教会の社会福祉への無関心というより、ことさらに区分して強調することではないという面もある。

第三は、世の動きに流されることなく、必要とされる課題に常に向き合う姿勢である。社会福祉に関連する課題といえども、社会的にはその時期において脚光を浴びるような流行があり、流行が去ると、無視されるようになる。寄せ場でいえば、暴動が起きると注目されるが、落ち着くと忘れられる。しかしキリスト者の実践は、そうした変動とかかわりなく、必要とあれば、世の評価と無関係に継続されていくのである。

制度としての社会福祉をモデルとして考えると、教派によって、あるいは神学的な立場によって、濃淡があるように見える。たとえば、組合教会から多くの社会事業家が生まれたのに対し長老派系の日本基督教会は少ないとか、カトリックの修道会には、社会福祉を主な活動とする修道会がある一方で、観想修道会といわれる、祈りの生活を重んじる修道会もある。制度としての社会福祉を基準にすれば優劣は明確であるが、そのことで評価するのは一面的であり、キリスト者としての生き方や、歴史全体にどう影響をもたらしたのかで判断することが必要である。

さらに戦後は当事者としてのかかわり、あるいはそこに接近していく姿勢がより鮮明になっていく。当事者であるキリスト者による記録として、カネミ油症患者団体の代表として活動した紙野柳蔵『怨怒の民　カネミ油症患者の記録』[49]、夫が難病となる難波紘一・幸矢『生まれてきてよかった』などがある。[50] 信仰者が不条理なまでの厳しい状況におかれることへの問いは旧約聖書のヨブ記以来の課題であるが、現代社会の矛盾との狭間で苦悩し、しかし信仰がそこで深められていく。それは、内面の苦悩にとどまるものではなく、社会変革への契機ともなっていく。

キリスト者による実践に常に投げかけられる問いは、発生した事象への事後的な救済には熱心であっても、その根本原因への問いかけが弱いのではないか、ということである。廃娼運動や救癩運動など、社会運動的な形態をとった場合も、体制を前提とした個別的な対策にすぎず、今日からみればいずれも批判の対象になっている。善きサマリア人の譬えが、社会福祉実践の根拠として持ち出されるが、仮に強盗に襲われている場面に遭遇したら、どう行動すべきなのかという問いである。この問いに応えることは容易ではないが、障害者の権利ひとつとってみても、障害者差別解消法や障害者権利条約批准などの成果の背後に、長年の実践の積み重ねがあるという見方は、決して強引なこじつけではないだろう。現代の社会福祉は、宗教的要素を排除する傾向が感じられ、国家資格等によって実践が規格化されつつあるように思われる。むしろキリスト教をはじめ宗教による実践の歴史性から、実践の方向性を議論すべきである。

注

(1) その成果については科学研究費報告書、片岡瑠美子研究代表『東北アジアにおけるカトリック社会福祉の歴史的研究』、長崎純心大学片岡研究室、二〇〇八年。本編のほか、「年表・文献編」と「パリ外国宣教会資料(翻訳)」がある。特に「パリ外国宣教会資料(翻訳)」は、パリ外国宣教会に出向いて収集した資料のうち、待労院、神山復生病院、フロジャクによる結核救済に関連する資料を、高倉節子が中心になって翻訳したものである。カトリックによるハンセン病・結核救済を把握するうえで貴重な資料である。

(2) 土肥昭夫『日本プロテスタント・キリスト教史』新教出版社、一九八〇年など。

(3) 『待労院』社会福祉法人聖母会(一〇〇周年を記念して発行された冊子)。

(4) 日本聖公会九州教区歴史編集委員会編『日本聖公会九州教区史』、日本聖公会九州教区、一九八〇年、二七〇〜二七二頁。

(5) 五十嵐茂雄『フロジャク神父の生涯』緑地社、一九六四年。

(6) 『創立とその歩み』ベタニヤ修道女会、一九九四年。

(7) 『財団法人聖テレジア七里ヶ浜療養所事業一班』財団法人聖テレジア七里ヶ浜療養所、一九四〇年。

(8) 小田部胤昭『戸塚神父伝——神に聴診器をあてた人』中央出版社、一九八九年。

(9) 粕谷常吉編『房州に光を掲げた人々』日本聖公会出版事業部、一九七三年。粕谷常吉編『房州に光を掲げた人々[改訂増補]——房州伝道百年小史 正・続編』聖公会出版・事業部、一九八九年。日本聖公会歴史編集委員会編『あかしびとたち』日本聖公会出版事業部、一九七四年。

(10) 長谷川保『夜もひるのように輝く』講談社、一九七一年、一九二〜一九九頁。

(11) 日本基督教連盟農村伝道委員会編『農村福音学校読本』基督教出版社、一九三六年。

(12) 長野県での動きについては、塩入隆『信州教育とキリスト教』キリスト新聞社、一九八二年で触れられている。

(13) 竹中正夫『土に祈る——耕牧石田英雄の生涯』教文館、一九八五年。

(14) 杉浦秀典編『改訂版 満州基督教開拓村と賀川豊彦』賀川豊彦記念松沢資料館、二〇〇七年。

(15) 五島でのカトリック福祉の展開については、小坂井澄『お告げのマリア』集英社、一九八〇年。『礎　お告げのマリア修道会史』お告げのマリア修道会、一九九七年には、木口靖子・下窄優美「キリスト教救済活動の原点を求めて　奥浦慈恵院の史的展開から」と題する、奥浦慈恵院の創設期の動きを詳細に整理した論考が収録されている。
(16) 『佐賀県社会事業概要』佐賀県社会課、一九三四年、一八一頁。
(17) 同前書、二三七頁。
(18) 沢野正幸『船長ビッケル』日本バプテスト同盟、一九九三年。
(19) 高橋楯雄編『日本バプテスト史略　下』東部バプテスト組合、一九二八年、七四～七五頁。長府でのバプテストを含めたキリスト教の動向は、安東邦昭『近代における関門九州地域とキリスト教』二〇〇六年の第Ⅰ部「長府におけるキリスト教主義による近代女子教育の実証的研究」に詳しい。
(20) 大島良雄『バプテストの東北伝道』ダビデ社、二〇〇五年。日本バプテスト宣教100年史編集委員会『日本バプテスト宣教100年史』日本バプテスト同盟、一九七三年。
(21) 時田信夫「東北凶作地に於けるバプテストの活動について」『新興基督教』第五三号、一九三五年二月。
(22) ブゼルについては栗原基『ブゼル先生伝』ブゼル先生記念事業期成会、一九四〇年。研究としては影山礼子「アニー・S・ブゼルの教育――思想と実践」バプテスト研究プロジェクト編『バプテストの宣教と社会的貢献』関東学院大学出版会。
(23) 目黒安子『みちのくの先の道――タマシン・アレンの生涯』教文館、二〇一二年。
(24) 聖心愛子会については『聖園テレジア追悼録』聖園テレジア遺徳顕彰委員会、一九六九年が詳しいほか、日本福祉大学社会事業史研究会より復刻されている『秋田県社会時報』に関連記事が多く掲載されている。
(25) 大内和彦『福祉の伝道者　阿部志郎』大空社、二〇〇六年、九七頁。
(26) 谷川貞夫『日本メソヂスト社会事業概要』日本メソヂスト教会社会局、一九三三年。
(27) 三崎会館については遠藤興一の援助のもとで、日本基督教団三崎町教会によって『三崎会館社会事業史』一九九五年、『三崎会館の活動とその時代』二〇〇〇年という形でその歩みが整理されているが、公刊されていない。日本社会事業大学図書館に所蔵があるので、そこでの閲覧は可能である。
(28) 『八十年史』日本バプテスト深川教会八十年誌編集委員会、一九九〇年には深川社会館に関連する記述がある。
(29) 『関東学院セツルメント』関東学院（概要を写真を中心に紹介した小冊子）。

（30）日本バプテスト連盟歴史編纂委員会編『日本バプテスト連盟史（一八八九－一九五九）』日本バプテスト連盟、一九五九年、三五四～三五五頁。

（31）一九七三年。『上智社会事業団　創立八〇年の歩み』上智社会事業団、二〇一三年等の年史が発刊されている。同書は関係者による寄稿が、以前の年史は写真が中心である。

（32）研究者では鷲谷善教らの主張が知られるが、キリスト者でありつつ施設での宗教活動を批判したのは森幹郎である。森は、ハンセン病療養所邑久光明園で勤務の後、厚生省で専門官などを勤めた。個人的にはキリスト者である。森が花園大学教授のとき、筆者は森から直接にも聞いており、厚生省職員としての職務上の立場としてだけではなく、個人的にもそのような考えであった。詳しくは、森幹郎『政策老年学』垣内出版、一九八一年、第九章の「老人ホームと宗教」、第一〇章の「施設における宗教活動」。

（33）阿部志郎『「キリスト教と社会福祉」の戦後』海声社、二〇〇一年。

（34）毎日新聞社編『宗教は生きている　3』毎日新聞社、一九八〇年は、一九七〇年代におけるキリスト者の社会に向き合う姿を描いている。

（35）福井達雨　エリザベート・ストローム『神様が笑った』柏樹社、一九八二年。エリザベート・ストローム『喜望の町　釜ヶ崎に生きて二〇年』日本基督教団出版局、一九八八年。

（36）釜ヶ崎キリスト教協友会編『釜ヶ崎の風』風媒社、一九九〇年。

（37）『低きに立つ神』コイノニア社、二〇〇九年には、山谷、釜ヶ崎、寿町での活動について報告、考察されている。

（38）カトリック系の社会福祉施設の動きについては奄美宣教一〇〇周年実行委員会編『カトリック奄美一〇〇年』一九九二年。『奄美の使徒ゼローム神父記念誌』ゼローム神父記念誌刊行実行委員会、二〇〇六年。

（39）たとえば、森山一隆・菊池一郎・石井則久「ハンセン病患者から生まれた子供たち――奄美大島における妊娠・出産・保育・養育のシステムの軌跡」『Jpn. J. Leprosy』第七八号、二〇〇九年。

（40）奄美伝道の状況について、雨宮惠『共に生きる――離島伝道の喜びと感謝の記録』キリスト新聞社、二〇〇七年などがある。清水恵三『辺境の教会』日本基督教団出版局、一九七八年、六五～七六頁では一九七〇年代の状況を伝えている。特に詳細に把握できるのは『名瀬教会二五周年記念誌』日本キリスト教団名瀬教会、一九八三年。坪山孝の洗礼、転出も記載されている。

（41）『献堂記念文集』国立療養所奄美和光園谷川集会、一九六五年。

(42)『日本基督教団資料集　第4巻』日本基督教団宣教研究所、一九九八年、二七五～二七七頁。
(43) 犬養については犬養光博『筑豊に生きて』日本基督教団出版局、一九七一年。犬養光博『弔旗』日本基督教団出版局、一九八一年。
(44) 服部については服部団次郎『沖縄から筑豊へ』葦書房、一九七九年。服部の思想については服部団次郎『この後の者にも／尊厳と連帯を――ある炭鉱伝道者の半生』キリスト新聞社、一九八八年。炭鉱伝道に関しては『礦山伝道地区に於ける伝道の実際と方策』日本基督教団出版部、一九五二年。
(45) 新島学園女子短期大学新島文化研究所編『敬虔なるリベラリスト――岩井文夫の思想と生涯』新教出版社、一九八四年。
(46) 菊池吉弥・木俣敏『教会と伝道圏』日本基督教団中央農村教化研究所、一九六二年。
(47) 新堀邦司『海のレクイエム――宣教師Ａ・Ｒ・ストーンの生涯』日本基督教団出版局、一九八九年。
(48) 高橋力『風に吹かれて　会津伝道物語』日本キリスト教団出版局、二〇一二年では、そうした状況が実際に伝道に携わった牧師によって描かれている。
(49) 紙野柳蔵『怨怒の民　カネミ油症患者の記録』教文館、一九七三年。
(50) 難波紘一・幸矢『生まれてきてよかった――進行性筋萎縮症患者の生命賛歌』私家版、一九八三年。

第Ⅰ部　社会事業の発展におけるキリスト教の役割

第1章　キリスト教による社会事業思想の受容と展開

1　社会事業思想とキリスト教

社会事業を支える主要な要素の一つは、思想である。特にキリスト教社会事業の場合、その独自性の根拠を思想に求めがちであるし、実際これまでに思想的な貢献が大きかったといってよい。したがって、キリスト教社会事業について述べる場合、思想を避けて通るわけにはいかない。ただ、キリスト教は、歴史や社会を超越した、人間や社会の前提となる存在であるのに対し、社会事業は現実の生活課題や政策を前提としている。「隣人愛」といった、両者を媒介する概念が存在するとはいえ、思想として簡単に結びつくというわけでは必ずしもない。しかし、キリスト教社会事業という枠組みで思想的な発展をみてきたことは確かであり、本章ではそれを追ってみる。

その場合、キリスト教社会事業として著名なカリスマ的人物、具体的には石井十次、山室軍平、留岡幸助、賀川豊彦らを代表させて描くという方法が、しばしばとられてきた。たとえば、柴田善守『社会福祉の史的発展』がそうであるし、キリスト教の立場からの研究ではないが、守屋茂『日本社会福祉史想史の研究』もそうである。姜克實『近代日本の社会事業思想――国家の「公益」と宗教の「愛」』も、石井十次と留岡幸助を取り上げるという方法で論じている。ただ、同書は石井について、キリスト教の伝統的思想から逸脱した「カルト」としてとらえているし、留岡については、政策と実践をつなぐ「エージェント」としての役割を評価しているのではあるが、民間慈善思想を解く鍵を、石井と留岡にみている点では、同様の枠組みともいえる。

カリスマ的人物による業績はきわめて大きい。しかし、彼らはむしろ特異な人物であって、キリスト者の典型と位置づけるには、かなり無理があるであろう。しかも、日本社会事業史におけるキリスト教社会事業の意義は、巨人を生み出したことにだけあるのではない。しかも、それらの巨人は、社会事業が成立するとされる時期より前に登場している。そうした人物に匹敵する者は以後あらわれてはおらず、社会事業の特質を特定の人物によって表現することはできなくなる。

むしろ、全国各地で近代初期から現在にいたるまで、無名ながら、多様で着実な実践を展開したことにある。そうした実践は、知られて賞賛されることがないことにこそ意義があり、実践者の願い通り、忘れられていく。その実践者にとっては迷惑かもしれないが、後に続く者としては、思想を探り出すことで実践の継承が可能になり、思想史としての意味がある。

実際、社会事業成立以降は、各地で地道な実践が広がっており、そうした実践の積み重ねのなかに社会事業思想が表現されている。その際、実践者は、信仰の持ち主であるがゆえに、キリスト教全体の動向から影響を受けており、その動向を含めて検討すべきであろう。一方で、受身的な存在であったとは限らず、逆に影響を与えた側面もあるであろう。したがって、教会が社会事業をどう受け止め、どう動いたのかも、あわせて検討すべきである。

本章では、一九二〇年代から一九三〇年代にかけての、キリスト教と社会事業の動向を確認するとともに、地方で実践を行った人物やこれまで見過ごされてきた人物を中心にして社会事業思想を分析する。あわせて、従来軽視されがちであったカトリックの動きを検討する。

2　教会と社会

プロテスタント教会は、宣教開始以降、教会合同問題、新神学の流入、植村海老名論争など、混乱を繰り返してきた。日本社会自体が維新以降の社会変革のなかにあって、そこに一気に新たな宗教として移入されたのであるから、混乱することは避けがたいことではあったが、そのために教会と社会との関係もまた、不安定なまま推移したといってよい。

しかし、これらの危機を経て、一九二〇年ころには一応の安定した状況になった。国家との関係も混迷したが、三教会同によって、整理がつく。三教会同とは、一九一二年二月、仏教、教派神道、キリスト教の代表者が内務大臣原敬に招かれ、キリスト教からは七名が集合して歓談し、翌日に「皇運を扶翼」することなどを内容とした決議をした一連の動きである。キリスト教が天皇制国家に迎合した事件として、否定的にみる評価が一般的であるし、筆者もそのように理解している。ただ、キリスト教と国家との関係について、一応の整理をみたといえよう。朝鮮などの植民地伝道の問題、国家神道をどう理解するかなど、なお課題は残ってはいたが、混迷の時代から、安定の時代へと移っていく。

一九二〇年代は、近代のキリスト教の歩みにとってばかりか、戦後から現在まで含めても、もっとも安定した時期といっても過言ではない。こう言えば、いくつもの事象を挙げての反論もありうるであろうが、メソジスト教会の合同がなされたことで、国内における主要教派の形状がほぼ固まり、教会を揺るがすような出来事も比較的少なかった。信徒が一部の階層に偏る傾向もまた固まってきてしまったが、宣教も推進されていく。圧迫に揺れた時期があったことを思えば、相対的な安定がもたらされたのは、ある一面では確かであろう。

もっとも、日本社会は、第一次世界大戦後の不況、関東大震災、金融恐慌など、安定とはほど遠い状況であり、労働運動をはじめとした社会運動も活発化する。教会自体が落ち着きつつ、狭義の伝道以外の教会の役割が視野に入るようになり、社会への関心が高まっていく。そうした関心の具体化の一つが、諸教派の協力による日本基督教連盟の結成である。日本基督教連盟は一九二三年に創設され、日本基督教会、日本組合基督教会、日本メソジスト教会などのプロテスタントの教派、また日本基督教婦人矯風会、日本基督教青年会同盟（ＹＭＣＡ）、日本日曜学校協会本部などのキリスト教団体が加盟している。[1] プロテスタント全体を代表する性格をある程度もっているが、すべての教派が加盟しているわけではなく、たとえば救世軍は未加盟であるので、プロテスタントとイコールにとらえるのは不正確である。また、一部の人物のみ連盟の活動に熱心であったという見方もある。とはいえ、教派を超えた団体を結成にいたったことが、戦前のプロテスタントにとって画期的であったことはまちがいない。

連盟が取り組んだことの一つは、社会への積極的関与、それも労働問題のような、政治的とも受け取れる領域への関心の表明である。連盟憲法では目的として「宗教的、道徳的、社会的、諸問題」について意見を発表するとしており、「社会的」な問題への意見表明を連盟の役割としていた。社会部を設置して、そこには原泰一、木立義道、益富政助、生江孝之、留岡幸助といった社会事業家も関わっていた。こうした社会への積極的態度は、個々の教派が同様の態度をとるのは困難であり、連盟を組織したからこそ可能になったことであり、その点でも基督教連盟の意義は大きかった。

基督教連盟による社会への姿勢を具体的に示したのは、「日本基督教連盟社会信条」（以下、「社会信条」）の制定である。「社会信条」は、人権、女性の社会的立場、教育、労働問題、平和などについて、目指すべき方向について主張を整理したものである。

「社会信条」を作成、公表するにとどまらず、基督教連盟では小冊子ながら、『社会信条の解説』（以下、『解説』）を刊行した。[2] 著者は田川大吉郎、小崎道雄、海老沢亮、生江孝之の四人であるが、中心となって執筆したのは田川と生江である。すなわち、社会事業や労働問題への見識の深い人物が、執筆の中心であった。

『解説』は、社会信条の内容をより精緻に説明している。小作問題について、農村問題の深刻さを指摘して、「土地公有の如きは根本策として攻究すべき重要の一大問題」とし、小作保護法案を提唱している。「失業保険法老廃保険法傷害保険法等の制定を見ざるを得ないと信ずる」と社会保険の整備を主張し、女性の公民権の実現や障害児教育を提唱するなど、幅広い課題に触れ、しかも具体的な制度を示している。

こうしてみると、社会信条は単なる願望の羅列ではなく、具体的な目標であって、キリスト教が労働問題などに積極的に関心を寄せることが期待されていたのである。また、生江孝之が「社会信条」の改正を論じているように(3)、内容をより発展させ、広げることが意図されていた。

基督教連盟は、さらに踏み込んで、社会問題への関心を示していく。一九三〇年五月一四日には、基督教連盟と神の国運動中央社会部の共催で、社会問題協議会を開催する。そこでは「決議」がなされて、「社会信条」の徹底を図ることなどのほか、「吾等は失業救済の急務なることを認め、基督教会の注意を喚起せんとす」とあって、労働問題についても高い関心をもっていることが示されている。

また、生江孝之が「失業問題及其資料に就て」という講演を行っている。そこでは、失業に関連する国内外のデータを提示して、失業対策の方向を示唆している(4)。つまり、一般論として失業問題に関心をもったというだけでなく、対策の具体的立案にまで踏み込んで検討していたのである。当時、失業問題が深刻さを増していたことが背景にあったとはいえ、宗教的な課題とはみなされにくい課題をも取り込もうとした意欲が感じられる。

さらに第二回の社会問題協議会が、一九三〇年一〇月二一～二二日に行われた。そこでは、高橋亀吉「最近社会思想傾向と経済的根拠」、安部磯雄「失業対策に就て」、生江孝之「資本主義経済組織と互助組合運動」といった講演が行われている(5)。経済学者の高橋亀吉が講師になっているように、宗教的色彩は薄い。協議会の方向は、安部や生江も含め、概して具体的データや対策をもとにした議論である。宗教的な観念で片づけるのではなく、事実に向き合って議論しようとしたといえよう。

このように、基督教連盟は、労働問題はじめ社会的な問題をキリスト教が取り組むべき課題として認識して関心を喚起したばかりでなく、問題を具体的に把握して対策を練る姿勢をもっていた。

さらに基督教連盟は、現実に発生した問題について、個別の救済を行っていく。当時は東北凶作はじめ室戸台風、台湾震災など災害が頻発していた、これら一連の災害に対して、義損金と物品の提供を呼びかけるなど、災害に対する取り組みを行った。実際にどの程度救済の効果があったのかは、検証の余地はあろうが、災害の発生を座視せずに、キリスト教が取り組むべき当然の課題として、救済対策を推進した。

基督教連盟を背景として取り組まれた宣教活動が、「神の国運動」である。「神の国運動」は賀川豊彦らを中心として、一九二九年から始まって全国的に取り組まれた。「神の国運動」は単に信徒獲得に関心を向けただけでなかった。宣教の対象として農村が意識されていたが、農村を宣教対象とすることで、農村の生活課題への関心を寄せざるを得なくなった。運動の機関紙『神の国新聞』には社会事業関係の記事も散見され、キリスト教社会事業の情報を提供する役割をもっている。「神の国運動」は、大衆伝道の役割を超えて、キリスト者の社会への関心を高めたのである。

農村伝道への関心が高まってくるなかで、農民福音学校が各地で開催される。農民福音学校とは、一定期間、農村伝道に関心を持つ者を集めて、杉山元治郎らの講師によって、農業やキリスト教などに関する講習を行ったものである。

農民福音学校のカリキュラムは、キリスト教に直結した科目だけではなく広範囲に及んでおり、社会事業関係の科目が含まれている場合があった。基督教連盟では、第一回農村伝道協議会を開催し、その決議で「農村伝道の方法」として、「巡回医療ミッションの実施」「農村社会事業の実施」などの社会事業に関連する活動が示されている。(6) 単に農村で伝道するのではなく、伝道者が農村に入り込み、衛生活動や農繁期託児所、隣保事業など行うことが期待された。

さらに、全体からみれば一部の動きとはいえ、社会変革を意識した動きに、学生キリスト教運動や社会的基督教がある。学生キリスト教運動は、日本基督教青年会連盟を母体とした学生キリスト者の運動であるが、内容が先鋭化したあげく短期間で崩壊するので、実績はさほど残せなかったが、既存の神学や宣教の枠組みを超えていく可能性をもった運動であった。それよりやや現実的な社会的基督教は、中島重らを中心として、雑誌『社会的基督教』が長く発刊されるなど活動を継続する。

こうしたキリスト教界での社会への関心について、キリスト教史研究において、必ずしも高く評価されてこなかった。佐々木敏二は、社会信条の展開を追った論文のなかで、基督教連盟を中心とした動向は、「連盟人」といわれる一部の動きにすぎないと指摘している。(7) 土肥昭夫は、農村伝道において、農民の貧困への理解より、キリスト教を信じた喜びの方が強調されていることや、労働者伝道が企図されながら、そこには肝心の労働者が不在であったことを指摘している。(8)

こうした見方は、後世の研究者の一方的な議論ではなく、生江孝之も同様であり、「全体としての基督教会そのもの、態度では決してなく、寧ろ比較的少数の分子の運動に過ぎない」と述べている。(9) 教会の動きを間近に見ていた生江の指摘であるから、実情に近いといえよう。つまり、基督教連盟をめぐる一連の動きも、ごく一部の使命感をもった者が熱心に取り組んだにすぎず、プロテスタント全体の活動として意識を共有するにはいたらなかった。しかし、いかなる運動であれ、はじめから全員が一致団結して動くのではなく、先駆的、リーダー的な者がまず先導し、それから広がっていくものではないだろうか。したがって、短期的な動向に焦点をあてて、そこでの広がりのなさを指摘して否定的な議論をするのは、生産的な発想ではない。教会による積極的な動きのなかから社会事業が生み出されている事実についての評価は、必要であろう。

しかし、この時期のキリスト教のあり方全体を、否定的にみる議論も少なくない。たとえば飯沼二郎は、日本基督教会の牧師であり神学者として著名な高倉徳太郎を取り上げ、高倉をこの時期のキリスト教の典型的存在であるかのように描き、否定的な評価をくだしている。(10)「福音的基督教」の立場に立った高倉は、キリスト教による社会問題への取り組みに消極的であった。確かに、高倉の姿勢は、同じ日本基督教会の植村正久と比べても、後退した印象は否めない。しかし、高倉が影響力の大きい神学者であったとはいえ、キリスト教全体の典型例といってよいのであろうか。組合教会や日本聖公会の動向も視野に入れるべきであるし、日本基督教会にしても、賀川豊彦の所属する教派であり、賀川に共鳴する者もいたのである。

また、キリスト教が多様化するなか、高倉のような信仰理解が存在すること自体まで消極的にとらえるのは過剰である。崔炳一は「倫理の教会的性格を強調することによって、社会や国家に対する教会の存在意義を明らかにする」と述べて、高倉の立場に意義を見出している(11)。プロテスタントにはさまざまな立場があっていいのであり、仮に社会から隠遁して純化した信仰生活を志向する者がいたとしても、それは個々人の自由な信仰理解の発露であって、それはそれで是認するしかないであろう。

そもそも、飯沼自身が、『日本農村伝道史研究』で、社会への関心や実践と結びついた農村伝道が展開していた事実を紹介しているのであるから、少なくとも高倉がキリスト教の典型ではなく、高倉とまったく異なる動きがあったことは飯沼によって実証されている。

確かに、社会的な関心は一九三〇年前後がピークで、継続的であったとはいえない。キリスト教界の全体への広がりを欠いたうえ、ファシズムに迎合し、ついには戦時下に日本基督教団を結成して戦争協力に走ることになるが、社会に踏み出したことは、社会事業と教会との積極的関係を示唆するものである。

3　キリスト教社会事業の独自性の擁護

慈善事業の時期には、キリスト教が先導的、先駆的であることは自明であり、ことさらに他の事業主体と比較して、優位性を語る必要はなかった。社会事業の成立は、キリスト教社会事業の独自性や優位性を揺るがす状況をまねく。社会事業が成立するとされる一九二〇年代以降、さまざまな社会事業活動が全国各地に広がっていく。キリスト教とは無関係の施設・団体も多数創設されていくので、量的にキリスト教系の事業は相対的に低下することになる。また、質的にも、非キリスト教系の施設にもすぐれたものがいくつも見出せるようになる。

ソーシャルワークが導入されていくことは、実践者の主観的動機に関係なく、技術をもつことで一定の水準の実践が可能になることであり、キリスト教信仰のもつ実践のもつ意味を低下させる面がある。ただ、明治学院や同志社大学で専門教育が開始され、キリスト教の内側に取り込んだという側面もあるので、主観的、観念的になりやすいキリスト教社会事業に科学的な思考をもたらして、より発展させる面もあった。ケースワークの導入、紹介に功績の大きい竹内愛二もキリスト者である。さらに、キリスト教社会事業の優位性を揺るがすのは、社会事業公営化の動きである。公設の施設が広がり、論者によっては、社会事業は公営化の方向にすすんでいくと予測する者もいるほどであった。

さらに、一九二九年に救護法が制定され、同法では救護施設についての規定がなされた。孤児院、養老院、病院などを救護施設として指定することができるようになり、一定の収入が確保された。救護施設の規定は、財源難に苦しむ私設社会事業施設にとって安定的な財源を確保することで、経営を安定させる効果があった。反面、社会事業施設を公的救済策の一手段に位置づけているのであり、だとすれば私設社会事業の独自の意義が薄れることになる。戦後の措置制度や社会福祉法人制度のなかで、宗教による社会福祉の独自性が薄れたとする見方があるが、それは戦後に初めて起きたのではなく、社会事業が発展する過程で発生した問題である。

この状況において、社会事業における公私関係の議論が起きてくる。[12]「私設社会事業」として、ひとくくりにした議論であるとはいえ、「私設社会事業」にとってなお、そこに占めるキリスト教社会事業の比重は大きく、実質的にはキリスト教社会事業をどう扱っていくかという議論であり、それをキリスト者でない、しかし影響力の大きい論者が議論するのである。

代表的な議論をみていく。海野幸徳は、公的社会事業が発展すれば、私的社会事業が衰退する「反比例の法則」が働きやすいと指摘し、このまま公的事業が急激に発展すれば、私的社会事業が衰退するが、官公社会事業ばかりになると、社会事業は死滅すると考えた。その危機感から、「統合社会事業」を提唱し、形式的には官公社会事業を基本としつつ、実質的には民間社会事業を基本とすることを主張した[13]。

磯村英一は、公的社会事業について、「社会進化の発展に伴ふ当然の段階として相当強き根拠を有する」として、公的社会事業の発展を必然的な動きととらえた。しかし公私の対立が起きていることを憂慮するその解決策として、「公私共同経営」を提唱した[14]。

海野や磯村の議論は、一見すると、私設社会事業の有用性を認めるという点で、私設社会事業に有利な主張をしているかのようである。しかし、「統合」にしろ「共同」にしろ、私設社会事業を一定のシステムの中に押し込めることである。私設社会事業、とりわけキリスト教社会事業の独自性は、こうしたシステムのなかでは消失させることになる。キリスト教社会事業の側としては、とうてい受け入れることのできないものである。海野の場合、私的社会事業を基本としつつも、一方では「私的社会事業の敬重は決して官公社会事業の軽視となるのではなく、却つて官公社会事業を一層進展せしむる」と述べて、あくまで「官公社会事業」の発展を意図していることを示している[15]。

したがって、こうした議論が広がることは、キリスト教社会事業にとって、極端にいえば危機であり、キリスト教社会事業の側としては、キリスト教社会事業の独自の必要性を論証していくことを迫られる。ただその場合、キリスト教社会事業家にとっての発言の場が、『社会事業』『社会事業研究』などの一般の雑誌であって、そこでキリスト教社会事業の利益を図る主張を行うのは適切ではないため、表面上は、私設社会事業、あるいは宗教の一般論の形をとっている。しかし、キリスト教社会事業の立場を護る意図が含まれていることは明白である。

キリスト教の立場に明確に立ちつつ学術的にも高い水準にあったのは、やはり生江孝之であろう。生江は、「集団を対象としての事業である関係上、公設になるべき性質を持ってゐる」として、公設社会事業の広がりに一定の必然性をみた。しかし、全面的に是認するのではなく、公設社会事業には、官僚主義を生む弊害があると指摘した。人格主義や人類愛は私設社会事業にみられるものであり、特に教化的事業、具体的には廃娼運動や隣保事業などは私設であることが求められるとし、「人格本位、愛本位、博愛本位」であることを私設社会事業の使命と位置づけた[16]。

また生江は『日本基督教社会事業史』では、最終章を「基督教社会事業の諸問題と将来への展望」と題し、「時代を正視して之に善処するの途を考察しなければならない」として、「官公の事業組織、其の他の大団体」にキリスト者が入り込んで、信仰を通した活動を行うことの意義を指摘している[17]。これは、「官公の事業」が今後の社会事業の主軸になることを想定した発想である。「時代」は「官公の事業」へと傾斜しており、キリスト者の役割も、キリスト教社会事業と明示した事業を立ち上げるよりも、「官公の事業」での働きにシフトしていくと考えた。同書の読者は一般の人たちより、キリスト教関係者が多くなるであると予測され、だとすると生江はキリスト者に向かってそれを説いているともとれる。

広い知見を有している生江は、キリスト教について護教的な発想に立つのではなく、社会事業の全体の動きを公平に考える視点をもっていた。したがって、公設の社会事業の広がりが、必然的な動きであることを理解していた。慈善事業の発想や形態でキリスト教の実践を維持することのできない時代に変換しているという問題意識は強烈である。そのなかで、何とかキリスト教社会事業の立場を確保しようとして、その論理を模索しているのである。時代の激しい動きのなかで、キリスト教社会事業の将来展望を明確に描くことはできないでいる。

しかし、現場で実践を担っている者たちは、引き続きキリスト教社会事業の優位性を鼓舞していく。博愛社の小橋実之助は「社会事業者は人道のために日夜専念する意義は宗教意識の上に立ちて弱者への奉仕は正に神への奉仕」と述べて、社会事業実践の前提としての宗教の意義を強調した。そして、宗教的な精神が薄れている状況を「遺憾千万」として、「一層宗教的信念を高潮」しなければならないと述べた[18]。

藪本竹次は、聖公会の司祭であるが、博愛社で活躍し、また大阪府の富田林で農村社会事業に取り組んでいる。「社会事業の背景としての宗教」と題した論考で「社会事業の背景を為す宗教が其真使命を発揮せねばならない時となつた」と述べ、精神における宗教の必要性を説いた[19]。小橋も藪本も、社会事業の根底に宗教がなければならないと確信している。一般雑誌なので、その宗教がキリスト教であるべきとの主張は控えているが、やはりそこでいう「宗教」とは、あらゆる宗教というより、キリスト教であろう。

公設社会事業が強調されて、宗教の立場が相対的に弱まる状況に最も危機感をもち、議論を展開していくのは、東京育成園の松島正儀である。松島は『社会福利』が主な発言の舞台であったが、私設社会事業の立場を積極的に擁護した。松島は、「公営万能論」さえ広がっている状況を厳しく批判した[20]。公的事業に傾くと、活力や創造のない事業になることを危惧した。そして「公私共同発達」を主張した[21]。

松島の「公私共同発達」と磯村の「公私共同経営」は、言葉は似ているが趣旨は全く異なっている。磯村は、公的事業を基本としたうえで、私営が一定の力を有している現状の中で過渡期の策として提唱しているのに対し、松島は私営を基本として、公的事業にも財政的安定などの長所があることは認めて、相互の発展を目指す発想である。相互発展といっても、あくまで柱となるのは、私設社会事業である。

私設社会事業にこだわる松島は、救護法についても、私的施設の特質を失わせる可能性を指摘して、警戒心を示していた[22]。救護法による救護施設の規定により、救護施設となりうる「孤児院」などが、私設社会事業の独自性を失うのではないかと危惧したのである。小橋実之助も、松島ほどではないが、救護法の課題を指摘している[23]。施設経営の安定だけ考えれば、救護施設の規定をもつ救護法は、歓迎すべき法律のはずである。長年施設経営に四苦八苦してきた者からすれば、全面的に歓迎したくなってもおかしくない。しかし、松島や小橋は、社会事業公営の流れを促進する面もあるだけに、安易に飛びつく姿勢ではなかった。

やや独自の打開策を説いたのは、木立義道である。木立は、賀川豊彦と行動を共にして、神戸から東京に移り、本所基督教産業青年会などで活躍した人物である。木立は、私営社会事業に経営上の問題があることは認めた。そのうえで打開策として、利用者を組合員とする協同組合化を説いた(24)。

協同組合の発想は、賀川の影響であろう。賀川グループの木立は、慈善事業の伝統を引いている小橋や松島に比べて、より現実に立脚した発想のできる環境にあり、施設経営というものの実態についても、現実を踏まえた議論をする背景をもっていた。この方法は、利用者による出資金を得られるし社会的な信頼も高まり、経営としては安定する可能性が大きい。しかし、協同組合方式をキリスト教主義の施設で適用すると考えた場合、利用者のなかでキリスト者は少数である場合が大半であろうから、非キリスト者が経営に深く参画することにもなる。そうなると、施設設置の精神を曖昧にする可能性があり、施設の精神が確固として確立していないとキリスト教主義が揺らぐことにもなりかねない。そのリスクに木立が気づかないはずはない。それにもかかわらずそうした主張をするのは、いくら理念だけを説いても、経営安定の具体的方策を提示しない限り、公設社会事業中心の発想に対抗することはできない。私設の形態であっても、十分に経営を安定させられることを示すことで、磯村らの単純な折衷論に対して厳しく対峙するものである。

全体としてみれば、キリスト教側の議論は、現実として公設社会事業が広がっていることは否定しないし、私設社会事業に課題が少なくない事実は認めている。もはや明治期のようなキリスト教慈善中心に動く時代と異なることへの客観的理解を共通してもっており、時代錯誤的な議論はみられない。

しかし、私設社会事業が衰退、すなわちキリスト教社会事業が無用になりかねない状況には強い危機感を有していた。片方で、救護法や助成等で公的な統制のもとに入るしかない現実を受容ないし利用しつつ、むしろ議論をリードすることで、キリスト教社会事業の独自性を確立しようと尽力した。明確な主張を展開することで、公設社会事業中心主義を打破しようとした。ただ、経営の不安定さ、従事者の待遇の低さなどの課題を、事実をもって克服できたとまではいえない。実際には戦前において公設社会事業が中心にはならなかったが、それはキリスト者の議論が勝ったのではなく、実際には公設社会事業なるものもその拠って立つ基盤はもろいものであり、私設社会事業にとってかわって社会事業を担うほどの力がなかったためにすぎない。

4　実践と社会事業思想

思想を分析する場合、思想を表現した著作物を熟読してその特質を明らかにするのが、通常の思想史研究の方法であろう。社会福祉史でも同様の方法がとられることが多かった。もちろん、この方法が本来あるべき研究手法であり、社会福祉史においても基本的には同様であってよい。しかし、この方法に終始する場合の問題点として、分析に値する水準の高い著作を残した者しか、研究の対象にならなくなる。実際、これまで、留岡幸助、山室軍平といった、著作集が発刊されるほど多数の著作を残した人物について、その思想が盛んに語られてきた。

しかし、現場に入り込み、日々実践に苦闘している者が、そう多数の著作を残せるわけではない、また、実践者は内外の文献を広く読み漁って思考を深める余裕があるわけではない。学術的水準という点では、それほど高いレベルに達しないのは当然である。しかし、社会福祉は実践の体系である以上、実践者の思想こそ、もっとも重視しなければならないはずである。留岡、山室、賀川といった人物は実践者に区分されるが、毎日現場のなかで利用者と接して、生活を共にしていたかといえば、そうした時期は人生の一時期にとどまる。むしろ、社会的には著名ではないけれども、実践を重ねて、社会福祉の発展を次の世代に委ねて世を去っていった人たちの思想こそ、社会福祉史を描くうえで欠かせない作業であろう。特にキリスト教社会事業が、隣人愛の実践であるとすれば、なおさらである。

そうなると、著作は少なくても実践において注目すべき成果を挙げている人物を意図して取り上げることになる。ただ、その場合、どのようにして思想を把握するのかということになる。量的に少なくても著作があれば、それはもちろん主要な史料として活用することになるが、そのほか実践記録など、実践そのものに関連する史料の分析も必要である。また、実践者の成長する過程や影響関係に着目して、周辺の部分を詳細に把握するという方法があるかもしれない。ただ、ここではあくまで、社会事業成立期の思想の概略的把握が目的なので、きわめて不十分であることは承知しているが、とりあえず少ない史料からの把握にとどまっている。

あえて無名と思われる人物を取り上げていく。キリスト教による実践は多岐にわたるので網羅的に取り上げるのは困難なので、ここではこの時期の特徴的な実践として、セツルメント、農村社会事業、救癩運動を取り上げたい。それは、それぞれこの時期に大きく成長するとともに、いずれも信仰の実践であることについて、実践者自身が自覚的であったことによる。なお、農村社会事業についてはやや詳細なことは本書の第Ⅲ部で論じ、救癩運動に関しては他著で述べている。

まずセツルメントである。もともとセツルメントと呼ばれる領域は、岡山博愛会やキングスレー館などキリスト教によって開拓されたのであり、キリスト教の先駆性がより強くあらわれているといってよい。

セツルメントは社会事業の形成・発展を象徴する領域であり、この時期にキリスト教主義施設を含め、さらに広がった。しかし、キリスト教社会事業のいっそうの強化になったとは限らず、公営のセツルメントがあらわれるなど、むしろキリスト教の優位性がとりわけ問われていくことにもなる。

石井記念愛染園の冨田象吉の実践論などについては井村圭壮による研究があり、石井十次の影響を受けて、「人格感化」を重視する実践論をもったことが明らかにされている。[25] 冨田にはセツルメントについて、キリスト教に関連させた記述もみられる。「無産階級者への不断の人格的接触を最大限必要とするもの」「一切の人格は平等なりとの立場に立つ友愛的の奉仕事業」とし、人格的平等の実現を実践の目的とした。その場合、「最もより多く私設事業に適はしき事業だと公言するに憚らない」と述べて、私設社会事業であることを求め、セツルメントでの公営化を否定した。[26]

日暮里の貧民窟で活動した大井蝶五郎は、セツルメントについて「宗教に依らねばならぬとの事業の根本信念と精神とを近代化した組織でありセンター」であるとし「下町の教会は、それが直に隣保館であらねばならぬ。農村伝道はそれが農村セツルメント的教育的伝道に意を置かねばならぬ」と述べ、伝道とセツルメントが不可分の関係であると主張した。キリスト教が社会事業を受容するという以上に、教会の活動それ自体が社会事業となる方向を示したのである。「イエスの社会的福音が、社会の最もどん底に基調を据へられての一大信仰的精神運動が興さるべき時が来たのだ」と唱え、信仰の基盤を「どん底」での福音宣教においた。[27]

農村社会事業は、農民運動の広がりなどでその認識が生まれ、農村恐慌などを背景に、さらに広がっていくが、農村伝道と密着して実践されたので、キリスト教信仰との関係が明瞭である。全国各地で展開されるが、主要な人物として、竹中勝男は石田英雄と栗原陽太郎をあげている。[28] ここでは、三浦清一を加えておきたい。

石田英雄は組合教会の牧師であるが、賀川豊彦の影響を受け、兵庫県高砂で、曽根セツルメントの実践を行い、農村社会事業のあるべき姿をもっとも忠実な形で実践しようとした人物であろう。[29] 石田は農村地域の教会に赴任し、教会活動を農村セツルメントに広げ、農繁期託児所などを展開していく。栗原と比較しても、より鮮明に社会事業を展開しようと志していた。

石田は、農村伝道論を『社会的基督教』などの雑誌に寄稿するだけでなく、実践報告をたびたび発表している。「農村隣保事業は極めて雑多である。巨細に記録すれば一種の小説とならう」「地方の政治経済の問題から赤坊の大便の色合まで忠告し指導し心配する仕事は、統計にも報告にも載らないのである。載らないそこに福音活動の本質が動いて居る」と述べている。[30] 石田にとって、伝道は隣保事業であり、隣保事業は広範な実践を不可欠とした。大井蝶五郎が述べている宣教の姿を、農村でそのまま実践したのが石田である。石田の農村伝道論は、実践を背景とした説得力ある伝道論であるが、それ以上に、実践を通して思想を表現していた。ただ、石田自身が病弱なうえに、子どもが相次いで死亡するなどの不幸も重なり、具体的な実践が未熟なまま、石田が死去してしまう。

栗原陽太郎も石田同様、組合教会の牧師であり、群馬県渋川町を拠点として活動する[31]。石田に比べると、社会事業論それ自体を展開したわけではないが、農村伝道について論じ続けて、キリスト教界に、農村への関心を喚起し続けた。農村福音学校によって「聖書を根底とした信仰と、人生を奉仕で貫く人格とによつて農村の根本的更生」を進めることで農村を変革しようとした[32]。東北農村について、凶作が繰り返されてきた実態を認識しつつ、農村伝道による根本的対策で将来に希望を見出すことができるとして、すでに実践されている、いくつかの具体例を提示した[33]。

短期間ながら、やや特異な形態な活動をした人物に三浦清一がいる。三浦は日本聖公会の司祭であるが、熊本県阿蘇で伝道を行うなどの実績があり、一九三六年に信仰共同体として阿蘇兄弟団を発足させる[34]。三浦のこの活動は一九四〇年に終了しており、長続きはしなかった。また、この活動は社会事業それ自体でもない。しかし、三浦が『社会的基督教』にたびたび執筆していること、阿蘇を去って後、神戸で神戸愛隣館の館長に就任し、社会事業に関与すること、救癩運動にも参加し、ハンセン病療養所の訪問や救癩関係の著書を発刊していることなど、社会事業の範疇に属する人物といってよいであろう。

三浦は、資本主義は永続的な制度ではなく、崩壊すべきものととらえていた[35]。しかし、社会主義革命のような方向に向かうのではなく、全く逆に、少人数の共同体を農村に形成しようとした。「五人の者が起居を偕にして、農業をしながら、伝道もやれば、託児所の世話もやり、日曜学校の奉仕にもあたつて居る」という[36]。三浦によれば、各地で伝道にあたってきた末にたどりついた場であり、「日本には四千万人の農民たちが居る。貧乏と借金と疾病と労働に疲れ切つた彼らを訪問せんがため」に、イエスの同様の歩みをしようとした。「農村伝道の一機関」としつつ、農作業を行い、かつ「日曜学校が四つ、託児所が二つ、あちこちに出かけて聖書の指導、信徒の訪問病者の慰問」などを行うのである[37]。

最後にたどり着いたと言いつつ、実際には阿蘇兄弟団は長続きしなかった。とはいえ、信仰共同体を形成し、そこでの活動の一つとして、託児所などの社会事業をも実践しようとした。主観的意識としては社会事業ではなく、信仰生活の一形態であろう。それは、社会問題を信仰によって解消することではない。三浦は『社会的基督教』の主要な筆者の一人である。農村についても情緒的に見ているわけではなく、窮乏の原因を経済的な構造から分析して理解していた[38]。三浦は自己の信仰を、実践的に社会的にしていくことであった。地域住民の生活への対応を信仰生活に取り込むことで、信仰と社会事業を一体化する取り組みであった。

もう一つ、救癩運動を取り上げたい。ここでは、明治期の施設設置から続くハンセン病患者救済全般ではなく、日本ＭＴＬを中心とした、社会運動としての性格をもつ救癩運動に限定して考えたい。日本ＭＴＬを軸としたキリスト教による救癩運動は、藤野豊の研究によって、批判的な紹介がなされたため、否定的な評価が定着している感がある[39]。荒井英子は、キリスト教による救癩運動について、「信仰と人権の二元論」であるとして批判し克服すべき課題としている[40]。しかし、救癩運動こそ、「二元論」を克服すべく、人権擁護を意図して取り組まれた運動である。荒井の分析視角は、救癩運動を否定的に捉えることを自明の前提とした設定である。

救癩運動には、社会事業思想との関係で、その意義を見直すべき面がある[41]。救癩運動は、それぞれの活動家が自己の信念で動き、あるいは発言しているもので、統一的な思想があるわけではないが、全体として以下のことはいえるであろう。ハンセン病患者が、放置できない状況で広がっていた。それに対し、キリスト教系の療養所が設置されて、対応するものの、問題の解決にはほど遠い状況にあった。国公立の療養所が設置されたとはいえ、なお救済されない患者が多数いるように思われた。それを国の責任として無視するのではなく、みずからの課題として認識した。その場合に、個々人が動くにとどまらず、社会運動化しようとしたのが救癩運動である。救癩運動は、教派にかかわりなく、多くのキリスト者が参加し、教会を介して一般信徒をも含んで広く浸透した。救癩運動にかかわったキリスト者の意識の中に、温情的発想をもっていたり、自己の慈善心を満足させるための者もいたであろう。しかし、それだけの欲求なら、手近な社会事業に関与しても達成できることである。

政策に追随することが目的ではなく、むしろ政策が適切に対応していないと考えて、自分たちで解決の方策を見出そうとしたのである。ある種の問題状況があって、それを信仰上の課題ととらえて、教派の枠を超え、ときにカトリックまで含めて取り組んだ姿勢には、社会事業との共通性がある。

救癩運動の関係者から、社会福祉につながる人物があらわれている。熊本で運動をした潮谷総一郎は、すでに施設職員であり、戦後はさらに社会福祉の領域で活躍した。服部団次郎は、戦前は沖縄で保育所を、戦後は筑豊の炭鉱で幼稚園を開設した。長谷川保は、部分的なから飯野十造に協力して救癩運動に関与し、戦後は衆議院議員として患者運動にも協力した。こうした事実は偶然ではなく、救癩運動が、社会事業的な発想と直接つながっていたと考えるべきであろう。

5　社会事業思想の帰結

以上のような社会事業の動きから、キリスト教が社会事業の動きの積極面を認め、慈善的発想を克服し、実践を通じて新たな段階を積極的に築く意図をもったといってよい。しかし、キリスト教社会事業の展開は、必ずしも好ましい結果をもたらさなかった。

セツルメントの実践者たちは、しばしば優生思想に流れていく。賀川豊彦は、優生思想を強く鼓舞していくようになる。賀川の優生思想はセツルメント実践だけが根源ではなく、賀川の思想全体に関連することではあるが、スラムでも実践経験が優生思想を強化したことはあきらかであろう。

冨田象吉は一九三六年の『社会事業史研究』の断種法の特集に寄稿して、民族浄化のための断種法の実施を主張し、しかも「個人の自由を束縛し、生殖行為を将来に禁絶する国家権力を有することは当然すぎるほど当然」とまで述べて、強制断種の実行を明言した[42]。大井蝶五郎も、産児制限を推進する文脈ではあるが、優生思想の立場を明確にしている。日暮里貧民窟の児童六〇名を調査したところ、「四十有余は変質徴候児であり低能児でありました」という。そして、貧民窟での多産の結果「悪質遺伝児変質児犯罪常習児、精神病、低能、不良少年少女」となっており、「この現実する悪」への対処を主張する。さらに、優生思想の立場に立つ安部磯雄への賛意を示している[43]。

セツルメントの実践者は前述のように、宗教による人格的な交流を主張して、キリスト教の社会事業の優位性をそこに見出していた。しかし、具体策としては、最新の科学としての「優生学」に拠りかかったのである。実践での苦闘のなかからの発言を、現在の価値観で批判することには慎重であるべきだが、ここで問いたいのは、優生思想それ自体というより、人格的交流にみずからの実践の意義を発見しているにもかかわらず、新興の科学に問題解決への期待をかけてしまった姿勢である。

農村社会事業は、「満洲開拓」を強く支持していく。特に栗原陽太郎は、満洲基督教開拓村を推進する中心人物として、「満洲開拓」を促進する論考を多数執筆した。満洲基督教開拓村とは、賀川豊彦の提唱によって、日本基督教連盟を中心に遂行された事業である。約二二〇名が参加し、敗戦後無事に帰国できたのは、その半数強にすぎなかった[44]。栗原は『神の国新聞』に次々と関連の論考を寄稿しているが、「北満移民村を見る」(一〇五九～一〇六〇号、一九三九年九月)で既存の開拓事業を楽天的に紹介し、「満洲基督村の使命」(一〇八九号、一九四〇年七月)でより明確に満洲を志向した。「満洲基督教開拓村の前途」(一一〇一号、一九四〇年一一月)では、「福音村建設の希望」を強調して、明るい展望を示している。栗原は転向したわけではなく、同時期に「農村伝道現状の諸問題」(一〇六六～一〇六七号、一九三九年一一～一二月)で、日本の農村の伝道による変革を緻密に主張している。つまり、栗原は従来の思想や実践の延長として、満洲開拓もまた信仰による実践として理解したのである。

満洲基督教開拓村の件で、賀川に批判が向けられることがある。しかし、満洲基督教開拓村委員会のメンバーをみると、中心となった栗原はじめ、生江孝之、杉山元治郎、久布白落実などの名を見出すことができる。杉山は「開拓民と宗教」（一〇八九号、一九四〇年七月）という論考で、宗教心をもつ者が満洲開拓に参加することの大切さを強調し、「基督教開拓村こそは良き果を結んで生まれた証しとなつて貰ひたい」と述べている。『連盟時報』や『神の国新聞』に関係記事が多くみられ、賀川の責任はきわめて大きいが、賀川の個人的な事業ではなく、キリスト教社会事業を中心とした、キリスト教界全体の事業であった。

救癩運動が、そこに参加する個々人の意識はどうであれ、隔離政策のなかに取り込まれたことは否めない。機関誌『日本ＭＴＬ』には隔離政策を推進する記事が掲載され、一時期は「隔離は唯一の癩根絶策」「療養所を拡張せよ」といったスローガンを欄外に掲載して、隔離へ向けての世論喚起に努めていた。

情熱を傾けた個々の活動も最後は、隔離の総仕上げのような役割になる。たとえば、熊本での動きは本妙寺の患者集落の撤去につながる。沖縄での療養所設置への運動は、患者自身の立場に寄り添った動きであったが、苦労の末に設置にこぎつけた療養所は、結果的に隔離施設の性格を強めていく。

それぞれ、個々人の意図を超えた動きの中で、意図せざる結果になった。この帰結が社会事業期のキリスト教の動きを、消極的なものに見せている。しかし、好ましからざる帰結があったからといって、その過程が消えるわけではない。過程を評価することで、こうした帰結になった原因を探ることが必要であろう。

6　カトリックと社会事業思想

従来の研究では、「キリスト教社会事業」と呼ぶときには、ほとんどがプロテスタント系の人物や施設を指しており、カトリック系の活動が視野に入っていないことが多かった。たとえば、吉田久一『社会福祉と日本の宗教思想』では、キリスト教の社会福祉思想を詳述しているが、一部の記述を除いてすべてプロテスタントである。それは吉田が怠慢だったためではなく、「キリスト教（プロテスタント）」と記載されており、カトリックの欠落について、吉田が自覚していたことは明らかである。カトリック社会事業思想は、実践者が著作を残すケースが少ないなどの事情があって研究が困難であり、吉田からすれば、確たる根拠を欠いたまま何かを述べることを避けるという真摯な姿勢があればこそ、カトリックへの発言を自制したのであろう。

カトリック施設の動きについては、田代菊雄『日本カトリック社会事業史研究』でまとめられているし、一番ヶ瀬康子を中心とした科学研究費による研究「東北アジアにおけるカトリック社会福祉の歴史的研究」では、カトリック社会福祉の展開や意義を詳細に分析している。しかし、いずれも思想についての論述は乏しい。カトリックの実践者のなかでも、研究がすすんでいるのは岩下壮一であり、ことに輪倉一広による一連の研究がみられ、岩下の社会事業実践者としての面からの分析が民衆性や権威性などの視点から試みられている(45)。ただ、カトリック社会事業の大半は修道女によって担われているうえ、ハンセン病救済は政策的な関心のもとにある事業であり、関係者の発言も政策の動向を意識していた面がある。したがって、岩下をもって、カトリック社会事業の典型とみなすことはできない。

プロテスタントとカトリックには性格の違いがあり、両者を峻別して議論すべき面もあるが、日本の風土のなかでの社会事業の展開という点からすれば、共通性もみられる。少なくとも、カトリックが近代初期の慈善事業に大きな役割を果たし、現在にいたるまで一定の寄与をなしていることや、日本の社会状況と衝突しつつ実践を発展させてきた経緯からいっても、思想史にカトリックが欠落している状況を放置すべきではなかろう。

カトリックは特に一九三〇年代に、厳しい状況がみられる。上智大学生靖国神社参拝拒否事件が起き、神社参拝を是認する立場を明確にせざるを得なくなる。奄美大島では、カトリック系の大島高等女学校廃校問題にはじまり、カトリック信仰の維持が困難になるほどの激しい迫害がなされた。[46] 一方で、バチカンが日本以外では初めて満洲国を承認するなど、カトリックと国家とは微妙な関係になっている。[47]

カトリックの社会事業思想を把握するのは困難ではあるが、『日本カトリック新聞』の記事など若干の手がかりはある。『日本カトリック新聞』は、一九二三年に『公教青年時報』の名で創刊され、同年に『カトリックタイムス』と改題し、一九三一年から『日本カトリック新聞』の名称で発行されるようになったが、カトリックの状況を公に示す発行物であり、社会事業に関連する記事がたびたび見られ、社会事業がカトリックにとって、宣教の主要な一領域となっていることを示している。

具体的に見ると、聖心愛子会関係の施設、神山復生病院など主要な施設の記事がたびたび掲載されているし、上智カトリック・セットルメント（現・上智社会事業団）が設置されると、その記事も繰り返し掲載されている。著名な施設だけではなく、「村人や町人に喜ばれる佐渡の託児所」（二九二号、一九三一年五月）といった、地方のささやかな動きを報じる記事もある。「白米を集めて貧しき人々へ奉仕」（四二九号、一九三三年一二月）といった、教会の活動を報じているのは、教会がその働きの一つとして、社会事業的な働きをすることが求められていることでもある。「雙葉高等女学校の救貧慈善バザー」（二七八号、一九三一年二月）といった、カトリック系学校での活動も報じられている。

また、「農繁期に際してカトリック託児所設置を提唱す」（四〇八号、一九三三年八月）、「カトリック慈善事業の使命の遂行」（四八一号一九三四年一二月）という、社会事業の設置を促す記事も掲載されている。「セッルメント」（三二〇号、一九三一年一一月）という長文の記事で、日暮里愛隣団について報告されており、セツルメントへの関心の高まりがみられる。さらに「隣保事業には宗教が必要」（四五六号、一九三四年七月）と題する論考が掲載されて、セツルメントの基盤に信仰が必要だという議論がなされているが、カトリックによるセツルメントを拡大していくという意図がなければ意味をなさない主張である。つまり、社会事業を必要とする状況をカトリック側も受けとめ、社会事業として具体化しようとしていたのである。

個々の実践者による著作が乏しいなかで、聖園テレジアについては、比較的著作が残されている。[48] 聖園テレジアは、秋田に聖心愛子会（現・聖心の布教姉妹会）を創設し、同会によって、育児施設、養老院、結核療養所などが設置された。『秋田県社会時報』に掲載されている「社会事業の真精神」は、講演録ながら、社会事業への考えをまとまって表現したものである。[49] そこでは、社会事業家について、「国家社会に対して重い責任を負つてゐるものでございますが、同時に清い人類愛を以て国家社会に奉仕する事が出来る有難い仕事」と述べて、社会事業が「国家社会」への責任を果たすものであることを述べている。聖園テレジアの発言は、独創性があるわけではないものの、宣教の行為としてのカトリック慈善が、社会の一要素となったことを認めているという点で、社会事業の発展を政策も含め肯定的に受けとめていることを示している。聖園テレジアは、方面委員に就いたり、全国社会事業大会に出席するなど、対外的な協力姿勢もみえる。[50]

カトリック社会事業は、一見すると社会事業の形成から遠い場所で実践しているように見えるが、プロテスタント以上に社会事業界全体からの影響を受けざるを得なかった。カトリックによる活動は、あくまで信仰の実践であった。しかし、行政機構の発展、救護法の制定などのなかで、社会事業の枠に入らざるを得なくなる。農繁期託児所の提唱など、具体的な課題への関心を深めているし、セツルメントも開始された。結核患者の救済の広がりなど、時代の要請への対応はむしろ迅速であった。社会事業の組織内での活動は活発ではないが、実践の動きは社会事業の変化を受け止めている。ただ、そのことが無自覚なまま政策の一翼を担うことになり、ハンセン病者への支援が隔離政策の一翼を担うことになったり、戦時体制になると結核救済が戦時体制と結びつくなどの動きになった。

7　キリスト教信仰と社会事業

社会事業の成立のなかで、キリスト教もまた社会事業への関心を深め、みずからの課題とする機運が生まれた。慈善事業の伝統の継承もあって、各地で小規模ながらも実践が積み上げられた。慈善事業の時期と比べると、突出して目立っているわけではないが、実践の定着や深化という点では、着実に発展していたといってよい。それは農村問題への議論の深化などのなかで思想的にも深められた。しかも、教会が社会事業への関心を向けてくるので、信仰の具体化としての社会事業という性格は、いっそう固まった。

そのため、信仰、実践、社会との関連が明瞭になった。賀川が活躍できたのも賀川のみの功績ではなく、教会の動向があればこそ可能になった。公営化など一見するとキリスト教に不利な動きも、結果的にはキリスト教社会事業の独自性や必要性を思想的に示す契機となって、キリスト教による実践の意識を高めた。実践と思想との相互の影響によって、社会事業が深められていく循環ができつつあったといってよい。

しかし、植民地宣教の問題、天皇制など未決着の課題も多く、個々の事象への関心は高くても構造的にとらえる視点は弱かった。また、教会全体になるにいたっていなかったことも否めない。そうした弱点のなか、性急に結果を求めたり、戦時体制に向かうなかで、社会事業の目指す方向で思想を発展させることができなかった。その結果を踏まえて評価すると、低い評価になりがちなのだが、そこまでの経過の意義を認識することで思想史としての意義が明らかとなる。

注

（1）『日本基督教連盟一班』日本基督教連盟、一九二七年。

(2) 日本基督教連盟編『社会信条の解説』日本基督教連盟、一九二九年。
(3) 生江孝之「社会信条の改正及運用に就て」『連盟時報』第一〇〇号、一九三二年。
(4) 日本基督教連盟編『社会不安に対する基督教的態度』日本基督教連盟、一九三〇年。
(5) 海老沢亮編『現代社会問題対策講演集』日本基督教連盟、一九三一年。
(6) 「第一回農村伝道協議会決議要項」『連盟時報』第八七号、一九三一年。
(7) 佐々木敏二「『社会信条』の精神にもとづく実践とその崩壊」同志社大学人文科学研究所編『戦時下抵抗の研究Ⅱ』みすず書房、一九六九年、一三七頁。
(8) 土肥昭夫『日本プロテスタント・キリスト教史』新教出版社、一九八〇年、三四二頁。
(9) 生江孝之『日本基督教社会事業史』教文館、一九三一年、三〇六頁。
(10) 飯沼二郎『天皇制とキリスト教』日本基督教団出版局、一九九一年、一五四～一五五頁。
(11) 崔炳一『近代日本の改革派キリスト教――植村正久と高倉徳太郎の思想史的研究』花書院、二〇〇七年、二八八頁。
(12) 社会事業の経営主体を示す用語として、当時は「私設」「私営」「私的」、「公設」「公営」「公的」「官公」などが用いられ一定していない。本章では、統一せずに各論考に即して用いる。ただし、一般用語として「私設」「公設」を用いる。
(13) 海野幸徳「公私社会事業反比例の法則」『社会事業研究』第一六巻第三号、一九二八年。
(14) 磯村英一「公私施設発達過程に於ける公私共同経営」『社会事業』第一二巻第二号、一九二八年。
(15) 海野幸徳「公私社会事業の提携」『社会事業』第一一巻第一〇号、一九二八年一月、三二頁。
(16) 生江孝之「私設社会事業の使命」『社会事業研究』第一八巻第九号、一九三〇年。
(17) 生江孝之、前掲書(9)、三〇九～三一〇頁。
(18) 小橋実之助「社会事業と宗教」『社会事業研究』第一九巻第三号、一九三一年。
(19) 藪本竹次「社会事業の背景としての宗教」『社会事業研究』第二二巻第二号、一九三四年。
(20) 松島正儀「市域拡張と社会事業」『社会福利』第一六巻第一〇号、一九三二年、二四頁。
(21) 松島正儀「一九三三年の社会事業を迎へて」『社会福利』第一七巻第一号、一九三三年、五～九頁。
(22) 松島正儀「救護法と私設社会事業団体」『社会福利』第一五巻第一〇号、一九三一年。
(23) 小橋実之助「救護法の実施に当つて」『社会事業研究』第二〇巻第一号、一九三二年。

(24) 木立義道「私営社会事業の行詰りと其の転向策としての協同組合化」『社会事業』第一二巻第一〇号、一九二九年。
(25) 井村圭壯『戦前期石井記念愛染園に関する研究』西日本法規出版、二〇〇四年。
(26) 冨田象吉「セツルメント事業に就ての一私見」『社会事業研究』第一六巻第四号、一九二八年。
(27) 大井蝶五郎「基督教社会事業の現状」『社会事業』第九巻第一〇号、一九二六年。
(28) 竹中勝男『福音の社会的行者』日本組合基督教会事務所、一九三七年、一一四～一一五頁。
(29) 石田については、竹中正夫『土に祈る――耕牧石田英雄の生涯』教文館、一九八五年参照。
(30) 石田英雄「農村現地報告」『雲の柱』第一九巻第八号、一九四〇年、四六頁。
(31) 栗原についての研究として、荻原俊彦の「農村伝道者・栗原陽太郎」『近代日本のキリスト者研究』耕文社、二〇〇〇年がある。
(32) 栗原陽太郎「農民福音学校の一進展」『社会的基督教』第四巻第三号、一九三五年。
(33) 栗原陽太郎「東北に於ける農村伝道の将来」『神の国新聞』第九二八号、一九三六年。
(34) 三浦については、藤坂信子『羊の闘い』熊本日日新聞社、二〇〇五年参照。
(35) 三浦清一「資本主義の崩壊と社会的キリスト教の使命」『社会的基督教』第一巻第七号、一九三二年。
(36) 三浦清一「農村途上のキリスト――阿蘇兄弟団便り」『雲の柱』第一八巻第八号、一九三九年八月、六二頁。
(37) 三浦清一「阿蘇の麓より」『社会的基督教』第七巻第七号、一九三八年。
(38) 三浦清一「神国への願望と農本社会」『社会的基督教』第八巻第一二号、一九三九年。
(39) 藤野豊『日本ファシズムと医療』岩波書店、一九九三年、一二七～一三二頁。藤野豊『「いのち」の近代史』かもがわ出版、二〇〇一年、八六～八八頁。
(40) 荒井英子『ハンセン病とキリスト教』岩波書店、一九九六年。
(41) キリスト教による救癩運動の性格については杉山博昭『キリスト教ハンセン病救済運動の軌跡』大学教育出版、二〇〇九年で論じている。
(42) 冨田象吉「断種法に就て」『社会事業研究』第二四巻第一〇号、一九三六年。
(43) 大井蝶五郎「街頭人の見たる産児制限論議」『済生』第六巻第一号、一九二九年。
(44) 詳細は杉浦秀典『改訂版　満州基督教開拓村と賀川豊彦』賀川豊彦記念松沢資料館、二〇〇七年。同書には、一次史料や参考文献の一覧も掲載されている。

(45) 輪倉一広『司祭平服と癩菌　岩下壮一の生涯と救癩思想』吉田書店、二〇一五年。
(46) 詳細は宮下正昭『聖堂の日の丸——奄美カトリック迫害と天皇教』南方新社、一九九九年など。
(47) 当時のカトリックと国家との関係については、カトリック中央協議会福音宣教研究所編『歴史から何を学ぶか　カトリック教会の戦争協力・神社参拝』新世社、一九九九年。西山俊彦『カトリック教会の戦争責任』サンパウロ、二〇〇〇年。
(48) 聖園テレジアの主要な著作・発言は聖園テレジア遺徳顕彰会『聖園テレジア追悼録』、一九六九年に掲載され、詳細な年譜も付されている。
(49) 聖園テレジア「社会事業の真精神」『秋田県社会時報』第三三号、一九三五年、一四頁。
(50) 『秋田県社会時報』第三三号、一九三五年、九頁。

第2章　キリスト教社会事業と渋沢栄一

1　キリスト教社会事業と財源

渋沢栄一は、東京市養育院の院長や中央慈善協会の会長、さらには多くの社会事業施設・団体の活動に寄与して、慈善事業・社会事業の発展に足跡を残してきた。しかし、その業績に比して、社会福祉史研究において、渋沢栄一の存在は重視されてはこなかった。社会福祉史研究者においても、室田保夫が渋沢について「これまで社会福祉の分野や歴史においてそれほど重視されてきたわけではない」と指摘したうえで、「今後渋沢の研究が進捗していくことを期待したい」と述べているように[(1)]、渋沢の存在について研究上欠落していることが自覚はされつつある。そして室田は『人物でよむ近代日本社会福祉のあゆみ』という、社会福祉史の主要人物を取り上げて列挙した本のなかで、渋沢を採録している（執筆は山名敦子[(2)]）。

筆者自身について振り返ってみると、これまで渋沢について、「東京市養育院の院長で中央慈善協会の会長として、社会事業界でも活躍。救護法実施促進運動時には高齢と疾病をおして陳情をした功績もある。寄付も多くするなど、金儲けのみに関心をもつ人物ではない。しかし、工場法制定に当初反対するという、とんでもない言動をとったように、その本質は典型的資本家にすぎない」と漠然と考えていた。この見方は、筆者が社会福祉史の研究のなかで自然に形成されたものなので、社会福祉史研究全体の像といっても、それほど違っていないと思う。

社会福祉史研究において渋沢が軽視されてきた理由について、古川孝順が大谷まことの著作の巻末で述べている(3)。第一に、社会福祉史研究の対象が施設創設者に偏ったこと、第二に渋沢が財政などで評価されていたため、社会福祉のなかでどう評価すべきかとまどいがあったこと、第三に社会科学に立脚する研究が中心であったことである。社会科学といっても要はマルクス主義であり、渋沢のような資本家の典型とされる人物を肯定的に研究することはありえなかったということである。

しかし、社会福祉研究者にマルクス主義系の者が少なくなかったのは確かであるが、そうでない者やそれと対極にいることを公言する者さえいたのだから、マルクス主義だけが理由とはいえない。むしろ、マルクス主義系の研究者は歴史を重視するので、ネガティブな評価ではあるが、渋沢という存在を視野に入れて研究することになる。したがって、渋沢の軽視は社会科学的研究が主たる理由ではなく、渋沢を忌避する感覚が社会福祉全体にあったように思える。

まず、「営利」に対する抵抗感である。社会福祉は非営利を当然視して営まれてきた。現在の社会福祉界においてもなお営利への抵抗感は強く、介護や保育への企業の参入への批判は強い。社会福祉史においても、施設創設者について、その人格の高潔さ、隣人愛などの精神の崇高さが重視された。それは暗に、「会社経営者のような利益追求者とは違って」という趣旨を含んでいた。そうなると、利益追求者と異なることが強調されていたのに、施設創設者が実は利益追求者と親密だったというのでは、話の筋が通りにくい。

それから、民間社会事業家の神聖視である。石井十次、賀川豊彦といった民間社会事業家の活動こそ、社会福祉を創り上げた原点ととらえて、彼らを礼賛してきた。そして、そこでは「愛」が強調されることになる。社会事業家は「愛」にあふれた人物として描かれる。社会事業家は犠牲的な精神に富んだ「愛」の人であり、無私の清き心で事業に取り組んだことが強調される。そういう「愛」と対極にあるのが、利益追求を図る実業家ということになろう。近年では、研究者のレベルでは、そういう先入観を排除して、史料に依拠する人物分析を行うようになってきているが、一般にはなお石井十次は「愛の使徒」であろう。ここでも渋沢との関係は強調すべきことではない。

　次に、社会福祉においては、貧困とか困窮といったことに親和性があることである。施設創設者が経済的困難のなかで事業を継続したことが強調され、あるいは彼らが貧困者らと共に生きたことが強調される。片方で富裕者とも友好的で食事を共にすることがあったというのも、イメージからするとずれてくる。

　渋沢は、こうした社会福祉の感覚にはなじみにくい存在であり、隠蔽というと言い過ぎとしても、触れない方が望ましいことになる。社会事業に関与した内務官僚、社会事業に好意的にかかわった政治家なども渋沢ほどではないにしても、重視されてこなかった。

　こうした結果、渋沢栄一はじめ社会事業への貢献の大きい経営者が、社会福祉史で正面から取り上げられることはなかった。そのことで、社会福祉史研究が、現象面を追っていくだけの浅薄なものになっていった。社会事業を運営するためには財源が必要である。その財源をどう調達したのかは、社会事業を分析するうえでの重要な論点である。しかし、財源それ自体を分析する研究は、岡山孤児院について、菊池義昭が取り組んでいる以外には乏しい。ほかでは、山本啓太郎が慈恵救済基金に着目し、あるいはライオン歯磨の「慈善券」に着目するなど、財源を視野に入れた研究を行っている。特にライオン歯磨に関しては、小林富次郎という企業家のあり方を議論することにもなっている(4)。

　また、社会事業は、他の社会の諸領域と無関係に単独で存在したわけではない。宗教のように、関係性が明白な領域についてはそれなりに、その関係が論じられてきたが、社会を構成するさまざまなものが、社会事業とかかわっているはずであるが、それが軽視されることにもなってきた。

　本章は、こうした社会福祉史の不十分な把握をいくらかでも克服しようとしているが、渋沢栄一の社会事業への貢献を評価することを目指しているのではない。社会事業の側に軸足をおいて、社会事業にとって渋沢がどういう存在であったのかを考察することを企図している。その際、キリスト教社会事業を中心に考えていく。大谷まこと『渋沢栄一の福祉思想』が出版されるまで、渋沢と社会事業との関係を論じることがなかったわけではない。しかし、大谷も含めそれは、主に東京市養育院院長としての働きや、中央慈善協会会長としての寄与が主な論点である。

ここでキリスト教社会事業から見ようとするのは、キリスト教社会事業が、日本の社会福祉の先駆的役割を果たしたと評価され、社会福祉史研究において、重視されてきたためである。石井十次、山室軍平、留岡幸助らについては大部な研究書がいくつも刊行され、「キリスト教社会事業史」を主たる課題とした書物もみられる。そうした研究での関心事、論点は、なぜ先駆的な実践をなしえたかという問いであり、答えとして、実践者の内的な動機、実践を後押しした社会状況、実践との相互作用のなかで展開された社会事業思想などが論じられた。

しかし、大谷まことが「社会事業団体史や社会事業家個人の伝記では、その人がいかに素晴らしいことをしたかについては書いてあっても、どのような人達の援助をうけ、またどのような人達とどのようなかかわりを持っていたかについて触れているものは非常に少ない」と述べているように[5]、キリスト教社会事業史研究において、財源の問題に触れることは、前述の菊池の岡山孤児院研究のほかでは、あまりなかった。触れたとしても、救世軍の社会鍋や、岡山孤児院の音楽幻燈隊などの自助努力を取り上げて、好意的な記述をするというのが一般的であった。個々の施設の創意工夫はそれとして評価すべきではあるが、社会鍋にしても音楽幻燈隊にしても、必要とする資金全体からすれば、ごく一部の収益があるにすぎず、それで必要な資金を一気に得たわけでは全くない。

そこで、多くの事業では有力者から寄付を求めるという方法をとることになる。けれども、誰からどの程度寄付を受け取り、それが事業にどう影響したのかについての研究は乏しい。また、支援は寄付だけにとどまらない。キリスト教社会事業は、当初は社会から高い評価と信頼を得ていたわけではなく、奇異に見られていた時期もあった。また、財源難である以上、「信用」という点でも脆弱であった。それに対し、信用の保証をすることで、実質的な支援になった面もある。それには、皇室からの下賜金や公的な助成金なども有効であったが、民間の有力者の動きも効果があった。

　こうした問題関心において、最近では大原孫三郎について詳細な研究がいくつか出ているなど、社会福祉実践と資本家との関係を分析する試みがみられるようになった。本章は、ごく一面しか述べることができないが、キリスト教社会事業側に視点をおいて、渋沢がいかなる存在であったのか、検討している。

2　主要なキリスト教社会事業への渋沢栄一の寄与

　明治期に創設された主要なキリスト教社会事業と渋沢との関係をみていく。渋沢の社会事業への貢献については『渋沢栄一の福祉思想』に網羅的に整理されているが、キリスト教社会事業という関心でまとめていない。キリスト教社会事業については救世軍が少し詳しく触れられているものの、記述はさほど詳細ではない。『渋沢栄一伝記資料』では、以下の事業のいくつかについて、資料を採録しているが、ここでは『渋沢栄一伝記資料』に掲載されていない施設についても触れる。また、キリスト教社会事業の側から検討するため、史料や参考文献も渋沢側のものはあまり用いず、キリスト教社会事業関係のものを用いる。

　なお、ここでは、狭義の社会事業に限定し、たとえば聖路加国際病院や聖バルナバ病院への支援もみられるが、社会事業とは異なる文脈で議論すべきと思われるので対象外としている。

(1)　原胤昭と東京出獄人保護所

　原胤昭によって、東京出獄人保護所が設立されたのは一八八三年である。設立において渋沢の援助があった。『渋沢栄一伝記資料　第二四巻』に掲載されている原の回顧（三〇五頁）によれば、当初は渋沢の支援を受ける考えはなかったものの、むしろ渋沢の方から、養育院での感化事業の関係で、話を聞きたいということで、保護所への経済的な支援もそこから始まったことであるという。そして、原にとっては経済的支援以上に、精神的な支えが有益であった。原のこの回顧は渋沢の死後のものであるので、多少は脚色もあろうが、渋沢の存在の大きさは、保護所の協議員になっていることからもわかる。原については、片岡優子『原胤昭の研究――生涯と事業』という優れた研究書がある。(6) 同書でも渋沢は頻繁に登場するが、東京出獄人保護所と原との関係というより、中央慈善協会などとの関係で渋沢が登場する。著者は意図していなかったであろうが、渋沢の社会事業界での活躍を描いている。

（2）石井十次と岡山孤児院

キリスト教社会事業のうちもっとも著名といってよい、石井十次による岡山孤児院は、さまざまな方法を駆使して資金を獲得していた。地理的なこともあって、渋沢との関係が深いとはいえない。しかし、渋沢による寄付もあったし、石井と渋沢が会見したこともある。(7) 石井は一八九九年五月一一日に、原胤昭とともに昼食をよばれて渋沢宅を訪問し談話している。(8) 一四日の渋沢邸での音楽会の開催についても話し合われた。同五月一四日には音楽幻灯隊による音楽会が渋沢邸で行われ、石井と原が再度訪問し、渋沢も出席している。(9) 渋沢から一〇〇円の寄付を受け、謝礼もあって、五月二三日にも留岡幸助とともに訪問した。(10)

一九〇六年一一月二三日にも訪問している。(11) この時の訪問について、石井は「今日はぜひとも渋沢男爵を訪問せよとの命に従ひ」と述べている。命じたのが知人なのか、神からの啓示というような意味なのか不明であるが、石井から積極的に訪問したというわけではなさそうである。気になるのは「東京市長若し予に養育院を託せば現在の費用にて予は活きたる人間を造つてやるけれども」と書いている。この記述からすれば石井は養育院の状況を評価しておらず、批判的見解をもっていたということである。この記述を渋沢訪問の記述に続けて書いているので、これは養育院院長たる渋沢への批判でもある。これだけの記述で断定はできないが、石井は渋沢に対して一九〇六年に寄付を受けるなど懇意になったものの、批判的な見解をもつようになったことになる。もっとも、石井は一九一〇年一一月二三日に養育院分院を訪問しているので[12]、批判といっても、印象論の域を出るものではなかったようである。

一方、一九一一年五月一九日には渋沢が岡山孤児院を訪問した[13]。だがその日、石井は宮崎県茶臼原にいて、渋沢とは面会していない。日誌の前後の記述を見ても、渋沢の訪問に関連する記述はなく、渋沢訪問を特に重視していたようには思われない[14]。もっとも、石井の死後、一九一四年三月に追悼演説会が渋沢らの発起によって行われているので[15]、渋沢が石井に敬意を持ち続けたことは確かであろう。

『渋沢栄一伝記資料』において、岡山孤児院関係の資料がまとまって掲載されているので、渋沢側からみて、岡山孤児院は主要な支援対象であったということであろう。しかし、細井勇や菊池義昭らの石井研究においては、渋沢の寄与が語られることはない。岡山孤児院が慈善事業のブランドとなるなかで、渋沢が一定の関心をもったものの、石井からすれば、岡山孤児院では膨大な資金獲得ネットワークを築いており、渋沢の役割は大きかったとはいえない。

（3）　山室軍平と救世軍

救世軍との関係については、渋沢とキリスト教社会事業との関係の中でもとりわけ目立つものである。渋沢が救世軍の有力な後援者であることは『日本救世軍百年記念写真集』でも「救世軍の援助者」として掲載されているので、救世軍として近年にいたるまで、渋沢を有力な後援者として認識しているということである[16]。一方『青淵回顧録』には多くの回顧録が掲載されているが、このうち、民間社会事業の人物は山室軍平のみであり[17]、渋沢側からみても、救世軍や山室がより重要な位置にあった。

山室軍平と渋沢が直接会うようになったのが、ウィリアム・ブース来日時からであることは、山室自身が「救世軍と子爵との関係は其の創立者の来朝の時に始まる」と述べている。[18] 一九〇七年四月一八日にブースの東京市歓迎会があり、山室が通訳をした。そこに渋沢が出席し、挨拶している。二〇日にはブースが養育院を訪問し、さらに渋沢邸に赴いた。そこで、渋沢らの発起による歓迎会が行われた。[19] その後、救世軍病院の設置を支援するなど、渋沢は救世軍の社会事業の有力な後援者になっていった。

山室と渋沢はたびたび会見している。『山室軍平の研究』の巻末にある年譜によれば、次の通りである。一九一一年一〇月九日に、渋沢と尾崎行雄らが救世軍社会改良事業部を参観し、山室が演説した。一九一九年七月四日、渋沢が日米問題の講演のため、山室と小林政助を自邸に招待した。一九二三年三月三一日に渋沢事務所での社会事業評議会に出席しているが、渋沢に会ったかどうかは不明である。一九二六年、ブースが再度来日する。一〇月一五日に渋沢邸で歓迎レセプションが開かれ、山室も出席している。一九二七年四月二二日に竜門社の総会にて講演している。渋沢が死亡した頃、山室は九州方面に出張しており、葬儀などに参列することはできなかった。[20] 以上は、あくまで、『山室軍平の研究』に掲載された『ときのこゑ』などの公刊された資料から抜粋したものである。したがって、公式な場での出会いが主であり、私的な場で会ったことは必ずしも記録されていない。

たとえば、山室による死後の追悼文によれば、一九三一年の夏の初め、渋沢の健康の衰退が伝えられたため、聖書を携えて訪問し、「少し御一緒に聖書を読みたうございますが」と申し出ると、渋沢は喜んで受け入れ、山室の言うことをよく聞き、質問もしたという。[21] 山室は渋沢のキリスト教への回心を期待していたようだが、それはならなかった。一九二七年から一九三一年まで会わなかったとは考えにくく、もっとたびたび会っていたと思われる。渋沢も山室も多忙なので、そう頻繁に会ったわけでもなかろうが、救世軍と実業家という関係を超えた個人的信頼関係が構築されていたのであろう。

（4）　野口幽香と二葉幼稚園

二葉幼稚園は、一九〇〇年に野口幽香、斉藤峰によって創設された、貧困者の子どもを対象とする施設である。当初は「幼稚園」であったが後に「保育園」と改称され、保育所の先駆として評価されている。野口は、東京女子高等師範学校附属幼稚園に勤務し、その後華族女学校に幼稚園が設置されるとそちらに移った。こうした経歴ゆえに、有力者との人脈は豊富であったと思われる。

『二葉幼稚園八十五年史』には、毎年発行されていた報告書が、そのまま採録されており、そこに寄付者の名簿がある[22]。寄付者として、御木本幸吉、小林富次郎らの名が頻繁に登場するが、渋沢は当初は出てこない。東京市養育院から、『養育院月報』が送付されているが、他にも発行物を送付している施設は数多く、これは単に東京市内の社会事業施設同士の関係によるものであろう。

渋沢が登場するのは大正に入ってからで、「第十五年報告」（一九一三年七月～一九一四年六月）に五〇円を寄付している。他の寄付者がおおむね一～一〇円程度なので、突出した金額である。このときから、「毎月五拾銭予約」という寄付者があるが、穂積歌子がこのとき以降加わっているので、その関係があったのかもしれない。歌子は継続して予約寄付者に登場するが、渋沢は自身は出ていない。「第十七年」に「物品寄付者」として、出てくる。次に寄付者となるのは、一九二九年の「二葉保育園改築落成報告書」である。そこでは、渋沢が一〇〇〇円、歌子が二〇〇円を寄付している。個人で一〇〇〇円以上寄付をしているのは、他に三名のみである。

寄付から判断すると、当初は支援していなかったが、何らかのきっかけ、おそらくは歌子との関係で接点が生じ、必要に応じた寄付を行うようになったようである。

(5) 佐竹音次郎と鎌倉保育園

鎌倉保育園は、佐竹音次郎によって創設された施設で「保育園」とあるが、児童が入所する、現在の児童養護施設にあたる役割を果たした施設である。鎌倉保育園では、資金獲得の方法として、慈善書画会を開催したところ多額の資金を得たが、こういう方法は適切ではないと考えて、賛助員のような恒常的な方法を中心に考えるようになり、特定の篤志家に依拠することはしなくなった。しかし、日露戦争後に賛助員からの資金が大きく減少するなどしたので、一九一〇年からやむなく「内心の苦痛を忍び」著名人の書画による慈善書画会を開催するようになった。その依頼を渋沢にも行うようになる。(23)

佐竹の『日誌』が発刊されているので、それを通し、佐竹と渋沢とのつながりを把握できる。(24) 一九一一年三月一日に東京市長であった尾崎行雄に面会し、渋沢を紹介する名刺をもらった。同日に森村市左衛門からも、紹介の名刺をもらった。そして、三月八日に渋沢を訪問し、書五〇枚の承諾を得た。これが渋沢との最初の出会いと思われる。一九一二年四月二〇日に東京に出向き、四～五日滞在したが、その際に渋沢宅を訪問した。一九一七年一一月の中央慈善協会総会に出席し、その後の新宿御苑での催しや東京府による晩餐会があって、渋沢が挨拶している。どの程度佐竹が渋沢と接したかは不明である。一九一九年一〇月二二日、東京に出向き、アメリカから来日した社会事業家の歓迎会に出席し、その際に渋沢に会っている。一九二六年六月二八日に、創立満三〇年記念感謝会を開催したが、その際の来賓の一人が、「中央慈善協会会長」としての渋沢である。同年一〇月三日に渋沢から招待を受け、一〇月九日に渋沢宅で開かれた園遊会に出席している。一九二八年に、恩賜記念館を建築し、館内に「恩賜記念」の四字額を掲げることを構想し、それを依頼する人物の一人に渋沢をあげている。同年一一月に御大典叙勲があり、祝詞を出すこととし、その対象の一人が渋沢であった。

こうして追っていくと、佐竹の側から渋沢への接触が始まり、渋沢もこれを受け入れ、鎌倉保育園が主要な社会事業施設であるとの評価を得ていくなかで、佐竹と渋沢とが公的なレベルでの関係を維持するようになる。ただ、積極的にかかわるほどではない。とはいえ、渋沢との関係形成ができたことが、鎌倉保育園の評価の向上に寄与した可能性は大きい。

（6）留岡幸助と家庭学校

家庭学校は、非行児童を対象とした、現在の児童自立支援施設にあたる施設である。創設者の留岡幸助は内務省嘱託を経験するなど、戦前社会事業における主要な人物である。留岡は渋沢との交流について回顧している。それによれば、留岡が『慈善問題』を出版したところ、渋沢から会ってみたいという話があった。そこで兜町の事務所で会うと「留岡さん私はこの東京に金を儲ける友達は降る程持つて居るが、儲けた金を貧乏人の為に使はうじやないかと云つて、相談相手になつてくれるものは一人もない。お互に喧嘩をせずに仲よくせうじやないか」と語ったという。[25]そして留岡は、そのように言われたことをその後記憶して忘れなかった。この出来事は『慈善事業』が発刊されたすぐ後ということになるので、一八九八年頃と思われる。留岡は内務省嘱託をはじめとした職務上からも、渋沢との交流は長期にわたって繰り返されたはずである。

『留岡幸助日記』が公刊されているので、そこから留岡と渋沢とのつながりが把握できる。ただ、『日記』といっても、手帳に細かく書かれていたものを採録して刊行したもので、これで留岡の行動の詳細がすべてわかるわけではない。そのため、把握できるのは刊行された『日記』に記述がある範囲に限られるが、その範囲で渋沢との交流を探っていくと、一八九七年五月二五日と、[26]一九〇五年二月八日に東京市養育院を訪問しているが、[27]これは内務省嘱託としての職務によるもので、渋沢が立ち会ったかも不明である。

ブース来日の歓迎会には留岡も出席していて、渋沢の挨拶を聞いている。[28]一九一一年にも養育院を訪問している。[29]一九一八年四月一五日に「飛鳥山渋沢氏別邸にて午餐の後懇談」とある。[30] このときの渋沢の発言について、「ベレー氏歓迎、渋沢男爵の辞」と題して、簡略にまとめているので、[31] 留岡としても重視していた集まりであったようである。一九二〇年四月三日は「渋沢男爵旧談」として、産業組合総会での渋沢の自己の回顧についての講演を簡潔にまとめている。[32] 一九二三年七月一七日には、社会事業協会の協議会に渋沢が出席して挨拶したことが記されている。[33]

一九二四年一〇月一九日は渋沢邸での集まりが予定されていたが欠席した。[34] 一九二六年に一〇月九日には渋沢邸で園遊会があり、留岡も出席しているが、途中で辞去した。[35] 同年一〇月一五日には渋沢邸でブースの歓迎会があり留岡も出席したが途中で退席した。[36] 一九二六年一〇月二六日には中央社会事業協会理事会があり、留岡と共に渋沢も出席している。[37] この一〇月には「養育院の感触」という渋沢の発言を整理した記述もある。[38] 一九二九年一一月一三日に渋沢邸でのレセプションに出席した。[39]

こうしてみていくと、社会事業関係の諸行事で、たびたび同席していたので、両者の関係は、終始緊密であったといってよい。記述から感じ取れるのは、留岡は渋沢の発言をたびたび聞く機会があったうえ、それを手帳に書き留めるなど、重要視していたことである。留岡と渋沢とは、かなりの親密さで生涯かかわり続け、相互に影響し合った。

(7)　石井亮一と滝乃川学園

石井亮一によって創設された滝乃川学園については、『滝乃川学園百二十年史』という大部な年史が刊行されている。[40] 同書は多様な視点で学園の変遷を分析しており、支援者の動向にも詳細に触れている。同書によれば、ある時期まで、渋沢による支援は特に目立つものではない。

関係が深まるのは、滝乃川学園にとっての痛恨事である火災の後、理事長に就任してからである。渋沢が学園の再建のうえで大きな役割を果たしたことは、これまでも評価されてきた。ただ従来、渋沢が初代理事長と認識されていた。

これは滝乃川学園による発行物にも書かれていたので、疑われることなく、近年まで流布されてきたのであるが、実際には初代ではないことを、同書では指摘している。ではなぜ、初代と誤認されるようになったのか。渋沢が、学園のために相当な労力を注ぎ、その尽力が他の理事長経験者を大きく凌いでおり、渋沢の存在だけが学園関係者の記憶に残ったということではないだろうか。

亮一の妻の石井筆子と、渋沢の長女の穂積歌子が、竹橋女学校の同級生であるという、個人的な人間関係があることも、学園への支援の要因としてであるであろう。石井筆子を顕彰した文献では、渋沢の存在を示しているし、筆子を描いた映画「筆子・その愛」でも渋沢が登場するように、筆子を論じる際に、渋沢が欠かせない存在になっている(41)。

(8) ハンナ・リデルと回春病院

ハンナ・リデルによって創設されたハンセン病救済の施設である。渋沢による全面的な協力にあった施設の一つである。リデルはたびたび上京しており、大隈重信ら有力者を後援者として獲得していくが、渋沢も有力な後援者の一人であった。

一九〇五年一一月六日に渋沢はリデルほか関係者を招いて、大隈が病気で来られなかったため、渋沢が演説をした(42)。一九〇六年五月にも、渋沢や大隈らの呼びかけにより協議会を開き、やはり支援を呼びかけた(43)。一九〇六年一一月には慈善演芸会が行われ、渋沢も演説した(44)。

もっとも、一九一〇年にリデルが渋沢を訪れたときには、熊本に九州療養所が設置されたことを理由に支援をしぶったようであるから(45)、いつも全面的に支援したというわけではない。渋沢の意図とリデルの考えには相違があったように思える。すなわち、リデルは自己の思想に合致する施設の設置・運営を志向していたのに対し、渋沢は日本全体のハンセン病救済への関心のなかでの回春病院への支援であった。リデルに共鳴したというより、ハンセン病患者への対策が不十分であることへの憂慮のもとでの行動であった。晩年には癩予防協会の会頭にもなっていることにも、渋沢の立場があらわれている。とはいえ、一九二九年五月二一日に、渋沢を中心にしてリデル女史慰労午餐会が開かれており[46]、渋沢とリデルとの関係は基本的には良好なものを維持していたといえよう。

(9) 北川波津と東京孤児院

東京孤児院は北川波津によって創設された。著名施設の一つであるが、北川はプロテスタントではなく、ハリストス正教会に属しているので、本章で取り上げている施設では唯一の非プロテスタント施設である。東京育成園に改称され、プロテスタントの者が後継者になる。東京孤児院では、月報で寄付者の名簿を掲載しているが、渋沢は関与していないようであるし、全体として著名人はあまり見当たらない。唯一、一九〇五年五月二一日から二六日にかけて行われた慈善演芸会に四円の寄付を行っている[47]。東京孤児院として、渋沢の存在は小さなものであったといってよいであろう。

3　キリスト教社会事業と実業家との相克

あくまで筆者が把握できたキリスト教社会事業との関係に限定されるが、こうしてみると、キリスト教社会事業というときに紹介される主要施設は、かなりの程度、渋沢の支援があった。キリスト教社会事業が創設期に多額の資金を必要とし、それを確保するうえで、渋沢の役割が大きかったことは明らかである。キリスト教社会事業が先駆的な実践をなしえた要因はいくつもあるが、その要因の一つとして、渋沢のような教会外の協力者の存在があった。キリスト教社会事業を論じるとき、個々の事実関係を追うときに渋沢の名が出ることはあったが、渋沢のキリスト教社会事業支援の全体が論じられることはなかった。キリスト教社会事業の功労者は、教会や海外ミッションなどとともに、渋沢をあげなければ公平ではないように思われる。

ただ、渋沢とキリスト教社会事業の関係は一様ではない。密接な関係をもち、多忙な渋沢がかなりの時間を割いて対応した事業（救世軍、滝乃川学園、回春病院）がある一方、関係をもちつつもそれほどでない（岡山孤児院、鎌倉保育園、二葉幼稚園、東京孤児院）事業もある。渋沢とて、無限に資金や時間があるわけではないから、おのずと選択せざるを得ないのは当然である。また、岡山孤児院は地理的な現実において、かかわりが制約されるのはやむを得ない。また、施設側が渋沢抜きの運営体制を自力で整備できていれば、無理に渋沢を頼る必要もない。

一方で、渋沢側の問題関心の反映もあろう。養育院でより深刻に直面した課題として、非行や犯罪、ハンセン病などがあり、その根本的な解決策としてキリスト教社会事業のなかにそれを見出そうとした。また救世軍はイギリスなどとの関連から国際性があるので、「投資先」として有益との判断もありえた。

しかし、キリスト教社会事業は、明治期の慈恵的な性格をもった事業から、社会性を有した事業にシフトしていく。セツルメントなどがその典型例である。この場合、事業家は社会改良的志向があり、ときに社会主義にまで親和的であった。筆者はセツルメントと渋沢との関係を仔細に調査したわけではないが、労働運動など社会運動に親和的で資本主義を批判していた事業家が、よもや渋沢に寄付を頼ることはあるまい。

また、社会事業が組織的、専門的な性格を持つようになると、育児事業なども含め、キリスト教社会事業に限ったことではないが、こうした慈善事業的資金獲得は一九三〇年頃になると、行き詰まることになる。もはや渋沢ら多額の募金を期待できる人物はいなくなった。財閥は個人の篤志としてではなく、三井報恩会のような組織的な対応をするようになる。

さらに、「愛の業」としての宗教慈善が、資金獲得との相克のなかで、「愛」の内実自体が変質していくことについて大濱徹也は、各種の方策をとらねばならず、さらには「自立力行」の名のもとでの児童の北海道への入植、そして「貧しい施設の経営者は、長年の苦闘が大なればなるほど、その宗旨を問わず、天皇の恩愛による癒しを希求しつづけており、天皇と皇室を敬愛してやまなかった」と指摘している[48]。

有力者に頼ることによって、有力者によって維持されている社会構造への批判的認識が養成されないことについては、当時から内村鑑三が批判的な姿勢をもっていた。内村のこの姿勢については、留岡幸助が当初は足尾鉱毒問題について真相究明を求める立場に立っていたはずなのに、古河市兵衛から資金を得ていたこととの関係で、室田保夫が指摘している[49]。津崎哲雄も同様の指摘をしている[50]。津崎による内村からの引用文のなかには渋沢の名があり、内村から見て渋沢はキリスト教の事業が依存するにふさわしい存在ではなかった。

筆者も、一九八八年の論文ですでに、「此世の政治家、実業家、学者等の名を藉りて為さるゝ救世軍の御事業には残念ながら参加致し兼ね候、若しキリストの御聖名にのみよりて為さるゝ御事業有之候節は何時なりとも御用御申附け被下たく候、小生は必ず応分の御寄附致したく存候、小生は救世軍が新約聖書が明白に示す所の手段方法を以て其事業を行はれんことを切望に不堪候」との一文を引用して[51]、救世軍の資金集めに対して内村が厳しい目を向けていたことを指摘した[52]。この「実業家」には渋沢が含まれている、というよりイコールに近いといっても過言ではない。内村は救世軍が渋沢と親密であることについて、新約聖書が示す手段と異なるといっているのであり、キリスト者からキリスト者への批判としては、もっとも強烈な表現といってよい。

渋沢と救世軍が親密なのもある面では奇怪なことである。救世軍は廃娼運動を展開し、その過程で山室軍平は一夫一婦制を強調するなど、性的な潔癖さを求めている。愛人をもつ渋沢を礼賛することは矛盾といわざるを得ない。

したがって、キリスト教社会事業の発展はある意味、そうした富裕者依存体質から脱却していく過程でもあったともいえる。

注

(1) 室田保夫『近代日本の光と影――慈善・博愛・社会事業をよむ』関西学院大学出版会、二〇一二年、二〇六頁（初出は二〇〇九年発行の『「東京市養育院月報」解説・総目次・索引』不二出版）。
(2) 山名敦子「渋沢栄一――フィランソロピーの先駆、その日本的特性」室田保夫編『人物でよむ近代日本社会福祉のあゆみ』ミネルヴァ書房、二〇〇六年。類似の文献で渋沢が取り上げられたものとして、『人物でつづる障害者教育史　日本編』日本科学文化社、一九八八年があるが（執筆者は宇都栄子）、二ページだけの事典的記述である。
(3) 古川孝順「跋――『渋沢栄一の福祉思想』の刊行に寄せる」大谷まこと『渋沢栄一の福祉思想』ミネルヴァ書房、二〇一一年、五〇一～五〇二頁。
(4) 山本啓太郎「兵庫県における慈恵救済基金」『近畿大学豊岡短期大学論集』第一号、二〇〇四年。山本「ライオン歯磨『慈善券』の慈善事業助成」『大阪体育大学健康福祉学部研究紀要』第六号、二〇〇九年。
(5) 大谷まこと、前掲書、一九三頁。
(6) 片岡優子『原胤昭の研究　生涯と事業』関西学院大学出版会、二〇一一年。
(7) 同志社大学人文科学研究所編『石井十次の研究』同朋舎、一九九九年の巻末に詳細な年譜があり、石井の生涯の行動を把握できる。
(8) 『石井十次日誌（明治三十二年）』石井記念友愛社、一九六九年、八八頁。
(9) 同前。
(10) 同前書、九〇頁。
(11) 『石井十次日誌（明治三十九年）』石井記念友愛社、一九七七年、一六三頁。
(12) 『石井十次日誌（明治四十三年）』石井記念友愛社、一九八一年、二四〇頁。
(13) 『渋沢栄一伝記資料　第三十巻』渋沢栄一伝記資料刊行会、一九六〇年、三六六頁。
(14) 『石井十次日誌（明治四十四年）』石井記念友愛社、一九八二年、一一〇頁。
(15) 『渋沢栄一伝記資料　第三十巻』、三六六頁。
(16) 『救世軍日本開戦百年記念写真集』救世軍本営、一九九七年、三〇頁。他に森村市左衛門と村井保固が掲載されている。
(17) 『青淵回顧録　下巻』青淵回顧録刊行会、一九二七年。

(18)　山室軍平「渋沢子爵を偲ぶ」『ときのこゑ』第八五七号、一九三一年一二月。
(19)　山室軍平編『日本に於るブース大将』救世軍日本本営、一九〇七年。
(20)　同志社大学人文科学研究所編『山室軍平の研究』同朋社出版、一九九一年、四四九～五五七頁。
(21)　山室軍平「渋沢子爵を偲ぶ（下）」『ときのこゑ』第八五八号、一九三二年一月。追悼文は、『山室軍平選集　第九巻』山室軍平選集刊行会、一九五六年にも収録されているが、「実業界の部」の最初である。同書の実質的な編者であり、山室の長男の山室武甫も、渋沢を実業界の第一に考えていた。
(22)　『二葉幼稚園八十五年史』二葉保育園、一九八五年。
(23)　益富政助編『聖愛』鎌倉保育園、一九二二年、一七三頁。
(24)　『日誌　佐竹音次郎』鎌倉保育園、一九七六年。
(25)　牧野虎次編『留岡幸助君古希記念集』留岡幸助君古希記念事務所、一九三三年、三九頁。
(26)　『留岡幸助日記　第一巻』矯正協会、一九七九年、六五七～六五九頁。
(27)　『留岡幸助日記　第二巻』矯正協会、一九七九年、六一一～六一四頁
(28)　同前書、六八六～六八七頁。
(29)　『留岡幸助日記　第三巻』矯正協会、一九七九年、三五三～三五四頁。
(30)　『留岡幸助日記　第四巻』矯正協会、一九七九年、二三六頁。
(31)　同前書、五九八頁。
(32)　同前書、四〇一頁。
(33)　『留岡幸助日記　第五巻』矯正協会、一九七九年、二三頁。
(34)　同前書、一四五頁。
(35)　同前書、三三八頁。
(36)　同前書、三三九頁。
(37)　同前書、三四二頁。
(38)　同前書、三四六頁。
(39)　同前書、六三三頁。

(40)『知的障害者教育・福祉の歩み　滝乃川学園百二十年史』滝乃川学園、大空社、二〇一一年。
(41) 眞杉章『天使のピアノ――石井筆子の生涯』ネット武蔵野、二〇〇〇年、二六～二七頁では、火災後に渋沢が理事長になったことを記すとともに、渋沢と歌子の写真を掲載して詳しく紹介している。『石井筆子の生涯』大村市・石井筆子顕彰実行委員会、二〇〇二年、五一頁でも渋沢を写真とともに紹介している。
(42)『渋沢栄一伝記資料　第二十四巻』渋沢栄一伝記資料刊行会、一九五九年、五一六頁。
(43) 同前書、五二三頁。
(44)『渋沢栄一伝記資料　第三十巻』渋沢栄一伝記資料刊行会、五二七～五二八頁。
(45)『光田健輔と日本のらい予防事業――らい予防法五十周年記念』藤楓協会、一九五八年、二九二頁。なお、同書では渋沢について「救癩事業に三十三年間尽力せられた」(五二五頁) と述べるなど、渋沢を救癩事業の恩人として高く評価している。
(46)『渋沢栄一伝記資料　第三十一巻』渋沢栄一伝記資料刊行会、一九六〇年、一九二～一九三頁。
(47)『東京孤児院月報』第六五号、一九〇五年、二頁。
(48) 大濱徹也「社会事業と宗教」『岩波講座　日本通史　第一七巻　近代二』岩波書店、一九九四年。
(49) 室田保夫『留岡幸助の研究』不二出版、一九九八年、四七四頁。
(50) 津崎哲雄「内村鑑三の慈善観」『内村鑑三全集』第四六号、二〇一三年。
(51)『内村鑑三全集　19』岩波書店、一九八二年、一三一頁。
(52) 杉山博昭「日本救世軍創設期の財源問題」『基督教社会福祉学研究』第二〇号、一九八八年。

第3章　セツルメント発展におけるキリスト教の役割

1　キリスト教セツルメントへの評価

セツルメント史において、キリスト教、とくにプロテスタント系の活動が中核をなしている。日本のセツルメントがいつから始まるのかには諸説あるが、片山潜によるキングスレー館か、アリス・ペティ・アダムスによる岡山博愛会とすることが多い。ほかに西内潔の石井十次による夜学校とする説などがあるが[1]、いずれもプロテスタント系である。

しかし、プロテスタント系のセツルメントについて、かつて一番ヶ瀬康子によって否定的な評価がなされていた。一番ヶ瀬は、プロテスタントによるセツルメントを列挙したうえ「いずれも、日本社会においては数すくないキリスト教徒によって設立されているのがその共通点であるが、それだけに、日本における絶対主義天皇制強化のもとで、社会的な姿勢をもつことはきわめて困難であったといえよう。そのうえ、その活動の目的を、布教と直結させておこなったものがほとんどであった。したがって、慈善事業を変質するどころか、自らが慈善事業として、形式的にセツルメント活動を継承したにすぎなかったものといえよう」と酷評している[2]。

しかし、この一番ヶ瀬の評価は正当なのであろうか。「社会的な姿勢をもつことは困難であった」と述べるが、本当に社会性はなかったのか、「慈善事業」と決め付けているが、そうだったのか。そもそもこの論文は、脚注をつけない形式で書かれていて、何らの根拠も示されていない。もっと実際の活動をつぶさに検討すべきではないだろうか。

キリスト教のセツルメントが多数生まれるなか、そのことの社会事業全体における意義や、社会事業史思想への影響などを多面的にとらえていく必要がある。キリスト教が近代初期に慈善事業に着手していくとき、政府はそこに干渉することは少なく、自由な条件で実践をすすめることができた。キングスレー館などの初期のセツルメントも、自由な流れの中で可能になったといえよう。セツルメントはその後、社会事業の主要な領域として広がった反面、「隣保事業」という翻訳がなされ、社会教化事業という、全体性に組み込むような分野に区分される。キリスト教系のセツルメントの場合、外国の影響を受けるなどしており、外国人が中核となって運営されている場合もあり、比較的自由な立場を保持していた。とはいえ、社会教化事業の枠組みに縛られていく側面があったことも、否定できない。

セツルメントが否定的性格を含んでしまったとしても、一九三〇年代の経済不況のもとで、生活支援としての必要性が高まって、セツルメントの活躍が広がるが、キリスト教系のセツルメントは大きな役割を果たしたといってよい。

本章では特に、東京のプロテスタント系のキリスト教セツルメントを取り上げる。東京を取り上げるのは、一九三〇年代の東京が関東大震災の復興をなしたようにも見えながら、貧困層の生活状況は低位なままであり、一九三〇不況によって深刻さを増した。この点が、震災のない大阪など他の都市と異なる点である。こうした状況下で、多くのキリスト教系のセツルメントが活動している。また、大阪のセツルメントについては、かなりの研究蓄積が積まれつつあるのに対し(3)、東京のセツルメントは、帝大セツルメントや興望館セツルメントにいくらは注目すべき文献があるものの、全体としていえば、研究の進展が遅く、研究の必要性が高い。

そこで、キリスト教系セツルメントを取り上げるが、カトリック系のセツルメントとして、上智カトリック・セットルメントがあるが、プロテスタント系と比して性格が異なるうえ、次章で詳述するので、プロテスタントに限定して取り上げていく。時期としては、キリスト教セツルメントが拡大していく一九二〇年代から一九三〇年代を中心にし、戦時下については取り上げない。

2　キリスト教セツルメントの概要

(1)　先駆的活動

東京でのキリスト教セツルメントの先駆的な存在は何といっても、片山潜によるキングスレー館であり、一八九七年に神田三崎町に設立された。キングスレー館を日本でのセツルメントそのものの開始とする見方もある。労働者を対象とした、幼稚園、夜学校、講演会などの事業を行った。しかし、労働運動を重視する姿勢のもとで長続きせず、一九一四年にはすべての事業が終了してしまった[4]。

続いて救世軍が神田三崎町に一九〇八年に大学殖民館を設置した。「大学」とあるのは学生の寄宿舎を基盤にしているためである。日曜日の宗教講演や通俗講演会のほか、貧民法律顧問部、無料代筆部、医療部、身上相談部というように、事業を広げていった。救世軍はこの時期、社会事業を広げており、特に都市の貧困者への活動を強めていた。前年にはブース来日が実現しており、救世軍が政府からの認知も受けて、本格的な発展期に入った時期であり、その象徴が大学殖民館であったといって過言ではない。場所はキングスレー館に近い場所で、キリスト教セツルメントとしての発展が期待された。

しかし、一九一三年に神田の大火によって焼失し、しかも火元ではないかと疑われる状況であった。本当に大学殖民館が火元であったのか、外部から火が出たとの証言もあって疑問もあるが、山室軍平は「罪を天下に謝す」という謝罪文を公表したので、火元であることを認めることになってしまっている。このため、大学殖民館はもちろん、救世軍の社会事業自体が厳しい状況に置かれることになり、せっかくのセツルメント事業は中止された。結局、初期の東京のキリスト教セツルメントは十分な発展をみることなく、頓挫したことになる。

一九一一年には有隣園が、大森安仁子によって始まった[5]。実質的な開始は一九一三年とされる。大林宗嗣は有隣園をわが国最初のセツルメントとして紹介している[6]。大井蝶五郎は、キリスト教のセツルメントとして「有隣園、愛隣団、救世軍殖民館、三崎会館、本所産業青年会等」と列挙して、キリスト教系セツルメントの一つとして紹介している[7]。生江孝之『日本基督教社会事業史』においても登場する[8]。戦後になっても、松宮一也『日本基督教社会文化史』にて、「基督教徒によつて設けられた主な隣保事業」として有隣園が位置づけられている[9]。したがって、有隣園がキリスト教系の主要なセツルメントとして認識されてきたことはまちがいない。しかし、大森による個人的な事業の色彩が強いうえ、児童遊園から開始され、貧困者の生活そのものの改善とは若干異なっている。だからといって、社会事業史上における有隣園の意義を軽視するつもりはないが、教会や何らかのキリスト教団体と密接な関係をもったキリスト教セツルメントの範疇に加えるのは疑問が残る。『全国社会事業名鑑（昭和一二年版）』では、宗教系の施設には「基督教」というような付記がある。単なる記載漏れかもしれないが、有隣園については「基督教」の記載が無い（一一二五頁）。ただ、キリスト教セツルメントとして語られてきた以上、一応概略を触れておきたい。

大森は元来はアニー・セプリー・サージャントというアメリカ人であったが、大森兵蔵と結婚し、来日し帰化したことで大森安仁子となった。夫の方がはるかに年下であったが死亡し、夫の遺思を継いで、児童の運動施設を創るというのが動機であったという。当初は、貧困児童を主な対象とする運動場の設置を目指すなどした。単に夫の遺志を継いだだけではなく、大森自身の動機もある。大森は、児童が放課後など登校時以外の時間にやることがなく、放任されやすいことを憂いていた。図書館や博物館は乏しい一方で、茶屋、活動写真、芝居などの歓楽の場は多く、それが青少年を不適切な方向に導いてしまっており、「必要な娯楽を私共の方から備へてやりませぬと、青少年者は彼ら自ら之を見付けます」という実態があり[10]、有効な方策として、公設遊戯運動場を提起し、みずから創設していったのである。大森の発想には過剰な道徳主義も感じられはするが、基本的な発想は、適切な社会資源の設置により、児童に良好な環境を提供することにあった。

いずれにせよ、有隣園は、後述のセツルメントがいずれも教会などキリスト教組織と密接な関係のもとで設置されているのに対して、大森の個人的創設による。また、中核になるのは松田竹千代という、渡米経験を持つ人物である。松田はアメリカで波乱万丈ともいえる冒険的な体験を繰り返した後、帰国して大森と関係を持ちつつ、有隣園の運営に貢献した。その後松田は、衆議院議員に転進し、戦後まで政治家として活躍する。松田の著作を見ると、YMCAなどキリスト教関係者との連携のもとで有隣園の発展があったことなど、キリスト教的傾向を感じる部分はある。しかし、有隣園の事業内容自体が、セツルメントと呼ぶだけの内容を備えているか疑問であるし、キリスト教主義が強いものには思われない。一番ヶ瀬康子のキリスト教への低い評価も、一つには有隣園を典型例としてとらえたことにある。ただ、キリスト教セツルメントの伝統を継承しつつ、ユニークな社会事業として他の社会事業を勃興させていく力となった点では、一定の評価をなすべきである。

(2) 興望館

こうして、一時は停滞したキリスト教系のセツルメントであるが、一九二〇年前後から、新たな活動が開始され、東京におけるセツルメントの中核的な役割を果たしていく。まず、一九一九年に興望館が、ボールスやブラックモアら日本基督教婦人矯風会外人部関東部会の会員によって、当初は東京市本所区松倉町に設立された[11]。外人部が日本でのセツルメントを企図し、本所区の松倉町付近が貧困な住民が多いことからこの地を選んだ。貧困家庭の子どもを対象とした幼稚園からスタートし、当初は仮小屋を用いるという小規模な形であった。一九二〇年には二階建ての家屋を借りて、託児所、幼稚園、授産場、裁縫室、読書室へと事業を拡大した。

さらに事業を充実すべく建物を新築していくが、一九二三年三月に暴風雨で崩壊した。資金を集めて更なる工事を行って完成したのだが、あろうことか一九二三年九月一日の午前に献堂式をすませた直後、今度は関東大震災で被災してしまう[12]。しかしカナダメソジスト婦人伝道社団の支援を受けつつ、託児所の開設から再スタートして復興していく。

震災復興による区画整理事業があることや、後述の本所基督教産業青年会が近隣での活動を活発化させていたことから、移転することとなり、一九二八年に南葛飾郡寺島町を新たな場としていく。移転後、さらに事業が拡大した。当初計画した鉄筋二階建ての構想こそ、木造一部二、三階建てと縮小したものの、保育園、父母の会、診療部、少年少女部、青年部、母姉の会、運動場など、あらゆる活動を展開していく。しかも、吉見静江が主任として着任することから、いっそうセツルメントとしての機能を高めていく[13]。吉見は、ニューヨーク社会事業学校で社会事業の専門教育を受けて帰国した。社会事業の高い専門性を有する人物を迎えたことで、興望館はセツルメントとしての社会的性格をさらに深めて、いっそう発展していくことになった。一九三五年は隣地を購入して増改築を行い、規模を拡大する。興望館は、キリスト教セツルメントとして現存しており、すでに著名といってよい。女性の役割が非常に大きかったこと、あまりの度重なる困難を乗り越えたことが特長である。また、事業内容が、住民の生活ニーズに即した活動に徹している。これが困難のなかでも、支持を得て継続できた原因でもあるだろう。

(3)　バプテスト系

バプテストは、北部系と南部系があり、前者がバプテスト東部組合、後者が西部組合となる。文字通り東部組合はおおむね関東や東北、西部組合が九州が拠点であるが、東京にも西部組合の教会が存在する。東部組合系のバプテストの中心的な教会として、一九〇八年に中央バプテスト教会が神田三崎町に設立され、この教会にセツルメント施設として中央会館が設立されて、ウィリアム・アキスリングが館長になる[14]。アキスリングは北部バプテストの宣教師として来日し、東北で宣教、その後東京に赴任した。教会に設置されているので、宗教活動との関係が深い。ところが、前述の大学殖民館が火元とされる大火で、焼失する。しかし仮小屋を建てて再開し、新たな会堂を建てて、東京三崎会館となる。しかし、関東大震災で会堂が崩壊、またも再建することになる。

三崎会館は、一九二四年に深川に分館を設置する。[15]当初は三崎会館の別館という形であったが、これが深川社会館となる。一九二八年に白河町に移転した。こちらも深川教会との関係の中で活動が展開される。

東京ではないが、近隣のものとして、関東学院のセツルメントがある。[16]横浜市の関東学院内に一九二六年に開始された。関東学院社会事業部の学生が活動主体で、横浜の貧困地域に一戸を借りて開始したが、一〇月には他所に移転した。活動として、情操教育、知識教育、宗教教育、裁縫手芸、貯金の奨励、衛生、身の上相談、娯楽を掲げている。約一〇〇世帯を対象にして、学生中心の活動をした。会館設立を目指した募金活動を行ったこともある。

（4）メソジスト系

いくつかのセツルメントを生んで、セツルメントの発展に貢献しているのは、メソジストである。谷川貞夫は「我国に於ける基督教社会事業中、もつとも積極的に進出的に活躍してゐるのは即ち日本メソヂスト教会に外ならない」と述べて、社会事業自体へのメソジストの積極性を評価し[17]、阿部志郎は、日本のセツルメントの発展において主要な働きをしたのがメソジストであると述べているなど[18]、セツルメントには親和的な教派であるとされている。これらメソジスト系のセツルメントは、三好豊太郎『隣保事業の本質と内容』では、日暮里愛隣団のみ紹介されているように[19]、一般的にはあまり知られていないが、同一教派の関係で多くのセツルメントを生み出したことについて、評価すべきであろう。

そして、戦後はメソジストの伝道のなかから横須賀基督教社会館が創設されることになる。前述のように興望館も、メソジストとの関係を有している。生江孝之はメソジストであり、社会貧を重視した生江の社会事業観に、メソジストの伝統が反映していると考えるのは、決してこじつけではないであろう。

谷川貞夫がメソジストの社会事業の概要を整理し、セツルメントについても紹介している[20]。それによれば、まずメソジストのセツルメントとして、愛清館が一九一五年に城東区亀戸に開設された。近くに私娼窟があることから、女性救済の寄宿舎から始まった。その後、工場で働く女性を対象とした学級やクラブが設置され、幼稚園、貧民救済などを行うが、特に水上生活者の救済が特徴であった。

共励館が向島区吾嬬町にある。区は異なるが亀戸とさほど離れていない。大規模な工場があって、人口密度の高い地域である。労働者の宿泊所から始まった。裁縫学校、クラブ、運動場などを行う。

日暮里愛隣団が一九二〇年に、荒川区日暮里にジョン・ウィリアム・サンビーによって設立された。サンビーの帰国後はパーシバル・ガーディナー・プライスが継承している。また大井蝶五郎が初代の主事であった。スラムの最下層の人々の救済を目的としている。谷川自身も活動の拠点であった。日暮里は、下谷万年町から貧困者が移動してきたこともあって、東京における主要なスラムとなっていた。

貧困家庭の子どもを対象とした小学校を設置し、学用品を給付するほか、欠食児童のための昼食を提供した。日暮里の子どもが学校に行っておらず、子ども自身も行こうとしないなか、愛隣団の小学校が教育を支えた[21]。貧困患者の診療、授産とその製品の販売、貧困家庭の救済などを行った。トインビー・ホールを目標にしていたという、事業内容や方向性がセツルメントとしての要素を満たしているので、三好もこれを紹介したのであろう。

愛恵学園は、一九三〇年に設立され、足立区西新井町で活動した。西新井は新たに出現したスラムである。保育所、児童健康相談所、図書館が主な活動である。活動の中心は女性だった。

なぜか谷川による、メソジストとセツルメントとしての紹介から漏れているが[22]、以上のほか根岸会館が、一九二〇年に開始されている[23]。当初は日暮里にあって、日暮里愛隣団の名を冠した事業であったが、下谷区下根岸に移転して、根岸会館と改称された。一九二一年に愛隣幼稚園が開始され、さらに英語学校が開校する。しかし、関東大震災で全焼する。バラックを建てて事業を継続しつつ、一九二七年に建物が再建され、和服裁縫女学院が設置された。

これらメソジストのセツルメントの経費は、カナダ婦人伝道会社、カナダ伝道会社、米国M・E・婦人伝道会社といった教会の伝道組織からの補助が大きな比重を占めている。谷川は「各隣保事業に於ては、いづれも伝道事業が行はれてゐる。しかもこの宗教事業は各施設に於ける重要なる働きの一つなのである」と述べて、伝道事業であることを重要な要素としているが、これは財源からも示されている。

こうした東京の事業の組織として、一九二九年に日本メソジスト東京社会事業連盟が結成された。同連盟については谷川の『日本メソヂスト社会事業概要』のほか、生江孝之『日本基督教社会事業史』で特に見出しを付けて取り上げて詳述している。[24]「隣保事業経営団体」と位置づけ、メソジスト系の隣保事業が、日本メソジスト教会、北米監督メソジスト教会、カナダ合同教会の三教会が個々に経営していたので、事業を協同経営するために組織したのだという。生江によれば、同連盟のセツルメントは、日本メソジスト教会社会局との「密接な関係の下に運営されている」という。生江はメソジストに属しているので、メソジストに関する記述は正確と思われる。連盟の結成により、メソジストの一連のセツルメントが、メソジスト教会総体としての事業であることがより明確になったといえる。

(5)　本所基督教産業青年会

関東大震災後に賀川豊彦によって設立されたのが、本所基督教産業青年会である。[25]本所は関東大震災の被害の大きい地であり、震災最大の悲劇ともいうべき被服廠跡での約四万人の焼死も、この地である。興望館も消失してしまった。そうした地域だけに、多くの社会事業活動が展開されることにもなる。[26]

賀川豊彦は関東大震災の報を受け、さっそく興望館の跡地で救援活動を開始する。当初は東京基督教青年会の事業としてなされたが、賀川へと譲渡され、本所基督教産業青年会として発展してセツルメントへと至ることになる。セツルメントとしては奇異な感のある名称も、こうした経緯が原因である。

本所基督教産業青年会の活動は多岐にわたっている。宗教部がおかれ、伝道説教や聖書講義などがなされた。保育では、震災後ただちに光の園託児所として開始され、光の園保育組合を経て、光の園保育学校へと発展した[27]。愛の園保育学校も創設され、詳細が不明であったが、一部の史料が発見された[28]。

教育活動では、裁縫編物刺繍講習会として開始されたものが、東京家政専修学校へと発展した。信用組合では、中ノ郷質庫信用組合は、現在も中ノ郷信用組合として現存している[29]。医療組合として、東京医療利用組合として開始され、中野組合病院を経て、中野総合病院として現存している。消費組合も結成された[30]。

社会事業として、人事相談、無料診療所、児童健康相談所など多様な活動を展開した。このように、およそセツルメントとして考えられるあらゆる活動を行ったといってよい。費用や従事者の数から見ても、キリスト教以外も含めた東京の他のセツルメントと比べて大きな規模となっており、質量とも、東京で最大のセツルメントとなっている。

しかも、相当程度は現存し、本所賀川記念館など、さまざまな形で継承されている。宗教活動とも密着していた。宗教部は、本所イエス団として教会となった[31]。この教会は、賀川の属する日本基督教会ではなく、どの教派にも属さない。「基督教」というのは単なる理念にとどまらず、キリスト者としての実践とセツルメント実践が重なり合っていた。宗教活動については、現在の日本基督教団東駒方教会へとつながっているが、本所賀川記念館と教会とは同一の建物内にあるように現在でもそうした理念は継承されている。

本所基督教産業青年会の中核として活躍するのが木立義道である[32]。木立は主事として、青年会の諸活動を支えるとともに、社会事業の論客として『社会事業』などに多くの論考を残すことになる。

(6) 救世軍

大学殖民館の事業を中止した救世軍であったが、再び東京でのセツルメントとして、一九一五年に本所に愛隣館を設立する。「愛隣館の働の主要目的は、貧民窟の教化にある」とされており、訪問活動が重視され、貧困者の生活実態の把握を試みた。病者への薬品給与、米の給与、職業紹介、人事相談などを行った[33]。

さらに、本所に一九一九年に社会植民部を設立する[34]。東京府慈善協会から三万円を提供されての委託事業であった。首相、内相、文相、府知事の祝辞が朗読されたり、東京市長の祝賀演説をするなど仰々しい開所式がなされた[35]。「最も斬新にして有効なる細民地区改善機関」と称しており、しかし、関東大震災によって、またも焼失することになる。しかし社会植民部は再建されて、救世軍のセツルメントは継続されていく。一九二九年に建物を新築して、社会植民館と改称した。

活動として、「当館の一特色は託児所の仕事でありませう」とし、地域住民と接触して向上を働きかけるのに有効な方法であるとしている[36]。おおむね朝九時から午後四時までを保育時間としつつ、勤務時間の関係でそれ以上預かる場合もある。原則として有料としていた[37]。そのほか、夜学校によって小学生への授業の復習、母親を対象とした講習、ミシン・編物の講習会、法律相談、人事相談なども行っている。戦時下になると出征軍人救護も行うようになり、家庭訪問、家事手伝い、軍人の子どもや妻の行事への招待、手紙の代筆などを行っている[38]。

救世軍のセツルメントの特長として、山室民子は「救世軍植民館は其の宗教的な行き方に於て異彩を放つてゐます。小隊のやうな仕事も行はれ、他の小隊同様救霊戦を進めてゐます」としている[39]。社会植民館の活動範囲は狭いという見方もできるが、セツルメントとは何かを正確に踏まえたうえで、地域住民の生活向上を「救霊」という視点を持ちつつ実践するものであった。いずれも規模が大きいとはいえないが、救世軍が終始貧民に関心を寄せてきたことを具体的な活動で示す事業であった。

(7) 大学セツルメント

大学セツルメントといえば、この時代は東京帝国大学が著名であるが、キリスト教系の大学でもセツルメントとして、明治学院で行われた[40]。田川大吉郎のもと、三好豊太郎を責任者として開始された。映画会を開くなどして資金募集を行ったうえ、一九三〇年二月に開始された。児童保護を中心に、クラブ指導、貯金奨励、間食の会、図書室、日曜学校、母の会、女工を対象とした夜学などを行ったほか、社会調査も実施した。しかし、学院からの補助はわずかで、財政的には常に厳しい状況にあった。一九三四年に閉鎖、一九三六年に再び開設されたものの、一九三七年に閉鎖されている。

前述したように、バプテスト系の関東学院でも行われた。カトリック系では上智カトリック・セットルメントが上智大学生を中心に活動して、大学セツルメントの性格を有していた。

3　思想・理論での貢献

キリスト教セツルメントの活動は、社会事業界全体に貢献する人材を輩出していくことになる。長く活躍したのは、日暮里愛隣団の谷川貞夫である。谷川は『社会事業』『社会福利』『私設社会事業』など社会事業雑誌に多数の論考を発表し、社会事業論壇の中核的存在になっていく[41]。議論の対象は広範であり、社会事業のさまざまな領域に及んでいるが、もちろんセツルメントに関するものも多い。直接セツルメントを論じたものは、成人教育に力点を置いた「セツルメントにおける成人教育の理想」(『社会事業研究』第二四巻第一号、一九三六年一月)、教育に関する「わが国セツルメントにおける夜学の問題」(『社会事業』第一二巻第六号、一九二八年九月)、組織化との関連で「スラムに於けるセツルメントの使命――特にその近隣組織について」(『社会事業』第一六巻第一二号、一九三三年三月)などと論点も多様である。谷川の一連の論考は、海外のセツルメントの紹介など、理論的な面に主眼があって、日暮里愛隣団の実践がストレートに反映しているわけではない。しかし、こうして、セツルメントの論考を多く世に出すことで、セツルメントを理論面から後押ししたことは明らかであろう。特に「その基調を教育運動と協同組合に置きたい」（『社会事業』第一四巻第三号、一九三〇年六月）では、セツルメントの社会運動的側面を強調し、協同組合運動への拡充を説いている。(42)

セツルメントについて谷川が実践を踏まえて発言しているのは、むしろ『社会福利』での座談会においてである。一九三一年七月二九日に行われた座談会では、社会運動と救済事業との関係について、運動が消極的であったことを指摘し、教育的であるべきことを強調する。(43)方面委員との関係、公営セツルメントの登場のなかでの私営との相違が曖昧になっている現実の指摘などがあり、社会の変動のなかでのキリスト教セツルメントの位置についての苦悩が垣間見える。

一九三六年一〇月九日に行われた「隣保事業座談会」では谷川は冒頭でまとまった発言をして、隣保事業が多様な形態であることや、「対象地区の状態如何」によって内容に大きく影響することなどを指摘している。(44)この座談会には、キリスト教系として、興望館の吉見静江と、上智カトリック・セットルメントの枡居英三が出席している。ただ、吉見と枡居の発言は断片的で、ことに枡居は館長の代理で出席したとのことで消極的である。全体をリードしていたのは谷川である。なお、カトリックの施設は社会事業の組織化の場に参加することは少なく、上智カトリック・セットルメントが東京の主要なセツルメントとして認知されたことの意義はある。

ほかでは、本所基督教産業青年会の木立義道らが活躍している。木立は『社会事業』を主な舞台にして社会事業と協同組合との関係を論じているが、当然セツルメントにもたびたび言及した。木立は、自身も本所基督教産業青年会の一連の活動のうち、江東消費組合や中ノ郷質庫信用組合など、協同組合の事業に関与し、それは戦後も長く続いた。協同組合の方法を社会事業の運営においても応用しようと提唱している。

「私営事業の行詰りと其の転向策としての協同組合化」では、「協同組合の設立とその基礎の上に序々にセッツルメントの事業の遂行を期する」ことを主張した。(45)協同組合化が一貫した主張で、「無産大衆の隠されたる力の発掘と其の組織運動」では、セツルメントは私営であるべきであるのに、実態は公的な補助金を待っている点を批判し、「セツルメントに於ける協同組合への転換が、無産大衆に現実に即した協同と、教育の機会を与へ、その民衆化を徹底せしむる」ことを強調した。(46)

「下層階級金融機関としての公益質屋と協同組合質屋」では、本所基督教産業青年会がセツルメントの発展のために中ノ郷質庫信用組合を創設したことを紹介する。(47)「保育事業の協同組合的経営に就て」では、保育事業をセツルメントの一つとして運営する場合は「近隣の相互的な平等関係の下に為される経営形態が望ましいことは云ふまでもない」と断定する。(48)「暗中模索のセッツルメント」では、「民主的精神と、協同的精神を緯とし、経とする協同組合に私営セッツルメントは教育的にも、経済的にも大いなる期待をかけ得る」「事業の方法は、可能な範囲に於て、その組織を民主化し、協同の形態に於て経営すべく努むべき」と述べている。(49)木立は現場の最前線にいるので、セツルメントの社会運動としての性格を強く意識する一方、経営という現実、地域住民との関係、個々の事業を実際に動かす課題などを考慮し、セツルメントを推進する最良の策として協同組合を鼓舞し続けた。

三好豊太郎は、実践者の枠に入れるのは無理があるかもしれないが、明治学院のセツルメントに関与した。三好はセツルメント関係の著作も多く、『セツルメント事業』（東方書院、一九三四年）や『隣保事業の本質と内容』（基督教出版社、一九三六年）など、イギリス、アメリカ、日本でのセツルメントの歴史的性格を分析するとともに、招来の方向を提起した。基督教青年会（YMCA）が、セツルメントの機能を果たすべきことも主張した。(50)

一方、キリスト教界において、セツルメントへの理解が深まり、キリスト教の社会的な実践の一つの方策としての期待も高まっていく。たとえば、『新興基督教』に掲載された富田富士雄「英国に於けるセツルメントの発生」は、内容的には題名のように、イギリスのセツルメント運動について、トインビー・ホールなどを紹介したものだが、セツルメント運動を「基督教理想主義運動より出発した運動」と位置づけ、最後は「基督教界の進む方向に何かを暗示しないであらうか」で結んでいる。[51] セツルメントは、一九三〇年代のキリスト教における社会的関心の高まりと親和性が強い。社会的関心とセツルメントとが、相互作用をもたらしていく可能性が大いにあったが、そうなるほどの実績が積み重なる前に戦時体制に入ってしまう。

4　キリスト教セツルメントの特質

キリスト教セツルメントには、意外にもその応援者とでもいうべき者による、消極的評価がある。田川大吉郎は一九三一年発行の『社会改良史論』にて、セツルメントについて「充分発達した此の種の事業のあることを未だ知らない」と批判し、[52] 三好豊太郎は一九三四年発行の『セツルメント事業』にて、「開設以来尚日浅く、之が従事者の経験する処少く、且つ又一般の文化程度の低いために、其活動と機能とは決して充分とはいえない」と述べている。[53] キリスト教系のセツルメントに限定した評価ではないが、多分にそれを含めた評価ではある。キリスト教セツルメントに好意的なはずの人物による消極的評価は、セツルメントが実績をあげきれていないことを示している。両者とも、セツルメントの情報を十分に得たうえでの評価であり、一九三〇年初頭において、セツルメントの発展がなお途上であったことは否めない。したがって、過剰な評価は避けなければならないが、キリスト教社会事業が、東京において、相当な広がりを見せたことも事実である。

キリスト教セツルメントには多様な活動がみられたので、その共通的特質をまとめるのは容易ではないが、場所としては、当然低所得層の多い地域に集中しており、特に隅田川東の本所・深川などに広がっている。こうした地域を中心になされた。[54]

これらはもともと低所得層の地域であったが、関東大震災時に大きな被害を受け、より深刻な状況になった。賀川豊彦が、関東大震災の救援活動を開始した時にまず、向かったのが本所であった。日暮里は、それらとは離れているが、貧困者の地域として『社会福利』にはたびたび関連の論考が掲載されている。これらをみるとかなり意図的にセツルメントを開始したので、セツルメントが必要な地を選んでいることがわかる。

また、キリスト教主義であることが鮮明であるだけでなく、教派的な色彩が濃い。三崎会館はバプテスト教会に付設されて設立されたものであり、深川社会館も同様である。メソジスト系のセツルメントもその立場が明確である。本所基督教産業青年会から生まれた本所イエス団は日本基督教会に属することなく単立教会になったのであるが、賀川の関係でいえば、日本基督教会と無関係ではない。しかも「基督教」を含んだ名称に、キリスト教系であることを明確に示す意図が感じられる。興望館も日本基督教婦人矯風会やメソジストの伝道団体などと関係している。救世軍社会植民館の場合、救世軍は「教派」という範疇でとらえられないかもしれないが、救世軍の立場での事業であり、「救霊」と一体化した社会事業の一環である。教派的色彩が濃いといっても、独善的排他的なわけではなく、地域住民の課題に広く対応する姿勢も明らかである。

教派性があるだけでなく、個別の教会との関係も密接である。三崎会館は教会そのものに置かれ、本所基督教産業青年会は本所イエス団という教会を含み、メソジストのセツルメントは、日暮里愛隣団であれば日暮里教会、というような関係がある。このことは、礼拝など日々の教会活動とセツルメントの密接な関係を意味する。

キリスト教社会事業のなかには、創設者がキリスト者というだけで、「キリスト教」がどこまで貫徹されているのか、疑問な場合もあるが、このことは、個々のセツルメントがキリスト教主義であって、信仰の実践として取り組まれたことを示している。宗教と密着していることが、冒頭で述べた一番ヶ瀬の論考では「布教と直結」と、いかにも布教の手段としてセツルメントを利用していると否定的に語られている。

しかしこれは逆である。セツルメントは、キリスト教信仰の実践であり、そこではキリスト者としての社会実践の具体化がセツルメントであり、労働者や貧困者と出会い、人格的な交わりを行うことが模索された。その交わりは個人レベルでとどまるものではなく、社会性を帯びていた。日暮里愛隣団にも関わった大井蝶五郎は、一九二六年の論考で、「将来特に教会に望ましい社会事業は教化事業であってその内特にセツルメント（隣保事業）をす、むる」と述べて、キリスト教が主に取り組むべき活動としてセツルメントをまずあげている。それは「教会に望ましい」とあるように、教会と密着した事業として想定されていた(55)。

関東大震災その他の原因で、建物の焼失など、事業の継続にとって深刻な事態に直面したケースが目立つのもかなり共通している。しかしいずれも厳しい状況を克服し、活動を継続している。それが可能になったのは、活動自体への強烈な熱意とともに、教派、教会とのつながりで、財政的、人的な支援が得られたためでもあろう。

キリスト教的性格が強い一方で、事業内容は住民にとって必要な事業を着実に行っていった。特に興望館と本所基督教産業青年会の事業の幅広さが目立つ。そこには指導力をもった実践者に恵まれたこと、比較的多くの資金を得ていたことなどの背景もあるが、ニーズを掘り起こす姿勢をもっていたことも重要な要素であった。

したがって、労働問題への関心も強く、また関心は地域内にとどまらず、社会事業全体へと及んでいく。アキスリングは労働問題への関心を表明している。本所基督教産業青年会も賀川系であって社会運動的な視点を有していた。木立義道は、社会事業の協同組合化を主張する論客となり、谷川貞夫は社会事業界を代表する人物へと成長し、戦後はさらに指導的役割を果たすまでになる。

こうしてみると、かつての一番ヶ瀬の議論は、有隣園あたりを典型例としつつ、それを帝大セツルメントと比べるという、偏った評価といわざるを得ない。以上の点でいえば、キリスト教慈善の「自由」の特質を継承しつつ、そこに社会的視点を加えて豊かな実践を展開したのがキリスト教セツルメントであった。

注

(1) 西内潔『日本セッツルメント研究序説　増補』童心社、一九六八年、三四〜三八頁。
(2) 『一番ヶ瀬康子社会福祉著作集第二巻　社会福祉の歴史研究』労働旬報社、一九九四年。同論文は、当初は『日本女子大学文学部紀要』に掲載され、『現代社会福祉論』時潮社、一九七一年に収録され、さらに同書に収録された。古い論文ではあるが、かなりの読者を得たものと思われる。なお筆者は、一番ヶ瀬を研究代表とする科研費研究「東北アジアにおけるカトリック社会福祉の歴史的研究」に参加した。研究にあたっては、隔月に研究会を開催し、一番ヶ瀬はほとんど出席していた。そこでは、こういうキリスト教社会事業への否定的な発言はなかった。むしろカトリック慈善がいかに日本の社会福祉の歴史に貢献したのかとの主張であった。そのほか、一番ヶ瀬と筆者が共に長崎純心大学に勤務していた時、さまざまな場で同席したが、同様である。筆者による印象ではあるが、ここに引用した見解は、晩年にはもっていなかったように思う。
(3) 大阪セツルメントの業績として100周年記念誌委員会編『石井十次の残したもの――愛染園セツルメントの100年』石井記念愛染園隣保館がある。
(4) セツルメントとみなされていないが、貧困者の地域での活動として、聖公会による芝新網での活動があり、教育活動や医療活動が行われた（友寄景方「芝新網町とキリスト教――19世紀末から20世紀初頭、日本聖公会の活動」『解放研究』第一五号、二〇〇二年三月）。そのほか、施療に重点があり託児所の運営ををしたこともある賛育会による活動など（齊藤實『賛育会の七十五年』社会福祉法人賛育会、一九九四年）、セツルメント的な要素をもった活動は他にもあり、『全国社会事業名鑑（昭和一二年版）』中央社会事業協会社会事業研究所、一九三七年には、キリスト教系とされる隣保事業が、本章で扱っている以外にも記載されている。本章では、当時の社会事業やセツルメントの文献で、セツルメントとして紹介されている活動に限定している。東京の各セツルメントの概要と沿革を示した史料として、『東京府管内隣保事業並保育事業施設概要』東京府学務部社会課、一九三五年がある。
(5) 有隣園については、窪田暁子「大森安仁子」五味百合子編『社会事業に生きた女性たち――その生涯としごと』ドメス出版、一九七三年。松田竹千代『無宿の足跡――わが青春の記』講談社、一九六八年。松田妙子『私は後悔しない――兵蔵とアニーの愛の生涯』主婦と生活社、一九八四年。
(6) 大林宗嗣『セッツルメントの研究』同人社書店、一九一六年、一九四頁。
(7) 大井蝶五郎「基督教社会事業の現状」『社会事業』第九巻第一〇号、一九二六年一月。

（8）生江孝之『日本基督教社会事業史』教文館、一九三一年、二六八頁。
（9）松宮一也『日本基督教社会文化史』新紀元社、一九四八年、一三三一～一三三三頁。そこでは、セツルメントではなく「隣保事業」という用語を用いつつ、隣保事業は公営では目的を達成することはできず、キリスト教徒の奮起が必要であることを主張している。
（10）大森安仁子「児童養育に就て」『開拓者』第八号第一二巻、一九一三年一二月。
（11）興望館創立75周年記念誌編集委員会『興望館セツルメント75年の歴史』社会福祉法人興望館、一九九五年。
（12）エス・エム「焼失した興望館」『婦人新報』第三二一号、一九二三年一〇月。
（13）吉見については、塚本しう子「吉見静江」『社会事業に生きた女性たち――その生涯としごと』ドメス出版、一九七三年など、比較的早くから注目され、研究が進められている。
（14）大島良雄『バプテストの東京地区伝道』ダビデ社、二〇〇九年。三崎町教会五十年史編纂委員会編『三崎町にある我等の教会』日本基督教団三崎町教会、一九五八年。
（15）『八十年志』日本バプテスト深川教会八十年志編集委員会、一九九〇年。
（16）『関東学院セツルメント』。『神の国新聞』第六二九号、一九三一年一月、六頁。
（17）谷川貞夫『社会事業概要』日本メソジスト教会社会局、一九三三年、二頁。
（18）大内和彦『福祉の伝道者　阿部志郎』大空社、二〇〇六年、九七頁。
（19）三好豊太郎『隣保事業の本質と内容』基督教出版社、一九三六年。
（20）谷川貞夫、前掲書、五八～六二頁。谷川は、社会教化事業の一つとしての「隣保事業」と位置づけている。
（21）水野昌夫「日暮里現代情景」『社会福利』第一八巻第八号、一九三四年八月、四〇頁。
（22）『社会事業概要』では日本メソジスト社会事業東京社会事業連盟の記述のなかで、根岸会館の名のみが出てくるが（三頁）、隣保事業の部分では記述がない。
（23）塩入隆「日本メソヂスト教会社会事業の試み」『ウェスレー・メソジスト研究』第六号、二〇〇五年三月。塩入隆「十五年戦争期の天皇制とメソヂスト教会」富坂キリスト教センター編『十五年戦争期の天皇制とキリスト教』新教出版社にも、「社会的福音と伝道」の見出しで、若干の記述がある。
（24）生江孝之、前掲書、二八八頁。

(25)　三〇年誌編集委員会編『本所賀川記念館三十年の歩み』財団法人本所賀川記念館、一九九九年。『四十年の恵み』日本基督教団東駒形教会、一九六五年。本所賀川記念館より発行されている『賀川豊彦研究』には、本所基督教産業青年会に関連する多くの論考が掲載され、一次資料の復刻など貴重な史料を発掘掲載して、非常に有益な成果をあげている。ただ、その成果が、社会事業史研究に反映していないように思われる。
(26)　布施英雄「下町のセツルメント活動の歴史」『賀川豊彦研究』第五八号、二〇一二年。
(27)　鵜沢米子編『光の園保育学校六十年史』光の園保育学校、一九八八年。
(28)　戒能信生「愛の園保育学校のこと」『賀川豊彦研究』第五八号、二〇一二年。
(29)　中ノ郷信用組合五十年史編纂委員会編『中ノ郷信用組合五十年史』中ノ郷信用組合、一九七九年。
(30)　『回想の江東信用組合』江東会、一九七九年。
(31)　『日本基督教団東駒形教会七〇年史』日本基督教団東駒形教会、一九九三年。
(32)　雨宮栄一「賀川豊彦と木立義道」『賀川豊彦研究』第二〇号、一九九一年五月。木立についての史料として、校訂・解題戒能信生「木立義道日誌『神の笳《らっぱ》の吹ける時』」『賀川豊彦研究』第六〇号、二〇一三年八月。
(33)　筒井嘉代「愛隣館の働き」『救世軍士官雑誌』第二八巻、一九三八年。
(34)　西内潔、前掲書、七六頁では、社会植民館について、大学植民館の「再開」と位置づけている。
(35)　『ときのこえ』第五七五号、一九一九年一二月、六頁。七頁にはそれらの祝辞が掲載されている。
(36)　山室民子「隣保事業」『救世軍士官雑誌』第二二巻、一九三二年、一二二頁。
(37)　山室昌子「社会植民館の働き」『救世軍士官雑誌』第二七巻、一九三七年には保育事業の詳細が紹介されている。
(38)　『救世軍日本開戦百年記念写真集』救世軍本営、一九九七年、三二頁に落成時の写真が掲載されているが、二階建ての堅固な建物である。保育事業が中核だったといっても、単なる保育所とではなく、セツルメントとしての発展を志向していたといってよい。
(39)　山室民子、前掲論文、一二三頁。
(40)　三好豊太郎「学生セツルメント三ケ年の回顧」『社会福利』第一六号第九巻、一九三二年九月。遠藤興一『田川大吉郎とその時代』新教出版社、二〇〇四年、一四六～一五五頁。
(41)　谷川の論考の一部は、『社会福祉事業論稿――福祉実現への途を求めて――』緑蔭書房、一九八三年と、『社会福祉序説　戦前、戦中、戦後の軌跡』全国社会福祉協議会、一九八四年に収録されている。
(42) 谷川貞夫「その基調を教育運動と協同組合に置きたい」『社会事業』第一四巻第三号、一九三〇年六月。
(43) 「隣保事業座談会」『社会福利』第一五巻第八号、一九三一年八月。
(44) 「隣保事業座談会」『社会福利』第二〇巻第一二号、一九三六年一二月。
(45) 木立義道「私営社会事業の行詰りと其の転向策としての協同組合化」『社会事業』第一二巻第一〇号、一九二九年一月。
(46) 木立義道「無産大衆の隠されたる力の発掘と其の組織運動」『社会事業』第一三巻第一〇号、一九三〇年一月、二四～二五頁。
(47) 木立義道「下層階級金融機関としての公益質屋と協同組合質屋」『社会事業』第一三巻第三号、一九二九年六月。
(48) 木立義道「保育事業の協同組合的経営に就て」『社会事業』第一六巻第七号、一九三二年一〇月、二二頁。
(49) 木立義道「暗中模索のセッツルメント」『社会事業』第一四巻第三号、六三頁。
(50) 三好豊太郎「現代基督教青年会とセッツルメント」『開拓者』第三一巻第六号、一九三六年六月。
(51) 富田富士雄「英国に於けるセツルメントの発生」『新興基督教』第四八号、一九三四年九月。
(52) 田川大吉郎『社会改良史論』教文館、一九三一年、五五一頁。
(53) 三好豊太郎『セツルメント事業　日本宗教講座第二回配本』東方書院、一九三四年、一九頁。
(54) 大杉由香「戦間期東京市における貧困・生存をめぐる関係――貧困者の実態と社会事業のあり方をめぐって」『歴史学研究』第八八六号、二〇一一年一一月は本章が扱う時期と重なる。
(55) 大井蝶五郎「基督教社会事業の現状」『社会事業』第九巻第一〇号、一九二六年一月。

第Ⅱ部　カトリック社会事業の発展

第4章　戦前におけるカトリック系セツルメントの展開

1　セツルメントとカトリック

社会事業の成立・展開において、民間サイドで重視されるのはセツルメントである。セツルメントは、一九二〇年代から一九三〇年代にかけて、注目すべき事業が開始されていく。主要なセツルメントのうち、かなりの部分がキリスト教系であり、慈善事業期に育児事業などの領域で先駆的な役割を果したキリスト教が、この時期にはセツルメントにおいて、さらなる先駆性を示すことになる。セツルメントの特性の一つは社会改良への志向であり、キリスト教がセツルメントでの役割を果したというのは、慈恵的性格を克服して、自律的に新たな方向を獲得したことでもある。したがって、キリスト教社会事業の発展のプロセスを分析するうえで、セツルメントについて理解することが不可欠である。

これまでも、社会福祉史研究においてキリスト教系のセツルメントについて、重視されてはきた。ただし、まず先駆的な活動が語られ、次いで興望館セツルメントなどの一九二〇年頃以降に創設された主要なものが紹介されるというように、プロテスタント系ばかりであり、カトリック系のセツルメントについてはほとんど触れられてこなかった。しかし、カトリックにおいても、セツルメントへの関心が高まって、上智カトリック・セットルメント（現・上智社会事業団）の開設をはじめとした注目すべき動きがみられた[1]。

それにもかかわらず、社会福祉史研究やセツルメント史研究において、カトリックのセツルメントについては紹介されることが少ない。田代菊雄『日本カトリック社会事業史』のように、カトリックのみ対象とした文献ではもちろん記述している。[2]それ以外では、戦前に発刊されたセツルメントを解説した文献として、三好豊太郎『隣保事業の本質と内容』があって、主要なセツルメントを紹介しているが、そこには出てこない。[3]戦後になっても同様で、戦後におけるセツルメントの最もまとまった文献は、西内潔『セッツルメント研究序説』であろうが、[4]そこでも記述はないなど、ほとんど触れられることはない。柴田謙治による『貧困と地域福祉活動』にセツルメントの歴史が叙述されているが、『セッツルメント研究序説』を主要な参考資料としていることもあってか、やはり触れていない。[5]上智カトリック・セットルメントを継承した上智社会事業団自身による年史は何度か発刊されてきたが、いずれも記念誌的編纂である。写真などは充実しているものの、創設期からの歴史叙述は簡略である。社会福祉史において、カトリックとセツルメントとの関係は軽視されてきたといってよい。

これはおそらく、他のカトリック社会事業同様に一般社会への広報・啓発が少ないこと、冨田象吉のような社会事業界で活躍する人物を輩出したわけではないこと、興望館セツルメントや東京帝国大学セツルメントなど規模や活動内容などで注目されやすい主要なセツルメントに関心が注がれやすかったなどが理由であろう。しかし、個々の事業はそれなりの規模で営まれているうえ、カトリックのなかでセツルメント自体への関心が高まっていき、それはカトリック社会事業全体を変えていく可能性を有していた。カトリックのセツルメントについて検討することは、近代初期に修道会の修道活動のなかで開始されたカトリック慈善が、社会的性格をもつものへと変化していくことを示すなど、カトリック社会事業研究にとって重要であるのはもちろんである。そればかりでなく、セツルメントの多様な性格を示し、またキリスト教社会事業全体の動きをより精緻に把握するうえでも必要な課題であろう。こうした観点から、本章では、カトリックの主要なセツルメント二つの実践を確認するとともに、カトリック内でのセツルメントへの関心の高まりについて検討し、カトリックとセツルメントとの関係がどうであったのかを明らかにしていく。

2　上智カトリック・セットルメントの創設

(1)　セツルメントの創設

カトリックの社会事業は、明治期すでに児童保護や医療保護などを中心に各地で広がってはいたものの、セツルメントにまで活動が及んでいなかった。しかし一九三〇年代になって、上智カトリック・セットルメントが開設されることで状況が大きく変わっていく。

上智カトリック・セットルメントは一九三一年一〇月に、上智大学の教授でありイエズス会の神父でもあるフーゴー・ラッサルが、上智大学学生らとともに三河島にバラックを借りて開設したことで始まる。同年当初からセツルメントの計画をたて、一時計画が休止状態になったものの、九月より具体的な動きが始まり、行政や警察とも協議するなどして場所を選定した後も、具体的な活動拠点となる家が容易に確保できなかった。しかし偶然のきっかけから見つかったという。

開設へ向けての動きについて、上智カトリック・セットルメント自身の説明では「我が上智大学生の中にはもうずっと前から社会事業をやりたいといふ気持があり、又東京のカトリック信者の中にも貧しい人々を助けたいといふ心持の方々が多くあるといふことを聞いて居りました。それで此の事業をどういふ風にやればよいかと考へた結果、去年の春帝大の浅草セツトルメントのやうな救済機関があればよいと思ひ上智セツトルメントを創設しようという計画が起りました」という。(6) これによれば、社会事業への関心や構想はもっと以前から恒常的にあった。そこに、帝大セツルメントのような実績をあげるケースが出てきたために、みずからも着手すべきという動機がいっそう高まったということである。

また、ラッサルによる創設時を振り返った回顧によれば、生活困窮者の救済と、学生に対してカトリックの慈善事業の崇高なる精神を涵養するという、二つの目的があった。したがって、救済だけでなく、支援する側の学生の人格的な成長も期待されていたといえる。(7) ラッサルは創設初期にも、「全事業は殆んど学生の手によって行はれ、学生セツルメントたるの実を備へてゐる。…（中略）…学生が一度青年時代に貧民の中にあつて抱いた社会救済事業への深甚な関心は決して失はれないものとなるであらう」と述べており、(8) 学生セツルメントとしての性格も志向されていたが、その場合、社会改良的関心よりは、学生としての精神的教化への効果が期待されていた。

資料4－1　創立当時の上智カトリック・セットルメント

出所：社会福祉法人上智社会事業団編『上智社会事業団――創立80年の歩み』平成二五年，三六頁。

ラッサルは後年、創設の動機や経過として、来日前に賀川豊彦についての本を読んで共鳴し、日本で類似の活動をしようと考えていたことを述べている。(9) カトリックのセツルメントでありながら、プロテスタントの賀川の活動や思想を参考とし、手本としていたことになる。場所が三河島であるのは、東京で最大の困窮地域を役所に照会したところ、三河島だとの回答があったという。当時三河島は、関東大震災後に被災者が移住してきたことから生活困窮者が集住し、住宅環境なども悪かった。過半数が失業状態だといい、廃品回収業であっても、相対的には地域では上位の階層だといわれるほどであった。(10)

東京には主なセツルメントとして、プロテスタント系では、興望館や三崎会館などがあった。キリスト教系の大学セツルメントとしては、明治学院のほか横浜にも関東学院での活動がみられた。他にも、著名とはいえない小規模なセツルメントが多数生まれていた。たとえば、メソジスト系のセツルメントが、日暮里愛隣団のほか、いくつかみられる。こうした多数のセツルメントの出現には、東京の貧困層の生活が、一九三〇年代の経済不況のなかで、いっそう深刻化した背景がある。

上智カトリック・セットルメントでは、一九三二年一一月に「三河島警察署長宛報告書」を作成しているが、その冒頭で「貧民ノ救済ヲ目的トス」と書かれていて、そういう状況への対処を意図したのはもちろんであるが、報告書の末尾では「薄幸児ニ対シ相当ノ教育ヲ施シ人格ヲ向上セシメ社会人トシテ国家ノ為メ活動セシメンガ為ナリ」[11]としており、緊急的な困窮者の救済にとどまるのではなく、特に子どもに対しては教育による人格的な成長が意図されていた。子どもの発達への積極的な働きかけが視野にあり、しかもその活動が援助者としての学生の成長にも資するという、双方向的効果が認識されていたといってよい。

上智カトリック・セットルメントは、スラムを対象として意図していたこと、地域に住み込んで活動したこと、住民への物質的救済と人格的成長の双方を考慮していたことなど、セツルメントとしての性格を十分に有しており、単に名称がセツルメントであるというだけでなく、内容的にも近代的セツルメント実践としての性格を有していたのである。

（2）創設期の事業

それでは、具体的にどのような活動をしたのであろうか。活動対象としては、第一に、子どもを対象とした諸活動があげられる。セツルメントが対象とする地域の困窮した状況は、とりわけ子どもの養育上の問題を引き起こし、教育や発達のうえで憂慮すべき状態にあった。反面で、子どもは成人に比べて時間的余裕があって活動に参加しやすいこと、学生のような若い援助者にとって対応しやすいこと、教育活動の効果が短期的にあがりやすいことなどから、子どもが主要な活動対象になっていく。上智カトリック・セットルメントにおいても、当初から貧民児童救済と児童の知識の向上を目指していた。

そのためにさっそく着手された事業が、子供会であった。男子部と女子部があり、上智大学生のほか、聖心女学院や雙葉高等女学校の生徒も参加した。小学校が終わる、おおむね午後三時以降に集まり、五時頃まで遊んだり本を読んだりする。夕食のため帰宅した後、再度八時頃に来て勉強をする子どももいた。本は、聖心女学院や雙葉高等女学校から寄贈を受けるなどして集めた⑫。

集まってくる子どもたちは、貧困な暮らしの中で、生活経験に乏しく、困窮しているゆえに欲求を抑制する習慣がついてしまっている。それゆえ、子供会による活動の一つひとつが子どもの生活態度の改善や発達の促進にとって有効であった。

子どもへの働きかけにとどまらず、親との関係形成も目指した。貧困家庭では、親の生活習慣や養育態度の問題があって、それが子どもに影響しているケースが少なくない。改善のためには、親にアプローチすべきであるが容易ではない。子どもを介することで、接することが可能になり、親への直接の働きかけを行った。

一九三一年一二月二四日には子どもとその家族を中心としたクリスマスイブの催しが行われ⑬、一九三二年の元旦には子供会を行ったように、子どもを集めた単発的な行事がなされていく。この年の正月には神父一一名や暁星中学生一〇名も参加し、活動写真や福引、さらに地域をまわって、菓子を配るなどした⑭。

また、季節的な短期間の活動であるが、臨海学校や林間学校が行われた。一九三二年七月二一日から二三日にかけて、鎌倉にて男子臨海学校を開いた⑮。女子部も、一九三二年の場合、七月二八日から三〇日にかけて実施している⑯。一九三三年にも林間学校を男子部が六日間、女子部が四日間開催している⑰。林間学校を以後も開催し、一九三六年には西多摩郡五日市町で六日間の日程で行い、託児部の五歳以上の児童も参加対象に加え、参加者が二〇〇名を超える見込みであることが報じられている[18]。実際には、一六四名で、二〇〇名にはならなかったが[19]、大きな規模で実施された。五日市の児童も交えた運動会などが行われた。

林間・臨海学校は、単なる季節的な行事として行うことだけが目的ではない。困窮家庭の児童の場合、遠方に外出する経験が乏しいなど社会との接触に欠けやすい。列車に乗って出かけること自体に、生活体験を豊かにする効果があった。さらに、共同の合宿生活によって、生活習慣の改善、健康の増進、人間関係の拡大など多様な効果が期待された。

創設期における主要な働きの一つは、欠食児童への給食であった。一九三〇年代の欠食児童というと、東北などの農村地域が連想されるが、都市のスラムにおいても、きわめて困窮した状況のなかで、食事すらできない子どもが多く、そうした子どもへの対応が急がれていた。近隣の小学校の子ども一六〇〇名のうち、二〇〇名が欠食児童であったという[20]。子供会にもそうした子どもが来ていた。当然栄養が不足し、発育や健康に悪影響が予測された。そうした児童への適切な栄養の補給などを目指して開始された。したがって、食事内容については、栄養面について、配慮がなされていた。一五名ほどに、当初は週二〜三回、やがて毎日昼食を与え、それだけでなく、礼儀作法を教えたり本を読み聞かせるなど、教育活動の契機としての機能も有していた[21]。一九三三年一〇月には大里児童育成会より五〇名分の昼食を支給されるようになったため、さらに事業が拡大した[22]。

給食において教育機能を重視する姿勢は、光永政治「下層階級と欠食児童」という一文にもあらわれている。光永は、「下層社会」の特徴として、親の無教育、定職がない、子沢山、病弱と指摘し、その結果「児童が自然と無邪気な天性を失ひ、段々心が歪んでいくのは当然である。其の欠陥を補ふのが私共の使命である」と述べて[23]、不適切な養育環境の改善にまで意識を及ぼしつつ取り組むべき事業であった。

第二に、貧困者対策として、廉売バザーを実施している。中古衣類や雑品などの不用品を集め、安値で、貧困者らに販売した。貧困者だからといって無料で配布すると、無用な物を受け取ることや、何より救済に依存する傾向を助長する弊害もあった。そこで、意図的に販売の形をとり、売り上げはセツルメント活動のために用いた。一九三二年二月二八日に最初のバザーを開催している[24]。バザーの開催日自体は、年間でも三～五日程度であるので、恒常的に行われたというほどではない。短期間の実施にとどまっているのは、物品の収集、準備、周知、開催後の整理といった手順を踏むと、頻繁にはできないという事情があったためである。したがって本格的な事業というほどの規模ではないものの、一つの主要な活動として、継続的に行われていく。

第三に、医療事業がある。三河島の地域は困窮者が多いために、経営上の問題もあって医師が少なく、その一方、子どもをはじめ住民には眼疾、皮膚病、結核など、貧困からくるさまざまな疾病がみられた。しかし、治療がなされずに放置されている実態があった。乳児死亡率も顕著に高かった。医療の確保は急務であり、慶応大学医学部栄誦会の協力により慶応大学病院小児科教室の小川三郎の協力を得て、当初は児童健康相談所として始まった[25]。医療教育部として位置づけられたが、それは、保健教育など多様な活動を志向していたためである。その後国際聖母病院の修道女の看護婦の応援も得て、貧困家庭への週一回の診療や投薬を行うようになった。保健活動や育児相談なども行うことになっていた。

活動としてはこのほか、学生によって、困窮者の調査を行うなどの活動がなされていく。また、構想としては、託児部の必要性を痛感していたが、適切な建物がないために、実施できないでいた。相談部を設置したいと考えていたが、これも必要な部屋などの課題があって実施が遅れていた。

このように、開設後、ただちに多様な活動を展開していくが、いずれも、地域の現状を踏まえたうえでの必要な支援であり、地域の改善において一定の成果をあげた。ただ、小規模でスタートしたため、拡大の余地は大きかった。借家を利用していたことから、事業拡張も困難であった。また、道路改良工事によって、貧困者ら住民が移転していくという事情もあった。そこで、一九三三年に町屋二丁目に土地を購入し、移転をすすめていく。

「建築計画概要」によると、木造二階建てで、一階には教育関係、診療関係それに事務室などを置き、二階に人事相談室などの救済関係、聖堂などの宗教関係、セツラー室などのセツラー関係の部屋、それに託児所を置くことになっている[26]。この建築計画で興味深いのは、「将来精神薄弱児童保護施設を計画し同様木造二階建総建物七十二坪の建築に就いては今後更に研究を進める予定である」とされていて、知的障害児の施設を構想しているというのである。実際にはこの構想は実現しなかったものの、セツルメントを超える発想を抱いていたことになる。

(3)　新築移転

一九三四年には、新しく完成した建物に移転した。新たな場所は、旧来とそれほど離れているわけではなく、地域をとりまく状況はほぼ同じである。移転前との継続性は保たれているといってよい。建築費は、積立金のほか、慶福会や東京府・市からの補助によってまかなわれた。公的な補助を得られることは、この時点ですでに、この地域でのセツルメントとして認知されていることを示している。一二月一六日に落成式を行い、内務省や東京市、外国大使夫妻などが出席している[27]。

建物の新築によって、活動を広げていくが、主要なものとして託児所があげられる。託児所は、貧困世帯の母親が就労などで昼間、子どもの養育が十分できない実態があり、スラムにおいて不可欠な事業であった。他のセツルメントにおいても主要な事業と位置づけられており、対象とした地域の実態としても必要とされていた。上智カトリック・セツルメントとしても、必要性への認識をもって創設時から託児所を構想していたが、財源が不足したうえ、託児所は一定の場所を常時使用するが、その場所を確保できず、すぐには実施できなかった。まず三歳以上の託児から始まった。しかし、より必要であったのは乳児の保育であり、一九三六年からは三歳未満児の託児も開始する。

こうして、事務などを行う庶務部、調査部、子供会を担う教育部、診療所などの医療部、欠食児童から始まった給食部、バザー部、託児部、人事相談部、研究部という形が整って、より組織的な事業形態が形成された。

また、定例化した活動だけでなく、一九三六年には、小学校の訓導を招いて座談会を開いているように、個別の企画もなされている。座談会では七名の訓導とセツルメント側から一四名出席し、「取扱ひ困難なる児童の指導方法」や校外指導、貧困児童の救済、卒業後の問題などがテーマである。セツルメントが、直面する児童の問題への対応策を考えるために、教員からの示唆を得ることが目的であったと思われる(28)。

(4) 資金の獲得

こうした一連の活動には当然経費がかかるが、それをどう確保したのであろうか。創設期初期の一九三二年一月から九月までの収入を見ると、一二三二円七八銭が音楽会、四五〇円が上智大学からの補助、三五二円四八銭が寄付金、一〇〇円が雨潤会からの補助、五四円六六銭がバザー収入となっている(29)。最大の収入源が音楽会となっている。これは、音楽会を開催して、その入場料などによる収入である。音楽会のほか、一九三二年には映画と舞踏の集いを行っているように(30)、興行によって収入を得ていた。

一九三三年一月二九日の音楽会について、筆者はプログラムの冊子を入手できたので、やや詳細な状況が把握できる(31)。この音楽会は、三〇〇〇人を集めて行った。これを例にして見ると、委員会組織をつくり、イギリス大使夫人を会長としている、また後援として、東京大司教、ローマ教皇使節大司教のほか、ベルギー、ドイツ、イギリス、アメリカ、カナダの大使又は公使とその夫人、島津忠重と夫人、徳川頼貞と夫人、吉田茂夫人、福井菊三郎と夫人といった有力者の協力を得ていた。

内容は、第一部と第二部があり、いずれも楽器の演奏と、独唱が含まれている。また、第二部の冒頭では、上智カトリック・セットルメントの記録映画が上映されている。会場では『上智カトリック・セツトルメント報告』の販売もなされた。プログラム冊子は、日本語と英語が半々になっていて、表紙は英語になっている。参加者として外国人が相当程度想定されていたと思われる。また、冊子には広告も掲載されている。

一九三三年一二月の音楽会も「CHRISTMAS CONCERT」という英文の印刷物で把握できる。[32] 日比谷公会堂で開かれ、「PATRONNAGE」として、主要国の大使や、武藤山治や重光葵のほか、やはり島津や徳川の名がある。

かつての岡山孤児院などの慈善音楽会は広く多様な階層から集客したのに対し、この音楽会では社会の上層の階層からの参加を基本にしていたと考えられる。経費もかかるが、収益もそれ相応に得られたのであろう。こうした慈善音楽会ないし演芸会等を行う方法は、他のカトリックの施設や活動でもみられる。また、後援会が組織されて上智大学の職員、学生その他の協力者を獲得して、安定的に寄付金を得る体制をつくった。活動が認知されていくことで、内務省や東京府からの奨励金を交付されており、こうした積み重ねで、ある程度の資金を常に確保できるようになっていった。

3　財団法人認可後の動き

(1)　財団法人化とその後の活動

次の大きな組織上の動きとして、一九三六年の財団法人化がある。それまでは、上智大学の経営母体となっていた財団法人上智学院に属する形になっていた。しかし、文部省所管であるために社会事業団体として適した形態ではないことから、内務省所管の法人として独立させることにしたのである。[33]

上智カトリック・セットルメントは一九三六年八月に、内務大臣より財団法人上智社会事業団として認可される。このことで、社会事業の組織として、より安定的な存在になったといってよい。また、活動へのいっそうの意欲の高まりを感じさせるのは、同年一〇月から、上智大学を会場にした、社会事業講座の開催である。[34] 講師は福山政一、生江孝之といった、カトリック信者でなく、各分野において実績のある者が中心であり、カトリック色は強くない。講座の趣意書を見ても、カトリックの思想を推進する意図は書かれておらず、社会事業家養成の性格を打ち出している。対象として、方面委員や社会事業団体の職員をあげており、単なる教養のための講座ではなく、専門職を視野に入れている。カトリック社会事業は、プロテスタントや仏教と比べて、専門性志向が弱かったが、異なる動きが生じたことになるし、カトリック社会事業にこだわらない、普遍的な実践への志向をもったといえよう。

個々の活動も、いっそうさまざまな試みが続いていく。一九三七年八月二〇日から月末にかけて内務省の協力を得て、スラム街を学生が訪問しての、家計調査を行う取り組みをしている[35]。これもまた、実態調査として、セツルメントとしての活動を広げる新たな動向といってよい。一九三六年一二月から、廉売の対象に白米、味噌、醤油などを加え[36]、一九三七年六月には古雑誌の廉売を行うなど、従来からの活動も継続ないし発展させている[37]。

こうしたさらなる動きは、社会的な評価をいっそう高め、社会事業界においても、知られることになる。社会事業界における認知の広がりの例証として、一九三七年三月にラッサルの「新国家に於ける福利保護（最近独逸社会事業界の動向）」という論考が、上智大学教授の肩書きで、全日本私設社会事業連盟の機関紙である『私設社会事業』に二ページ半にわたって掲載されていることがあげられる[38]。同紙において、個人の論考としては長文である。内容は、ドイツの社会事業の動向や思想を解説したものであり、ラッサルが深い学識を背景としてセツルメントを遂行していたことをうかがわせる。マルクス主義について「階級対立の鋭化」を目指しているとして厳しく批判する一方で、ナチス体制における国民福利について、基督教的慈善とは相違があるとしつつも、「相提携して進む」と述べて肯定的な見方をしている。したがって、現在から見れば、内容には問題を感じさせる点があるが、ここではそれは問わない。『私設社会事業』は全国紙であり、ラッサルの論考の掲載により、上智カトリック・セットルメントが、社会事業界において一つの地位を得たと考えられることがより重要な面である。

この論考が掲載された背景について、同紙の編集を担当していた中川幽芳が回顧している。中川によれば「フーゴ・ラッサル神父にドイツの社会政策の原稿を頼み、ドイツ語の原稿をもらって閉口した」という[39]。裏方では掲載までに苦労があったようであるが、逆にいえばそうした苦労をしてでも掲載を目指したのである。

(2)　戦時体制下の活動

戦時下になると、社会事業全般において、人的資源育成など戦時体制による要請に、社会事業がどう対応するかが問われる。とりわけ地域に基盤をおいて活動するセツルメントは、戦時体制の影響を受けやすく、他のセツルメントも、戦時体制のなかで変質していくことが指摘されている。上智カトリック・セットルメントも、そうした外部からの圧力を免れることはできなかった。日中戦争開戦後間もない一九三七年一一月に、すでにラッサルは「銃後に於けるセツルメント」という一文を書いており、出征遺家族を助けることや、「国家総動員」への対応を語っている[40]。

寄附の減少などによって、活動が困難になってくるものの、活動は継続する。一九三七年末には、託児所遊戯会、日用品廉売、子供祭、映画会といった活動を次々と実施している[41]。一九三八年五月一三日には、慈善音楽会を実施している[42]。同月には、荒川区役所などとの共同主催として、児童愛護の講演会も行われている。上智大学長と、創設期の健康相談所から協力している小川による講演がなされた[43]。

一九三八年秋頃の具体的な状況をみると、上智大学ほかカトリック校の学生によって活動がなされ、貧困者に「明日への明るい光明を与へ生きる喜びを与へてゆく学生達の努力」によって、「カトリック的愛を彼等に降り注」いでいく取り組みがなされていく[44]。一九三九年六月四日には、児童一〇〇名余りの参加によって遠足が行われている[45]。夏季の林間学校もなお継続して行われている。戦時下になる以前からの活動は、変わりなく続いている。

とはいえ、出征遺家族への支援などの戦時色のある活動もなされるようになる。一九三八年九月には「銃後とカトリック社会事業」という記事が『日本カトリック新聞』に掲載され、そこでは「隣保事業」も含まれ、セツルメントも含め、社会事業全体が、戦時体制の一翼を担うようになる。[46] 生活全般にかかわり、児童や医療という戦時下に重視された課題を扱うので、より「期待」されたといってよい。

そして、時間の経過とともに、戦時色は深まっていく。一九四〇年には名称を上智厚生館に改称したのも、その動向の一つである。上智厚生館の動向を伝える『日本カトリック新聞』の記事では「大東亜建設」のために国策の尽力することが「臣道実践」であり、「時局に積極的に協力を表はすため、従来の名称を上智厚生館と改称」と説明しており、改称の意図が戦時体制への迎合であることを示している。[47] ただ、活動内容は、教育部、託児部、施療部、給食部、食品配給部という体制で、従来と大きく変わるものではない。

一九四〇年には二代目の館長としてアロイジオ・ミヘルが就任している。一九四一年には一〇周年をむかえ、一〇周年記念式典を盛大に行うほか、『創設拾周年記念特輯　年報』を発刊して一〇周年を記念している。同書には「高度国防国家建設に国民挙つて力を致しつゝあるが凡そ平時たると戦時たるとを問わず人的資源の国家の存立発展に重要欠くべからざることは論を俟たない」「社会事業は今後益々其の本来の機能を発揮して被救護者の一人一人に皇国民たるの自覚を与へ彼ら各自の真摯な人間生活の再建こそ、悠久の発展の要因」といった記述がみられる。[48] こうした記載は、多分に当時の状況のなかで、やむを得ずなされた面があって、これを根拠にセツルメントの意義が変質したと決めつけるには慎重であるべきではあるが、少なくとも公式には、戦時体制に適合した姿勢を見せている。にもかかわらず、この頃から、特高警察や憲兵隊による干渉が激しくなった。主観的意識はどうあれ、カトリック精神に依拠した活動には制約が生じることになってしまったであろう。

一〇周年の時点では、児童部、青年部、図書部、医療部、乳児部、バザー部、研究調査部、総務部という体制になっており、厚生館改称時と比べて、むしろ拡充している。[49] 青年部は以前はなかった部署で、児童部を経た高等科在学中の者などを対象とし、約三〇名に対し、男子には学習指導、女子には家事、裁縫などを行った。

一九四三年の学徒出陣は、もちろん上智大学生も例外ではなかった。このことは、セツルメント活動をしている学生が徴兵されていくことでもあった。活動はより困難になる一方で、託児時間を延長するなど、戦時下のニーズにこたえていくことになる。ついに一九四五年四月一三日には、空襲によって施設が焼失するにいたって、戦前の歴史に区切りがつくことになる。

しかし、歴史は閉じられなかった。一九四六年には事業が再開され、建物も再建された。一九五二年には財団法人から社会福祉法人へと移管されるなど、新たな発展を見せていく。現在では、創設時から続く事業である保育所、診療所はじめ、介護老人保健施設、学童保育など多様な施設を有する総合的な福祉団体として、地域の福祉活動を担っている。

4　聖心セッツルメント

(1)　事業の開始

こうして、東京においてカトリックによるセツルメントが発展した一方、セツルメントの領域では東京以上に発展が著しかったといってよい大阪でも、カトリック系のセツルメントが開始される。大阪は商工業が大きく発展して繁栄していく一方で、都市問題が深刻になり、下層社会が形成されることになる。そうした人々を対象としたセツルメントも活発に展開された。四貫島セツルメントや石井記念愛染園といったプロテスタント系の活動のほか、大阪北市民館など、著名なセツルメントも多い。そうした活動から冨田象吉、志賀志那人といった社会事業史における主要な人物もあらわれている。

そうしたなかで、カトリックによるセツルメントとして聖心セッツルメントが開設される。聖心セッツルメントは大阪の社会事業史において、他の著名なセツルメントに比してあまり取り上げられてこなかった[50]。ただ、聖心セッツルメントが拠点とした釜ヶ崎での戦前における先駆的実践として、釜ヶ崎での実践を重ねてきた小柳伸顕が高く評価しているように、大阪の社会福祉を開拓していく活動の一つであった[51]。

聖心セッツルメントはフランスに本部をおく、聖ビンセンシオの愛徳姉妹会の修道女によって始められた[52]。聖心会のマザーマイヤーの招きにより一九三三年、六名の修道女が来日し、うちジェネビエーフ・テルミエら三名によって一九三三年一一月に当時の西成区にてセツルメント事業を開始した。テルミエは来日前に「日本でも私達が同じような事（筆者注――中国での修道会の社会事業）が出来るのが神の思召でありますように、然し刈入れる前には種子を蒔かねばなりません」と書いているように、来日前から社会事業に従事する決意であり、しかもそれが新たに始める開拓的事業であることも認識されていた[53]。

場所は釜ヶ崎と呼ばれる地域であり、現在も日雇い労働者の街として知られており、当時も地域住民の生活状況には、厳しさがあった[54]。居住実態の劣悪さ、生業がくず拾いなどであること、さらには子ども売買までなされていることが伝えられている。容易には対応できない深刻な状況の中での新たな活動の開始であった。

事業としてまず着手されたのは、欠食児童への給食である。東京同様に、困窮家庭において欠食児童がみられたので、緊急的な活動として着手された。方面委員を通じてやってくる貧困な児童に食事を提供した。

次いで一九三四年に診療所を開設した。容易に行政による許可が得られなかったが、実業家の稲畑二郎を責任者とすることで解決することができた。週三回神戸から来る若い医師による診療を行い、方面委員の紹介を受けた貧困者を対象とした。「奇麗に整頓しておいた二階の一室で診察をするのです。階下の調剤室の窓口の奥で私達（筆者注――修道女）は薬の調合をして、これを無料で与えると病人達は嬉しそうに持帰ります。カルテの記入と処方箋は実に忠実で何処へでも私達について行ってくれる私達の娘さんが日本語で書いてくれます」という状況であった[55]。

また、修道女による家庭訪問も行われ、貧困な病者らを訪問した。すなわち、「貧しい人達が自分の家へ私達に来てほしいと言うのです。…（中略）…殆んど知覚を失っている病人でもコルネットが自分の上に傾くのを見て喜しそうに微笑するのです。人々は皆『蒲団』と言う畳の上で綿のはいった大きな夜具に寝ています。聖心の院長のお蔭で毛布の配布も出来たのでした」というように[56]、貧困者自身の希望によって訪問し、精神的な励ましを与えるとともに、必要な物資の提供も行った。とりわけ「過労と栄養不良のため心身をすりへらし大半は結核患者であるこれら不幸な人達はあちらこちら目の付かぬ所に隠れています。そんな人達はあばら屋の薄暗い畳の上に臥していますす」という、結核の重症者らを訪ね、死を直前にして洗礼を受ける者もいた[57]。

（2）事業の展開と戦時下の動向

一九三四年の状況について『日本カトリック新聞』に「隣保事業見学　緑樹のない街　天使的な聖心セットルメント」という記事が掲載されている[58]。そこには地域の悲惨な状況を描き、関係者の発起によって事業が開始されたことが記されている。そして、事業として第一に「欠食児童への給食」があり、五〇名程度の児童に昼食を提供している。最初のうちは与えられた食事を食べない者もいたが、それはそれまで十分な食事をしていなかったので胃が受け付けなかったのが主な要因で、慣れるにつれて食べられるようになり、その結果血色もよくなったという。第二は「無料診療」で、平均して一日三〇～四〇名の患者を方面委員の紹介により診療している。第三は「往診と個別診療」であり、往診するとともに、寄贈された衣類などを持参した。

一九三五年に土地の寄付があったことから、新たな建物を建築し、診療所と「子供の家」を置いた。一九三六年七月に完成した。『日本カトリック新聞』には「裏街に咲く愛の花　大阪の聖心セッツルメント　愛徳会の新築なる」との記事が掲載されている[59]。そこでは、建物が新築されて落成祝賀会が開かれたことを報じるとともに、診療患者が一日につき八〇名ほどいるなど、活動の状況を説明するとともに、「大大阪の裏面に侘びしくその日その日を過ごす人達を唯一の友として貧民街のオアシスとして」セツルメントの役割がいっそう重要であり、神への感謝と助けへの祈りが記されている。

こうして、規模は大きくないものの、着実な活動を広げた[60]。一九三八年には託児所を開設した。しかし、戦時体制のもとで上智カトリック・セットルメント同様、聖心セッツルメントも、活動内容が制約されるようになった[61]。修道女らは、本部からフランスに戻るよう働きかけを受けていたが、日本にとどまりたいという願いを持ち、本部とのやりとりをしているうちに、現実の問題として日本からフランスに行くことが不可能になってしまい、日本にとどまることになる。しかし、警察に監視されるなど、外国人であることから危険人物視され、施設の工場転用の話が出るなど困難が深まっていく。名称も聖心隣保会と改称させられた。診療所の患者も減少した。一九四四年に、共働きの労働者の子どもを預かる事業として、聖心隣保学園を開設したが、戦時下のニーズへの対応である。

こうして戦時下の困難な状況においても事業を継続したものの[62]、一九四五年三月一三日の大阪大空襲によって建物が焼失し、その後再建されることなく、歴史を閉じることとなった。ただ、愛徳姉妹会による事業としては、聖母病院、聖母託児園などが継続され、戦後に新たに開始された事業もある。釜ヶ崎においても拠点を持って、生活相談などを行い、地域のキリスト教組織である釜ヶ崎キリスト教協友会にも加わり、釜ヶ崎支援機構が創設されてからは、機構の働きにも加わるなど、一定の活動は行っている[63]。セツルメントという形態では直接は残らなかったが、社会事業活動全体としていえば、継続されている。

聖心セッツルメントは、協力者があったとはいえ、三〜四名の修道女を中心とした小規模な活動であったが、土地・建物を所有し、他の著名なセツルメントとは離れた場所で独自の活動を展開した。事業が発展できなかったのは、創設後数年で戦時体制になったためである。地域における必要性は明らかであり、福祉の拠点として発展しうる条件をもっていた。大阪という、社会問題の深刻さが著しく、多くの社会事業が展開された地でカトリックのセツルメントがなされたことについては評価すべきであろう。

5　カトリックにおけるセツルメントへの関心

一連の活動は、カトリックの基盤にした理念や方針のもとに行われたので、活動との関連でセツルメント活動の意義やあり方が積極的に語られていく。特に上智カトリック・セットルメントでは『年報』はじめ刊行物の発行が多く、当時のセツルメントへの考えを把握することができる。

上智カトリック・セットルメントの考え方について、ラッサルは、「先づ第一に最も困つてゐる人々を救済することであります」「私共（筆者注――ラッサルはじめ援助者）はできるだけ此の方面の人々の生活程度で生活します」「宗教的影響といふことであります」という点をあげている。(64) 上智カトリック・セットルメントが創設された時期にはすでに多数のセツルメントが活動していたので、セツルメントに関する言説も数多くあり、そうした言説を受けて、セツルメントの基本的な姿勢を持っている。そこに、宗教性を吹き込み、「救済といふことは、必ずしも物質的救済のみを意味するものではありませんので、私共は貧しい人々が人間らしい生活をするやうに教育することに、特に努力して居ります。人が宗教的に考へること、即ち、神と人間との関係を考へることは人間生活の一番の理想であると思ひます。それ故に此等の貧しい人々を直ちに宗教的生活に入れなくても、少くとも彼等を人間がもつべき最高の理想にまで導くことができれば、私共の仕事の一番の成功であると思つて居ります」と述べている。

二代目の館長のミヘルによれば、施設で働く者の三つの規則があり「最大の苦難の中に於て、他人への助力、援助を為すことです」「周囲の人々の全く同様の生活をすることです」「私達の愛の手が、困窮の中にある人々の、物質的なものに留らず、精神的、倫理的なるものへの憧憬を抱かしむるやうに、指導することなのです」であるという[65]。ここでも、地域住民と対等な立場に立って、生活の上での実際的な支援を行いつつ、精神的倫理的側面をも重視している。

一方、住民に対して宗教的涵養を目指すだけでなく、援助する側の学生へのカトリック精神の涵養も目指されていた。したがって、住民への一方的な教化を志向しているわけではなく、相互の交わりのなかで、お互いの人間としての成長を目指していたといってよいであろう。

こうしたセツルメントについての発言や議論は、直接従事した人や支援者にとどまらず、直接にはセツルメントの携わっていない者からの発言も見られるようになる。一九三〇年代の『日本カトリック新聞』は、カトリックの社会事業についての情報を多く掲載し、あるいはみずから「慈善事業に精進せよ」という論説を掲載して[66]、実践的関心をも高めているが、セツルメントについて、上智カトリック・セットルメント設置もあって、主な活動が行われるたびに、繰り返しその情報を掲載している。これ自体、セツルメントというものが周知されていく効果があったと思われる。それだけでなく、セツルメント一般の論説などもたびたび載るようになる。それを通じて、カトリックに広くセツルメントへの認識の高まりが広がったと考えられる。

『日本カトリック新聞』第三二〇号（一九三一年一一月）には、西條由香子「セツルメント」という、かなり長文の原稿が掲載されている。そこでは、セツルメントとはどういうものなのかを日暮里愛隣団を訪問して紹介している。日暮里愛隣団は、プロテスタント・メソジスト系のセツルメント施設であり、そこで働く谷川貞夫が社会事業界で活躍しつつあり、東京における代表的セツルメントとして認識したのであろう。専任職員は少なくして、「好意の補助者」を多く活用することが望ましいと指摘している。

キリスト教系とはいえ、カトリックでない施設を実例としてセツルメントが説明されているので、あくまでセツルメント一般が奨励される形になっている。上智カトリック・セットルメントについては実例として最後に、「希望に満ちた、明るい施設」として紹介している。この時点ではまだ上智カトリック・セットルメントは活動を始めたばかりで実績は乏しい。むしろ実績ある施設を材料にして、セツルメントの必要性を訴える効果を挙げている。

一九三二年六月一九日には「上智カトリックセットルメントの喜ばしき近況」が掲載されている。上智カトリック・セットルメントの活動内容を紹介するだけでない、「此の広い三河島の町に、只一つしかセッスルメントがない事」（原典ママ）を疑問視し、小学校が五つある地域に、一つでは問題への対処が十分できないので、さらに広がるべきことを説いている。一九三四年九月二日にも「隣保事業見学　巷の守護の天使」という記事があり、上智カトリック・セットルメントの見学の記録が掲載されている。

第四五六号（一九三四年七月）には「隣保事業には宗教が必要」との記事が掲載されている。そこでは、隣保事業の実例として上智カトリック・セットルメントを紹介しつつ、「宗教がこの仕事に特に必要であるのは人間の心の内側から解放してゆける唯一のものであるからであります」と述べている。そして、事業の具体例を列挙しつつ、「心ある人々はこの意義ある教化事業に御援助なさるでせう」と結んでいる。

全体として常にセツルメントに関連する情報が提供されていた。こうした一連の記事は、また、教会内でのさまざまな場でも、話題になることが少なくなかったと考えられる。セツルメントへの関心を高めたものと思われ、それは類似の活動を広げていくことにもなる。当時、全国のカトリック教会において、貧困者救済などの活動が広がっている。こうした動きにも影響を与えることになった。

6　カトリックセツルメントの意義

カトリックのセツルメントは、特定の場所に根ざしつつ、活動を展開し、成果をあげていた。従来必ずしも評価されなかったのは、次のような理由と思われる。創設が一九三〇年代とやや遅く、すでに他のセツルメントが実績をあげていたので相対的に重要性が低く感じられた。しかも、まもなく戦時下になってしまったため、高い評価を受ける実績をあげる前に、戦時体制をむかえてしまった。組織性を重視した活動であり、特定の著名な人物を輩出するようなことがなかった。上智カトリック・セットルメントの場合、創設者はラッサルと考えてよいであろうが、ラッサルがセツルメントに関して、対外的に著名になったわけではない。かなり狭い限定した地域に拠点を置いたので、広く注目されることがなかった。

しかしながら、実践と思想の両面において、社会事業史上の意義を有したととらえるべきであろう。児童や病者への個々の救済からスタートし、慈善的色彩が強く、閉鎖的になりがちだったカトリック社会事業が事業を広げて、学生の参加などセツルメントの要素を十分に有して、水準の高い活動を実施した。行政、警察など関係機関との連携もみられる。社会性と地域性を深めることで公的な助成金が得られるなど、社会的な認知にもつながった。カトリック社会事業全体の性格を変えていく契機にもなった。

社会福祉史全体の意義として、キリスト教系、仏教系、大学セツルメントなど多様な性格をもったセツルメントが出現するなか、さらに新たな性格をもった活動が生まれて、よりセツルメントが広がっていく。また、セツルメントの希薄だった地域に進出して、その地域での活動を定着させていく。

セツルメントが「隣保事業」と翻訳されて、日本的な隣保相扶に立脚した事業に矮小化されていくことが批判されているが、宗教性を基盤にして外国人が活動の中核を担っていたカトリック系のセツルメントは、隣保相扶的な発想とは遠い場所に位置しており、住民の人格的成長の重視など、近代的性格を発展させる可能性を内包していた。戦争がその可能性を妨げてしまったにすぎない。上智大学自体、靖国神社参拝拒否事件の当事者であったのをはじめ、ファシズムの動きと無縁な場所で活動できたわけではない[67]。しかし、困難な状況での活動が継続されることで、何らかの形で戦後にも続き、戦前の社会事業と、戦後福祉とをつなぐ役割を果たした。

付記

本章作成にあたり、社会福祉法人上智社会事業団・渡辺とし子理事長より資料の提供などご協力をいただき、上智大学キリシタン文庫より所蔵資料の閲覧を許可していただいた。厚く感謝したい。

注

(1) 上智カトリック・セットルメントについては、『創立二十五周年記念誌』一九五六年、『上智社会事業団創立50周年記念誌』一九八一年、『創立60周年記念誌』一九九一年、『80年の歩み』二〇一三年がある。また、『上智大学五十年史』上智大学出版部、一九六三年には七九～八〇頁にかけて簡略な記述がある。なお、名称の表記であるが、戦後発刊された文献には「上智カトリックセツルメント」としたものもあるが、戦前は「セットルメント」という表記がなされていた。また、「上智カトリック」と「セットルメント」との間に、『日本カトリック新聞』などではナカグロが用いられていないが、『年報』など自身による刊行物ではナカグロが入っている。田代菊雄『日本カトリック社会事業史研究』では「上智セットルメント」としているが、「カトリック」を省いた簡略な表記であり、正確とはいえない。こうしたことをふまえ、本書では「上智カトリック・セットルメント」と表記することとする。ただし、一般用語としては、もっぱら上智カトリック・セットルメントを指す場合も含め、「セツルメント」とし、ただし直接の引用文は引用文中の表記のままとする。

(2) 田代菊雄『日本カトリック社会事業史』法律文化社、一九八九年では、「上智セットルメント（上智厚生館）」の見出しで一頁弱、それに続き、「聖心セッツルメント・聖母病院（聖ビンセンシオの愛徳姉妹会）」の見出しで、半頁ほどの記述がある（一二九～一三〇頁）。同書は、修道会を軸にした記述であるため、セツルメントへのカトリックの貢献という分析視覚には乏しい。

(3) 三好豊太郎『隣保事業の本質と内容』基督教出版社、一九三六年。

(4) 西内潔『日本セッツルメント研究序説』一九六八年、童心社。

(5) 柴田謙治『貧困と地域福祉活動――セツルメントと社会福祉協議会の記録』みらい、二〇〇七年、三七～四五頁。

(6)『上智カトリック・セットルメント報』第一号、一頁。
(7)ラッサル、フーゴー「創立二十五周年に際して」『創立二十五周年記念誌』上智厚生館、一九五六年、四頁。
(8)ラッサル、フーゴー「上智カトリックセットルメント概要」『上智カトリック　セツトルメント報』第三号（発行年は明記されていないが、このラッサルの文の末尾に「一九三三、一二、一六」とあるので、一九三三年末頃〜一九三四年初頭であろう）。
(9)ラッサル、フーゴー「創立50周年に際して」『創立50周年記念誌』上智社会事業団、一九八一年、六頁。
(10)『上智カトリック・セットルメント報』第一号（発行年不明だが、内容からみて一九三二年発行である）、一〇頁。
(11)上智大学史資料集編纂委員会編『上智大学史資料集　第3集』学校法人上智学園、一九八五年、一四三〜一四五頁。
(12)『上智カトリック・セットルメント報』第一号、三頁。なお、本書では一般名詞としては「子ども」を用いているが、組織の呼称としては当時用いられていた「子供会」と表記する。
(13)『日本カトリック新聞』第三二六号、一九三二年一月。
(14)『日本カトリック新聞』第三二九号、一九三二年一月。
(15)『日本カトリック新聞』第三五七号、一九三二年八月。
(16)『上智カトリック・セットルメント報』第二号（発行年不明だが、ラッサルによる巻頭言の文末に昭和七年十二月一日とあるので、一九三二年末か一九三三年初頭の発行であろう）、四二〜四六頁。なお、上智カトリック・セットルメントによる初期の発行物として、英文の“Outline of The Jochi=Catholic=Settlement at Mikawashima Suburb in the north=east of Toyko”について、一九三二年と一九三三年発行のものが確認できる。内容の趣旨は邦文資料と同様であるが、同資料にのみ掲載されている写真もある。
(17)『日本カトリック新聞』第四一〇号、一九三三年八月。
(18)『日本カトリック新聞』第五六二号、一九三六年七月。
(19)『日本カトリック新聞』第五六六号、一九三六年八月。
(20)『上智カトリック・セットルメント報』第一号、五頁。
(21)『上智カトリック・セットルメント報』第二号、六〇頁。
(22)『創立拾周年記念特輯　年報』上智社会事業団・上智厚生館、一九四一年、一八頁。
(23)光永政治「下層階級と欠食児童」『上智カトリック　セツトルメント報』第三号。
(24)『日本カトリック新聞』第三三五号、一九三二年三月。

(25)『上智カトリック・セットルメント報』第二号、五一～五六頁。
(26)上智大学キリシタン文庫所蔵の『上智カトリック・セットルメント報』の合本に綴じてある。
(27)『日本カトリック新聞』第四八一号、一九三四年一二月。
(28)『日本カトリック新聞』第五六〇号、一九三六年七月。
(29)『上智カトリック・セットルメント報』第二号、六三～六四頁。
(30)『日本カトリック新聞』第三三三号、一九三二年二月。
(31)「GRAND CONCERT」(一九三三年一月二九日のコンサートの八頁から成るプログラム冊子)。
(32)上智大学キリシタン文庫所蔵の『上智カトリック・セットルメント報』の合本に綴じてある。
(33)前掲記事(22)、二三頁。
(34)『日本カトリック新聞』第五六七号、一九三六年八月。
(35)『日本カトリック新聞』第六一三号、一九三七年七月。
(36)前掲記事(22)、二二頁。
(37)『日本カトリック新聞』第六〇九号、一九三七年六月。
(38)ラッサル「新国家に於ける福利保護(最近独逸社会事業界の動向)」『私設社会事業』第四九号、一九三七年三月、五～六頁。
(39)中川幽芳『福祉の世界に五十年』印美書房、一九八四年、二五頁。
(40)フーゴー・ラッサル「銃後に於けるセツルメント」『J. C. S. NEWS』第九号、一九三七年一一月、一頁。
(41)『日本カトリック新聞』第六四一号、一九三八年一月。
(42)『日本カトリック新聞』第六五五号、一九三八年五月。
(43)『日本カトリック新聞』第六五六号、一九三八年五月。
(44)『日本カトリック新聞』第六八二号、一九三八年一一月。
(45)『日本カトリック新聞』第七一三号、一九三九年六月。
(46)『日本カトリック新聞』第六七四号、一九三八年九月。
(47)『日本カトリック新聞』第八〇六号、一九四一年四月。
(48)前掲記事(22)、二三～二四頁。

(49) 前掲記事(22)、三〇頁。
(50) 『大阪府社会事業史』大阪社会福祉協議会、一九五八年には記述がない。大阪の社会福祉を拓いた人たち編集委員会編『大阪の社会福祉を拓いた人たち』大阪の民間社会事業の先輩に感謝する会、一九九七年では、「釜ヶ崎セツルメントや聖心セツルメントのように、スラムにおける日雇労働者を援助する活動は、恐慌期に、問題の深刻化に対応して複数の施設が設置された」という記述がある（八〇頁）。大阪ソーシャルワーカー協会編『大阪の誇り　福祉の先駆者たち――挑戦の軌跡』晃洋書房、二〇一三年では、「聖家族の家――愛徳姉妹会のシスターの足跡」（筆者は中田浩）の項で、簡略ながら触れられている。
(51) 小柳伸顕「西洋型ミッションを問う」釜ヶ崎キリスト教協友会編『釜ヶ崎の風』風媒社、一九九〇年。小柳伸顕「共なる神――釜ヶ崎」『低きに立つ神』コイノニア社、二〇〇九年。
(52) 『大阪における愛徳姉妹会の社会福祉事業50年史』愛徳姉妹会、一九八四年。なお、施設名称であるが、同書掲載の写真に写っている建物の看板にはいずれも「聖心セットルメント」と記載されている。『日本カトリック新聞』第五六二号、一九三六年七月でも「聖心セットルメント」となっている。また、史料によっては「聖心セツルメント」と表記されているものもある。設置者による年史である『大阪における愛徳姉妹会の社会福祉事業50年史』や田代菊雄『日本カトリック社会事業史』では「聖心セッツルメント」と表記していることから、本章では「聖心セッツルメント」と表記する。
(53) ヴァイロン、マリ・アンヌ『花咲く島へ　ジェネビエーフ・テルミエ童貞小伝』カトリック愛徳姉妹会、一九五六年、八八頁。同書は、テルミエの来日前から、一九四六年三月二四日に死去するまでの動きについて、テルミエによる手紙の翻訳などを中心にしてまとめており、聖心セッツルメントの活動の様子を垣間見ることができる。ただ、系統的に整理された著述ではないので、わかりやすいとはいえない。
(54) 当時の釜ヶ崎の状況については、吉村智博『近代大阪の部落と寄せ場――都市の周縁社会史』明石書店、二〇一二年。
(55) ヴァイロン、マリ・アンヌ、前掲書、一〇四～一〇五頁。
(56) 同前書、一〇五頁。
(57) 同前書、一〇七～一〇八頁。
(58) 『日本カトリック新聞』第四六二号、一九三四年八月。
(59) 『日本カトリック新聞』第五六二号、一九三六年七月。
(60) 聖心セッツルメントの活動実績を統計的に示している『社会部報告第二一八号　本市に於ける隣保事業』大阪市社会部、一九三七年は「昭和十年中又は十年度を基準とし、必要に応じて昭和十一年中のものを附加」して編集した資料である。『大阪における愛徳姉妹会の社会福祉事業50年史』では、関係箇所を抜粋して引用している。

(61) 戦時下の厳しい状況については、ヴァイロン、マリ・アンヌ、前掲書(53)のうち一五〇頁からの「六、最高の自己放棄」に記されている。

(62) 『大阪府社会事業施設一覧』大阪府厚生事業協会、一九四一年は、戦時下における大阪の社会事業の状況を示す史料ではあるが、聖心セッツルメントについては、六〇頁に「聖心セツルメント診療所　所長ジエ・テルミエ」とあるのと、八三頁に「聖心セツルメント」とのみ記述があるだけで、活動内容や実態までは把握できない。

(63) 女子パウロ会編『現代社会への挑戦　今を生きる女子修道会』女子パウロ会、二〇〇六年。

(64) 『上智カトリック・セットルメント報』第二号、三頁。

(65) ミヘル、アロイジオ「感謝に代へて」『創立拾周年記念特輯　年報』四頁。

(66) 『日本カトリック新聞』第五二八号、一九三五年一一月。

(67) 一九三〇年代から戦時下にかけてのカトリックの状況については、富坂キリスト教センター編『十五年戦争期の天皇制とキリスト教』新教出版社、二〇〇七年の西山俊彦の論考に詳しい。

第5章　近代社会の形成と医療活動

1　カトリックと医療

カトリックが日本で宣教活動を展開していくなかで、特に活発だったのは医療である。すでにキリシタンの時代において「癩者」の救済などの医療活動がみられ、ことにルイス・デ・アルメイダの活動は、社会福祉史の一般的な教科書などでもよく記載されている。

近代になっても事情は同様である。各地でカトリックによる診療所や病院が設立されていく。また、一般的な病院にとどまらず、ハンセン病や結核など当時の社会で嫌悪されていた病者の救済にも取り組んだ。医療は狭義の社会福祉には含まれないと考えられていることから、社会福祉の議論をする際にこぼれやすいのであるが、カトリックによる一連の医療は、一般的な病院と同じではなく、貧困者の救済から始まるなど、福祉的な要素を強くもったものであった。したがって、カトリック福祉について分析する場合、医療も含めて議論する必要がある。

すでに田代菊雄『日本カトリック社会事業史研究』において、医療についても詳細に紹介されているが、同書はカトリック社会事業の全体像を描くことに主眼があるため、医療はあくまで一領域という扱いであり、カトリック医療が日本社会福祉史においてどのような役割を果たしたのかを、医療そのものの意義から分析するまでにはいたっていない。

医療史においては酒井シズ、新村拓、川上武、菅谷章らの業績がよく知られている。酒井や新村は、キリシタン時代の医療についてはやや詳しく述べているが、近代以降になるとカトリックについては触れていない。川上は、医療の課題に幅広く触れているものの社会科学的視点が濃厚で、カトリックについては関心の域外にあるように感じられる。菅谷は、あまりに広範囲にわたって詳細に述べているため、全体像はよく示されているものの、個々のケースの位置づけが把握しにくくなっている。(4)

こうなってしまうのは、医療史の側から見た場合、近代になって、西洋医学の発展、医学教育、感染症対策など、あまりに課題が広がって、小規模な医療活動の個別の動向にまで触れることができない。救療事業を扱うとしても、済生会や赤十字社など大規模なものも出現していくので、そちらに力点が置かれてしまう。一方、社会福祉史の側からすれば、医療は狭義の社会福祉ではないため扱われることが少なく、かろうじて社会福祉の一領域とみなされた救療は、やはり済生会の動きや、せいぜい医師会や慈善団体の救療までが視野に入るだけで、小規模な活動は意識されにくかった。また、キリスト教史においても、プロテスタント史に比べてカトリック史の研究の厚みは乏しく、高橋昌郎のように双方を共に描き、かつ慈善や医療まで視野に入れているのは稀である。(5)

しかし、カトリックの医療は、貧困者やハンセン病者ら社会の底辺層に位置した人たちを救済する活動として、社会事業的要素が強く、またその姿勢は医の原点にもつながる。同時に、そうした医療を必要とした近代社会のひずみを示すものであり、病者を排除することで成り立つ近代社会の姿を明らかにすることでもある。

そこで、本章では、戦前のカトリックの医療について概観し、その歴史的意義を考察する。ただし、ハンセン病については、筆者は他で議論しているうえ、(6)隔離政策とカトリックとの関係が議論されている状況のなか、(7)丁寧な分析が求められることから、本章では事実の指摘にとどめ、詳しくは触れない。また、なるべく多くの事績に触れるようにはしたが、すべてを網羅的に扱っているわけではなく、各時代の特質を把握することを重視している。

2　初期の医療

キリシタンの時代に、すでに各地で病院が建てられていた。海老澤有道が戦時下に『切支丹の社会活動及南蛮医学』によって詳細な研究を行っており、同書は現在にいたるまで、キリシタンの慈善活動や医療についての、もっともまとまった研究書といえる[8]。ただし、東野利夫によると、戦時下に書かれたために、十分な史料批判や検討を経て書かれた著作ではないようである[9]。近年では、川村信三によるキリシタン信徒組織についての研究のなかでの慈善の分析がすぐれた成果であり、そこで「貧者と病者のケア」について論じている[10]。いずれにせよ、本章は近代以降を扱うので、ここではキリシタン時代に一定の実践が展開されていた事実のみを確認する。

著名なのは、アルメイダが一五五七年に豊後国府内（現在の大分）に設置した、日本で最初の西洋式の病院である。一般的な外科や内科のほか癩者の救済を行った。年とともに患者も増えていったが、イエズス会の医療禁令が一五六〇年に日本に到達して、イエズス会が手を引いたため、次第に衰退してしまった。このほか、山口、長崎、平戸などの各地に組織された「ミゼリコルディヤ」による活動の一つとして医療が行われた。あるいは各地で「癩者」の救済も行われ、その数は二〇カ所以上に及んだという。これらの活動は、日本へのヨーロッパ医学の導入であり、また病者が捨て置かれていた日本社会のあり方を変革するものとして、さまざまな可能性をもつものであった。また、上杉聰によると、弾圧のなかで、救済を受けた人たちが今度は信徒たちを匿う役割を果たした。「最後まで残った神父の隠れ家は、しばしばハンセン病者の施設」であったのである[11]。しかし、これら施設も、いうまでもなくキリスト教が禁止されるなかで、消えていくことになる。

近代になって、再びカトリックの宣教が可能になるという状況のなかで、早くからすすんでいくのは、育児事業と医療であった。育児事業と医療は、二つのことが行われたというより、しばしば併設され、連続した実践として行われた。ごく初期の実践として著名な、神父ド・ロの活動がすでに、このパターンである。ド・ロは、長崎にて感染症患者の救済に尽力するが、その過程で岩永マキらによって生まれてくるのが、後の浦上養育院である。ド・ロが活動の拠点を西彼杵半島の外海《そとめ》に移していった後も、医療活動を行う一方で、託児所も開設した。[12]

各地で修道会が来日して活動を開始していくなかで、医療に着手していく。函館では、シャルトル聖パウロ修道女会によって一八八六年に施療院が設けられた。[13]施療院は、修道女スール・マリー・オネジムが担当し、また貧困者の訪問を行った。一八九九年には日本人医師をむかえて、博愛医院と改称した。スール・マリー・オネジムは長く施療のための貧困者の訪問を続けた。博愛医院は一九八五年に廃止されるまで続いた。施療院の設置後には孤児院も開設された。シャルトル聖パウロ修道女会は、熊本県八代でも、同様に、育児事業と医療を行っていく。一九〇〇年に博愛院が設置され、同時に育児事業としてナザレ園も設置されている。同時の状況を、博愛院で働いたマリー・ジョセフは「八代で名高い耶蘇病院といはれてなかなか繁盛しました。当時附近の町村には御医者様は少いし、また珍らしい西洋のお医者、西洋の薬、それに貧しい者は治療費薬価はいらぬというので方々から病人がたずねてまいりました。祈祷師まで自分の手におえぬ病人をヤソ病院に見せてくれというような有様で、かつぎこまれた病人が不意に天国行きとなることさえ時々ありました」と描いている。[14]また、単に外来の患者の治療をするだけではなく、患者の家庭を訪問する活動も行った。それも、徒歩で遠方まででかけることも珍しくなかったという。

熊本では育児事業の天使園が、幼きイエズス修道会のメール・ボルジアによって一八八九年に設置された。貧困な病者の訪問から始まったものである。さらに、一八九五年に無料診療所が設置された。[15]診療所は貧困者の救済を主とし、初期にはハンセン病患者の訪問も行われた。医師の協力を得て週二回程度の診療を行いつつ、通院できない患者の往診も行った。一九〇六年に聖心医院と命名された。

熊本県人吉では、マリアの宣教者フランシスコ修道女会の人吉修道院の設立があった後、ローザ・アルダス・メルセデスにより一九〇六年に診療所が設置された[16]。これが復生園となる。貧困な人たちを訪問して救護し、病気にかかっている人に無料で医療を受けさせることを目的とした。ただし、実費程度を自発的に支払うものについては受けとった。施薬施療部では困窮者を慰問し、金品を送り、入院治療部では、自宅で医療を受けにくい者について緊急措置として無料での入院治療を行った。やがて孤児の世話もするようになり、一九二三年に聖心愛児園が設置されることになる。

マリアの宣教者フランシスコ修道女会は、札幌でも一九一一年に天使病院を設立している[17]。当時の札幌は、まだ人口五〇〇〇〇人の村でしかなく、札幌で最初の本格的な医療機関であった。ベッド数三〇という小規模な病院であったが、次第に拡大されて、総合病院に発展していくことになる。天使病院で死亡した患者の子どもを養育したことをきっかけにして、一九二三年に聖母会天使之園が設置される[18]。

これら医療機関は、貧困者の診療を主眼として開始された。医療機関ではあるが、宣教活動も行ったので慈善事業との関係も密接であった。多くの医療施設が、育児事業と併設されている。また、精神的慰安を提供することも重視されており、貧困者家庭への訪問も行われていた。修道女の献身的な看護や訪問が活動の中心であり、医療それ自体の体制は決して強くなかったといわざるを得ない。医師や看護婦などの医療体制が発展途上であったことで可能になった面もある。

それでも支持を集めたのは、捨て置かれた病者への無私の奉仕であったこと、医療にとどまらず生活への支援でもあったこと、まだ漢方医が多く残っている時代で、西洋医学による医療はたとえ水準が低くとも、以前と比べれば飛躍的にすぐれた治療効果をあげたことなどがあげられよう。また、その多くが大都市ではなく、地方である。近代的なシステムの構築が遅れる地方において、いち早く近代的な思想を背景として、救済を実践する活動でもあった。

公的救済は恤救規則にみられるように貧弱であったが、その分医師会その他諸団体による救療がすすんでいく[19]。一九一〇年代になると済生会が創設されるなど、さまざまな救療が行われるようになり、救療としての役割は、さまざまな場で担われるようになる。しかし、それらの救療は、病者の救済という人道的動機が主ではない、近代社会の発展のなかで、感染症はじめ疾病が広がり、それが産業化、軍事化にとっての妨げであり、社会的に対応するしかないことがわかってくる。治安的、経済的、軍事的動機を背景としているのであって、貧困者への医療という現象は類似していても、カトリックの医療とは全く性格を異にするというべきであろう。カトリックの医療は、貧困者の精神的救済を主とし、慈善事業の嚆矢としての意義ももつことになる。また、その働きの多くを担ったのが修道女であることも軽視してはならない点であろう[20]。ただ、やむをえないことではあるが、小規模であるため、次第に国家レベルの政策として強固になっていく医療・衛生の体制に抗するような力をもつことはできず、個々の実践のレベルにとどまるものであった。

3　結核療養所

カトリックの医療事業の特質として、一般的な病院にとどまらず、戦前は治癒の困難な疾病であった、ハンセン病と結核の療養所の設置に取り組んでいく。ハンセン病については、すでに論じてきたので、ここでは結核のみを取り上げる。

結核もまた、戦後に治癒が見通せるようになるまで、排斥の対象となりやすい感染症であった。しかもその広がりは、労働環境の劣悪な工場や軍隊での感染など、社会性を帯びていた。

ハンセン病と違って、在宅での療養が一般的だったことや、外見が変貌するわけではなく、文学でのロマンチックな題材に使われるなどの面はあった。現実問題として、患者数が多いために、徹底した隔離をすることが財政的にも無理であった。一方で、療養が長期化しやすく、症状が進行すると肉体的にも苦痛が増すなどの共通点もあった。

一九二六年に、訪問童貞会によって神奈川県鎌倉市に聖テレジア療養所が開設された[21]。一九二八年に移転して聖テレジア七里ヶ浜療養所となり、一九二九年には財団法人となった。その際、フランス人司祭アルベルト・ブレトンの尽力があったことから、創設者をブレトンとしている。しかし、引き続き訪問童貞会が経営にあたった。有償患者、減額又は救療患者、官公署や私立団体などからの委託患者を受け入れ、修道女による病室訪問などの精神的慰安を重視した。鎌倉市内と江ノ島の中間付近の場所であるが、湘南と称されるこの地域は結核療養所が林立する地域である。高三啓輔は湘南に私立サナトリウムが林立していく背景や動きを述べている[22]。湘南のサナトリウムを一覧にしており、聖テレジア七里ヶ浜療養所もその一つとして含まれている。一九四〇年には恩賜記念病棟が建設されて、規模を広げることになる[23]。一九四二年には滋賀県草津に分院として草津療養所を開設した[24]。

戸塚文卿によって、一九二九年に結核回復期の青年を対象として東京の荏原にナザレト・ハウスが設置され、まず四名の青年を受け入れた。一九三一年に千葉県矢指村に移転するがそこも手狭になったことから、九十九里浜に一九三五年に海上寮療養所（当初は「うなかみりょう」と呼んでいたが、次第に「かいじょうりょう」と呼ばれるようになる）が設置された。一九三六年には三井報恩会や原田積善会の寄付を得てさらに拡張され、レントゲンの設備などを整える[25]。海上寮は一九四五年五月に日本医療団に買収されてしまう[26]。日本医療団は、国民医療法によって、医療の普及を図ることを目的として一九四二年に設置され、国策として結核療養所の買収をすすめた。戦後、一九四七年には早速解散した（以後は、清算や訴訟への対応のため、一九七七年まで特殊法人として存続）。海上寮は、聖フランシスコ友の会によって戦後買い戻されるが、一九五〇年代から六〇年代にかけて、結核病棟は徐々に縮小され、精神科に転科していく。

カトリックによる結核への取り組みについて、最も活発に活動したのは神父ヨゼフ・フロジャクであろう。フロジャクについては五十嵐茂雄や清水須巳子によって詳細な伝記がまとめられている[27]。フロジャクはフランス出身だが、パリ外国宣教会神学校を卒業し、一九〇九年、二三歳のときに来日した。一時、病に倒れて死亡するかにみえたが奇跡的に回復した。一九二七年に東京市立中野療養所の一患者を見舞ったことから結核療養所を訪問するようになった。一九二九年に憩いの家が短期間ではあるが、設置された。療養所を退所したものの帰る場所がない患者が住むためのものである。一九三〇年にはベタニアの家が設置された。地元紙に攻撃の記事が載るなど厳しい状況が続くが、奔走して維持していく。一九三二年に患者の子どものためにナザレトの家を開設した。

一九三三年に、東京府清瀬にベトレヘムの園が設置される。[28]最初は回復期の患者の療養農園としてスタートする。一〇月一八日の開園式は東京府知事、内務省衛生課長、清瀬村長らをむかえて盛大に行われており、期待の大きい施設であったことがうかがわれる。また、一九三四年には、結核患者の子ども三五名をナザレトの家から移して、東星学園が創設された。その後一般の子どもも受け入れるようになり、現在は児童養護施設ベトレヘム学園として存続している。ナザレトの家は乳児院に転換する。ベトレヘムの園は、東京府知事からの要請もあって一九三五年に療養所へ転換する。フロジャクとしては回復者の農園として維持したい気持ちであったようだが、経営的には困難であり、療養所を求める声の切実さも無視できない現実があった。一九四一年に外気小屋を設置して、外気療法を充実させている。[29]

ベトレヘムの園がおかれた清瀬は、湘南と並ぶ結核療養所の集まる地域であった。[30]高三啓輔は清瀬についても結核療養所を一覧にしているが、そこにベトレヘムの園が記されている。[31]湘南にも清瀬にもカトリック系の療養所が存在することになるのは、結核の問題にカトリックが深くかかわった象徴でもあろう。

一九三七年、ベタニアの家の事業への奉仕のため、ベタニア修道女会が設置された。[32]一九四三年には職員、付添い、面会にきた人の児童を預かることを主な目的とする徳田《とくでん》保育園を、設置した。[33]そうした児童が結核患者に接触することを防ぐためであるが、一般の児童も預かった。

以上は、東京ないしその周辺に立地されたものだが、湘南や清瀬とは無縁の地方において、より必要性が高まっていくが、地方にもカトリックの結核療養所が創設されていく。

新潟では、一九三一年に神父チェスカらによって有明静養舎ベタニアの家が設置された。一九四一年に聖心愛子会が聖園静養舎として継承した。秋田では聖心愛子会によって一九三四年に聖園サナトリウムが設置された。聖心愛子会は秋田に創設された初の法人修道会であるが、創設者はドイツ人の聖園テレジアである[34]。秋田のみでなく、各地に育児施設などを創設した、社会事業に熱心な修道会である。なお、新潟におけるチェスカや聖心愛子会の動きは『新潟カトリック教会百年の歩み』に詳しい[35]。

大分県別府では一九三七年に光の園病院が開設され、長田シゲが運営にあたった[36]。長田は、フロジャクのもとで一時働いていたので、結核についての経験をもっていた。しかし、開院早々、病院は全焼してしまうという不運に遭遇する。長田と当時の大分県知事白松篤樹が知り合いだったこともあって、三井報恩会と原田積善会の資金により、再建されることとなった。光の園病院もまた、戦時下に日本医療団に買収されてしまった。長田は戦後、戦災孤児の救済に取り組み、養護施設光の園白菊寮（現・児童養護施設光の園）を設置することとなる。

一九三五年に福島県郡山では、青年会を中心とした信徒らによって結核コロニー設置の促進運動を行ったことも伝えられている[37]。回復期の患者を対象とした軽費療養施設を目指して、資金獲得の事業に着手しようというのである。

こうしたカトリック系の療養所だけでなく、公立の療養所内でのカトリックの活動もみられた。東京府立清瀬病院ではカトリックの信徒により清羊会という組織が結成されて、カトリック文庫の設置、機関誌の発行、行事の開催などを行っている[38]。さらには「布教は神父様だけにおまかせしてゐてはいけない、布教の第一線は我々の受持ちなのだ」として、活動の強化を目指していく[39]。あるいは、聖ヨハネ会では結核をもつ非行少年の保護に乗り出していく[40]。

結核について、公立療養所や、宗教と無関係な民間療養所も多数設置されたが、プロテスタントでも救世軍の療養所が設置されているし、あるいは今日、総合的な医療・社会福祉施設として発展している聖隷福祉事業団も、戦前は長谷川保による結核患者の救済のための聖隷保養農園であった[41]。結核は今日、その実態があまり語られることがなくなり、戦後の一時期まで国民を広く苦しめた疾病であったことが忘れられている感がある。しかし、治療法が確立するまでは、結核に罹ると、完治の見込みは乏しいことが多く、治療が長期化しやすく経済的にも困窮し、吐血など肉体的な苦痛もあり、症状がいかにも感染をもたらしそうに感じられて、社会的に排除された。そうした結核患者は、衛生対策の対象ではあっても、救済の対象ではなかった。そうであるがゆえに、結核患者を放置することができずに、カトリック、プロテスタントとも救済に取り組むことになったのである。

しかし、戦前は結核の効果的な治療法はなかったので当然のことではあるが、これらの療養所が治療的な効果をあげることはなかった。したがって、精神的な支援が中心的であり、それは公立の療養所には困難な課題であった。ただ、政府が公衆衛生対策として結核を重視していく動きのなかで、カトリックの活動もそこに組み込まれるしかなかった現実は否定できない。しかし、その多くが、結核療養所とは異なる事業に転換しつつ今日まで継続されており、それぞれの地域で常に必要とされ続けたことも明らかであろう。

4　一九一〇年代以降の医療の展開

一九一〇年代以降になると、医師会の組織も確立され、医療システムが強固になっていく一方、やがて医療の社会化が議論されるようになっていく。こうしたなかで、修道女による小規模な救療活動とは全く異なる、比較的本格的な病院が設置されていく。一九一四年にはヨゼフ・ラネルスにより、金沢に聖霊病院が設立された。施療部も設けられて、貧困者の医療も実施している。一九三三年には、結核患者の子どもや貧困な聴覚障害の子どもの世話をしたことをきっかけにして、育児施設愛児園が併設された。一九一八年に秋田市に聖心愛子会聖心医院が設置された。

一九二四年には訪問愛苦会によって、聖マリア共同医院が開設された。[42]「共同」とは病室は一般の医師に貸与し、看護や炊事などは修道女が行うという形態をとったことを表現している。同医院は看護婦養成事業にも乗り出していく[43]。一九三一年にマリアの宣教者フランシスコ修道女会によって国際聖母病院が設置された[44]。内科、外科、皮膚泌尿科、小児科等をそろえた総合病院である。

こうして各地で病院が設置されていくが、なんといってもこの時期の最大の功労者は戸塚文卿であろう。戸塚については、小田部胤明による詳細な伝記によって、その生涯を把握することができる[45]。戸塚は、一高・東大という典型的なエリートコースを邁進し、卒業後も東大に残り、さらに留学することとなって、北海道帝国大学助教授となる。そのまま歩めば、医学界にて高い地位を得ることは確実な状況であった。しかし、イギリス留学時にある修道女からの影響によって神父に転進する。帰国後、一九二五年、父親の運営していた医院を引き継ぎ、カトリック病院としての聖ヨハネ汎愛病院として開院する。純粋なカトリック病院を目指したが、そのために経営は不安定であり、後援事業も必要とされた。後援会を設立し、後援会によって音楽会が開催された[46]。

一九二五年末には分院を設置し、無料育児相談などが行われた[47]。一九二七年には聖ヨハネ汎愛病院を廃止し、分院の場所に聖ヨハネ医院を設立する。一九三一年には、前述の国際聖母病院の初代の院長となるが、一九三二年には退くことになる。こうした動きと平行して、海上寮を設立していくが、これについては前述した。また、スラム街への進出も計画したが実現しなかった。一九三二年に新たな場所に聖ヨハネ医院を開設した。

さらに本格的な病院設立を構想する。『日本カトリック新聞』第六五二号（一九三八年四月一七日）が「結核の撲滅に邁進」との見出しをつけているように、結核を主たる対象として構想されており、戸塚もこの記事で結核の広がりを指摘し、「緊急時たることは明」とし「亡国病撲滅」を説いている。ただし、これまで設置した比較的小規模な診療所ではなく、結核も含めた総合病院として構想されており、建設するだけでもかなりの大事業となっていった。困難を乗り越えて、一九三九年に桜町病院として開院することになる。ところが、戸塚は、一連の激務のなかですでに体調を崩しており、不調をおしての活動であった。開院と時期を同じくして死去してしまった。

以上のような都市部を中心とした病院だけではなく、全国各地で、小規模ながらさまざまな医療活動が始まっていく。一九二七年に札幌北一条教会では主任司祭ヒラリオ・シュメルツの指導のもと、信徒による同胞会によって、無料診療所が開設された。医師は天使病院等の近隣の病院から派遣してもらって、診療、薬とも無料であった。皇室からの御下賜金や道庁からの助成金が出るまでに活発に活動したが、戦時下に天使病院に吸収された[48]。東京市三河島に一九三一年に上智カトリック・セットルメントが開設されていたが、一九三二年に健康相談室を開設して週一回の診療を行い、一九三三年には診療所を設置して、週三回の診療投薬を行った。一九三三年、福岡県小倉に聖心施療院が創設された[49]。貧困者への無料治療施薬を目的としている。一九三五年に福岡県新田原に、診療所が設置されている[50]。一九三六年には、三河島教会の博愛診療所が開かれた[51]。愛徳童貞会による大阪市の聖心セッツルメントでは施療のための診療所を設けていたが、一九四〇年に聖母病院を開設した[52]。一九三六年に、長崎県五島の育児施設・奥浦慈恵院内に、診療所が開設された。医師は、運営する十字会の会員である浜崎タカであった。診療所創設前後の動きについて、小坂井澄が詳細に述べている[53]。

病院の設置という形態だけではない。一九三〇年代、ヴィンセンシオ・ア・パウロ会長崎支部では県下の各地で無料診療を実施している。一九三〇年代は昭和恐慌によって特に農村部で困窮するが、それが農村部での医療を深刻化させる。そうした社会状況下での救療活動であった。

神父サルバトール・カンドウによって東京のカトリック女性有志とともにあけの星会が一九二九年に結成されたが、あけの星会は施療のためのバザーや寄付などを行った。また、カンドウは東京大神学校の神学生を組織して社会事業部をつくり、あけの星会とも協力して救療や薬品の無料分配を行った[54]。

戦時下になると、カトリック系病院といえども、国策と無関係ではありえなくなる。『日本カトリック新聞』の第六七四号（一九三八年九月一八日）には「銃後とカトリック社会事業」という記事があるが、そこではカトリックが取り組むべき活動として「益々増加の傾向を辿る結核病に対する事業」があげられている。第七〇六号（一九三九年四月三〇日）では七里ヶ浜療養所の創立一〇周年の記念式が報じられているが「時局色濃厚な記念の式」という見出しになっている。第七〇三号（一九三九年四月九日）での桜町病院設置を紹介する記事では「長期建設の非常時局下、国民体位の向上は政府の特に考慮するところとなり、国民保険法の実施を相俟つて社会事業及び医療の大衆化に拍車をかけ、剛健なる肉体は長期建設に、堅忍持久に、欠くべからざる要素となつた」と述べている。金沢の聖霊病院について、第七一七号（一九三九年七月一六日）で「銃後の医療報国として出征者及び戦没勇士の遺家族の扶助に県市の有志の後援のもとに好成績を挙げ」と紹介している。

日本の医療は、時代を追うごとに発展を示し、あるいは多様な姿を示していく。急性感染症が主たる課題であった近代初期と異なり、さまざまな疾病について、医療の対象として対応していくことになる。医学も著しく発展し、野口英世のごとく、現在まで語り継がれる世界的に著名な医学者もあらわれるようになり、専門分化もすすむ。医師や薬剤師は、専門職としての地位を確立していく。社会事業と医療は、救療の部分でかろうじてつながってはいるが、別の領域として確立したといえる。

とはいえ、一九二〇年代から一九三〇年代は社会事業の発展期でもあり、医療に影響を与えている。医療はセツルメント事業の柱の一つであったし、一九三〇年代には、農村部で産業組合による医療利用組合が増えていく。都市では社会事業としての実費診療、あるいは短期間で終わったとはいえ、無産者診療所なども設置されるなど、貧困者を対象とした医療機関が多様な形で生まれてくる。また、一九二二年の健康保険法、さらには一九三八年の国民健康保険法と、制度的にも、医療を公的に支えていくシステムが整備される。一九三二年の救護法は、救護施設として孤児院、養老院と並んで「病院」をあげている。

こうした医療の飛躍的な発展と変貌のなかでは、明治期のような慈善事業的な観点だけで事業が実施できるものではなかった。また、医療職の法的身分が確立してくると、病院・診療所を運営するには、医師を初め各職種において有資格者が不可欠になる。カトリック信徒の医師も増えて、日本カトリック医師会がつくられた(55)。しかし、カトリックの医師を確実に確保するのは困難であり、信徒でない医師を用いることも避けられなくなってくる。近代化していけば「経営」という課題も軽視できなくなり、貧困者や結核患者の救済といった課題に取り組むことと、現実とのギャップも生じてくる。現在のような保険診療は部分的にしか確立していないので、貧困者は無料で診察するといった、経営的にはありえない行為がなされてしまうが、それには経済的裏づけが求められる。そこで、後援会が結成されたりバザーなどで資金を集めたりといったことも行われるのだが、根本的な解決策ではなかった。

5　カトリックの医療観

宮川俊行によれば、カトリック教会では「健康問題」を「悪」の問題の一つと受け止めてきた。また、「疾病、怪我、虚弱、障害などの反健康的状態の直接的原因としての自然的原因の存在を認め、これの除去や影響軽減などの方法の合理性と正当性を認めた」とする(56)。したがって、病気を神からの恵みだとして肯定してみたり、医学を軽視して宗教行為で対応したりとするのではなく、近代医学を積極的に活用していくことになる。しかし、近代医学の発展は、前近代の呪術的要素から医学を解放する歩みでもあり、宗教的に中立化していくものでもある。最近では、臓器売買のような商品化の動きさえあらわれている。宮川によれば、カトリック医療活動の特色としては、貧困者優先主義と全人医療があるのだという。

確かに、近代日本のカトリック医療は、貧困者の救済から始まったものであり、医療というより、社会の底辺に放置された者の救済であった。それは、近代化のためには人間の不幸を二の次にする社会への異議申し立てであり、捨てられた者にとって最後の希望であったといえよう。そして、医療と密着する形で、児童の救済などが広がっていくことになる。その基本的なスタイルは、戦前を通して変わることはなかった。

その救済の対象は、貧困者からさらにハンセン病者、結核患者へと、広がっていくことになる。しかし、カトリックの医療への姿勢は変わらなくても、日本の医療体制は激変する。そのなかで、カトリックもまた、現象的にはその手法を変えざるを得なくなり、近代的な総合病院も現れるようになる。その際に、医師でもある戸塚文卿は、変動期に格好の人材として活躍することになる。しかし、そこでの激務によって戸塚はわずか四七歳で亡くなることになり、しかも戦時下にむかうなかで、国策としての国民の健康問題に、不可避の課題として直面することになってしまう。

近代のカトリック医療の展開は、カトリック医療の特色が忠実に実行されてきた足跡であるとともに、そうであるがゆえに、医学や国家政策との相克のなかでその特色をどう維持するかという課題を突きつけるものであった。本章で触れなかったハンセン病の問題も、隔離政策を是認した、しないの問題にとどまるものではない。レゼーがハンセン病者と出会ったとき、捨てられた病者を救済したのは、信仰者としての自然な行為であった。しかし、国策として隔離政策が強固になっていくなかで、その自然な行為がどこまで自然なままでありえたのかが検証されなければならないであろう。

注

(1) 酒井シズ『日本の医療史』東京書籍、一九八二年。
(2) 新村拓『日本医療史』吉川弘文館、二〇〇六年。
(3) 川上武『現代日本医療史』勁草書房、一九六五年。川上武『現代日本病人史——病人処遇の変遷』勁草書房、一九八二年。
(4) 菅谷章『日本医療制度史』原書房、一九七六年。
(5) 高橋昌郎『明治のキリスト教』吉川弘文館、二〇〇三年。

(6) 杉山博昭『キリスト教ハンセン病救済運動の軌跡』大学教育出版、二〇〇九年。
(7) 日本カトリック中央協議会部落問題委員会では、二〇〇五年に「ハンセン病とカトリック」、二〇〇六年にも「国家と差別」(内容はハンセン病)と題したシンポジウムを各地で開催している。二〇〇六年から〇七年にかけて「ハンセン病問題を考える有志の会」主催で、ハンセン病交流学習会「キリスト教がハンセン病にどうかかわってきたか」が開催されている。
(8) 海老澤有道『切支丹の社会活動及南蛮医学』冨山房、一九四四年。
(9) 東野が海老澤に『切支丹の社会活動及南蛮医学』について問うたところ、「あの本は何しろ戦争末期の紙不足の折、それも召集令状がくるのを前にしてあわただしく書き上げたもので、十分調べる余裕はありませんでしたので」と答え、史料についても「アメリカ軍の空襲のため、灰になったかもしれませんね」と述べたという(東野利夫『南蛮医アルメイダ』柏書房、一九九三年、四八頁)。なお、同書の意義と限界については遠藤興一「キリシタン慈善事業の歴史的評価をめぐって」『Socially』第一一号、二〇〇三年に詳しい。
(10) 川村信三『キリシタン信徒組織の誕生と変容――「コンフラリヤ」から「こんふらりや」へ』教文館、二〇〇三年は、非常に水準の高い研究であるが、「癩」について本文はおろか、原典の引用についてまで「重い皮膚病」と言い換えていることについては賛成しがたい。中世の「癩」について安易に「ハンセン病」と言い換える昨今の風潮と同様の手法ではないだろうか。ハンセン病は単なる皮膚病ではなく、病状が進行すると、神経麻痺、手足の変形、喉の結節による呼吸困難など、さまざまな症状が生じる病気であり、肉体的な苦痛も大きい。「重い皮膚病」などと呼ぶと、皮膚だけのことで、相対的にはたいした病気ではないように錯覚されよう。また、新共同訳聖書での「重い皮膚病」との表現は、従来「らい」と訳されハンセン病と考えられてきた疾病が、実はハンセン病ではないということで、そう用いられるようになったのであるから、それとの相違も気になる。いずれにせよ、歴史研究においては、「癩」そのものと向き合い、格闘すべきなのである。
(11) 上杉聰「キリシタンと部落問題」長崎県部落史研究所編『論集　長崎の部落史と部落問題』長崎県部落史研究所、一九九八年、三四三〜三四四頁(同論文は日本カトリック部落問題委員会編『部落差別とカトリック』女子パウロ会、一九九三年にも収録されている)。
(12) 神父ド・ロについては、片岡弥吉『ある明治の福祉像　ド・ロ神父の生涯』日本放送出版協会、一九七七年が基本文献である。このほか、矢野道子『ド・ロ神父　黒革の日日録』長崎文献社、二〇〇六年では、ド・ロの医療活動の状況を、一次史料や医療器具の現物を用いて明らかにしている。

(13) シャルトル聖パウロ修道女会の日本での活動については、泉隆『シャルトル聖パウロ修道女会』大空社、一九九八年を参照。
(14) 「五十年の思い出」と題した手書き資料を、児童養護施設八代ナザレ園のご好意で提供していただいた。
(15) メール・ボルジアについては、幼きイエズス修道会信愛修道院編『幼きイエズス修道会熊本支部創設者　メール・ボルジア伝』熊本信愛女学院、一九六五年。熊本の社会事業全般については、内田守『熊本県社会事業史稿』熊本社会福祉研究所、一九六五年、『宣教百年の歩み』手取カトリック教会、一九八九年、七〇頁には、一八九五年頃とされる、「病人訪問」の写真が掲載されている。横たわる患者とその妻子らしい母子の横で、修道女が看護している。同じ頁に一九一〇年頃とされる聖心病院の写真もある。
(16) 『カトリック人吉教会の100年』カトリック人吉教会、二〇〇一年。
(17) 仁多見巌『北海道とカトリック（戦前編）』「北海道とカトリック」出版委員会、一九八三年、一五一～一五二頁。北海道の社会事業全般については、三吉明『北海道社会事業史研究』敬文堂、一九六九年を参照。
(18) 野村琢民『札幌市社会事業のおいたち』札幌市社会事業協会、一九七〇年、九六～九七頁。
(19) 北原糸子『都市と貧困の社会史』吉川弘文館、一九九五年では「施療の論理――都市における貧困と病気への施策」と題して、明治初期の東京府での施療をめぐる動きを明らかにしている。
(20) ガイヤール、ジュリアン「明治・大正の教会をつくってきた宣教師たち」森一弘企画編集『日本の教会の宣教の光と影　キリシタン時代からの宣教の歴史を振り返る』サンパウロ、二〇〇三年。
(21) 詳細は、一九四〇年に刊行された『財団法人聖テレジア七里ヶ浜療養所事業一斑』による。
(22) 高三啓輔『サナトリウム残影』日本評論社、二〇〇四年。
(23) 『日本カトリック新聞』第七八八号、一九四〇年一二月八日、第七九二号、一九四一年一月五日。
(24) 『日本カトリック新聞』第九〇〇号、一九四三年三月七日。
(25) 『日本カトリック新聞』第五五八号、一九三六年六月二八日、第五七四号、一九三六年一〇月一八日。
(26) 『日本医療団史』日本医療団、一九七七年。
(27) 五十嵐茂雄『フロジャク神父の生涯』アスピランテ出版部、一九六四年。清水須巳子『ベタニア修道女とフロジャク神父』清水弘文堂、一九九一年。
(28) 『日本カトリック新聞』第四二〇号、一九三三年一〇月二九日。

(29)『日本カトリック新聞』第八二一号、一九四一年八月三日。
(30) 青木純一は清瀬での散策から、結核というものに出会い『結核の社会史』御茶の水書房、二〇〇四年をまとめるにいたった（同書の「まえがき」）。清瀬は、かつて結核療養所であった東京病院の新築によって環境がずいぶん変わったとはいえ、なお結核療養所の時代の雰囲気を残す地である。
(31) 高三啓輔『サナトリウム残影』日本評論社、二〇〇四年。
(32)『日本カトリック新聞』第五七二号、一九三六年一〇月四日。ベタニア修道会については、『ベタニア修道女会　創立とその歩み』ベタニア修道女会、一九九四年。そのほか、関係の記念誌として、ベタニアの家七〇周年記念誌編集委員会『七十年』ベタニアの家、二〇〇一年。ベトレヘム学園『雑木林　創立50周年記念誌』慈生会・ベトレヘム学園、一九八四年。
(33)『日本カトリック新聞』第九〇九号、一九四三年五月九日、第九一四号、一九四三年六月一三日。
(34) 聖園テレジアについては、聖園テレジア遺徳顕彰委員会編『聖園テレジア追悼録』聖園テレジア遺徳顕彰委員会、一九六九年。
(35) 新潟カトリック教会『新潟カトリック教会百年の歩み』新潟カトリック教会、一九七七年。
(36) 辻英武『大分県社会福祉事業史』大分県社会福祉協議会、一九七三年、一五九〜一六三頁。
(37)『日本カトリック新聞』第五二八号、一九三五年一一月二四日。
(38)『日本カトリック新聞』第六九六号、一九三九年二月一九日。
(39)『日本カトリック新聞』第八〇九号、一九四一年五月一一日。
(40)『日本カトリック新聞』第八四一号、一九四一年一二月二一日。
(41) 蝦名賢造『聖隷福祉事業団の源流――浜松バンドの人々』新評論、一九九九年。
(42)『カトリックタイムス』第五三号、一九二四年一一月二一日。
(43)『カトリックタイムス』第六一号、一九二五年二月一一日。
(44) 聖母病院五〇年史編集委員会編『聖母病院50年の歩み』聖母病院、一九八二年。
(45) 小田部胤明『戸塚神父伝』中央出版社、一九八九年。
(46)『カトリックタイムス』第八三号、一九二五年九月二一日。
(47)『カトリックタイムス』第一二五号、一九二六年一一月二一日では、分院の近況として「好成績」であると伝えている。
(48) 仁多見巌、前掲書、二三八〜二四二頁。

(49)『福岡県社会事業要覧　第八輯』福岡県学務部社会課、一九三七年。
(50)『日本カトリック新聞』第五〇〇号、一九三五年五月一二日。
(51)『日本カトリック新聞』第五五七号、一九三六年六月二一日。
(52)『日本カトリック新聞』第七八七号、一九四〇年一二月一日。
(53)小坂井澄『お告げのマリア』集英社、一九八〇年。ほかに、奥浦慈恵院『神と子らに捧げて　奥浦慈恵院創立100周年誌』奥浦慈恵院、一九八〇年。『礎　お告げのマリア修道会史』お告げのマリア修道会、一九九七年。長崎の社会事業全般としては、長崎県社会福祉事業史編集委員会編『長崎県福祉のあゆみ』長崎県、一九九七年。
(54)池田敏雄『昭和日本の恩人――S・カンドウ師』中央出版社、一九六六年。
(55)『カトリックタイムス』第二二〇号、一九二九年七月一一日。
(56)宮川俊行「健康を巡る諸問題――カトリック社会福祉論的考察」『カトリック社会福祉研究』第四号、二〇〇四年。

第6章　戦前におけるカトリック養老院

1　カトリック養老院史研究の状況

高齢者福祉への関心がますます高まるなかで、社会福祉史研究においても、従来手薄であった戦前の養老院の研究がすすめられている。『老人福祉施設協議会五十年史』を先駆とし[1]、その後山本啓太郎や井村圭壯らが、精力的に研究を進めている[2]。しかし、山本も井村も、特定施設に焦点をあてて、施設内部の史料を駆使して、その施設の歴史的意義や実践を明らかにする方法をとっている。そのため、なお研究されていない養老院の方が多いままである。

カトリックの養老院についても、これまで研究がほとんど行われてこなかった。わずかに、個別施設の動きについては、田代菊雄『日本カトリック社会事業史研究』で明らかにされているが、修道会別の記述が多く、養老院としての動きは把握しにくい。全体の傾向などをさぐったのは井村圭壯による「キリスト教系養老院の社会統計学的分析」であるが[3]、この論文は、カトリックとプロテスタントを「キリスト教」でくくってしまっているために、カトリックだけの特徴が明らかではない。また、統計的手法を用いているため、個別施設の実態や課題などにも触れていない。最初の養老院とされる聖ヒルダ養老院（聖公会系）以外、ほとんど語られることのなかったキリスト教系の養老院の全体像を示した画期的な研究ではあるが、同論文でカトリック養老院の動向まで把握することはできない。

カトリックでは、育児事業や医療事業が多く設立され、そのなかには現存する著名施設・病院も少なくないので、養老院の存在は影に隠れている感がある。しかし、養老院も戦前から設置され、それぞれ歴史的役割を果たしてきた。それは、今日の高齢者福祉へとつながってくる面をもっている。本章は、戦前におけるカトリックの養老院についてその概要や特徴を把握することを目的とする。

2　カトリックの養老院

生活困窮者の施設として、明治初期に創設された金沢の小野慈善院や東京養育院などに高齢者が入所しており、さらに一八九五年に聖ヒルダ養老院が設置され、以後大阪養老院など各地に養老院が設置されていく。カトリックによる養老院は、そうした動きに比べて遅いようにも見えるが、必ずしもそうではなく、高齢者への援助自体は、医療事業や育児事業などのなかでも行われていたものと思われる。特に明治期に各地で生まれた医療事業は、主に貧困者が対象であり、そこに高齢者が含まれていたことは明らかである。育児事業の場合も、浦上養育院や奥浦慈恵院で、高齢者を収容していたことがあるといわれているように、高齢者が入所するケースが多々あったようである[4]。

カトリックの場合、入所の形による高齢者の救済は、小規模で開始され、次第に養老院という形態が固まってきたと考えられ、したがって、近代初期から歴史を順に追う形での分析は困難である。そこで、全国養老事業協会が結成された一九三〇年代において行われた全国養老事業調査にて、養老院として認知されている以下の施設について、その沿革や内容を把握することで、カトリック養老院の特徴を考えていきたい[5]。このほか、日本の植民地下であった朝鮮に、カトリックの養老院として、永柔養老院、義州天主教養老院、天主教養老院が設置されているが[6]、これらは別の課題としてとらえ、本章では扱わない。

（1）聖園養老院

秋田の聖心愛子会では、創設後ただちに次々と社会事業施設を設立していくが、活動の一つとして、一九二〇年に養老院を設立した[7]。そうした経緯もあって、規模は小さく、初期には入所者は五名ほどであった。保育所と同居していたこともあるが、児童が増えたため、聖心愛子会が新たな建物を得たのを機に、修道会の一部の二室を用いるようになった。経費も特別な予算をたてず、聖心愛子会の一部を使う形で、修道会と分離していなかった。聖園テレジアは「養老部におきましては、建物の関係上、十分な仕事が出来ないのを、常に残念に思っております。それで目下十名位収容出来る建物を新築する計画をたてております。現在は、二名の老人が起居しております」と発言しており、不十分な状況であることは認識されていた[8]。一九二九年に建物の増築によって二〇名の入所が可能となったが、それでも実際の入所人員は一五名ほどである。

初期には男子の入所もあったが、やがて女子のみとなる。聖園テレジアは「養老院事業につきましては、おじいさんは上宮会の方へ、おばあさんは、私の方へ預かる事になっております」と述べている[9]。「上宮会」とは秋田上宮会養老院のことである。秋田上宮会養老院ができたことにより、聖心愛子会の方は女子専用となった。なお、秋田上宮会養老院には男女とも入所している。聖心愛子会のこの養老院は名称が一貫せず、聖園養老院、聖心愛子会養老院等、史料によって異なる名称となっている[10]。

事業の中心となっている聖園テレジアは、「養老事業に就いての所感」を『養老事業』に寄稿している[11]。そこで、「社会事業の対象となる者の中で一番深味のあると思はれるのは老人の取扱ひである」と述べ、児童であれば援助をしようという者も少なくはないが、高齢者では人情だけでは対応できないとする。養老院に入る高齢者は不幸な境遇を嘆く者もおり、また病気も多いので対応が難しい。高齢者への肉体や心理への知識が必要だが、何といっても必要なのは「神に結ばれた無私の愛」だという。養老事業にとって必要な第一の要素は「人格と愛」であり、養老事業は高い目的を成就することによって報いられると結んでいる。愛の強調など観念的な発想は強いが、児童ほど重視されない養老事業についてその積極的意義を明らかにしようとしている。

聖心愛子会は、本部を一九三八年に秋田から神奈川県藤沢に移した。秋田の養老事業は戦後しばらく続いたが廃止されていく。ただし、聖心愛子会が名称を変えた聖心の布教姉妹会による高齢者福祉施設が各地に設置されており、場所や形態を変えて継続されているという見方もできるかもしれない。

（2）聖心聖マルグリット養老院

一九二二年に山本信次郎夫人の千代子らによって聖心聖マルグリット会が設置され、養老事業が開始された。どの史料も一九二二年が養老院の創設年とされている。史料によっては創設者を山本千代子と明記している。[12] 山本信次郎はカトリック信徒の海軍軍人として知られ、巧みな語学力を生かして外交などで活躍した。千代子は初代日銀総裁の娘でもあり、夫婦ともカトリック内で一目おかれた存在であった。[13] 養老院設置へ向けての慈善演芸会が開かれるなど、入所施設の開設が目指され、[14] 一九二六年に聖心聖マルグリット会恵老院として設置された。しかし、千代子は一九二九年に死去した。

一九三一年にマリアの宣教者フランシスコ修道女会によって、国際聖母病院が設立されると、恵老院は病院の敷地内に移転した。[15] 運営も、修道女会に移管された。名称も、「聖心聖マルグリット養老院」と改められた。移転や経営移管にあたっては、大司教や東京府社会課関係者も出席して、披露会が開かれている。[16] ただし、聖心聖マルグリット会も協力は維持した。一九三四年に教皇使節の慰問があり、[17] 主要なカトリック養老院と認識されるようになっていたようである。一九三八年に建物を増築している。[18] 六〇歳で扶養者のいない女子を対象とした。二五名程度が入所している。戦時下に聖母養老院と名称を変更した。現在は、東京の養護老人ホーム聖母ホームとして存続し、横浜の養護老人ホーム聖母の園も、流れを引いた施設である。

（3）島崎育児院養老部

熊本でハンセン病施設の待労院がマリアの宣教者フランシスコ修道女会によって運営されていた。ハンセン病の施設であったのだが、棄児を発見したことで一八九八年から児童の世話を始め、さらに一九一五年一二月二〇日に、扶養者のいない高齢の夫婦を引き取ったことから、養老事業が開始された。名称からもわかるように、育児事業も開設されており、その一部分として出発したのである。

その後、高齢者自身が救助を求めて来訪することもあって、次第に高齢者の施設としての性格をもつようになる。ハンセン病施設と同居している状況は問題視されており、「癩病院は衛生上から見ても孤児院、養労院より隔離すべきものであるから、財政の都合がつき次第後者を前者より漸々分離する計画」とされている。[19] 確かに、やがて養老院用として独自の建物を用いるようになるが、場所は待労院に隣接していた。

初期の一九二五年頃の状況として「時々親類も、頼る処もないみじめな老人が来て『何卒助けて下さい』と頼む。それ等の人々をも家の隅に置いて世話をして居る。今では斯かる老人が男女合せて十二名ほどあり追々と養老院じみて来た。然し未だ養老院としての建物を新築する余裕がないのは真に残念である。で今は物置場をあけて彼等の居住所にあてゝゐる。それでも屋外に寝起きさせるよりは余程よく、皆も大いに喜んでゐる猶『入れて呉れ』と頼む者も度々あるが、置く場所もなくまた扶養料としての経費にも限りあるところから、此れ以上は残念ながら断つてゐる、読者諸君の御同情に依り一日も早く、又一人でも多く彼等を救助し得る養老院の建設されんことを切に望む」とされている。[20] この記述からわかるのは、意図して養老院を設置しようとしたのではなく、行き場の無い高齢者が次々と集ってきたため、実態として養老院化してしまったこと、初期には物置として使っていた場で生活をしていたことである。もちろん、そうした状況が是認されていたわけではなく「別に養老院としての建物を新築しなければならぬ様になつて来たが、その為の経済的の余裕とてなく真に遺憾に思つていた」という。[21] ようやく一九三三年に建物の改築により養老部が設けられて、育児事業との分離が明確になる。

一九三五年頃の状況として「二棟ニ定員二十五名ヲ男女別室ニ住ハセ居レリ老人ハ七八十才ノ者ニシテ身体不自由ナル者多ク健康ナルモノハ草取リ、掃除、裁縫、炊事ノ手伝ヒ等ヲナシ起伏全ク各自ノ自由ニ委セ居レリ」とされていて、入所者の身体能力にかなりの差があり、健康な高齢者が家事労働に参加して、自ら施設を支えていた。[22] 定員は二五人とされるが、一九三四年調査の実人員で一八人となっている。なお、聖母の丘養護老人ホームのパンフレットによれば一九二八年に聖母養老院となったとされるが、三回にわたる『全国養老事業調査』では「島崎育児院」または「島崎育児院養老部」と記されているので、ここでは「島崎育児院養老部」とした。

戦後、琵琶崎聖母養老院、琵琶崎聖母老人ホームと名称を変えた後、現在は聖母の丘養護老人ホームとなり、特別養護老人ホーム等他の高齢者サービスも実施している。

(4) 博愛院

シャルトル聖パウロ修道女会によって、育児事業のナザレ園とともに医療施設として一九〇〇年に設置されていたが、一九三一年に高齢者の収容を始めた。[23]「近時不況ニヨリ生活上孤独ノ老人ノ為ニ二階建ヲ増築」して、[24] 当時の不況のなかで生活に困窮した高齢者二名を救助したことから始まった。定員は一〇名であるが実際の入所はそれを下回っている。女子を原則としたが、例外として男子の入所も認めていた。一九三九年の「パリ外国宣教会年次報告」で「孤児院、養老院、診療所は、かつてなかったほど繁盛している」と書かれており、[25] 一九三〇年代後半、養老院も含め、活動が活発であったようである。戦後、博愛院がどの程度高齢者の援助を行ったのか不明だが、いずれにせよ博愛院は一九六八年に廃止された。併設のナザレ園は、児童養護施設八代ナザレ園として現存している。

(5) 天使園養老部

一八八九年にメール・マルチドらによって児童の救済が開始され、熊本センタンファンスが設置され、その後メール・ボルジアが来任して一九〇九年に天使園と改称される。一八九五年に養老部を設け、高齢者の収容も行うようになった。設立年だけでいえば、カトリック養老院のなかでもっとも古いだけでなく、聖ヒルダ養老院と同じ年になるので、日本の養老院全体のなかでも、大阪養老院などよりも早い、きわめて初期のものということになる。しかし、育児事業としての天使園の記録は多いが、養老部の活動については不明な点が多く、ごく小規模なものであったと思われる。ただ、一九三〇年代には、二〇名の定員に対し、一五名ほどの入所があり、他の養老院と同程度の人員になっている。一九五六年に廃止された。[26] 天使園自体は、熊本少年の家と合併して、児童養護施設熊本天使園として存続している。

(6) 宮崎救護院

サレジオ会の神父アントニオ・カヴォリは、一九二六年に来日し、一九二九年から宮崎教会主任司祭に就任した。宮崎において、貧困者を調査して、「無原罪の聖母会」の修道女に訪問を呼びかけ、金品を施与するなどの活動をしていた。しかし、困窮者の厳しい生活実態のなかでは、貧困者の入所施設の必要を感じるようになった。宮崎教区長に就任するチマッチもまた、身寄りのない高齢者の実情に心を痛めていた。[27] 母国イタリアからの寄付や、支援により、一九三二年一二月に宮崎救護院を設置した。[28] しかし、経費が不足するため、一九三三年一〇月から三五年四月にかけてイタリアへ行き、資金を獲得した。一九三四年には日常生活をフィルムに収めて公開するという試みが行われている。[29]

高齢者だけでなく児童も入所していたが、一九三五年に児童について「竹の寮」を設置して分離したので、宮崎救護院は高齢者のみで生活する施設となる。宮崎救護院の安定的な運営のために、一九三七年に創設当初から運営の中心であった長船タキらによる、宮崎カリタス修道女会を設立していく(30)。定員は三〇名となっていて、比較的規模が大きい。

戦後、宮崎救護院はカリタスの園と改称し、養老施設についてはカリタスの園松の寮となり、養護老人ホームとして現存している。

3　カトリック養老院の特徴と戦時下の展開

カトリック養老院に共通する特徴として、以下のような点があげられる。まず、おおむね一〇名から二〇名程度の定員であるうえ、実人員は定員を下回ることが多く、小規模である。カトリック系に限らず、戦前の養老院は一〇~二〇名程度の施設が多く、ことさらにカトリック養老院のみ小規模であったわけではない。別府養老院や佐世保養老院など、今日注目されている施設も二〇名前後である。ただ、東京養老院、京都同和園、大阪養老院といった施設は一〇〇人前後の大規模施設であり、社会的評価を受けた養老院が規模を拡大させていく傾向があることは否定できない。しかし、カトリックの場合、大規模化を目指す姿勢自体がみられない。

また、女子のみを原則とする、または実質的に入所者の大半が女子であるのが五施設であり、男女混合を基本としているのは宮崎救護院のみである。これは、運営しているのがどれも女子修道会であること、建物が狭く、男女を分離した部屋割が難しいことなどが理由であろう。

育児事業と不可分であることが、一般の主要な養老院と異なる点である。聖心聖マルグリット養老院のみが養老事業のみで展開しているが、あとは育児事業との併設である。育児事業が先行している場合と、養老院が先行している場合とがあるが、いずれにせよ、養老院と育児事業の二つの事業を行ったというより、身寄りの無い人を救済するという一つの事業を行ったという感覚が強かったのではないかと思われ、したがって、島崎育児院、天使園、宮崎救護院では施設名称が、育児事業と一体となっている。

また、聖心聖マルグリット養老院は東京であるが、あとは地方であり、特に九州に集中している。秋田、熊本では他に一カ所だけ養老院があり（熊本の場合、ルーテル教会系の慈愛園）、宮崎では他に二カ所が宮崎救護院設置後に登場するが、一〇名に満たないきわめて小規模な施設である。カトリック養老院はその地域では数少ない養老院として、役割に大きいものがあった。

カトリックの施設である以上当然ではあるが、そこでは宗教的な慰安が強調された。天使園養老部では「宗教ハカトリツク公教ヲ収容者ニ授ケ救霊ノ道ヲ授ク」とし[31]、島崎養育院では「時々宗教講話を行つては慰めを与え、和気に満ち温い養老を醸し、相互に助け合つて天主に祈り」と施設内の様子を説明している[32]。宮崎救護院では「カトリック教ノ精神ニ基キ仁愛ヲ以テ老人児童ノ精神及肉体ヲ保護シ」としている[33]。これらの記載は、運営者側によるものであり、こうした姿勢が、入所者にどう受け取られたのかを把握することは難しい。第三者的立場からの宗教系の養老院の論評として相田良雄「養老施設と宗教関係」が一九三九年に『養老事業』に掲載されている[34]。相田は、養老院に宗教系が多いことを指摘し、死期の迫る高齢者にとっての宗教の重要性を評価しつつも、「既に何れかの信仰を有する者をして他に転向せしむることは、そこに非常なる無理を生ずる」と述べている。児童施設と違って、養老院の入所者はすでに何らかの信仰を持っていることが多いことを指摘し、無理に宗教を統一するようなことについては、批判的に述べている。

カトリック養老院は、養老事業の組織化の動きのなかで、どのような場所に位置したのであろうか。一九三二年に全国養老事業協会が結成されるが、協会関係の大会や研究会に、聖心聖マルグリット養老院からは、かなりの頻度で出席しているほか、聖園養老院から出席したこともある。一九四三年の養老事業従事者修練会には宮崎救護院から二名の参加がある[35]。また、宮崎救護院は発行物を寄贈している。協会では従事者の表彰を行っているが、カトリック養老院にも表彰者が選ばれている。一九三五年には聖園養老院の聖園ヨゼフ、島崎育児院養老部の鶴崎チヨ[36]、一九三六年には島崎育児院養老部の畑原ハツ、天使園養老部保母の山下ツヂ[37]、一九三七年には聖園養老院の長木スヤ、畑原スギが表彰されている[38]。一般に、カトリック関係の施設は、社会事業団体での活動が活発とはいいがたい面があるが、養老院に関しては、全国養老事業協会に対して、一定の活動を行っていたといえる。ただ、地方の施設が多いこともあって、施設によって活動に濃淡があることは否めない。

なお、表彰について付け加えると、一九四〇年の紀元二千六百年記念全国社会事業大会での厚生大臣表彰に聖心愛子会の聖園テレジア、島崎育児院の畑原サダ、全国社会事業大会長表彰に天使園養老部監督西田貞子が選ばれている。また、同大会の出席者に聖園テレジア、宮崎救護院顧問粟田嘉久馬、聖心聖マルグリット養老院の松下章子の名がある[39]。

カトリック養老院への評価として興味深いのは、篠崎篤三の批判である[40]。篠崎は家庭学校の教頭の後、山口県社会事業主事をつとめ、山口県を離れてから、中央社会事業協会社会事業研究所に属している人物である。篠崎は「全国養老事業調査」にコメントを寄せ、カトリック系でも、「天主教」としている施設と「カトリック教」としている施設があることを具体名をあげて、指摘した。カトリックとプロテスタントを区別するとともに、カトリック内の記載の統一を求めた。また、本来なら財団法人、社団法人といったことを記載すべき欄に修道会名を書いている施設についても、趣旨が違うとして、批判した。篠崎は実践そのものを批判しているわけではなくて、単に調査結果の記載方法についての苦言を述べているだけで、批判の対象もカトリック養老院自体ではなく、むしろ調査の編集者と考えられる。しかし、篠崎がかなりの紙幅を用いて批判しているのは、カトリック養老院が、無視できない位置にあることと、それにもかかわらずその運営主体などがわかりにくいことへの疑問が強かったのであろう。

このようなカトリック養老院であったが、一九三七年以降、戦時体制が強まるにつれ、それまでと同じように運営することはできなくなり、養老院の運営に困難や変化が生じてくる。一九三八年九月の雑誌『養老事業』に「支那事変と養老院」と題して、全国の養老院から寄せられた報告が載っている[41]。博愛院では「八代郡婦人会の依頼に依り収容者一同古着を解き軍用雑布を製作せり」、宮崎救護院は「非常時に際し心身強健の向上を計り、銃後の守を堅固にし元気を発揮せんが為職員十五名、見習員十名、老人五名を以て祖国振興隊を編成したり」と報告している。この両施設に限らず、養老院の入所者は出征とか労働で直接戦争に協力することはできないので、間接的な支援や戦意の高揚に協力することで、戦争協力の姿勢を示すことが求められていた。

一九四〇年一月に『養老事業』では「将来の養老院に対する希望方針」というハガキでのアンケートを掲載している[42]。宮崎救護院の回答が掲載されているが「支那事変勃発以来日用品の払底に伴ひ、値段の騰貴に依り将来の養老事業を達観するに孤独の老爺老媼の生活難を訴ふる者多きを予感せられ、之に対する養老事業は益々必要を感ずるに至らん」と述べたうえで「市町村より救護依託者の依託生活扶助費の増額」「補助奨励金の増額」「施設内容の改善」を述べている。まだ対米英戦が開始されていない段階ですでに物資の不足に悩まされている様子が把握できる。この調査で、他の養老院は有料化や国営化を主張している。しかし、困窮者救済に重点を置いてきたカトリック養老院としては有料化はありえないし、まして国営化など選択肢として考えられないことである。したがって、補助金の増額を主張するのは必然的な発想であった。

一九四三年四月一五日に浴風園で行われた養老事業研究懇談会で、聖心聖マルグリット養老院の中村房子は「食事の時は丼に入れてゐます。丼が重いので多いと喜んでゐますが馴れると足らないと言ひ始めますが、兵隊さんの苦労を思ひ、満足してゐます」「衣類は木綿がないので絹物を着せてゐますが一ケ月て破り切りますので、此の頃は風呂敷や木綿の古いものを着物に作る心算です」と述べて、食料や衣類という、生活の上で不可欠な物資が欠乏し、やりくりしている実態を明らかにしている[43]。

一九四三年一〇月二八日に東京養老院で行われた養老事業研究懇談会で聖母養老院（旧・聖心聖マルグリット養老院）の

中村房子は「炭の不足は病院から出るコークスで補充してゐる。懐炉は自由に持たせ、湯丹保も使つてゐる。湯は病院で残つたのを頂きます」と述べて、生活物資の不足のなかでの工夫を語っている。[44] また、戦時下で貧困でなくても入所を希望する高齢者がいて、入所者が増加傾向であることを語っている。

この懇談会の機に聖母養老院を訪問した記録が『養老事業』に掲載されている。[45] やはり食料や物資の乏しいなかで生活を維持していく工夫が紹介されている。厳しいなかでも掃除が行き届いているなど、施設の維持に労力をかけている様子がうかがわれる。ただ、聖母病院と隣接していて、経費も聖母病院から支出されるなど、聖母病院への依存度が高まっていることも明らかにされている。[46] なお、聖母養老院は戦時下、マリアの宣教者フランシスコ修道女会が東京・清瀬に疎開したために、入所していた高齢者も、清瀬に逃れることとなった。[47]

戦争がすすむなかで困窮度が著しく増していくのは、宮崎救護院である。宮崎救護院は、イタリアからの寄付を主要な財源としていたが、太平洋戦争により、それが入ってこなくなった。育児施設の子どもや修道女などを含めると二〇〇名を越す規模であったため、たちまち危機的な状況になる。施設を維持するための労働が原因で死亡する修道女さえいた。外国人への蔑視の感情が強まるなど厳しい環境のもと、カヴォリは宮崎救護院の責任を持ち続けたが、一九四五年、ついに他のサレジオ会員とともに阿蘇の収容所に収容されることになってしまった。ただ、宮崎市も空襲されるが、かろうじて宮崎救護院の建物は、直撃は免れ、入所者の犠牲は避けられた。[48]

どの施設も同様に、戦争がすすむごとに困難が増していったものと思われる。こうした状況を乗り越えて、戦後につなげていくことになる。

4　戦後の高齢者福祉へ

カトリックによる養老院は、絶対数が多いとはいえないし、個々の施設は小規模であったため、たくさんの業績を残したり、全国に養老院の意義を発信したりすることはなかった。しかし、全国の養老事業において一定の比重を占めて、養老事業の発展に寄与している。特に、秋田や宮崎では、その地域での数少ない養老院であり、地域の貴重な社会資源として、行き場の無い高齢者を救済していくことになる。

戦前のカトリックの社会事業は、育児事業と医療事業が目立つのだが、養老院もまた、それらと同様に捨て置けない者の救済からスタートした自然発生的なもので、趣旨としては類似のものといえる。生活に困窮する高齢者が明らかに存在するにもかかわらず、公的な対応としては、恤救規則や救護法の対象として高齢者が規定されているくらいで、ほとんどなかったといってもよい。そうした高齢者を放置する社会の実態と対峙する性格をもつものであった。また、あまり幸せでなかったであろう養老院入所者にとって、尊厳ある人間として対応する数少ない場であったであろう。ただ、戦時体制に入っていくため、その実践が近代化、科学化される前に、施設の維持さえ厳しい状況に追い込まれる。

戦後は、養護老人ホームへと発展した施設、廃止された施設など、さまざまな道をたどったが、戦後になって新たに登場したカトリックの養護老人ホームや特別養護老人ホームなどの高齢者施設の先駆となったばかりでなく、高齢社会において充実が迫られる高齢者への社会福祉サービスの先駆として、実践を蓄積していくことになった。

近年、介護保険制度の改正など高齢者福祉サービスをめぐる動きが激しい。改革の動きから比較的離れていた養護老人ホームについても、制度の変更が加えられるようになってきた。介護保険制度の将来的見通しは、対象年齢の引き下げ、自己負担額の再検討、介護労働者の確保など、さまざまな課題に対して、不透明なものになっている。今後、年金、医療保険、生活保護なども含め、社会保障全体のなかで、高齢者の生活保障のあり方についての議論がますます活発になるものと思われる。新自由主義的な社会保障改革がこの間すすめられてきただけに、その方向は高齢者の生活を真に保障するものになっていくのか、疑わしい面もある。議論はとかく、制度の維持という技術的な方向に流れやすい。それはそれで非常に大切な論点ではあるが、一方で高齢者福祉とは何かという原点からの議論も不可欠であろう。養老院はまさに原点であり、養老院の実践に立ち返った議論が求められている。

注

（1）全国社会福祉協議会老人施設協議会編『老人福祉施設協議会五十年史』全国社会福祉協議会、一九八四年。同書でのカトリック養老院についての記述は、巻末の「年次別創設施設名一覧」と「老人福祉施設協議会年表」に記載があるだけである。

（2）山本には、大阪養老院に関する一連の論文がある。井村は『養老事業施設の形成と展開に関する研究』西日本法規出版、二〇〇四年、『日本の養老院史――「救護法」期の個別施設史を基盤に』学文社、二〇〇五年、『日本の社会事業施設史――「救護法」「社会事業法」期の個別施設史』学文社、二〇一五年。

（3）井村圭壯「キリスト教系養老院の社会統計学的分析」『地域社会福祉史研究』創刊号、二〇〇五年。

（4）長崎県社会福祉事業史編集委員会編『長崎県福祉のあゆみ』長崎県、一九九七年、三一五頁。『大正十五年三月　長崎市社会事業要覧』長崎市役所社会課の浦上養育院の欄には「大正九年財団法人となし貧困なる養老者又は子女を教育し」とあり、一九二〇年時点で、高齢者の救済が意図されていたことを示している。田代菊雄『日本カトリック社会事業史研究』法律文化社、一九八九年の巻末には一九二〇年に「山里村養老院（長崎）」との記載がある。『佐賀県社会事業概要』佐賀県社会課、一九三四年では、馬渡島カトリック育児院に二名の高齢者が入所していることを記している。

（5）『昭和十一年二月　全国養老事業調査（第一回）』と『昭和十三年十月　全国養老事業調査（第二回）』（いずれも全国養老事業協会）による。

（6）『全国社会事業名鑑』中央社会事業協会社会事業研究所、一九三七年、二四〇～二四一頁。

（7）創設期の聖心愛子会の動きは『秋田県社会福祉史』秋田県社会福祉協議会、一九七九年で「聖心愛子会の福祉事業」として紹介されている。

(8)『聖園テレジア追悼録』聖園テレジア遺徳顕彰会、一九六九年、四〇八頁。

(9) 同前書、一一二頁。

(10)『全国社会事業名鑑』中央社会事業協会、一九二七年では「聖心愛子会養老部」。ちなみに同書では設立が一九一八年となっているが、誤記であろう。ほかに、秋田県社会課による一九二八年と一九二九年の『秋田県社会事業要覧』では「聖園養老院」、一九三四年の同要覧では「聖心愛子会養老院」、一九三七年の『全国社会事業名鑑』では「聖心愛子会聖園養老院」、『昭和十一年二月　全国養老事業調査』全国養老事業協会の四頁の「全国養老事業団体要覧」では「聖園養老院」、四三頁の「最新全国養老事業団体調」では「聖心愛子会養老院」と、同じ冊子のなかで二つの名称が登場する。『昭和十三年十月　全国養老事業調査』では、五頁の「全国養老事業団体一覧」と「全国養老事業概観」とも「聖園養老院」となっている。こう見ると、どこかで改称されたわけではなく、さまざまな名称が併用されていたように思われる。

(11) 聖園テレジア「養老事業に就いての所感」『養老事業』第一八号、一九三九年一〇月。

(12)『全国社会事業名鑑』中央社会事業協会社会事業研究所、一九三七年、二三〇頁。

(13)『カトリックタイムス』第八七号、一九二五年一一月一日。

(14) 山本正『父・山本信次郎』一九九三年、中央出版社。池田敏雄『人物中心の日本カトリック史』サンパウロ、一九九八年でも山本が取り上げられている。『父・山本信次郎』によると、山本信次郎は聖心愛子会の顧問になっており、聖園養老院についても間接的ながら、関わりがあったことになる。また、同書では、横浜の養護老人ホーム聖母の園について、その前身が聖心聖マルグリット養老院だとしている（二二六頁）。聖母の園のパンフレットでは沿革として一九三一年の「マリアの宣教者フランシスコ修道会に聖心・聖マルグリット養老院（東京）の運営を委ねられる」と記している。『養護老人ホーム聖母の園40年の歩み』聖母の園老人ホーム、一九八七年では、一九二二年の山本千代子らの活動開始から年譜をはじめている。ただし、調査に対して、創設年は横浜市戸塚で戦災にあった高齢者の救援を始めた一九四六年と回答している。ちなみに、聖母の園養老院では一九五五年二月一七日、火災により九六人焼死するという事件が起きている。

(15)『日本カトリック新聞』第二八一号（一九三一年三月一日）には、恵老院に入所している高齢者の写真が掲載されている。なお、この記事では「慶老院」と書かれている。

(16)『日本カトリック新聞』第三七〇号、一九三二年一一月一三日。『聖母病院50年のあゆみ』聖母病院、一九八一年、一六頁に養老院継承のことが記され、また一七頁に養老院の写真が掲載されている。同書は、この養老院が聖母老人ホームの前身であると記している。同書によれば、山本夫妻は、病院建設に中心的な役割を果たした（一五頁）。
(17)『日本カトリック新聞』第四四〇号、一九三四年三月一八日。
(18)『日本カトリック新聞』第六八〇号、一九三八年一二月一八日。
(19)『琵琶崎待労院の事業』待労院、一九二二年、一頁。
(20)『熊本市琵琶崎待労院の事業』待労院、一九二五年、一五～一六頁。
(21)『琵琶崎癩病院創立五十周年記念』マリアの宣教者フランシスコ修道女会、一九四八年、三六頁。
(22)『昭和十年三月　島崎待労院育児院花園慈恵院事業ノ概要』フランシスケン会、六頁。同冊子には、養老部の写真が掲載されている。
(23)『熊本県社会福祉協議会三十年史』熊本県社会福祉協議会、一九八四年、二九九頁では、戦前の養老院について島崎聖母養老院については書いてあるが、博愛院と天使園養老部については記載がない。そのかわり「幾つかのカトリックの一〇人未満の養老サービスがあった」とあり、そこに両施設は該当しているものと思われる。ほかに、人吉の医療施設、復生園にも高齢者が入所生活する場合があったようである。一九二七年の「パリ外国宣教会年次報告」では人吉について「1孤児院、1施療院、1養老院」と記している（『パリ外国宣教会年次報告　V』聖母の騎士社、二〇〇〇年、三三頁）。戦後、養護老人ホームとなって存続しているが、一九八五年に社会福祉法人聖母会から仁和会に移管されて、経営主体としてはカトリックから離れている。聖心老人ホームは一番ヶ瀬康子らの科研費による調査への回答で、創設年を一九〇六年としており、復生園からの連続した施設と考えているようである。
(24)『全国社会事業名鑑』一九三八年、二一六頁。
(25)『パリ外国宣教会年次報告　V』二五二頁。
(26)内田守『熊本県社会事業史稿』熊本社会福祉研究所、一九六五年、三三七～三三八頁の天使園の沿革のなかに、養老院の創設と廃止の記載があって、それに拠った。ただ、同書の本文中の天使園の記述では、養老院には触れていない。『全国社会事業名鑑』一九三七年、七七一頁でも「明治28年ニ養老部ヲ設ケ」とある。
(27)創設の経緯については、A・クレバコーレ『チマッチ神父の生涯』ドン・ボスコ社、一九七五年で触れている。同書では、宮崎救護院の設立は、カヴォリ独自のものではなく、チマッチが発起人だとしている。宮崎救護院やカヴォリについては、宮崎県社会福祉協議会宮崎県社会福祉50年記念誌編集委員会『みやざき福祉のあゆみ――宮崎県社会福祉50年記念誌』宮崎県、二〇〇三年に詳しい記載がある。社会福祉法人カリタスの園の五〇周年の記念誌も一九八三年に発刊されている。チマッチとカヴォリは『人物中心の日本カトリック史』でも取り上げられている。

(28) 『日本カトリック新聞』第三七八号、一九三三年一月八日には「益々社会事業に手を伸ばす宮崎教会」との記事が掲載され、宮崎救護院をはじめとした動きについて紹介している。

(29) 『日本カトリック新聞』第四七八号、一九三四年一二月九日。宮崎救護院。

(30) 『日本カトリック新聞』第六二三号、一九三七年九月二六日に「日本カリタス童貞会設立」との記事が掲載されている。宮崎カリタス修道女会については、『創立四十年誌』（一九七七年）、『宮崎カリタス修道女会50周年記念誌』（一九八七年）、『宮崎カリタス修道女会要覧』（一九八七年）といった資料がある。創設の経緯などは詳しくないが、特に『50周年記念誌』には宮崎救護院の写真などが掲載されている。

(31) 『全国養老事業調査（第二回）』九九頁。

(32) 注(21)と同じ。

(33) 『昭和十二年一月　宮崎県社会事業要覧』宮崎県社会課、一〇一頁。

(34) 相田良雄「養老施設と宗教関係」『養老事業』第一六号、一九三九年四月。このほか、『養老事業』には、長谷川良信「養老事業と宗教」が第一九号、一九四〇年一月に掲載されているが、長谷川は仏教者であるので、第三者的な論評とは異なる。『社会事業』第二四巻第三号に鈴木孝之「養老施設在園者の信仰問題」という論考が掲載されているが「社会事業研究生論文」とされていて、巻末に「評」として松本征二による批判的なコメントが付せられている。「評」でも述べているが、抽象的で論旨は明快ではない。

(35) 『養老事業』第三〇号、一九四三年一月、四一頁。

(36) 『養老事業』第五号、一九三五年三月、五〇頁。

(37) 『養老事業』第九号、一九三六年六月、四九頁。

(38) 『養老事業』第一一号、一九三七年八月、四九～五〇頁。

(39) 『紀元二千六百年記念全国社会事業大会報告書』紀元二千六百年記念全国社会事業大会事務局、一九四一年。

(40) 篠崎篤三「全国養老事業調査を批評す」『養老事業』第一六号、一九三九年四月。

(41)『養老事業』第一四号、一九三八年九月、六一頁。
(42)『養老事業』第一九号、一九四〇年一月、四五頁。
(43)『養老事業』第三二・三三号、一九四三年一〇月、三二頁。
(44)『養老事業』第三四号、一九四四年一月、三六頁。
(45) 西條喜恵「聖母養老院参観記」『養老事業』第三四号、一九四四年一月。なお、国際聖母病院は、戦時中のため、一九四三年に「国際」をとって、聖母病院と改称している。
(46) 戦時下の聖心聖マルグリット養老院については『日本カトリック新聞』第八六一号と第八六二号（一九四二年五月二四日・三一日）に近藤啓二「聖心聖マルグリット養老院を訪う」という記事があり、散歩している入所者の写真も掲載されているが、賞賛しているだけの内容で、戦時下の生活実態が把握できるものではない。
(47)『養護老人ホーム聖母の園40年の歩み』二頁。
(48) 宮崎救護院の戦時下の状況については、谷口ミサエ『ひまわりは太陽に向かって――カヴォリ神父とその娘たち』ドン・ボスコ社、一九九五年に詳しい。

第7章　秋田における聖心愛子会による社会事業

1　地域社会福祉史におけるカトリック

社会福祉の発展のなかでキリスト教社会事業の役割が強調される場合、それは主としてプロテスタントであり、カトリックの活動は重視されない。こうした傾向は地域社会福祉史研究にも反映されているように思われる。しかし、カトリック社会事業の特徴は、大都市よりむしろ北海道、九州などの地方で展開された点にある。

聖心愛子会による一連の社会事業も、そうした地方で活発に展開されたカトリック社会事業である。聖心愛子会は秋田で発足し、秋田でいくつもの施設を創設して、秋田での社会事業の主要な役割を果たした。しかもその後、岡山など県外にも施設を創設していく。

聖心愛子会については、創設者聖園テレジアについての『聖園テレジア追悼録』が発刊されている[1]。聖園テレジアの発言がおさめられ、また詳細な年譜があるので、聖心愛子会の動きも把握することができる。田代国次郎により、『日本社会福祉人物史（上）』に「聖園テレジア」が書かれている[2]。田代菊雄『日本カトリック社会事業史研究』にも記述がある[3]。地域社会福祉史としては『秋田県社会福祉史』にまとまった記述もある[4]。そこでは、「キリスト教と社会福祉の灯」との節を設け、聖心愛子会の役割を冒頭で指摘し、さらに「聖心愛子会の福祉事業」との見出しをつけて、八ページ近くにわたって、聖心愛子会の活動を記載している。ただ、そのうちの半分以上は、『聖園テレジア追悼録』からの孫引きである。

こうした一連の文献によって、事業全体の概要を把握し、秋田県の社会福祉に果たした役割についての理解は可能であるが、歴史的意義が十分示されたとまではいえない。カトリック史の一部として触れている研究もある(5)。しかし、聖心愛子会の社会事業そのものを中心課題とした研究はまだ十分ではないと思われる。聖心愛子会は秋田県での社会福祉に影響があっただけでなく、日本全体への影響もあったといえる。そこで、本章では聖心愛子会の事業と思想の変遷を追った。

2　聖心愛子会の創設

聖園愛子会は一九二〇年に秋田市に、ドイツ人三名と日本人七名で創設された。明治初期からすでに海外からいくつかの修道会が来日して活動しており、そのなかには、マリアの宣教者フランシスコ修道女会など慈善事業を行った修道会もある。それらの修道会はもちろん本部が海外にあり、当初は外国人の修道女が中心に運営されている。秋田でも聖霊会による活動がみられた。聖園愛子会は日本人を中心とした邦人修道会である。創設者は聖園テレジアである(6)。

聖園テレジアは、ドイツ出身で、一九一一年に聖霊会に入会し、一九一三年に来日し、秋田市の聖霊高等女学校育児部に従事していたが、一九二〇年に聖心愛子会を創設した(7)。その動機について聖園テレジアは、母親から受け継いだ社会的愛をもって来日したが、日本では社会事業が乏しいので、自分で社会事業を行うことを考え、ドイツ人であることを忘れ日本人としてこの国のために働くことを決心した。当初は人々の誤解と反対に苦慮した。一九二七年には日本に帰化している。

一九二〇年に社会事業を開始し、まず託児所として聖心園が設置された。さらに、貧困者の訪問や、巡回看護事業、母会、養老院などを次々と立ち上げていく。聖心愛子会は秋田における主要な社会事業団体と認識されて、奨励や表彰の常連となっている。また、聖園テレジア自身も表彰されており、たとえば一九三〇年には新宿御苑で開催された観菊御会に招待されている[8]。一九三一年には東京日日新聞社による、外人社会事業家への感謝会が開かれ、大半はプロテスタントであるが唯一カトリックで招待された（出席は代理）[9]。一九三二年には大阪毎日新聞社による同様の催しがあり、これにも招待されている[10]。

『秋田県社会時報』第一五号（一九三四年六月）に掲載されている「秋田県社会事業便覧」では「特異ナル施設」として別記されており、秋田県で唯一といってよい、総合的な社会事業団体となっていく。一九三四年には財団法人となっており[11]、単なる修道会ではなく、社会事業団体としての性格をより鮮明にしていく。

修道会としての聖心愛子会は、名古屋、岡山など各地に修道院を設置し、それぞれの場所にも施設が創設される。また、一九三八年に本部を神奈川県藤沢市に移転したが、秋田での活動は継続している。聖心愛子会は、現在は「聖心の布教姉妹会」と改称され、活動を継続している。

3　施設の設置

(1)　児　童

聖心愛子会は数多くの施設を設置しているが出発点でもあるのが児童関係の施設である[12]。まず一九二〇年に寺町に聖心園が設置された。この地域は教育程度が低いとみなされていて、教育を目的として意識していた。当初は数名から開始されたが、一九二八年には七〇名を越える規模になっている。さらに一九二五年に保戸野新町に聖園園が設置された。

このように、当初はきわめて小規模であったが、利用が増加するにつれ、全体的に規模の拡大を迫られている。一九二九年には、聖心園を入所児童を約一五〇名にするために拡張することとなった。費用は、秋田県、秋田市、慶福会から得ることになっていたが、さらに託児所の拡張の資金を得るために、秋田県社会課員の講演によって、舞踏会が開催されている[13]。

一九三〇年に下賜金を使って小坂鉱山で託児所、小坂聖園天使園を開設した。鉱山では夫婦とも働いているために、その子どもが放置される現実があり、その対応として託児所が必要であった。県との折衝が必ずしも順調ではなかったが、工場と折衝するなどして実現させる。設置当時、聖園テレジアは「鉱山地として早くよりその必要を認めて居りましたがいろいろな関係で実行を見ませんでしたがやうやく昨年六月設置することが出来ました。夫婦共稼ぎの多い工夫の家庭で、後に独り居宅に残された小さい可哀想なお子様を預かり家庭教育の手助けにもなり又お子様のためにも是非必要で御座います。当初より大へん成績がよく家庭の方からも大へんよろこばれておりまして尚どんどん申し込みがございます」と述べている[14]。この文章から、設置は必ずしも順調ではなかったが、聖心愛子会としては重視している事業であること、保護者からも評価されていると自己評価していることが示されている。

一九二三年には、保育部として、貧困な家庭の幼児や孤児の養育を開始した。当初は二名であり、これが一九二八年には六名になっている。一室のみという小規模な形態であった。天使園と名づけられ、一九三一年には一部を増築した。一九三二年より救護法が実施され、同法では救護施設の規定があった。聖園天使園は救護施設の認可を受けている[15]。一九三三年には拡張を計画し、木造二階建て建物を設置した。落成式の写真が『秋田県社会時報』に掲載されている。

一九三三年度末の人員は男子一三名、女子三七名の計五〇名となっている。建物等の補助申請の書類には「乳幼児、就学児童ノ委託救護ヲ請フ者著シク増加シ別紙事業成績ニ見ル如ク現在ノ建物設備ニテハ既ニ狭溢ヲ感ズルニ至リ之ガ委託ニ応ジ得ラレヌ状態ナルモ其事情断ルニ偲ビズ収容シ名古屋及岡山ノ本会支部保育院ニ之ガ委託ヲ成スノ止ムヲ得ザル状態ナリ」としており、[16] 入所者の増加傾向に施設が対応できず、名古屋、岡山といった遠方にまで子どもを送っている状況が訴えられている。一九三〇年代東北では農村の困窮が深刻化しており、そうした実態が反映しているのかもしれない。

施設の拡大もあって、一九三五年度の人員は六九名となっており、かなりの規模になってきている。理念として「育児院にあづけられてゐると云ふ様な観念を決して起させない様にすべてを世の家庭の子供と同様に」ということと、「あづかつた子供の家庭をこわすのではなくあづかつてその生活をかため再び一家揃つて家庭をつくる様にする」ということであり、施設自体を家庭的にするということと、家庭復帰を前提とするということである。[17] ただ、規模が大きくなるなかで、それがどこまで具体化できたのかは、検証の必要があるであろう。

児童施設を重視する姿勢は、その後聖心愛子会が岡山、名古屋、鳥取県米子などに進出するなかで、それぞれ施設を設置していることからもわかる。一九四〇年には、厚生省や秋田県社会課の勧めで、保母学園を設置した。[18] 同校は、戦後聖園学園短期大学へと発展している。このことは、家庭的な慈恵的要素の強い性格をもってスタートした一連の児童施設が、専門職員の必要性を認識したということでもあろう。

(2) 養老院

一九二〇年に聖心愛子会により養老院が設置された。[19] 高齢者を見捨てることができず、一室をあてて保護することからスタートした。[20] 当初は聖心園内で行っていたが、園児の増加で高齢者への対応が困難になったことや聖心愛子会の本部が移ったことから、聖心愛子会の建物内に移した（史料によって、この年が、一九二四年、一九二五年、一九二七年と異なっている）。愛子会のなかの二室を使用するという形態であった。この時期には、入所者が三名程度にすぎず、養老院といっても家族的な小規模なものにすぎなかった。一九二九年に建物を改築して、ようやく形も整えられた。

秋田にもう一つ養老院として、秋田上宮会養老院があり、男性を上宮会で、女性を聖心愛子会で引き受けたが、上宮会には女性も入所している。建物の関係で十分な活動ができず、課題となっていたが、施設が拡大され、定員は二〇名となる。一九三三年四月の入所者は女性のみ一五名である。一九三五年九月で男子一名、一九三六年末現在で、男性が二名入所しており、少数ながら男性が入所するようになった。しかし、一九四〇年六月には再び女子一二名のみとなっており、女子の入所が原則であったことに変化はないように思われる。職員は無給二名とされているので、少数の修道女によって担われていたようである。小規模ではあるが、他の養老院も同程度の規模は少なくないので特異というほどではない。篠崎篤三は「秋田市保戸野新町に大正九年以来養老事業を経営し、斯界に貢献する所の甚大であつた聖園テレジア」と述べて、高く評価するとともにその活動が知られていないことを「気の毒」と述べている[21]。篠崎の認識からすれば、聖心愛子会の養老院は客観的にみても、意義深いものであり、歴史に位置づけるべき存在であって、不当に低く評価されている。

とはいえ、聖園養老院も救護施設の認可を得ており、その結果公的な補助も得られ、経営的には一定の安定をみる。しかし、一九三三年度末の一七名のうち、救護法による者は一名とされている。

（３）医　療

一九二〇年から巡回看護が行われ、貧困者と接してきたが、この活動が医療施設の必要性を認識させて、医院として一九二二年に、聖心園と同じ寺町に聖心医院を設置した[22]。一般の医療を利用できない貧困な人たちを意識した医院である。海外からの寄付も得ながら拡張し、拡張にともなって一九二四年に保戸野に移転し、一九二五年には入院室を増築した。救護法により、聖心医院も救護施設の認可を受けている。

さらに、結核患者を対象とした聖園サナトリウムを設置した。医療活動のなかで結核患者の多いことに気づいたが、秋田県に本格的な療養所がないことから、みずから設置することを計画した。一九三三年には計画されている。[23]「結核療養所設立趣意」では、「貧困の上に病患に冒された者こそ総ゆる生きる力を奪はれた者で人生の悲惨これに過ぐるものはない」という考えで、患者に必要なものが供給されず、むしろ「全く反対の状態」におかれていることは嘆かわしい、ということを述べている。そして、秋田県には一カ所も療養所のないことを指摘している。[24]

資金は慶福会、原田積善会からの助成と寄付金によることとした。また、秋田県社会事業協会も積極的に支援することになり、会長名で全市町村長に対し、援助の依頼状を発送した。[25]県でも「土木課が率先し去る十七日丸山土木課長主事技師其他係員で六十余円を集め之を寄附」という動きがみられた。[26]

こうして、一九三五年に施設が完成して、四月三〇日に落成式が、県知事、秋田市長らを来賓として行われた。[27]結核は国民の間で広がりを見せる反面で、戦前は確実な治療法がなく、療養が長期化しやすいなど患者の負担は大きかった。公立、あるいは赤十字社などの療養所も設置されていくが、十分なものではなかった。そうしたなかで、カトリックによる療養所として、千葉県の海上寮、神奈川県、東京府清瀬のヨゼフ・フロジャク神父による一連の施設などが設置されている。医師は聖心愛子会の修道女で、聖心医院に勤務していた加藤ヨイが専任で、また契約医師として長谷川誠一郎に依頼し、週三回午後のみの診療を行った。加藤は無給である。

ベッド数三〇でスタートしたが、開院時からそれ以上の申し込みがある状況であり、一九三七年、病室の不足などから増築計画が進められ、有栖川宮厚生資金からの下賜金が出ている。[28]一九四〇年にも聖園サナトリウムを対象とした下賜金が出されている。[29]

(4) 貧困者救済

各事業とも、貧困救済の性格をもっているが、創設時から貧困者の家庭訪問を行い、あるいは随時金品の給与を行うなど、貧困者への直接的な救済も手掛けていた。クリスマスには貧困者を集めて、慰安と救済の活動を行った。一九三三年の場合、慰安映画会、夕食、金品の給与を行い、四八家族約一五〇名は参集した[30]。一九三四年には一二月三〇日に一二〇名が集まって夕食の接待や県社会課による活動写真の観覧が行われた[31]。また、一時期、貧困な女性を収容して救済する取り組みを行っていた。

（5） 施設の実際と経営

これら施設の実際の生活はどうであったのだろうか。一九三五年一月の『秋田県社会時報』の記事には「長寿を祝福する養老院の団欒」という記事が掲載され、物品を授与された養老院入所者と児童が集まっている写真が掲載されている。また、同じ号に「クリスマスの夜困る人の慰安会」という記事も掲載されている。聖心園、聖園園では「母会」が行われている[32]。また、「母の日」にちなんだ慈善音楽会が開催されている。一九三九年四月の『秋田県社会時報』（第八二号）には、「聖心愛子会育児風景」と題された写真が何の説明文もなく掲載されている。『母性』『幼き友』という雑誌を発行していた。こうしたことから、日常生活の支援にとどまらず、行事の開催や広報など、幅広い活動が志向されており、閉鎖的硬直的な生活ではなく、生活水準の向上が意図されていたと、ある程度はいえるであろう。

経営では、聖園テレジアが「最初は予算もないので大変苦しみました」と述べているように[33]、きちんとした財源のないまま運営されていた。しかし、その後、下賜金等が繰り返し出されており、ある程度の資金は確保されるようになった。さらに一部施設が救護施設になることで、さらに安定度は高まった。たとえば、『秋田県社会時報』第一三号（一九三四年四月）では「聖園天使園救護施設の恩典に浴す」という記事を掲載している。しかし、貧困者救済のような活動もあり、修道女という人件費を要しない働き手がいることで成り立っていた面もあった。

4　社会事業の考え方

カトリック社会事業の創設者・運営者は著作を残さないことが多く、思想の把握が困難であるが、聖園テレジアはいくつか残している。『秋田県社会時報』第三三号（一九三五年一〇月）掲載の「社会事業の真精神」は、講演録ではあるが、まとまった形で社会事業のあり方を述べている。そこではまず、「社会事業は非常に大切な教育事業」として、教育的な精神を強調している。それは児童施設に限定されず、「細民、老人、病人、或は青年処女から幼児乳児に至るまで」と利用者全体への対処として語られている。

「第九回秋田県方面委員大会に際して」という文章が『秋田県社会時報』に二度にわたって掲載されている[34]。大会で挨拶する予定だったのが出席不可能になったため文書で挨拶することになったということなので、初めから文書化されたものである。そこでは聖心愛子会創設時の状況として、「社会事業界は、暗澹たるものであり、望み薄きものでありました。私は愛の事業を探し求めましたが見出せませんでした」と述べ、社会事業の発展が遅いことを批判する。「生活に苦しむ人々は多かつた」と述べ、生活困難の広がりとそれへの対策の放置を認識していた。そして生活困難が「教育の足りない衛生思想の普及してゐないところである」とする。そして豊かな階級ではなく、こうした子どもたちへの対処を考えた。

また、「家庭訪問をし彼女等の棲ひに訪れる時赤貧洗ふが如くなる家庭内に更に悲惨なる結核患者の不潔、不養生の中に暮らすのを発見」という。そして「家族や知人に見放されて、孤独の病床に呻吟する哀れな人々」について白眼視されているのを無視できず、救済しようと発奮した。こうした記述より、悲惨な生活実態の把握とそれへの対処を社会事業の規定としていた。「愛」を強調してはいるが、その「愛」は抽象的な観念ではなく、具体的な行使として意味をもつものとされたのであり、社会事業の基盤は貧困への対処であった。

養老事業についても述べている[35]。養老院に入所する高齢者について、児童と違って明るさに欠け、淋しさに沈み、「現在の不幸をかこつ者もあらう、又余りにも長く冷かつた悪夢に世の無常を呪ふ者もあらう」という状態にある。それに対応するために、「肉体的及び心理的な深い研究と多くの経験とが必要」だという。一方では、「人格と愛」が必要だという。そこでは、高齢者を哀れむべき存在とみてはいるが、援助者側に一定の知識と能力を求め、また知識と人格とを統合的にとらえようとする視点がある。

地域との関係もあり、「母の日」の運動として、「母の会と慈善音楽の夕」という催しが行われ、また女学校生徒による見学がなされている[36]。

社会事業の組織にも参加している。『秋田県社会時報』には関係の記事が多く掲載されている。事業の紹介ばかりか、聖園テレジアの個人的動向までもが掲載されている。発行元である秋田県社会事業協会との親密な関係が推測できる。一九三三年に秋田県私設社会事業連盟が結成されると、早速正式に加盟している。東京での社会事業講習会へも出席しており、こうした点から、当時の社会事業の状況の把握にもとで事業を展開したと考えられる。聖園クサベラ「講習会にのぞみて」では儀礼的な文章ではあるが、講習会で学んだ意義を語っている[37]。こうした姿勢は社会事業の科学化、専門化の流れを受け入れることである。全国養老事業大会にも出席している[38]。聖園テレジアは一九二八年に方面委員になっている。行政的な活動の一翼を担うことでもある。

行政との関係が緊密なのも特徴で、一九二七年一二月には秋田県社会課の主催により、聖心愛子会後援の慈善音楽会が開催された。『カトリックタイムス』第一六五号（一九二八年一月一日）の記事によれば、「聖心愛子会事業費募集慈善音楽会」として開かれ、和楽、舞踏、洋楽がなされ、二〇〇〇人が参加している。県知事夫人も協力したという。

一九三四年には、聖園テレジアが岡山出張から戻ったのを機に座談会が開催され、県社会課から七名が出席している[39]。

晩餐も共にしたというので、かなり深い交流があったと考えられる。一九三五年の秋田県社会課による保育事業関係者協議会には、聖心愛子会の二園より、七名の修道女が出席している[40]。

秋田県や秋田市からの助成も常時受けており、聖園テレジアは「県市の方々がお認め下さいまして毎年表彰の名誉を擔ひ、事業を直接御助成下さいますことは心から感謝して居る次第で御座います」と述べて、感謝の意を表するとともに、事業を拡張する際には、行政からの助成を前提として計画をしている[41]。また、秋田県社会事業協会への寄付を行っている。

岡山では一九三二年八月に、聖園マリア園内にて岡山県社会事業協会の例会が開催され、聖園テレジアが聖心愛子会の沿革や事業について話をしている[42]。こうした機会を通じて、秋田での活動の成果が他の地域でも知られ、影響を与えたと考えられる。

また、秋田高等女学校の生徒三名が、聖心愛子会本部を訪れ、金一封を寄贈したという記事が『秋田県社会時報』第一四号に掲載されている。結核療養所の建築資金にしてほしいということで、聖心愛子会側も「私共の仕事がこれまでに認められた」として喜んでいるという。脚色のある記事ではあるが、地域社会からも一定の支持を得て、支援すべき秋田の主要な社会事業団体として認識されていたといえるであろう。

影響として、『聖園テレジア追悼録』に、修道会関係以外の者を見出す。追悼録の性格上、依頼されれば儀礼的に書くことになろうが、プロテスタントである岡山博愛会の更井良夫、松本征二ら社会福祉関係者がいる。カトリックの社会福祉研究者の田代不二男が長文の追悼文を書いている。追悼文の性格上、実際以上に功績を評価する内容になるが、それを差し引いても田代の社会福祉研究者としての歩みに聖園テレジア、ひいては聖心愛子会の影響を感じる。

5　戦時下の聖心愛子会

聖心愛子会は事業が大きかった分、戦時下において戦争協力が期待されることになる。一九三八年三月の『秋田県社会時報』第六九号には方面委員、伊澤正信による「銃後聖心愛子会」という記事が掲載されている。内容自体は、聖心愛子会の存在により、方面委員による救済活動が迅速に行われているという、聖心愛子会の社会事業に対する感想が述べられたもので、聖心愛子会の事業が評価されていることを裏付けるものである。しかし、「時局下の今日大きな役割を果たして居らるゝ」とされ、戦時体制での役割が期待された。

外部からの一方的な「期待」だけではない。『日本カトリック新聞』一九四三年八月一日には「国民厚生に闘ふ修道女　わが託児事業の先駆　財団法人聖心愛子会」という記事が掲載されている。この時点では聖心愛子会は神奈川県藤沢に本部が移り、社会事業も各地で展開されているので、ことさら秋田県の事業について述べているのではないが、聖心愛子会の経緯と全国で行っている事業が紹介されている。

さらに一九四三年一二月五日には、「戦時保育事業に邁進　聖心愛子会の発展」という記事が掲載されている。内容は藤沢での新たな保育事業の紹介であるが、そうした事業をその都度戦時体制への貢献に位置づけていたのである。そもそもカトリック社会事業全体が、「銃後とカトリック社会事業」という記事が一九三八年九月一八日の『日本カトリック新聞』に掲載されて、「銃後の護りを堅めるには思想的方向と共に実際的な社会的方面よりやらねばならない」とあって、戦時体制に位置づけられようとしていた。聖心愛子会が組み込まれるのは避けがたい面があった。

聖心愛子会自身も前述の方面委員大会への挨拶文において、「現下の時局に鑑み、国家の方策と致しましてはその母親を扶けて第二の国民を教育することが第一の急務」と述べている。[43] あくまで方面委員の役割を議論する文脈での記述だが、この論理は児童保護を扱う聖心愛子会にもあてはまってしまう。

カトリックの施設は、外国の修道会の設置によるものが多く、その場合米英などとの戦争が開始されるなか、外国人の神父、修道女の帰国、抑留などで運営が困難になっていく。聖心愛子会の場合は、日本で設置された修道会で、聖園テレジアもドイツ出身であるうえ、一九二七年に日本帰化しているので、そうした困難は比較的少なかったといえよう。しかし、聖園テレジアの身辺に特高がうろつくなど、行動は制限されていたという(44)。

一九四〇年に聖園サナトリウムが下賜金が授与されているが(45)、「東亜新秩序建設の聖業に邁進の決意を固めねばなりませぬ。即ち本会が人的資源の増強に真剣な努力を捧げられ以て国策の遂行に協力戮力せられんことを要請する」としている。戦時体制以前からの活動への評価に対するものではあるが、紀元二千六百年記念全国社会事業大会で聖園テレジアが厚生大臣表彰を受けている(46)。また、大会での地方推薦協議員となっている(47)。

だからといって、聖園テレジアが戦時厚生事業の一翼を担ったというわけではない。ただ、その体制に組み込まれざるを得なかった。また、戦争が進む中で、「乳児や幼児の収容が困難となり、一部疎開でこの危機を乗り越えた」とされる(48)。外国系の修道会経営の施設で見られた、修道女や神父の帰国や抑留といった問題は少なかったにせよ、戦時下の困難から逃れることはなかった。

6　カトリック社会事業の地域への寄与

カトリックは明治初期から慈善事業を開始し、それはその地域でのもっとも早い時期の事業である場合が多く、わが国の慈善事業の出発点の一つとして、以後の社会事業の発展の基礎ともなっている。聖心愛子会は出発自体は、それらよりやや遅いものの、それゆえに、社会事業の組織化、専門化の動きにも関与しつつ、小規模で開始されたものが拡大していく過程をたどることとなる。さらには、救護法による救護施設として、一段と発展していく。

そこでは聖園テレジアの指導力などの実践者側の要素と、地方都市における生活問題の拡大という地域独自の課題への対処の両面を示している。時代の変化とはやや距離をおく傾向のあるカトリック社会事業であるが、秋田の場合、地域の中心的な存在になっていったこともあって、児童問題や結核など地域のニーズをつかみつつ、主要な社会事業団体として、地域の象徴的社会事業実践を展開していくこととなった。

注

（1）聖園テレジア遺徳顕彰委員会編『聖園テレジア追悼録』聖園テレジア遺徳顕彰会、一九六九年。

（2）田代国次郎「聖園テレジア」田代国次郎・菊池正治編『日本社会福祉人物史（上）』相川書房、一九八七年。

（3）田代菊雄『日本カトリック社会事業史研究』法律文化社、一九八九年。

（4）秋田県社会福祉協議会編『秋田県社会福祉史』秋田県社会福祉協議会、一九七九年。

（5）八木キヌ子・石橋弘子「明治期よりの秋田におけるカトリックの歩み」『聖霊学園短期大学研究紀要』第三五号、二〇〇五年。

（6）聖園テレジアの紹介として、簡略ながら、『輝く奉仕者　近代社会事業功労者伝』中部社会事業短期大学、一九五五年、一五〇頁。聖心愛子会の歴史として、聖心の布教姉妹会創立史編集委員会編『聖心の布教姉妹会創立史』聖心の布教姉妹会、一九七九年がある。田代菊雄は『日本カトリック社会事業史研究』（一四五頁）で同書で創設者を新潟教区長ヨゼフ・ライルネスとしていることを指摘したうえで、聖園テレジアが実質的な役割を果たしたと述べている。聖園テレジアは創設にあたり、「同じ独逸のライルネス博士」に相談したと述べており（『秋田県社会時報』第五号、一九三二年一〇月、八頁）、同一人物とすれば、ライルネスが創設にあたって一定の役割を果たしたこと自体は事実かもしれないが、当時の社会事業史料はすべて聖園テレジアを創設者としているし、個人的な表彰もたびたび受けている。少なくとも行政や社会事業界において聖園テレジアを中心とした団体と受け止められていたことが明らかである。ただ、本章は社会事業実践を研究対象としており、キリスト教史や修道会史ではないので、これ以上追及しない。このほか、『秋田カトリック教会創立百周年記念誌』秋田カトリック教会創立百周年記念事業実行委員会、一九八四年にも、「聖心愛子会の創立」という個所があるが、聖園テレジアについて触れていない。しかし、『秋田市史　第

五巻近現代　Ⅱ通史編』秋田市、二〇〇五年、一〇〇頁では、簡潔ではあるが、聖園テレジアを軸にして聖心愛子会の創設とその後の動きを叙述している。

(7) 聖心愛子会の創設については、注(6)までに触れた文献のほか、『聖霊学園七十年史』聖霊学園、一九七八年など。

(8) 『カトリックタイムス』第二六九号、一九三〇年一一月二一日。

(9) 『日本カトリック新聞』第三三一号、一九三一年一二月六日。

(10) 『日本カトリック新聞』第三四三号、一九三二年五月八日。

(11) 『秋田県社会時報』第一九号、一九三四年一〇月、一二頁には財団法人申請の、第三三号、一九三五年九月、五頁には許可の記事が掲載されている。

(12) 児童施設の設置、利用者数の推移については、以下の資料による。

・『昭和三年　秋田県社会事業要覧』秋田県学務部社会課。

・『昭和四年　秋田県社会事業要覧』秋田県。

・『昭和九年　秋田県社会事業要覧』秋田県社会課。

・『昭和十一年九月　秋田市社会事業概観』秋田市役所。

(13) 『カトリックタイムス』第二一三号、一九二九年五月一日。

(14) 聖園テレジア「御下賜金を拝受して」『秋田県社会時報』第二号、一九三二年四月、三頁。

(15) 『秋田県社会時報』第一三号、一九三四年四月、五頁。

(16) 「昭和七年　聖心愛子会救護施設設置関係綴　社会課」秋田県文書館所蔵行政文書。

(17) 聖園テレジア「社会事業の苦しみと喜び」『秋田県社会時報』第五号、一九三三年一〇月、八頁。

(18) 『日本カトリック新聞』第七六五号、一九四〇年六月二三日。

(19) 『秋田県社会事業要覧』は一九二八年、一九二九年版は「聖園養老院」としているが、一九三四年版では「聖心愛子会養老院」としている。『昭和十一年二月　全国養老事業調査』では「全国養老事業団体一覧（昭和八年四月調）」では「聖園養老院」であるが、「最新全国養老事業団体調（昭和十年九月調）」では「聖心愛子会養老院」となっている。『昭和十三年十月　全国養老事業調査（第二回）』では、「聖園養老院」であり、第三回もそうである。こうしてみると、一九三四〜一九三五年頃に「聖心愛子会養老院」という名称が用いられたように思われる。

(20) 聖園養老院に関しては、注(12)の史料のほか、『昭和十一年二月　全国養老事業調査』全国養老事業協会、『昭和十三年十月　全国養老事業調査（第二回）』全国養老事業協会。

(21) 篠崎篤三「全国養老事業調査を批評す」『養老事業』第一六号、一九三九年四月、四一頁。

(22) 聖心医院に始まる医療活動の経過については、聖園病院創立五十周年記念誌編集委員会編『みその50年　聖園病院創立五十周年記念誌』聖園病院創立五十周年記念事業実行委員会、一九八五年にまとめられている。

(23) 『日本カトリック新聞』第四一九号、一九三三年一〇月二二日。

(24) 『秋田県社会時報』第一二号、一九三四年三月、七頁。

(25) 『秋田県社会時報』第一五号、一九三四年六月、一〇頁。

(26) 『秋田県社会時報』第一八号、一九三四年九月、六頁。

(27) 『秋田県社会時報』第二七号、一九三五年五月、一〇頁。

(28) 『秋田県社会時報』第五八号、一九三七年六月、一二頁。

(29) 『秋田県社会時報』第九二号、一九四〇年一月、一頁。

(30) 『昭和九年　秋田県社会事業要覧』秋田県社会課、九一頁。

(31) 『秋田県社会時報』第二二号、一九三五年一月、八頁。

(32) 『日本カトリック新聞』第五六〇号、一九三六年七月一二日。

(33) 『秋田県社会時報』第六号、五頁。

(34) 聖園テレジア「第九回秋田県方面委員大会に際して」『秋田県社会時報』第八九‐九〇号、一九三九年一〇‐一一月。

(35) 聖園テレジア「養老事業に就いての所感」『養老事業』第一八号、一九三九年一〇月。

(36) 『日本カトリック新聞』第三〇二号、一九三一年七月二六日。

(37) 聖園クサベラ「講習会にのぞみて」『秋田県社会時報』第一四号、一九三四年五月。

(38) 『養老事業』創刊号、一九三三年九月、四五頁では、第三回養老事業大会出席者として、聖心愛子会の二名を記している。また、『養老事業』第一八号、一九三九年一〇月、三七頁では、養老事業実務者講習会の員外傍聴員として、一名を記している。「員外傍聴員」とは、講習定員を一五名に限定していたにもかかわらず、「懇請黙止難く」ということで、特別に許可したというものである。だとすれば、義務的な参加ではなく、あえて要請して参加ということになる。

(39)『秋田県社会時報』第一五号、一九三四年六月、一一頁。
(40)『秋田県社会時報』第三〇号、一九三五年七月、六〜七頁。
(41)『カトリックタイムス』第二〇八号、一九二九年三月一一日。
(42)『日本カトリック新聞』第三六一号、一九三二年九月一一日。
(43)聖園テレジア「第九回秋田県方面委員大会に際して」『秋田県社会時報』。
(44)田代国次郎、前掲書、一六二頁。
(45)『秋田県社会時報』第九二号、一九四〇年一月。
(46)『紀元二千六百年記念全国社会事業大会報告書』紀元二千六百年記念全国社会事業大会事務局、一九四一年、四〇頁。
(47)『紀元二千六百年記念全国社会事業大会報告書』一一八頁。
(48)『秋田県社会福祉史』二九〇頁。

第Ⅲ部　農村地域における実践

第8章　昭和恐慌下におけるキリスト教と農村社会事業

1　農村でのキリスト教の実践

社会事業の形成において、その主眼は都市に向けられる。日本の社会事業の特徴ともされる経済保護事業は都市でないと成り立ちにくい事業である。

しかし、戦前の日本社会は農村社会であり、農村をぬきにして社会事業を論じても全体を把握したことにはならない。確かに農村では見るべき社会事業がなかったのも否めないであろう。しかし、一九三〇年代は農村社会事業の必要性が認識され、農繁期託児所なども広がっている。ところが、農村社会事業の研究は乏しい。田端光美が『日本の農村福祉』の第一章で「戦前の農村社会事業」と題して論じているが[1]、農村社会事業の全体像を主に述べており、個々の実践の詳細にまでは触れていない。菊池義昭や松本郁代の研究がみられるが、これらは一地域に限定されている。

農村社会事業においてもキリスト教が役割を果たしている。これまでの研究ではキリスト教の農村社会事業は、賀川豊彦に関連する事業が個々に語られることはあったが、総体として議論されることはなかった。それでは農村社会事業が何であったのかも、キリスト教社会事業の実相も明らかになったとはいえないであろう。農村社会事業に関連する領域として、農村伝道があり、飯沼二郎[2]や星野正興[3]による研究がみられる。しかし、社会事業は農村伝道の一部分としての扱いである。結局、キリスト教による農村社会事業全体を視野にいれた研究は乏しい。しかし、政策においても農村社会事業に関心が向けられている状況のなかで、キリスト教による農村社会事業が展開されており、キリスト教の農村社会事業が社会事業全体のなかでどういう性格を持つのかを明らかにすることは、社会事業の性格を把握するうえで重要な課題であろう。

そこで本章では、農村社会事業が重視される一九三〇年代の焦点をあてて、キリスト教による農村社会事業の広がりと、その意義と限界を検討する。

2　農村の生活困窮とキリスト教からの関心

昭和恐慌下の農村の生活困難についてはいうまでもないことである。これに対し、政府も無策だったわけではなく、農山漁村経済更生運動などの対応をとる。農村社会事業への関心も高まった。

キリスト教においても、この時期に各地で実際に農村社会事業が展開されていく。ただし、それは一般の社会事業とは異なり、農村伝道を前提としている。キリスト教は、近代初期において農村を伝道の主要なターゲットと考えていた。部分的に成果をあげたケースはあったものの、定着することはなかった。成果が大きく現在まで一定の勢力が維持されているのは、農村という範疇に入るのか疑問もあるが、鹿児島県の奄美大島でのカトリックの例があるが、きわめて特殊な例である。

地方改良運動では留岡幸助、生江孝之が内務省嘱託として関与し、農村を国家統合に組み込む働きかけをしていくが、政府の側に立っての働きであり、キリスト教全体の動きではない。

キリスト教の農村への関心の高まりは一九二〇年代からであろう。農民運動が本格化するが、賀川豊彦、杉山元治郎はじめ、キリスト者が中心的な位置にいた。一九二〇年代になると「神の国運動」が行われるが、そこでは農村への伝道が意識されていた。

さらに農村の生活困窮のなか、農民福音学校が各地で展開されていく。農民福音学校は農村伝道の担い手を養成するため、農村において、農村伝道に関連する科目を学ぶものである。一九二七年に兵庫県瓦木村で行われたのが第一回とされる。恒常的に毎年行われたものと、全国各地でその都度開催されたものとがある。前者が一カ月程度なのに対し、後者は一週間程度である。

こうした農村伝道は特定の教派に限定されていない。賀川、杉山は日本基督教会である。アルフレッド・ラッセル・ストーンはメソジスト教会である。石田英雄は組合教会である。藪本竹次は聖公会である。プロテスタントの主要な教派を網羅するかのように取り組まれていく。救世軍では、すでに農村地域である島根県横田に横田屯田小隊を設置し、横田小隊に発展しているという実績があったが[4]、さらに農村伝道への関心を高めていく。

農民福音学校は、単に聖書の教えを学ぶ場ではない。もちろん、聖書やキリスト教に関連する科目が多いが、セッツルメント論、農村社会学、農民運動論、協同組合論といった社会問題に関連する科目がいくつもおかれていた。基督教社会事業という、社会事業そのものの科目もみられる。

一方、日本基督教連盟が、プロテスタントの主要な教派、基督教青年会同盟のような団体、海外からのミッション団体の加盟により、一九二六年に創設されている。日本基督教連盟として、農村伝道に関心を示し、農村伝道協議会を開催している。一九三一年の決議要項では、農村伝道の方法として、「巡回医療ミッションの実施」「農村社会事業の経営」を挙げている。さらに、「農村教会の社会奉仕に就て」として、隣人愛による奉仕の必要性を強調している[5]。社会事業に限定しているわけではないが、託児所の経営、人事相談といった狭義の社会事業のほか、多様な奉仕活動を求めている。全体として、農村伝道にあたって、農民の生活実態に視点をあてて、その改善を図ることを伝道活動の中で不可欠なものとしてとらえている。

一九二〇年代から三〇年代にかけてのこの時期に、農村に着目したのはキリスト教だけではない。武者小路実篤の新しい村、橘孝三郎による農本主義の動きなど、農村に関心を寄せ活動の基盤とする動きは多々みられた。キリスト教もまた、そうした動きと軌を一にしたという面もないわけではない。しかし、そうした動きは農村を情緒的にとらえ、農村に理想社会を打ち立てていく発想である。そのため、挫折したり、テロに走ったりといった結果をまねくことになる。それに対し、キリスト教の場合は、農村に社会問題が集積している事実を直視し、そこへの取り組みを出発点としていた。

このように、社会性を強く帯びたのには、いくつかの要因があるであろう。第一に、当時のキリスト教は、社会問題への関心に傾いている。それは日本基督教連盟による「社会信条」に結実する。「社会信条」ではさまざまな課題への態度を表明しているが、農村に直接関連する事項として、「小作法」の制定に触れているほか、「生産及消費に関する協同組合の奨励」を主張している。これも「生産」の部分は農業が主要な内容である。

第二に、キリスト者の農村への関心を喚起し、農民福音学校を支えていくのは賀川豊彦、杉山元治郎である。いうまでもなく農民運動の活動家である。したがって、農民運動とも関連していた。

第三に、一九三〇年代の農村の生活実態への危機意識が共有されており、生活苦が広がる農村に聖書の教えを説くだけで福音が広がるとはとうてい考えられなかった。

ただ、学術的に高い水準となれば、参加できる農民もおのずと限定されてしまうので、貧しい小作農民ではなく、農村内では比較的高い層に属する者を中心とすることでもあった。地域も限定され、「神の国運動」は一過性のもので終わった。

戦後になって、ストーンは「太平洋戦争以前におけるこの国の伝道は殆ど農村を顧みなかつたと云うてもよかろう」

と述べている。[6] もちろん、ストーンは自分自身も農村伝道に従事したのだから、個々の事例として農村伝道が少なくないということは承知しているはずである。それでもなお、そのように述べるのはなぜなのか。ストーンはさらに、「我々は基督者として今日の農村の窮状に目を閉じているわけにはゆかぬ」として、農村の窮乏への対処と伝道とが一体的に進められなければならないことを主張している。つまり、農村への何らかの働きかけはあったにしても、農村の窮乏の解決策を示し得なかったという点で「農村を顧みなかった」ということであろう。

農村伝道は社会性を帯びつつも、農村の生活困難への対処に著しい限界をもっていたのである。とはいえ、農村に積極的に入っていった面について、検討しておくことは必要であろう。

3　農村社会事業論

(1)　賀川豊彦と杉山元治郎

農村社会事業への関心のなかで、農村社会事業が議論されることになる。もっとも著名なのは賀川豊彦による『農村社会事業』であろう。[7] 同書は農村更生叢書の一つとして一九三三年に発行された。農村の生活を阻害する要因を一つずつ取り上げて分析し、その対策として「防貧的社会事業」と「福利的社会事業」を示した。最後は「人格に関する福利的農村社会事業」について詳述しているように、農村の改善を人格の向上によって実現しようとし、社会的な施策として協同組合を重視した。同書の特徴の一つは激烈ともいうべき優生的な言説である。賀川の優生思想については以前から厳しい批判があり、決して肯定できるわけではない。ただ、同書の言説は農村の根本的な改善を試みる賀川の論旨全体から解釈すべきであろう。

賀川は同書のほか、「農村社会事業断片語」など、農村社会事業をテーマとした論考をたびたび発表している。[8]「保育所を中心とする社会事業――農村隣保事業の行く可き道」のように、[9] 個別の課題について詳述しているものもある。また、『一粒の麦』をはじめ、小説を通じて、農村のあり方を社会に訴える方法もとっている。

賀川のほかでは、杉山元治郎も、農村社会事業をたびたび論じている。一九二八年には「社会事業の農村への進出」を書き、社会事業が農村に進出すべきことを説き、保育事業、医療事業、社会教育事業などを示している。[10] 朝日新聞社社会事業団によって一九三四年に発行された『農村社会事業』に掲載された「農村と社会事業」は、農村社会事業自体を論じたものである。[11] 隣保館の必要性を述べたうえ、児童保護、母性保護、保健衛生と医療施設、青少年への職業補導のあり方を論じ、最後に資金を確保する方策を提案している。

一九二九年発刊の『農村貧窮論』では対策として、「農村生活に対する社会的施設」を掲げ、具体的には「無料診療所、無料病院、無料託児所の設置」を提起している。[12] 杉山はこのほか、数多くの農村の生活実態を語る論考を書いているが、問題提起にとどまらず、対策として農村社会事業について語り続けている。杉山は運動家としてのイメージが強いが、実際にはこのように農村社会事業に関心を寄せ、提言を続けていたのである。

賀川、杉山の知名度や影響力、あるいは農民福音学校の講師などとして直接に農民に語りかける機会も多かったことなど、この二人の議論が重要であるのはもちろんである。しかし、この二人については、他にも多くの研究がみられるし、むしろ実際に農村社会事業の当事者として、実践に携わった人物、それに社会事業研究者として社会事業のなかに農村社会事業を位置づけようとした他の論者の議論をみていきたい。

(2) 実践者

賀川、杉山のような指導者と異なり、ある農村を定めて実践を積み上げる一方で、実践経験をふまえた著述を多く残した人物がいる。彼らに影響を与えた人物として、日本での農村伝道のあり方を提起したケニョン・バターフィールドをあげなければならないのであろうが、農村社会事業の実践をしたというわけではないし、飯沼二郎が触れているので[13]、ここではとりあげない。

実践を踏まえつつ多様な議論を展開した代表的な人物としては、まず栗原陽太郎である。栗原については、萩原俊彦[14]や村山輝吉[15]による研究があるほか、自身による伝記も書かれている[16]。栗原は、群馬県渋川町を拠点にして、農村伝道に従事するが、そのなかで、文化講演会や民衆高等夜学校などの活動をしている。栗原について、竹中勝男は「渋川其他に於ける農村伝道事業は必ずしも隣保事業といふ事は出来ないが、その教会を中心とした農村教化、教育、保育の如き事業は、一面農村隣保事業の機能を遂行するもの」と紹介している[17]。栗原は、農民の生活を豊かにすることと農村伝道を結びつけて実践しており、農村社会事業の視点を有していた。

栗原は、「農民福音学校の一進展」において、農民福音学校の隆盛を評価しつつも、「従来の福音学校は農村経済更生に可なりの重点を置いた感を免れなかつた」として、経済的側面の重視に懐疑的な見方を示している[18]。そして「福音」や「聖書を根底とした信仰」を強調している。「農村に於ける組合運動に就いて」を『神の国新聞』に連載している[19]。そこでは、農村に組合を設置することの意義を述べ、実際に自分の近辺でみられる組合を紹介しており、そこには医療組合が含まれている。

しかし栗原は、戦時下にも活動が継続したこともあって、戦時下になると戦時体制に迎合した議論が目立ってくる。「非常時下に守る農村日曜日の意義[20]」、「非常時局下に於ける農村伝道の必要性[21]」といった論考が『神の国新聞』にみられる。さらには、後述のように満洲移民を推奨するようになる。

藪本竹次は後述のように、大阪で農村社会事業を行っている。「農村の疲弊は農民精神の疲弊である――私も亦農村窮乏の救済は一つに経済の問題に懸つてゐることを知りつゝも尚かく叫ばざるを得ない」と述べて、経済的困窮の実態を理解しつつも、精神性、宗教性を強調した[22]。また、「愛隣精神」を強調し、「何の設備も会場も持たず為す奉仕でこそあれ、心からなす愛隣のこの事業は、真の社会事業であり、農村に於ては社会事業の本質をこゝに求むべきである」として、奉仕をなす姿勢が社会事業の本質であることを強調している。[23]

もちろん、実践者として、現実を軽視しているわけではない。『農村社会事業』に「小さき世界」という連載を書いている。そこでは、「村全体を建直さうと思へば小さな区域を改善せなければならない」として、農村社会事業の範囲をできるだけ小さくして、それを村全体に及ぼしていくことを主張した。[24]

三浦清一は、阿蘇で活動した人物であり、社会的基督教の主要な論者でもあり、農村社会事業に関連する論考も残している。[25]「農村に於いては、社会的基督教の指導精神に依つて、個人を社会の内に自覚せしめ、具体的には協同組合主義によるべし」とし、「社会的基督教的農村伝道論」を主張した。[26] 三浦は、農村の疲弊を憂慮しつつ、「農村を軽んじ農民を保護せざるものにして、今日まで栄えたためしは断じてなかつた」として、農業を重視する農本社会を強調した。そして、聖書が啓示する「農本全体社会」を唱え、それを法律、社会政策、金融事業、政治運動に実現させていくことを説いた。

（3）　社会事業研究者

キリスト教の立場のもとで、農村社会事業への関心を示したのは、竹内愛二と竹中勝男である。竹内愛二は「農村社会事業の進むべき道」を『農村社会事業』に連載している。[27] 竹内はケースワーカー研究者であるだけに、農村へのケースワーカーの設置も主張している。

竹中勝男も一つひとつは短文ながら、『農村社会事業』にたびたび寄稿している。「人的資源と農民——農村社会事業と人間学」で竹中は、農村社会事業が人的資源への関心に偏していると指摘し、人間学を根底としなければならないと主張する。そして、掛け声や精神主義を批判して「実践化」を強調した。[28]

「文化政策としての農村社会事業」にて、農村社会事業が名称はあっても、実質が乏しいことを指摘する。[29] 社会事業が都市から出発したので、都市の社会事業の延長で農村社会事業を考えることに無理があるとする。そして「農村に対する新らしき経済政策、社会政策、文化政策と密接不離の関係に立ち、これ迄の社会事業とは自から異なるところの実質を具有するものとならなければならない」と述べた。

この二編ではやや抽象的だが、さらに具体的な課題に言及し、「農村社会事業と産業組合」で、農村の直面する問題が衛生や労働であることから、産業組合によって医療衛生や保育の事業が急務であると説いている。[30]「農繁期託児所を常設化せよ」を書き、農繁期託児所が広がりはしたものの、内容に問題があるとして、村の衆知を集めて常設化することを説いた。[31]

4　農村社会事業の展開

全国各地で実際にキリスト教による農村社会事業を実施する例がみられるようになる。一九三五年三月の『社会的基督教』に掲載された「全国農村伝道鳥瞰」には二七の教会もしくは農村伝道組織が紹介されている。[32] そこでは「事業」として託児所など、何らかの社会事業を記しているものが、一四ある。ほかにも「計画中」とされているものもある。農村伝道の拠点の約半数が社会事業を行っており、農村伝道と農村社会事業との関連が、単なる理念ではなく、具体的な実践として展開されていることが示されている。こうした一連の事業のうち、主な事業をみてみよう。

①　利府農繁期託児所

宮城県利府村では、利府農民福音学校が創設される。[33] 農民福音学校を母体にして、聖農学園が創設される。こうした働きから、利府農繁託児所が一九三二年から開設される。託児所は敗戦直前にあたる一九四五年を除いて毎年行われ、戦後も継続し、一九七四年まで続いた。農民福音学校も戦後まで継続しており、もっとも安定的、発展的な事業であったといってよいであろう。

② メソジスト教会

長野ではメソジスト教会による活動がみられる。メソヂスト教会は、ダニエル・ノルマンらによって長野県を対象とした農村伝道を行う。ストーンも加わってくる[34]。そして、信州農民福音学校が開催される。さらに、農村女子福音学校も開催される。こうした流れを受けて、信濃農村社会教区が設立される。セツルメントを目的とするものであり、社会事業として、農繁期託児所、年末救済事業などが行われる。全体として、伝道そのものを目的とするのではなく、農民の生活支援を目指している。中心となったのは木俣敏であるが、ストーンとともに、農村伝道を支えた人物である[35]。

③ 高根学園

御殿場では一九三一年に御殿場農民福音学校高根学園が開設される[36]。学校の建物を利用して、農繁期託児所が開設された。この託児所は常設の託児所へと発展する。

④ 藪本竹次

聖公会に属する藪本竹次は、博愛社の小橋カツエの甥であり、博愛社とも関係が深く、社会事業には当初から深い関心があったと思われる。一九三三年より博愛社の主事となっている。また、戦前は財団法人の理事、戦後は社会福祉法人の専務理事をつとめている[37]。富田林教会の牧師となるが、大阪教区農村ミッションの常務理事を兼ね、農村伝道を推進していく。河内農民福音学校の開設などを行うが、一九三〇年から農繁期託児所を開設する。

⑤ 阿蘇兄弟団

三浦清一は、阿蘇兄弟団の活動を行った[38]。三浦は聖公会の司祭である。妻は石川啄木の妹である。戦後は、日本社会党所属の兵庫県議会議員になっている。また、救癩運動にも関心を示し、救癩に関する著作もあるが、その内容があまりに隔離政策に接近したものであることについて、批判もみられる。三浦は一九二二年に一度阿蘇に赴任し、その後、福岡県大牟田、長崎、福岡県直方、熊本と、九州の各地で伝道に従事するが、一九三六年に阿蘇兄弟団を発足させる。一九三八年から三浦自身が阿蘇に移る。

阿蘇兄弟団は、教会を軸にしつつ、常設託児所と農繁期の託児所を運営した。数人の者が起居を共にして農業をしながら、伝道も行い、託児所の世話もするという形である。

こうしたキリスト教農村社会事業の特徴は、農民福音学校の動きなど農村伝道の一環としての事業である。したがって、社会事業それ自体が目的というより、伝道の一手段という性格が強い。しかし、だからといって、社会事業としての意義が低いというわけではない。

5　曽根セツルメントの実践と思想

（1）曽根セツルメントの創設と実践

こうしたもののなかでも特に石田英雄による曽根セツルメントは、石田の農村伝道への熱意、賀川との関係などの社会的関心の高さ、目指した内容の幅広さなどの点で、とりわけ注目に値するものといえよう。石田は前述のように、農村伝道について多くの論考を書いているが、それは自身の実践に根ざしたものであった。石田についてはすでに、竹中正夫による『土に祈る』というすぐれた評伝がある。[39]それで、石田の生涯と思想は把握できるのではあるが、竹中は神学的関心に軸足があるので、社会事業からの視点はみられない。そこで、曽根セツルメントを、キリスト教農村社会事業の典型事例として、詳細にみておきたい。

石田は一九〇三年に静岡県富士郡上野村に生まれ、静岡県立大宮農業学校を卒業した後に、鳥取高等農業学校に入学し、鳥取教会で洗礼を受ける。鳥取教会は、鳥取孤児院に関係する教会でもあり、社会事業への関心をもつ雰囲気があったと思われる(40)。卒業後、同志社大学文学部神学科に進み、牧師となる。一九二八年に兵庫県曽根に移り、農村伝道に着手するとともに、曽根セツルメントを開始する。

石田は組合教会の所属である。妻の父は石井十次伝で知られる石田祐安である。もとは佐野という姓であったが、石田祐安に相続者がいないことから、石田の姓を名乗るようになった。石田の働きは妻による支えられている面も大きい。

一九二九年六月に第一回の農繁期託児所が行われ、延べ三九一人の託児を行った。一九三〇年一二月一六日が教会創立の日とされている。その際に、教会の綱領と信仰についての申し合わせを策定しているが、綱領では「社会奉仕を旨とすること」、信仰の申し合わせでは「邦家に対し、キリスト的忠誠に努め、殊に地域の問題に責任を感ず」など、社会事業と明記はしていないものの、社会事業を教会の務めとする志向が示されている(41)。

曽根セツルメントは夜学、農繁期託児所、保育所など多様な事業を予定していた。しかし、順調にすすんだわけではない。そもそも石田は鳥取在住時に結核に罹患しており、健康は万全ではなかった。さらに、一九三四年には子ども三人が次々と亡くなる事態も起きている。また、農村における社会事業への無理解にも直面した。農繁期託児所を提案しても、はじめは必要ないと思われた。

一九三一年初頭の状況として、賀川豊彦の指導を受けつつ、託児所、幼稚園、夜学校、禁酒運動がなされているが、石田の健康上の理由もあって、事業の拡大が制約されている状況にある(42)。

一九三一年の場合、農繁期託児所を六月一〇日から二週間開設した。しかし、必ずしも本来の趣旨にそった利用ではなかったようで、その理由として、場所が農家から遠いことを挙げている(43)。日曜学校が「ある人々の反感」のために休止しなければならなかったというように、困難が少なくなかった。

一九三八年頃には、「社会事業、教育事業も大体軌道に乗つてきた」とされて、集会（週三回）、児童少年（週二回）、中等学生指導（英数）、少年保護講演（年数回）、農民福音学校（年一回）、農繁期託児所（年二回）、夏期学校（年一回）、特別伝道集会（年数回）、常設託児所（休園中）といった事業が行われた。軌道に乗ってきたといいつつ、常設託児所は運営できていない(44)。農繁期託児所は一九四〇年の場合、三カ所開いた(45)。これらは若干変化しつつも、おおむね教育、伝道、農繁期託児所を軸に行われ、それらはセツルメントとして一体化していた。

石田は「農村隣保事業は極めて雑多である。巨細に記録すれば一種の小説とならう」と述べ、その活動の広がりを総括している(46)。「永い病人や、家庭争議等の社会事業方面。指導的人物を軍に送つて悩む青年会や校外指導の問題。大人のイタヅラや諸団体の脱線などの社会教育的方面」というように問題が多岐にわたっていた。したがって、その活動の施設内にとどまってできるわけではない。「女児を六年で止めさして芸者に売ると云ふ話をきいて神戸まで行つたり戻つたりして心配して居ります」と述べているように、遠方まで出かけての活動も含まれていた(47)。

問題の一つとして、「農村育児の現状」を挙げ、「戦慄」とまで述べている(48)。栄養不足や不衛生など、乳幼児死亡をもたらす実態への危機意識と思われる。その打開策として、訪問看護婦を構想したが、経済的な問題で実現しなかった。

第三者からの評価として、竹中勝男は、「其の実験はやがて農村伝道、農村隣保事業のよき参考となるもの」として、さらなる発展への期待を表明している(49)。

こうして、石田は農村社会事業の構築に尽力するものの、一九四一年に三八歳で死去することになる。そのため、農村セツルメントとしては短期間で終わることになってしまった。教会は日本基督教団曽根教会として、保育所は子供の園保育園として現在まで継続している。ただ、周辺地域が都市化して、現在は農村ではなくなっている。

（2）　農村社会事業論

石田英雄の事業は賀川豊彦の強い影響下にあった。石田の賀川への信頼は書評にも表現されている[50]。石田は組合教会で、賀川は日本基督教会であるが、教派の違いを感じさせない。石田が中心となってイエスの友播州支部を設置している[51]。

石田はもっとも中心的な論者といってよい。前述のように竹中正夫『土に祈る』という伝記が書かれているが、同書は石田という人物自体を描くことに主体があるので、農村社会事業論についてまで分析されているわけではない。また、飯沼二郎は「石田英雄の農村伝道論」として述べているが、紹介、引用が大半で、分析はわずかである[52]。

石田は『社会的基督教』に農村伝道についての論考を多数掲載している。『社会的基督教』が主要な発表の場であること自体、石田の農村伝道が社会的関心のもとにあることを示している。そのうち、農村社会事業に触れている論考を見ていくと、「農村伝道の一考察」では、「社会的基督教の指導精神に依つて、個人を社会の内に自覚せしめ、具体的には協同組合主義によるべし」としている。社会事業との関連では、「附属事業としては必要と力に応じて託児、診療、各種相談、夜学、見本園等々する」と述べている[53]。

「農村伝道の一試案」では農村伝道にあたって調査が必要であり、調査内容として、「矯風上の方面、青年学校就学率風紀、性病、酒、差別部落、医療、託児、その他、社会事業。諸派宗教、信仰への熱心程度、協同事業、外来居住者新聞雑誌購読者数、職業種別、その繁閑、内職、工場の遠近、出稼の状況、過去及び現在の人物、富の程度等々」をあげている[54]。

「教会行事の農伝的分析」では、農民の生活実態に即した教会運営のあり方を論じている。日曜の礼拝を午前一〇時頃行っても、農民にとっては出席困難な時間帯であり、礼拝を早朝と夕刻に行うことを提唱している[55]。

死去の前年に発表している「一農村伝道者の苦言」では農村伝道には「社会的基督教の信仰でないと具合が悪い」と

述べて、農村伝道と社会実践の関係を強調する。そして、農村伝道には社会事業的な役割があるとした。農村では要救護者に手を差し伸べるのは牧師くらいしかおらず、自身の経験として、母子扶助法（筆者注——正確には母子保護法）を教えて寡婦を助けたり、救護法の適用を推進したことを述べている。町村において救護法の適用がみられない実態があるが、本来は行政の責任である救護法の実施についてまで、牧師の活動を求めた[56]。

石田の論考の大半は農村伝道が主題となっており、社会事業自体がテーマではないが、社会事業を主体にしたものとして、短文ながら「農村セツルメント」がある。そこでは、農村での社会事業は「何でも屋」でなければならないとし、「救済斡旋所として或ひは病院に授産所にあるひは育児院に感化院に敏活に連絡されねばならない」とする。「農村人生活の全面にふれねばならない」とするが、村の吏員にはできるはずはなく、使命感をもつ個人が求められると主張している。掲載されているのがキリスト教関係でないため、一般論になっているが、キリスト教による精神でなければ農村社会事業が成り立ちえないという立場である[57]。同様に「農村伝道記」では、農村の文化的な後進性を指摘し、「農村伝道はセツルメントであらねばならぬ」と指摘した[58]。

6　満洲開拓への道

農村社会事業はこうして一部とはいえ、注目に値する実践を展開したのであるが、最終的な帰結は満洲開拓に行きついていった。

生江孝之は農村社会事業の論考は目立たないが、なかでも「日本農村の特異性を検討して満洲移民問題に及ぶ」がある[59]。満洲移民自体がテーマとなっている。生江は、日本農村の特殊性として、耕地面積の狭さなどを挙げ、自力更生は困難だとする。そして、「満洲以外に日本人の行くべき処はない」と断定するのである。生江は一九三一年にすでに、「わが国農村の特異な諸点」として、日本農村の困難さを指摘している[60]。生江の指摘する点には解決の困難なものもあるが、課税の過重、小作争議など対策な可能なもの、あるいは家族制度のように抜本的な解決は困難であっても、緩和は可能なものもある。しかし、そうした解決ではなく、「満洲」に活路を求めていくのである。

竹内愛二は前述のように『農村社会事業』に「農村社会事業の進むべき道」を連載しているが、その最終回のテーマは「理想的移殖民遂行のために」である[61]。

栗原陽太郎は「満洲移民と農村伝道の将来」において「この方面の農業移民は堅実の精神と興亜奉公の使命感さへ確立して居れば成功は疑ひない」と述べている[62]。また「北満移民村を見る」は、それほど称賛しているわけではないが、「事変の推移好転する場合には大河の決する如く東北満の天地は移民村を以て充満するであらうと思はれる」と述べて、「満洲移民」の発展を予測し、そこにキリスト教が伝道されることで「本格的な移民の世界を現出し、光栄ある民族の実現を堅く信ずるものである」とする。さらに「満洲基督者村の使命」を述べている[63]。

そして、実際に賀川豊彦を中心にした満洲基督教開拓村が実施されることになる[64]。満洲基督教開拓村委員会のメンバーとして、幹事に栗原陽太郎、常任兼財務委員に賀川豊彦、杉山元治郎、財務委員に生江孝之、久布白落実の名があり、キリスト教社会事業家が深くかかわっていたことがわかる。特に栗原陽太郎は実質的な役割を果たしており、杉浦秀典編『満州基督教開拓村と賀川豊彦』によれば、開拓団員・家族の送り出し側の実質的な責任者であった[65]。事実、賀川豊彦は「満洲基督教開拓村に勇敢に参加せよ」と呼び掛けている[66]。杉山元治郎もこの事業を熱心に推奨した[67]。

この開拓に参加した者のなかで、戦後無事に帰国できたのは半数ほどにすぎないという悲惨な結果に終わることになる。

本章では、キリスト者による「満洲」侵略への加担を問題にしようとしているのではない。また、満洲基督教開拓村を推進し、悲劇の責任をとることのなかった賀川を非難しようとしているわけではない。もちろん、「満洲」を是認し、このような開拓を推進した賀川の責任は明らかにされねばならないが、賀川批判が本章の目的ではない。満洲基督教開拓村は、賀川一人の判断ミスではなく、キリスト教農村社会事業の帰結でもあったのである。農村社会事業が、最終的に満洲開拓へと「結実」した構造を考察することで、キリスト教による農村社会事業の性格が明らかとされるであろう。

栗原らは、初めから満洲移民論者であったわけではなく、農村伝道と農村の生活改善によって農民の問題の解決を図ろうとした。しかしそれは一時は農村の青年を中心に一種の熱気を帯びて、一つの潮流になったかにも見えた。しかし、伝道はさして効果があるわけではないし、社会事業の取り組みも部分的な効果にとどまった。もっとも精力的に取り組まれたといってよい曽根セツルメントも、石田が病弱であるという問題があったとはいえ、さほど発展しなかった。一九三〇年代後半にはかなりの閉塞感にとらわれたものと思われる。

7　農村社会事業の成果と限界

キリスト教による農村社会事業は、一定の成果をあげそれは日本の社会事業に影響を与え得るものであった。一九三〇年代、農村社会事業が奨励され、実際に農繁期託児所や隣保事業など、さまざまな取り組みがみられる。それらは、個々にはすぐれた実践がみられ、地域福祉の先駆として高く評価すべきものもある。しかし、全体としていえば、農村の困窮に対し、費用をかけずに対応する対策であって、農村の抜本的な改良を志向したわけではない。田端光美は農村社会事業について、「官僚支配による国民組織化への貢献」と表し、児童保護事業や医療保護事業が兵力確保にも期待されていたことを指摘している。(68) しかし、キリスト教による農村社会事業は農民運動をも志向して、農村そのものの改良をめざすものであり、政府の志向とは異にしていた。

しかし、農村伝道の活発化にもかかわらず、農村にキリスト教が根ざすことはなかった。農村伝道は戦後もキリスト教、特に日本基督教団において、関心をもたれる。しかし、ストーンが述べているように、乏しいものであった。「農村教会」と称される教会は現在でも少なからず存在はしているが、それは単に大都市部ではなく、農業を主要な産業としている地域に教会が立地しているというだけであって、教会員が農民中心というわけではない。肝心のキリスト教が曖昧なまま、キリスト教農村社会事業が進展するには限界があった。

また、飯沼二郎は賀川の農業理論が社会に大きな影響をもたらさなかった原因として、「日本の地主制に対する明確な理解をもたなかったことの必然的結果」と述べている。[69] この批判は賀川の影響下にあった、大半の農村社会事業実践者にもあてはまることであろう。社会的基督教の流れにいた者が多いので、決して社会の矛盾に無関心であったわけではない。しかし、聖書の世界を日本の農村社会において実現しようというような、観念的な発想に流れる面も否定できない。ただ、小規模ながらこのようなものがありえたのは、戦前の社会事業に社会変革的機能をもつ事業が存在できたことである。ただ、その社会変革的機能を発揮するのは日本の農村の生活課題は深刻であり、結局のところ、満洲移民に転じてしまったのである。

注

(1) 田端光美『日本の農村福祉』勁草書房、一九八二年。
(2) 飯沼二郎『日本農村伝道史研究』日本基督教団出版局、一九八八年。
(3) 星野正興『日本の農村社会とキリスト教』日本キリスト教団出版局、二〇〇五年。
(4) 加藤歓一郎・藤原道夫『奥出雲の地の塩』松江今井書店、一九七三年。室田保夫『キリスト教社会福祉思想史の研究』不二出版、一九九四年では、「岡崎喜一郎と社会事業――奥出雲の地で」と題して紹介している。
(5) 『神の国新聞』第六五五号、一九三一年七月、七頁。
(6) ストーン、Ａ・Ｒ「伝道と農村問題」『全国宣教会議』日本基督教団出版部、一九五四年。

(7) 賀川豊彦『農村社会事業』一九三三年、日本評論社。同書を対象とした研究に天野マキ「賀川豊彦の執筆活動に視る社会事業の視覚――『農村社会事業』の検討を通して」『東洋大学社会学部紀要』第四五巻第二号、二〇〇八年がある。
(8) 賀川豊彦「農村社会事業断片語」『社会事業』第一八巻第二号、一九三四年五月。
(9) 賀川豊彦「保育所を中心とする社会事業――農村隣保事業の行く可き道」『雲の柱』第一四巻第九号、一九三五年九月。
(10) 杉山元治郎「社会事業の農村への進出」『社会事業』第一二巻第四号、一九二八年七月。
(11) 杉山元治郎「農村と社会事業」『農村社会事業』朝日新聞社社会事業団、一九三四年。
(12) 杉山元治郎『農村貧窮論』農村消費組合協会、一九二九年。
(13) 飯沼二郎、前掲書、一三八頁。もっとも飯沼はバターフィールドについて、アメリカ社会をモデルとして、地主制による激しい収奪などの日本農村への無理解が前提にあって、さほど有益な議論ではなかったと、相当に厳しい評価をしている。
(14) 萩原俊彦『近代日本のキリスト者研究』耕文社、二〇〇〇年。
(15) 村山輝吉「栗原陽太郎と渋川民衆高等夜学会――農民福音学校の一事例」『教育学雑誌』第二五号、一九九一年。
(16) 江川栄編『栗原陽太郎自伝　太郎物語――ある田舎牧師の生涯』栗原操発行、一九三三年。自伝とはいえ、死後に原稿を編者が半分に縮めたので、正確さには限界がある。
(17) 竹中勝男『福音の社会的行者』日本組合基督教会事務所、一九三七年。
(18) 栗原陽太郎「農民福音学校の一進展」『社会的基督教』社会的基督教全国連盟、第四巻第三号、一九三五年三月。
(19) 栗原陽太郎「農村に於ける組合運動に就いて」『神の国新聞』第六四三～六四五号、一九三一年四月～五月。
(20) 栗原陽太郎「非常時下に守る農村日曜日の意義」『神の国新聞』第六八四号、一九三七年一一月。
(21) 栗原陽太郎「非常時局下に於ける農村伝道の必要性」『神の国新聞』第一〇三〇号、一九三八年一一月。
(22) 藪本竹次「目の革命」『神の国新聞』第七二一号、一九三二年八月。
(23) 藪本竹次『生命は闘ふ』聖公会出版社、一九三七年、一一一頁。
(24) 藪本竹次「小さき世界」『農村社会事業』第三巻第三号、一九三八年三月。
(25) 三浦については、藤坂信子『羊の闘い――三浦清一牧師とその時代』熊本日日新聞社、二〇〇五年を参照。
(26) 三浦清一「神国への願望と農本社会」『社会的基督教』第八号第一二号、一九三九年一二月。
(27) 竹内愛二「農村社会事業の進むべき道」『農村社会事業』第三巻第一〇号～第四巻第二号、一九三八年一月～一九三九年二月。

(28) 竹中勝男「人的資源と農民――農村社会事業と人間学」『農村社会事業』第四巻第三号、一九三九年三月。
(29) 竹中勝男「文化政策としての農村社会事業」『農村社会事業』第四巻第四号、一九三九年四月。
(30) 竹中勝男「農村社会事業と産業組合」『農村社会事業』第四巻第五号、一九三九年五月。
(31) 竹中勝男「農繁期託児所を常設化せよ」『農村社会事業』第四巻第六号、一九三九年六月。
(32) 「全国農村伝道鳥瞰」『社会的基督教』第四巻第三号、一九三五年三月。
(33) 斉藤久吉・角谷晋次『東北農村と福音――宮城県利府村のキリスト教成人教育史』「聖農学園の歴史」刊行会、一九九七年。
(34) ストーンについて、新堀邦司『海のレクイエム――宣教師A・R・ストーンの生涯』日本基督教団出版局、一九八九年。ストーンは一般的には一九五四年九月二六日の洞爺丸事件の際に、救命胴衣を他人に渡して死去したとして知られる。それについて『海のレクイエム――宣教師A・R・ストーンの生涯』は慎重な記述をしているが、飯沼二郎、前掲書、一五四頁は、そのように説明している。しかし、星野正興「ストーン宣教師の「美談」について」『信徒の友』第七三四号、二〇〇七年十二月では事件の生存者からの聞き取りにより、そうした事実がなかったことを明らかにしている。ストーンのすぐれた人柄が真実味を与えたのであろうが、伝説めいた話でストーンを崇拝するのではなく、ストーンが異国の農村伝道に尽力し、戦時体制のなかで離日を余儀なくされたのに再び来日し、日本の伝道に終生貢献した人生全体を通じて、ストーンを高く評価すべきであろう。
(35) 長野県の動きについては、同志社大学人文科学研究所編『日本プロテスタント諸教派史の研究』教文館、一九九七年に所収された塩入隆「日本メソヂスト教会の農村伝道――信濃農村社会教区と上水教区を中心に」や、塩入隆『信州教育とキリスト教』キリスト新聞社、一九八二年。塩入隆『長野県町教会百年史』日本基督教団長野県町教会、一九九二年、小諸教会百年史編纂委員会『日本基督教会小諸教会百年史』日本基督教団小諸教会、一九九八年といった教会史にも記載がある。
(36) 杉浦秀典編『みくりやと賀川豊彦』賀川豊彦記念松沢資料館、二〇〇七年。『八十八年の歩み』日本キリスト教団御殿場教会、一九七二年。『雲の柱』には、高根学園の記事がいくつか載っている。
(37) 『春夏秋冬恩寵の風薫る――博愛社創立百年記念誌』博愛社、一九九〇年。
(38) 三浦の活動については、三浦清一「阿蘇の麓より」『社会的基督教』第七巻第七号、一九三八年、三浦清一「農村途上のキリスト――阿蘇兄弟団便り」『雲の柱』第一八巻第八号、一九三九年。
(39) 竹中正夫『土に祈る』教文館、一九八五年。
(40) 日本基督教団鳥取教会によって編纂された『鳥取教会百年史Ｉ』（一九九〇年）に石田の生涯がやや詳しく紹介されているほか、

(41)　『鳥取教会七十年史』（一九六〇年）、『鳥取教会八十年』（一九七〇年）、『鳥取教会百年史Ⅱ』（一九九八年）でも鳥取教会員から牧師になった人物として紹介されている。鳥取教会には、単に洗礼を受けたというにとどまらない足跡を残している。曽根教会は現在の日本基督教団曽根教会であるが、同教会に照会したところ、一次史料は残っていないということであった。ただ、曽根教会五〇周年誌編集委員会『曽根教会50周年史』日本基督教団曽根教会、一九八一年には詳細な記述があり、史料も掲載されている。二次的な使用になるが、同書に依拠して記述した部分がある。
(42)　「曽根セツルメント」『雲の柱』第一〇巻第三号、一九三一年三月。
(43)　石田英雄「曽根セツルメント近況」『雲の柱』第一〇巻第一〇号、一九三一年一〇月。
(44)　石田英雄「農村伝道の一実験より」『社会的基督教』第七巻第八号、一九三八年九月。
(45)　石田英雄「農村現地報告」『雲の柱』第一九巻第八号、一九四〇年八月。
(46)　同前論文。
(47)　石田英雄「村人のために神に祈る」『農村社会事業』第四巻第四号、一九三九年四月。
(48)　石田英雄、前掲論文(45)。
(49)　竹中勝男『福音の社会的行者』日本組合基督教会事務所、一九三七年、一一五頁。
(50)　石田英雄「賀川豊彦著小説『キリスト』を読む」『雲の柱』第一八巻第三号、一九三九年三月。
(51)　「見よ、魂の烽火を！播州支部結成さる」『火の柱』第一二五号、一九四〇年一月、二頁。
(52)　飯沼二郎、前掲書(2)、一三九〜一四五頁。
(53)　石田英雄「農村伝道の一考察」『社会的基督教』第四巻第三号、一九三五年三月。
(54)　石田英雄「農村伝道の一私案」『社会的基督教』第七巻第三号、一九三八年四月。
(55)　石田英雄「教会行事の農伝的分析」『社会的基督教』第七巻第四号、一九三八年五月。
(56)　石田英雄「一農村伝道者の苦言」『社会的基督教』第九巻第九号、一九四〇年九月。
(57)　石田英雄「農村セツルメント」『農村社会事業』朝日新聞社社会事業団、一九三四年。
(58)　石田英雄「農村伝道記」『火の柱』第五四号、一九三二年九月。
(59)　同論文は、初出は一九三三年五月の『満洲社会事業』であるが、一九三八年に生江孝之君古希記念会の名で発行された『生江孝之君古希記念』に収録されている。

(60) 生江孝之「わが国農村の特異な諸点」『神の国新聞』第六六八号、一九三一年一〇月。
(61) 竹内愛二「理想的移殖民遂行のために」『農村社会事業』第四巻第二号、一九三九年二月。
(62) 栗原陽太郎「満洲移民と農村伝道の将来」『社会的基督教』第八巻第一二号、一九三九年一二月。
(63) 栗原陽太郎「北満移民村を見る」『神の国新聞』第一〇六〇号、一九三九年九月。
(64) 杉浦秀典編『改訂版　満州基督教開拓村と賀川豊彦』賀川豊彦記念松沢資料館、二〇〇七年には「満洲基督教村建設のために」というパンフレットの写真が掲載されており、そこに役員の名簿がある。倉橋正直「満州キリスト教開拓団」『東アジア研究』第四八号、二〇〇七年では、基督教開拓団が、中国農民に医療を提供したり、中国農民との取引でごまかすことをしなかったなど、他の満洲開拓に比べて中国農民に友好的な面があったことを認めつつも、本質的には侵略者、加害者であったとして、加害性を厳しく問うている。大門正克『戦争と戦後を生きる』（全集日本の歴史第一五巻）小学館、二〇〇九年、八九〜九一頁でも詳細に触れている。一般の通史的文献で、これだけ触れられるのは象徴的な存在としての印象を与えているのであろう。
(65) 杉浦秀典編、同前書の写真を掲載している冒頭の部分の二二頁目には「栗原陽太郎と満州基督教開拓村」という記載がある。
(66) 賀川豊彦『神の国新聞』第一〇八九号、一九四〇年七月。
(67) 杉山元治郎「開拓民と宗教」『神の国新聞』第一〇八九号、一九四〇年七月、四頁。
(68) 田端光美、前掲書、二四頁。
(69) 飯沼二郎「農民運動・農民福音学校」『雲の柱　解題・総目次・索引』緑蔭書房、一九九〇年、三二頁。

第9章　一九三四年東北凶作における救世軍による婦女売買防止運動

1　凶作と身売り

一九三〇年代の東北の農村の困窮の象徴として、娘の身売りが頻発したことが指摘される。身売りに対して廃娼運動が黙認するはずはないのであって、救済策をとっていく。廃娼運動を担ってきた救世軍は当然、この事態を憂慮し、婦女売買防止運動を展開していく。

ところが、救世軍の廃娼運動を語る時は、初期の自由廃業運動、すなわち娼婦に自由廃業を促すために遊郭に乗り込み、業者側の暴徒に暴行を受ける話は必ず出てくるが、一九三〇年代の東北での活動が語られることはない。

一方で、東北農村での生活困窮を語る文献は無数にあるが、救世軍の活動に触れることは少ないように思われる。本章では、一九三〇年代の動きのうち、特に一九三四年の凶作時の救世軍の活動について検討する。救世軍の東北凶作救済は一九三四年に限られるわけではなく、凶作のたびになされているが、一九三四年に絞るのは、一九三四年の凶作がとりわけ被害が大きく[1]、一九三〇年代の農村の生活窮乏の象徴とされて、しばしば身売りと結びつけて説明される[2]。「娘身売りの場合は当相談所へ御出下さい」という、山形県のある村での掲示の写真は、この時代の象徴としてよく通史の本などに掲載されている。

廃娼運動史を語る時も、たとえば、竹村民郎『廃娼運動』で「乙女を見ぬ山村」との見出しをつけて、一九三四年凶作について山形県を中心とした状況を詳述している[3]。吉見周子は、『売娼の社会史』において、「売られゆく娘たち」と題して凶作と身売りとの関連を述べ、「昭和九年の冷害凶作」と見出しをつけて言及している[4]。また、廃娼運動ないし救世軍の活動全体としては後期にあたるが、それだけ士官個人の熱意やカリスマ性に依拠するのではなく、組織的活動としての性格が強いので、救世軍をいう組織を対象とした研究が成り立ちうる。

さらに『昭和初期救世軍廃娼運動記録断片集』という冊子が一九九六年に救世軍本営から発行されている。救世軍本営に保管されていた廃娼運動の記録を出版したものであるが、そこには活動の中心であった羽柴末男による「東北凶作地婦女売買防止運動日誌」と「東北凶作地方婦女子売買防止運動報告書」が掲載されており、いずれも一九三四年凶作での救済にあたって、その当時に記された記録であり、同資料を活かした研究が求められている。

一九三四年の救世軍の東北での救世軍の活動を明らかにすることは、救世軍の廃娼運動の全体像を明らかにするという、救世軍史、ひいてはキリスト教社会事業史のうえからも、また一九三四年凶作の姿をより明確に示すうえからも必要な課題である。そこで本章では一九三四年凶作時にしぼって救世軍の動きをたどり分析していく。なお、この救済活動の名称は救世軍内でも一定していないが、羽柴の日誌はじめ、たびたび使われているのが「婦女売買防止運動」であるので、本章ではそれを用いることとした。

2　救世軍の東北への関心

救世軍は廃娼運動にしろ、他の社会事業にしろ、東京が拠点であった。しかし、それは都市の社会問題にのみ関心があって、他の地域への関心が薄かったということではない。特に東北については、娼婦の供給地が東北であることに気づき、関心を寄せるようになる。

救世軍が特に東北の救済に力を入れたのは、凶作の救済である。救世軍の創設まもない一八九六年六月、宮城、岩手、青森を襲った大津波への救援活動を行っており、これが救世軍にとって初の災害救援とされている[5]。その点では、東北の救済は救世軍の原点といってもいいほどである。

以後も、一九〇六年の東北凶作で救援活動を行い、現地に士官を送って、生活の手助けをしたり、東京に連れて来て臨時に設けた寄宿舎に泊めて、信用できる家庭で働けるようにした。一九一三年の凶作でも身売り防止に乗り出した。貧困な家庭の子どもを東京に連れてきて世話をしたり、副業の奨励をした。山室は東北凶作を契機に人身売買や誘拐が横行している実態を指摘して、救済運動に着手した救世軍への支援を呼びかけている[6]。

救世軍は自由廃業運動を通して、娼婦の出身地がしばしば東北であることについて認識していく。山室軍平による、廃業した娼婦の調査データが『廓清』に発表されているが、一九一三年の「廃業娼妓二十五人」では、「如何なる地方から出てきたものであるか」という分析については、東北は宮城が一人いるだけで、東北が娼婦を生み出しているという結果は得られていない[7]。これは、サンプルが少なすぎて、適切な結果が出なかっただけである。この調査をまとめる時期に、すでに東北での救済の実績があるのだから、山室ら救世軍が東北と娼婦との関係に気づかなかったということではない。

したがって、一九一四年の「娼妓の百人研究」では、「凶作地と娼妓」という見出しをつけ、凶作の影響で東北六県出身の娼妓が増加傾向にあることを示している[8]。山室は一九〇二年、一九〇七年、一九一二年における東北出身娼婦のデータを示しそれぞれ一六八人、一一六一人、一七八五人となっているとし、「悲しむべき現象」「凶作だからといふて、娘を売物にさせる様な設備を公許し、他に相当の方法を立てることを知らない国家は禍ではないか」と、凶作による生活困窮対策をとることをせず、公娼制度による、その場しのぎのみ横行する日本の実情を厳しく批判している。

さらに、一九一六年の「娼妓三百人の研究」では、「何故娼妓は東北地方出が多いか」という見出しをつけ、より明確に東北が娼婦の主要な出身地であることへの危機意識を示している。[9] 山室は調査対象の三〇〇人の出身地として東京を除くと東北が多いことを指摘し、その理由として凶作が多いために生活苦から売ろうとする者が多いことと、それを見込んで買出す者が東京から東北に入り込むことを批判している。

救世軍の指導者である山室軍平の個人的な事情を考えても、山室は岡山県出身であるが農村の出身であり、農村の困窮に対して共感的な姿勢があったと思われる。妻の機恵子は岩手県出身であるから、軍平も東北について無関心ではなかったはずである。[10]

救世軍の小隊は東北でも、青森、盛岡、郡山、会津若松、平、仙台、気仙沼、山形、鶴岡に設置され、東北連隊がおかれる（新潟県も含む）。東北で活動を推進する拠点ができたのである。これによって、東北の情報は、より多く入ってきたはずである。救世軍の社会事業は東京が中心で、東北にまでは広がっておらず、東北での社会事業は小隊での冬季救護活動などにとどまっていた。とはいえ、救世軍にとって東北は常に関心を寄せる地となっていたといってよいであろう。

3　東北凶作地婦女売買防止運動

救世軍がこうして、東北の救済を繰り返してくるなかで起きてきたのが、一九三〇年代の凶作である。救世軍は当然、救済に取り組んでいく。一九三一年の凶作の際には、川越甘藷二五〇〇貫の配給、小学校生徒三九五〇名への三日から五日のうどん接待、また副業を奨励するため麻糸機械一〇〇台を四カ村に寄贈している。

さらに起きたのが、一九三四年の凶作である。この凶作は連日のように新聞で報道されるなど、全国的な関心を持たれ、キリスト教だけでも、プロテスタントの各派が加わる日本基督教連盟による活動、カトリックによる募金など、救済の動きがみられた。救世軍ももちろん救済に乗り出していく。

ただ、この時期は、救世軍にとっても廃娼運動にとっても微妙な時期である。一面では救世軍の組織や活動がピークに達している。一八九五年に創設された救世軍が組織や事業を広げ、もっとも大きくなったのがこの頃である。しかし、そうであるがゆえに、矛盾も露呈していた。一九三五年に山室軍平が司令官を辞める直前であり、山室のカリスマ性で組織拡大をしていくことが困難になっていた。山室軍平の司令官引退後は、日本人とイギリス人の二人が連立司令官になるという、日本救世軍史のなかでもただ一度だけの異例な形態になる。山室引退後には、救世軍内で国粋主義的な動きが始まり、内紛の様相を呈してくる。天皇機関説問題などの動きは救世軍内の国粋主義的な空気を強め、イギリスとの関係を疑問視する流れがでるのであるが、その萌芽は一九三四年にもすでにあったといえるであろう。また、一九三四年は、災害が相次いで、救世軍は多様な活動を展開せざるを得なかった。九月に室戸台風があって、救世軍はそちらの救済にも力を入れる。

廃娼運動は、一九三四年から一九三五年頃が、もっとも廃娼に近づいた時期といわれている。そのことは、存娼運動の活性化でもあるから、廃娼側からすれば正念場でもあった。救世軍としても『ときのこゑ』に廃娼の実現を呼びかける記事が掲載されており、たとえば、「廃娼の機運高まる」という山室の論考が掲載されている。[11] 廃娼実現のムードを盛り上げようとしていた。そういう時期であるから、堂々と身売りが行われる状況は防がねばならなかった。

一九三四年八月に救世軍兵士で朝日新聞記者である須藤庫吉が「青春のなき村」という報道をしたことが発端とされている。[12] 東北の婦女売買が問題になるなか、救世軍は士官を派遣して調査を行った。

そして、一〇月二八日に士官を宮城、岩手、青森の三県に派遣して慰問と調査を行った。さらに、一一月八日に羽柴末男大尉を東北に派遣して仙台の東北連隊の本部内に凶作地婦女売買防止運動本部を設置した。[13] 羽柴は岡山県出身で山室の親戚にあたり、自由廃業運動の中心であった伊藤富士雄が死去した後に、救世軍内で自由廃業運動に尽力した人物である(14)。救済にかかわった人数は五〇〇〇名を超えるというほどの実績を残している(15)。『廓清』に「廃業酌婦百人調査」を掲載している(16)。廃娼に熱意と実績をもつ、もっとも適切な人物を派遣したのである。

最初の対応としては、東北六県の知事に対する協力要請、主要町村、青年団、女子青年団に書状での協力要請、救世軍によってかつて自由廃業をした女性や家族との連絡、主要な警察署への協力要請を行った。羽柴は六県の知事とも「最大の便宜を提供されたることを感謝して居る」と述べている(17)。

羽柴はさっそく一一月二一日に五名の女性を伴って東京に戻ってきた(18)。当初から、「東京の手堅き家庭に奉公せしめ、給料を国元に送つて家計を助けたなら、親達としても、亦娘としても、どんなに仕合せか」と考えており、東京で奉公先を探すための上京である。女性らは、周旋屋に売られる一歩手前で救済されたという。東京に出発する前の仙台での様子として「娘盛りの木綿の晴着に身を固くしながら火鉢を囲んで互に励まし合い懐しい故郷に別れる淋しさに我れ知らず涙ぐむ姿もいぢらしい」と描かれている(19)。

続いて一二月四日に七名を伴って東京に戻った(20)。七名のうち二名は小学生である。いずれも小作農で冷害のために収穫がなく、家族のために犠牲になろうとしていたという。うち一名は六年生で、兄とともに一五〇円で周旋人に売られようとしたが、警察署が発見し助け出した。もう一名は四年生だが、父は三年前に死亡し、母と八歳の妹と暮らしていたが、親子三人が全く食物が得られなくなるという境遇になり、母と妹を救うために五〇円で周旋人に渡るところを警察の斡旋で救世軍に委託された。

前者の子どもは、奉公し、県からの融通金七〇円を三年で返済しようとしている。後者は海軍中佐の母のところに奉公し、学校へ通い、さらに親元に毎月二円を送金することとなった。一二月二〇日付の親元からの礼状が『ときのこゑ』に掲載されており、短期間でこのような対応が行われたようである(21)。

この一二月四日の件は、新聞でも報道されている。一二月五日の『東京朝日新聞』は「東北娘七人救はる—人買いの手中から救世軍へ」との見出しをつけ、「けふもまた山形県の可哀さうな娘が七人人買いの手から神田の救世軍本部に救はれて来た、この中には小学校五年生の子供が二人もゐて子供心に始めて来た東京が嬉しいらしく、にこにこ笑つてゐるが、流石に大きい方の娘達は微笑もせず、悲しみを押し隠してゐる」と報じ、七名の写真を掲載している。同日の『東京日日新聞』では「地獄の門で救はれて」との見出しで、小学生の二人だけに限定し「いづれも家のため悪周旋屋の口車にのせられ、わずか五十円で芸妓屋に売られやうとしたところを同地駐在所員が発見、折柄同地方に来てゐた救世軍に手渡した」と述べている。

一月八日に二二名を伴って帰京した。誘拐されて駅で取り押さえたケースもあったという。この上京についてはやや詳しいデータが『ときのこゑ』に掲載されている。[22] 年齢別では、二四歳一名、二二歳三名、二一歳三名、二〇歳六名、一八歳三名、一七歳二名、一六歳一名、一四歳一名、その他二名となっている。県別では岩手県二名、宮城県二名、山形県一八名、もっとも多い山形県の郡別では、最上郡三名、西置賜郡三名、北村山郡五名、西村上郡五名、東村山郡二名となっている。また、このときの上京では、「玉の井その他の私娼窟に売り飛ばされた娘の親五名が、娘の悲惨なる手紙によつて始めて詐されたことを知つて、何とか救済の方法はないか」との事情で同行した。[23]

二月八日には二六名とともに、江藤大尉が帰京した。[24] この中には小学校三年生が二名含まれていた。一名は父が北海道に出稼ぎ中に喘息にかかり、帰郷後死亡したが、葬儀の費用に窮して、一〇円で周旋人に売られ、芸妓屋を経て温泉地に売られていくところを、警察署と協力して救出した。他の一名は父が刑務所出所後行方不明となり、生活に窮して芸妓屋に売られた。

二月二六日、一二名をともなって帰京した。[25] 以上が、まとまった形での女性の救済である。[26] 合計で七二名となる。表は、全体をまとめたものである。

この救済の特徴の一つは学齢期にある児童が多く含まれていることで、凶作の被害がより年少の女性に苦難を与えていることを示している。こうした状況に対し、羽柴は「最も深かく考へさせられたものは、十三歳に充たざる、幼少なる少女七名が芸妓仕込として、ほんの僅かな金銭にて、売られんとして居たことでありました」と述べている。[27]

救世軍では活動中に、学齢期の七名に対応し、うち五名が上京した。ほかに地方の篤志家に依頼したのが一名、他の一名については救済に失敗したという。

救済に失敗したケースがあるのは、女児が人身売買同様に芸妓屋に連れていかれても、それだけでは当局が動かないというのである。羽柴は、「少女ヲ売リ又ハ買フ行為ガ虐待行為ナルコトヲ認ムルノ要アリ」と述べている。[28]

これらの女性の東京での一時的な滞在先は機恵子寮である。機恵子寮は婦人保護のために新築されたばかりの施設である。山室は「東北の凶作地から連れ来つた少女等を、暫くこの建物の一部に置いて、何かと奉公に出る注意など教えて後、外へ出すこと、なつた」と述べている。[29] この記述からわかるのは、機恵子寮を一時的な滞在地としているのは計画的な処置であることと、機恵子寮滞在は、単なる生活の保護にとどまらず、奉公に出ることを想定した教育の場でもあったことである。

表9-1　凶作地からの上京の実績

回　数	上京の到着日	人　数
1	1934年11月21日	5
2	1934年12月4日	7
3	1935年1月8日	22
4	1935年2月8日	26
5	1935年2月26日	12
計		72

出所：『ときのこゑ』を基に筆者作成。

救世軍の活動は、従来の凶作救済の手法の延長であるが、凶作被害の深刻さに比して、焼け石に水という印象はぬぐえない。凶作の被害全体やそこでの身売りの広がりからすれば、微々たる成果にすぎないとの批判もありうるかもしれない。しかし、救世軍はそう考えていない。羽柴は「自由廃業の徹底と、婦女売買防止の励行とによつて最も実際的に廃娼をなし得る」と述べている。[30] というのも、身売りから救われたり自由廃業を経験をした女性について、以後も救世軍と連絡をとる関係が継続され、身売り防止の情報源として有効である。救世軍が救済することでネットワークが生まれて相乗的に救済が広がっていくというのである。

また、女中に出すということに対し、救済した女性に足るだけの職があるのかという疑問、あるいは長続きするのかといった疑問も考えられる。救世軍士官で山室軍平の長女である山室民子は、「職業婦人」が増えるなかで女中の需要は常にあると主張している。また、いったん女中になったから大丈夫というものではないことは認めており「彼等を堅気な職業に紹介し、或は就かせたからと云つて安心してをられない」と述べ、就職後に連絡を取り合うなどの「事後の保護の必要」を強調している。(31)

また、緊急避難的な対応であって、抜本策でないことは救世軍も自覚している。根本的な策については、山室民子が提起している。公娼制度の廃止、私娼への取り締まり強化は以前からの主張であるが、「売淫行為を目的とする雇傭契約並に金銭消費貸借」の禁止、農村での授職・授産、農村での金融機関の設置、総合的社会事業などを提案している。民子の議論には、農村の因習の打破とか性教育、純潔運動といった観念的なものも含まれているが、長期的な視点も有していた。ただ、これらの策は実現性という点で困難があることは否めず、そうなると女中に出すという対応を続けるしかなかった。

4　救済された女性の実態

救世軍によって救済された女性の状況について、『ときのこゑ』や新聞記事などには年齢が載っている程度なので、個々の女性の事情はわからない。羽柴による日記も、救済したときの事情はある程度書かれているが、身売りにいたった経過などまでは記されていない。わずかに詳細が把握できるのは、山室民子が「東北凶作地から身売り娘を救ひ出した記」と題して一九三五年一月に『主婦の友』に掲載した記事であり、一一月に救世軍によって上京した五人が紹介され、写真も掲載されている(32)。この記事の後半は座談会形式で、民子の質問に各自が答える形になっている。記事では、質問にその都度答えているが、応答をケース別に整理すると下記のようになる。

Ａ（二一歳）　女中奉公に出ていたが、僅かな仕送りでは足りず、義捐金さえ借金の返済にあてられるなか、親によって周旋屋の手に渡ったところを助け出された。村には道路工事の仕事はあるが肉体労働で丈夫でないと続かないし、女は土運びしかできず、日給は半分くらいになる。夏は田の仕事が忙しく、冬は根雪のため仕事がなく、できる期間はわずかである。今の村の状況では、娘を売るより仕方がない。堅気のところに奉公に行ければいいが、そんな話はないし、たまに言ってくる人もいるが、騙されるかもしれないと思って、相手にしない。

Ｂ（二二歳）　一度結婚したが、離縁になって実家に帰っていた。村では副業を試みてはいるが、資金もいるので続かない。村では小学校を卒業できただけでもいい方である。身売りする場合、一〇〇円が相場であるが、実際には手数料として半分は周旋屋がとってしまうので、親の手元に残るのはせいぜい五〇円である。それも借金の取り立てで消えてしまうので、貧困な状況は変わらない。一度身売りされたら、前借金にさらに借金が積み重なって、転売されて、借金は増える一方で、ついには病気になって死んでしまう。

Ｃ（一八歳）　兄が病気で薬はおろか、食べる物さえ十分に与えられていない。

Ｄ（一九歳）　家では不作のため収穫がわずかで、蕎麦も駄目だった。落ち穂を拾ったり、少しだけ残っている麦を食べてしのいでいるが、根雪になるとどうにもならない。養蚕をやっていたが、生糸の暴落で利益が出なくなった。小学校では、弁当を持参できない子どものために弁当を用意していて、そのために学校に行く子どももいる。空腹で体操のときに倒れた子どももいる。娼妓について、華やかで遊んでいられる仕事だと軽く考えたり、東京に行けるからいいと考える風潮があって、周旋屋に騙されて売られてしまう。

Ｅ（一五歳）　小学校卒業後、芸妓見習として三〇円で宮城県に売られたが、さらに一〇〇円で東京の私娼窟に転売された。何とか脱出して、郷里にもどったものの、両親は行方不明になっていた。叔母一家に身を寄せたものの、そこも凶作で窮乏しており、再び身売りを決心したところを救済された。

どこまで実際の発言を忠実に記しているのか疑問もあるし、救世軍の解釈や価値観が混入して書かれている可能性もある。そもそもわずか五名のケースだけで全体の典型を示すには、無理もある。しかし、一応の傾向を示しているとはいえるであろう。

女性たちは生活が完全に破綻しており、身売り以外の選択肢を見出せない状況であった。しかも、見通しを持てないのは自身や家族にも増して、地域全体の困窮である。さらに、今後の改善が期待できないと理解している。身売りするしかない現実のなかで、女性自身も「納得」して身売りされていく。しかし、娼婦となることへの抵抗感が消えたわけではなく、救世軍の救済に委ねることになったのである。

5　運動の実情

現地では救済のための悪戦苦闘が展開された。その様子は、『昭和初期救世軍廃娼運動記録断片集』に掲載されている羽柴末男による日記に描かれている。すでに地域の状況を熟知した周旋人があちこちに入り込んでいた。身売りを当然視する地域社会全体の「常識」にも、対応しなければならなかった。

救世軍としては、身売りの横行は、東京での娼婦の実態、すなわちそれが奴隷状態であり、自由もなく将来の生活の見通しもなく、悲惨な人生になることを知らないことに一因があると考えていた。そこで、参考資料を提供して、悲惨な実態を示した。したがって、啓蒙活動が一つの柱であった。

女性を東京に送ることばかりしていたわけではなく、役所への働きかけ、情報収集、身売りの情報を得た場合の親への説得や対処、講演、協力者の訪問、かつて救済した女性の訪問などを精力的に行い、新聞社による座談会に出席したこともあった。

救世軍の単独行動では限界があり、警察とはおおむね協力関係をつくっている。『ときのこゑ』には「山形県警察部長の礼状」が掲載されている。[33]そこでは、「本年は未曽有の凶作に遭遇し、窮乏せる農村婦女子にして右醜業婦に身売りせんとするもの益益増加の傾向」として、身売りが増加傾向にある実態への憂慮を述べ、救世軍が士官を派遣して、羽柴を中心として調査と救済を行ったことに対して「本県の為感謝の至」として謝意を示している。一方で羽柴は、「私共の身売防止運動に対して便宜を与へて下さつた」と感謝の念を述べている。

かつての自由廃業運動においては、常に警察の妨害に悩まされた。警察は業者側に立って動くので、救世軍は業者だけでなく、警察への対応にも苦慮しなければならなかった。そのときとは状況が異なっている。自由廃業運動は、単なる娼婦個人の救済ではなく、公娼制度という政策に反対する行動であったので、官憲側が同調するわけにはいかなかった。一九三四年凶作においては内務省など行政側も、身売り防止を打ち出しており、救世軍の行動は政策の方針にそった行動であったという違いがある。

しかし、羽柴による日記に「鳴子の警察はすっかり駄目なりき」という記述があるように、警察がすべて協力的だったわけではない。[34]また、羽柴は、明確に批判しているわけではないが、「警察部長等は東根温泉にて宴会」と記述している。[35]餓死寸前という農民がいる一方で、温泉地で宴会に興じることを批判的にとらえているようである。あるいは、「警視庁当局者は我らを目して、売名者と云へり」との記述がある。[36]したがって、単純に警察を信頼しているわけではない。しかし、羽柴の日記全体の内容は、警察を訪問し、警察との協力のもとで救済活動を進めていく様子が大きな比重を占めている。東京から乗り込んだ者が単独で、女性の発見や保護を行うのは困難であり、この救済活動が警察との協力によって可能であったことは確かである。

身売り防止の活動と並行して、他の活動も行われている。一月には士官が派遣され、仙台の連隊本部で講習会、岩手県で凶作地を慰問して慰安会を開催し、二〇〇名の村民が集まり、小学生へは菓子や学用品、大人には手拭と衣服を寄贈した。青森県の凶作地を訪問し、さらに山形県鶴岡、新潟県を訪問している[37]。

二月下旬から三月にかけて福島県、宮城県、岩手県にて凶作地を訪問している。特に宮城県本吉郡入谷村では小学校で慰安講演会を開催し、六〇〇名ほどが集った[38]。小学生への菓子や学用品の寄贈を行った。さらに別の場所で慰安会を行い、訪問した小学校には慰問品を送った。これら一連の訪問は、単なる物品の配布ではなく、講演会や慰安会の形態をとって、精神的支援をむしろ重視しているように思われる。

救世軍の活動全体の統計は、救世軍自身による整理によれば下記のようになる[39]。

一、特派士官によりてなされたる婦女売買防止運動

県庁、警察署等を訪問したる数	58
役場、学校等を訪問したる数	34
講演会にて語りたる数	5
座談会にて語りたる数	2
新聞紙上座談会にて語りたる数	1
屋外集会を催したる数	5
計	105

二、取扱ひたる件数

周旋業者により既に妓楼に寄寓せしめられ居りしもの	71
周旋業者の自宅に在りしもの	19
既に娼妓名簿登録申請をなし居りしもの	8
妓楼を脱出して潜伏中なりしもの	14
身売の噂ありしもの	11
窮迫せる父兄等より相談を受けたるもの	75
計	204

三、救済措置

娼楼より取戻したるもの	31
周旋人の手より取戻したるもの	12
娼妓の登録申請を取下げしめたるもの	5
婦女子の家庭を訪ね忠告したるもの	71
書面によりて忠告したるもの	15
妓楼に在る婦女子に面会忠告せしもの	10
経済的援助の計ひをなしたるもの	44
児童虐待防止法による申告をなしたるもの	1
官庁と協力保護せるもの	1
計	204

四、婦女子の職業斡旋	
本人を東京に引取り就職せしめたる数	74
現地に於て織布工、製糸工として就職せしめたるもの	16
現地にて女中奉公せしめたるもの	17
計	107

こうした救世軍の救済について、外側からの慈恵的な救済ではないかとの批判がありうるかもしれない。しかし、救世軍は当時、農村への関心を高め、農村伝道へ乗り出そうとしていた。『救世軍士官雑誌』にはたびたび農村伝道に関する記事が載り、農村伝道についての懸賞文募集も行われている。羽柴も日記のなかで、農村伝道の必要性に言及している。

当時、賀川豊彦に近い人らを中心に農民福音学校が設置され、各地で農村伝道がすすめられた影響もあるだろう。農村伝道は東北だけを対象にしているわけではないし、実際に伝道が成功したケースは多くはないが、農村伝道は農村に入り込んで農民の生活を理解しなければ成り立たないことについては認識されていた。救世軍としては、農村は慈恵の対象ではなかった。ただ、農村に関心をもつなかで、農民訓練所をつくって、満洲開拓への関心を高めていた点も指摘せざるをえない。訓練の後に実際に「満洲」に渡る者もいた(40)。

6　救世軍社会事業としての位置

こうして、半年ほどの活動が終息するのであるが、救世軍の歴史において一九三四年の婦女売買防止運動がそれほど重要視されているわけではない。年表、通史類での記述がないか、あってもわずかである。[41] 半年足らずの活動にとどまること、直接的に救済したのは七〇名程度にとどまること、羽柴らによる限られた活動で救世軍全体の事業というほどでもないこと、一九三四年には室戸台風があって救世軍はその救済にも尽力しており、むしろそちらの方が目立つことなどが理由であろうか。

また、この凶作で救済活動をしたのは救世軍だけではなく、さまざまな立場から活動がなされた。たとえば、日本基督教婦人矯風会の久布白落実は、愛国婦人会、真宗婦人会、矯風会の三団体は、「未然に救はれしもの四月中旬までに八八三人に及んで居る。今尚ほ考慮中のものを加ふれば、やがて千人に達するであらう」と述べており、[42] 救世軍の活動はこれらの多数の支援と比べれば、量的にはわずかにすぎない。救世軍の活動全体との比較でも、長く自由廃業運動を継続し、前述のように羽柴一人だけでも五〇〇〇名もの救済にかかわったという。こうした状況のなかでは、一九三四年の婦女売買防止運動は小さく見えてしまう。

廃娼運動初期の活動は、公娼制度を当然視する社会常識、ひいては女性の人権を顧みない社会構造に異議を申し立て、時代の変革を迫る行動であった。それに比べると、一九三四年凶作の救済は、新聞などでも盛んに必要性が叫ばれ、さまざまな組織が救済に乗り出しており、救世軍がことさらに特異な活動を展開したわけではない。

しかし、恣意的な示威行動ではなく、個々に発生する課題への迅速な対応であった。また、都市部に偏りがちな救世軍の社会事業の姿勢が、東北へも関心を寄せたあらわれである。キリスト教全体のなかで当時は農村伝道への関心が高まっていたが、救世軍も農村伝道への関心を高めていた。したがって、都市からの同情や施与ではなく、農村問題を共有する意識のなかでの活動であり、救世軍社会事業をより広げる可能性をもった活動であった。反面、救世軍に限らず、キリスト教による農村伝道、農村社会事業全体が「満洲」の開拓にたどり着いてしまうのだが、救世軍もまた「満洲」開拓への関心を高めていく。

ただ、以後の救世軍は内紛による混乱と外部からの攻撃、山室軍平の死、憲兵隊による迫害、戦時下日本基督教団への合同による解消と、救世軍自体が衰退していく。東北での婦女売買防止運動は、救世軍にとって、社会問題の解決に熱意を注ぐ救世軍の特質を顕著に示す、最後の輝きとなってしまった。

注

(1) もっともその内実について河西英通『続・東北――異境と原境のあいだ』中央公論社、二〇〇七年は、一九三四年の凶作は自然災害というより政策の失敗によってもたらされた人災であると指摘している。山下文夫『昭和東北大凶作』無明舎出版、二〇〇一年は、せっかく全国で集められた義捐金が、必ずしも被災者に適切に渡されず、他の用途に流用されていたと述べている。しかし、本章は凶作への救済を分析するのであり、凶作の実態や行政の対応には立ち入らないので、これ以上追及しない。

(2) 山下文夫、前掲書では、「身売り」とは必ずしも売春婦として売られたとは限らず、女工などの「正業」に就いたケースも相当数含まれていたと指摘している。身売りイコール売春婦として悲惨さを強調する論述は行き過ぎたものであり、役場が身売りに関与したとの従来の論述についても、疑問を呈している。山下はさらに、『昭和の欠食児童』本の泉社、二〇一〇年で、詳細に論じている。

(3) 竹村民郎『廃娼運動』中央公論社、一九八二年はさらに、一九三四年凶作と二・二六事件を結びつけて説明しているが、須崎愼一『日本ファシズムとその時代』大月書店、一九九八年、二九七〜二九八頁によれば、事件に参加した青年将校らが農村の窮乏に関心を寄せていたことは間違いないが、それは農民の立場に立ったものではなく、「指導者」としての不安であった。

(4) 吉見周子『売娼の社会史』雄山閣、一九八四年。東北での売春問題の研究として、佐藤清一郎『秋田県遊里史』無明舎出版、一九八三年がある。救世軍の廃娼運動について触れてはいるが、救世軍が廃娼運動をしたという一般論のみであって、東北での活動については触れていない。大友信勝「昭和恐慌期における東北農村の娘の身売り――秋田県を中心にして」『社会事業史研究』第八号、一九八〇年は、詳細なデータによって、身売りの実態と背景を明らかにしているが、秋田県のみ対象にしているので、その救済については秋田婦人ホームを中心にして論じている。大友信勝「昭和恐慌期における東北凶作と社会事業」『社会事業研究』第二五号、一九九七年では、簡略ながら山形県での救世軍の活動に触れている。無明舎出版編『新聞資料　東北大凶作』無明舎出版、一九九一年には、関連の新聞記事が多数収録されている。

(5) 救世軍日本開戦100年記念写真集編集委員会『救世軍日本開戦100年記念写真集』救世軍本営、一九九七年、一一二頁。
(6) 山室軍平「自由廃業と凶作地の子女救護」『廓清』第四巻第一号、一九一四年。『山室軍平選集 Ⅵ』山室軍平選集刊行会では、「東北凶作地に訴ふ」という趣意書が掲載されている。
(7) 山室軍平「廃業娼妓二十五人」『廓清』第三巻第九号、一九一三年。
(8) 山室軍平「娼妓の百人研究（一）」『廓清』第四巻第八号、一九一四年、一〇～一一頁。
(9) 山室軍平「娼妓三百人の研究」『廓清』第六巻第三号、一九一六年、六頁。
(10) 山室自身が『山室機恵子』救世軍出版及供給部、一九一六年で、機恵子の生育歴について述べている。
(11) 『ときのこゑ』第九二〇号、一九三四年八月、四頁。
(12) 羽柴末男「凶作地方に於ける救世軍の婦女救済運動」『廓清』第二五巻第四号、一九三五年、一八頁。
(13) 『ときのこゑ』第九二八号、一九三四年一二月、四頁。
(14) 山室武甫『愛の使徒山室軍平』福音宣教会、一九八〇年、一五三～一五四頁。
(15) 羽柴末男「同情と機敏」山室武甫編『民衆の友山室軍平回想集』山室軍平記念会、一九六五年。
(16) 羽柴末男「廃業酌婦百人調査」『廓清』第二二巻第一一号、一九三二年。
(17) 羽柴末男、前掲論文(12)、二〇頁。
(18) 『ときのこゑ』第九二八号、一九三四年一二月、五頁。
(19) 『神の国新聞』第八三〇号、一九三四年一一月、三頁。
(20) 『ときのこゑ』第九二九号、一九三四年一二月、四頁。
(21) 『ときのこゑ』第九三一号、一九三五年一月、七頁。
(22) 『ときのこゑ』第九三二号、一九三五年二月、四頁。
(23) 『婦女新聞』第一八〇五号、一九三五年一月、三頁。
(24) 『ときのこゑ』第九三四号、一九三五年三月、六頁。
(25) 『ときのこゑ』第九三五号、一九三五年三月、五頁。
(26) この一連の運動についての救世軍による記事として、山室軍平編『第四十年を迎へて』救世軍出版及供給部、一九三五年に「東北凶作地の娘七十四名」と見出しをつけた記事があるが、救済した数が異なっている。同書の六六頁にも七四名の数字があるので、誤記ではないと思われる。二名が他のルートで上京したなど、何らかの理由があるのであろう。
(27) 羽柴末男、前掲論文(12)、二一頁。
(28) 救世軍本営・事業企画部『昭和初期救世軍廃娼運動記録断片集』救世軍本営、一九九七年、九六頁。
(29) 山室軍平「救世軍機恵子寮開設に際して」『廓清』第二五巻第一号、一九三五年、七頁。
(30) 羽柴末男、前掲論文(12)、二〇頁。
(31) 山室民子「農村に於ける婦女売買の防止に就て」『社会事業』第一八巻第九号、一九三四年。
(32) 山室民子「東北凶作地から身売り娘を救ひ出した記」『主婦の友』(一九三五年一月号)。この論考は、市川房江編『人権』(日本婦人問題資料集成第一巻)ドメス出版、一九七八年に収録されているが、同書に収録されているのは文章の部分のみである。原典には、「上野駅に降り立つた五人の娘たち」「山室民子さんと救はれた五人の娘たち」という大きな写真が掲載されている。
(33) 『ときのこゑ』第九三〇号、一九三五年一月、八頁。
(34) 救世軍本営・事業企画部、前掲書、七九頁。
(35) 同前書、七二頁。
(36) 同前書、六三頁。
(37) 『ときのこゑ』第九三四号、一九三五年三月、七頁。
(38) 『ときのこゑ』第九三六号、一九三五年四月、七頁。
(39) 山室軍平編、前掲書、六五〜六六頁。出典からそのまま引用したが、「一二」と「三二」は、出典に掲載されている計が合わない。
(40) 『ときのこゑ』第九三九号、一九三五年五月、七頁。
(41) 東北の小隊史として、仙台小隊による『90周年記念「80周年記念誌」』一九九六年、『救世軍仙台小隊百周年記念誌　みちのくの光』二〇〇六年があるが、凶作救済へのまとまった記述はみられない。秋元巳太郎『日本における救世軍七十年史　第二巻』救世軍出版供給部、一九六六年には若干の記述があるが、『救世軍日本開戦100年記念写真集』の年表には記載がない。
(42) 久布白落実「社説」『婦人新報』第四四六号、一九三五年。

第10章　一九三四年東北凶作におけるキリスト教界による救護運動

1　凶作とキリスト教

一九三四年の東北における凶作に対して社会的な関心が高まるなかで、キリスト教界においても救護への意欲が高まった[1]。キリスト教界では日本基督教連盟による「社会信条」の制定や社会的基督教の広がりなど、社会問題への関心が高揚しており、すでに一九三一年凶作への救護など、教界あげての対応を行っていた。その流れを受けてなされたのが一九三四年凶作の救護運動である[2]。

一九三四年凶作は、その悲惨さが新聞等を通じて伝えられて同情を集め、全国的なさまざまな救護活動につながっている。山下文夫は、悲惨さが歪めて伝えられていて、たとえば「身売り」とは、必ずしも売春婦として遊廓に売られたわけではないことを指摘している[3]。しかし、ここでは凶作の実相がどうであったのかを問わない。実相がどうであれ、基督教連盟を中心として教界があげて関心をもち、対応したことは確かだからである。

救世軍がこの凶作について行った婦女売買防止運動について前章で論じたが、救世軍という一教派、それも女性の身売り防止に特化した活動と並んで、基督教連盟というプロテスタントを広く組織した活動は、キリスト教の以後の社会問題への取り組み、ひいては社会事業への意識に、大きな影響があったと考えられる。

一九三四年凶作へのキリスト教界の対応について、これまでもたびたびキリスト教史を叙述するときに触れられてきた。たとえば、佐々木敏二は「日本基督教連盟社会信条」の分析のなかで、連盟を中心に行われた社会的実践の主なものとして触れている[4]。しかし、社会的関心を高めたキリスト教がファシズムの影響を受けて変質していく過程の一部に位置づけているので、あまり高い評価でない。佐々木は、政府の災害対策の不十分さを補う重要性は認めつつも、社会信条にみられる社会悪の根絶という実践にいたっていないという評価である。いずれにせよ、凶作に対してキリスト教が救護活動を行ったこと自体はたびたび確認されているが、そこで誰が何をなぜしたのかについて、必ずしも詳細に分析するにはいたっていない。

そこで本章では、救護の必要を痛感して動いた側面に焦点をあてて、救護の意識や実態を検討していきたい。その場合にまず二つの視点をもちたい。第一は、こうした大規模な災害に対して、宗教という地域に組織を持つものの役割である。それは東日本大震災においても、キリスト教関係者がただちに各種の支援を行っていることからも、今日的な課題といえる。第二は、歴史上の災害を説明するときに、被害の大きさは強調されるけれども、救護の動きにはあまり触れられない[5]。しかし、生き残った人々にとって、そこからの立ち直りこそ重要な課題であり、そのための救護の動きの持つ意味は大きいはずである。

ただそれだけなら、キリスト教だけの問題ではない。キリスト教に特化して分析の対象としているのは、キリスト教の日常の活動と、こうした救護がどう関連づいて相互作用を果たしているかという問題についても、あわせて考えたいためである。とりわけ一九三〇年代は片方では農村伝道への関心や社会的キリスト教の動きがあり、片方ではファシズムの動きのなかで、キリスト教が変質していく危機に直面していた。キリスト教は地方での教勢拡大には成功せず、したがって東北は、弘前など一部で注目すべき動きがあるとはいえ、全体としては地盤とはいいがたい。しかし、だからといって国内の各地で起きる生活困難の事象に無関心でいるようなことはなかった。そうしたなかでの具体的な活動であり、その内実がどうであったのかを明らかにすることは、キリスト教と社会事業とがどういう関係をもちつつ展開したのかを示すことになろう。

2　日本基督教連盟による救護の開始

東北凶作の救済活動を担ったキリスト教の中心的な組織は、日本基督教連盟である。基督教連盟は一九二三年に、日本基督教会、日本組合基督教会といったプロテスタントの主要な教派や基督教青年会同盟といった団体が加盟することによって組織された。結成の少し前に関東大震災が起きて、基督教震災救護団が結成されて活動するなど、災害支援の機運のなかでの組織化であり、結成時から社会問題への関心を示していた。一九三四年凶作に限って、救護の動きがいきなり起きたのではない。すでに一九二〇年代に農村伝道への関心が高まり、とかく都市に偏りがちであったキリスト教界の関心は、農村にも向けられるようになっていた。また、「日本基督教連盟社会信条」が制定され、社会的関心を高めていた。社会的関心の高まりのなかでの具体的な活動として、災害救護はうってつけであり、一九三四年においても室戸台風でも救援の動きがなされていた。

こうした雰囲気の中での凶作の情報であったので、凶作に対してキリスト教界全体で支援を行おうとしたのは、自然な動きであったといってよい。一九三四年一一月七～八日に行われた基督教連盟の総会において、「東北凶作救済に関する建議案」が出され、凶作への救護運動を起こすことを決議した。[6] 決議に基づいて連盟社会部は各派の代表者を招聘し、一三日に「基督教連合奉仕団」を結成した。団長は、赤沢元造、副団長は小林誠、幹事が海老沢亮とウィリアム・アキスリング、調査部長眞鍋頼一、人事部長賀川豊彦、救済部長久布白落実、指導部長時田信夫となっている。

こうして、基督教連盟としての正式な活動として、凶作救済を開始する。組織としての活動であるので、連盟の日常的な活動を担っている常議員会では、「東北凶作救済に関する報告」が正式な議題として取り上げられていく。[7] 連盟の機関紙である『連盟時報』にも、救済の状況を報告する記事が時々掲載されているほか、「東北凶作救済義捐金応募者」を掲載し、寄付者名を明らかにするとともに寄付金額も明記している。責任者の明確化と一定の情報公開がなされており、活動の適正な遂行への体制づくりがなされていたといってよい。

凶作救護が開始されるまで、基督教連盟ほか各キリスト教団体では、同年九月に起きた室戸台風への救護に取り組んでいた。凶作救護の開始の時点では、室戸台風への救済が終了していなかったので、平行して二つの活動が行われたことになる。一九三五年になってもなお、『連盟時報』には、「関西地方風水害義捐金応募者」がみられる。完全に終了するのは、一九三五年二月に『連盟時報』に「関西風水害救済募金打切」の告示が載った時点である。[8] ただ、義捐金応募について、凶作救護の方が人員、金額ともはるかに多いので、室戸台風救護の継続のために凶作救護が遅れたとはいえず、むしろ常に何らかの救護運動がなされていることで、関心が持続されたとみるべきであろう。

事業の方針として、「基督教が特に貢献し得べき方面に力を集中する方針」としており、具体的には託児、親類運動、地方教会を通じての一般的精神慰安を掲げている。[9]「親類運動」とは、子どもの存在が窮乏農家の負担になることから、一定期間、具体的には六カ月から一年程度、「親類」として三歳から一二歳（女子の場合それ以上もありうる）子どもを預かって世話をするというものである。[10] 賀川が基督教連盟に提案し、連盟の活動の一つとして取り組まれた。

食糧援助や義援金といった物質的・金銭的な支援は、当初から主たる目的として設定していなかった。他の団体などですでに実施されていることや、経費が巨額になって、対応しきれないことなどが考慮されたのであろう。小規模な活動であっても費用は必要であるが、資金は連盟から五〇〇円、近江兄弟社から寄付された五〇〇円の計一〇〇〇円をもとに開始し、寄付を依頼していくこととした。当面の活動として、青森県と岩手県に各一カ所の中心地をおき、まずは両地に委員を派遣することとした。

組織として、東京に中央本部をおき、東北各県の県庁所在地の基督教連盟の地方連盟が奉仕団支部として協力することとした。ただし、青森県では県庁所在地ではない弘前のメソジスト教会に支部がおかれている。また、山形県以外はいずれもメソジスト教会である。[11]基督教連盟は多数の教派の加盟による組織であるので、特にメソジスト教会が特別な立場にあったわけではないが、メソジスト教会自体も東北凶作に関心があった。救護が峠を越えた一九三五年五月二八日から三一日まで、「凶作東北」への根本策を議論するために、仙台の五ツ橋メソジスト教会で特別集会を開いている。[12]

寄付については、「東北凶作基督教連合奉仕団資金募集」として呼びかけられ、『連盟時報』での募集記事では、「調査をなすと同時に、凡そ向ふ六ヶ月間最も実情に適する救護事業を実施すべく、子女の救済運動と、精神的慰安指導とに着手する事となりました」と訴えている。[13]前述の方針ともあわせ、「精神慰安」が当初から重視されていたのである。『連盟時報』への二度目の募集記事では、「目下託児所を青森県、岩手県の四ケ所にて実施中。尚要求各地より参ります。映画班の巡回により宗教的精神的指導を継続中」とあり、内容が具体化している。[14]

基督教連盟とも深い関係がある、「神の国運動」と呼ばれる大衆伝道の機関紙『神の国新聞』でも、「東北凶作地を救へ」という広告を出すなどして呼びかけを行っていく。そこでは、「未曾有の凶作に襲はれて寒気と飢餓の猛威にさいなまれつゝある東北地方農村の同胞を救援せよ」と訴えている。[15]また、明治学院高等商業部の学生による募金活動がなされ、[16]あるいは関西学院大学が学生代表を派遣しており、キリスト教系の学校による活動もなされたようである。[17]京都在住の東北出身者が募金を集め、基督教連盟に託するという動きもあった。[18]

凶作の実態については、一般の新聞雑誌でも報道されていたのはもちろんであるが、凶作救護の関連もあって、キリスト教の発行物でも、伝えられていく。『神の国新聞』では、「馬糧が人間の食物　蛙を捕へ餓を凌ぐ」という無署名の記事が掲載されている。[19]そこでは、食糧が欠乏して、通常は食さない植物や蛙などを食べざるを得ない状況であることや、女子が酌婦、娼妓として売られている実態が綴られている。一般の新聞雑誌に加え、こうした情報がキリスト者らの凶作へのイメージを形成したものと思われる。

3　救護の展開

基督教連盟による奉仕団は実際には、どのような活動をしたのであろうか。キリスト教が弱小勢力であるため、実際に動ける人材には限りがあり、被害の地理的、人的広がりのなかで、できることには限度があることは、当初から認識されていた。したがって前述のように、キリスト教の立場で重視すべきことに優先順位をつけて行うしかなかった。理想的なあり方を語るのではなく、きわめて現実主義的に対応した。

第一に、現地を訪問しての調査、状況把握である。アキスリング、小林誠、藤崎盛一らが現地の視察を行っている。アキスリングは、バプテスト教会の宣教師で、仙台や盛岡で宣教活動をした経験をもっている。青森、岩手、仙台を視察し、惨害を確認して物資供給の必要を報告している[20]。小林は、青森県を視察して、下北半島にまで足を運び、その困窮した状況を報告している[21]。小林は日本基督教会の牧師であるが、青森県田名部町の出身である。関東大震災では、震災で妻子が死亡するなか、救援活動を行った経験をもつ。藤崎は後述のように農村伝道に尽力した人物であり、岩手を中心に行動した[22]。

こうした調査が、東北以外に住む者に比較的正確な情報を提供するとともに、真に必要な活動の判断材料にもなった。また、調査時に教会ほか農民などの関係者との面談もなされるので、それが慰問としての効用をもっている。

第二に、より具体的な支援として重視されたのは、託児事業である。もともと農村伝道の活動のなかで、託児所を開設する場合があったので、農村でのキリスト教主義による託児事業を行うことへの関心があった。それに加え、凶作対策としての土木事業や副業奨励がなされ、仕事のために親が留守になることへの対策が求められていた。食糧事情が逼迫するなかで、子どもの昼食だけでも食事を確実に供することができた。さらに、精神的な支援として子どもに教育的な働きかけができるという面もあった。

青森県の田名部、野辺地、それに基督教女子青年会との協力で岩木山近くの農場での託児所の開設も行った。岩手県では、遠野で託児所を設けた。遠野では、昼間だけでなく、「子供の家」として入所施設の機能も有した。それぞれ、託児事業があまり普及していない地域であったことから、ある程度の利用者を獲得して活用されていたようである。

凶作救護の状況を報告する『連盟時報』の記事では、子どもについて、目に見えて変化したことを報告している。「青黒い営養不良児が輝かしく明るい顔になりました」「眼病が治療されてきました」といった肉体的改善、「洗面を知らない彼等が手を洗ひ顔を清潔にすることをおぼえました」という生活習慣上の変化、それに子どもを介した親や地域への影響を報告している。(23)この報告がどこまで真に確実な変化であったのかは不明であるが、そうした、肉体的、精神的改善が託児事業の目的として意識されていたことは確かであろう。また、家庭への支援についても一定の成果をあげて、感謝されていることが報告されている。(24)

第三に、精神的慰安である。賀川豊彦の小説を原作とする映画「一粒の麦」の慰安講演会を各地で行った。五〇〇〜一五〇〇名の観客を得たと報告されている。後述の『神の国新聞』の「東北凶作慰問信仰希望号」を配布する活動もその一つである。

凶作救護で情報提供や救済への協力呼びかけで大きな役割を果たすのが、『神の国新聞』である。『神の国新聞』は、「神の国運動」の機関紙として刊行されていて、農村伝道への関心と重なる形で農村への関心が強く、凶作以前から農村に関する情報を多く掲載していた。そのため、凶作発生後は、凶作についての情報をキリスト教界に伝える役割を果たしている。

なかでも一二月に第八三三号を「東北凶作慰問信仰希望号」として発行し、凶作への関心を喚起するとともに、凶作地へのメッセージを発信した。前号で、「次号は凶作地慰安特集号」と予告したうえでの発行であり、一定の準備と意欲をもって発行したものである。特集号の目的は「凶作地の方々へ、基督の希望と福音を与へるため」とされており、単にキリスト教界に凶作の状況を報道するだけでなく、この号を凶作地に配布することを想定していた編集である。そのため、内容の大部分が凶作関係の記事となっているが、教界への救護の呼びかけは掲載されておらず、大半は凶作地の住民の益となることを意識したものになっている。

一面には「東北凶作信仰希望号」と表題があり、「神を信ぜよ」という無署名の記事がある。ただその内容は凶作とは直接は関係ない。二面にはメソジスト福島教会牧師、藤田恒男による「跳ねかへす宗教」という文があり、冒頭に「凶作地の皆さん」で始まり、凶作地住民を意図した説教である。三面には賀川豊彦が「青年よ日の丸の如く輝け」を寄稿している。「村を救ひ、日本を救ふ心」という副題があるように、凶作地農民への呼びかけである。しかし、内容は「海洋を征服せよ」として抽象的な漁業への進出の提案と、「山を蹂躙せよ」という、立体農業の提起、さらには「磐石の如く勇猛なれ」として、「満洲」をはじめとした植民地への移民を説いており、賀川が後に「満洲基督教開拓村」を推進していく兆しが現れている。いずれも賀川の持論を改めて述べたものではあるが、日々の生活難に直面している農民に有益な論考ではない。

四面から五面にかけて藤崎盛一が「凶作と立体農業」を書いている。賀川と比べると、具体的で緻密な内容である。六面には「凶作地に於ける信仰報告書　見よ！苦難に輝く基督者の群」をメソジスト秋田教会の亀徳正臣が書いている。七面は小林誠による「暗灰色の空に光を　凶作地より帰りて」という、東北への訪問記録が載っている。

この特集号の記事の姿勢は、凶作救護を単なる一方的な物質的救済にしてはならず、信仰を基盤にした精神的救済とあわせて実現していこうとした。しかし、だからといって、精神論にとどめるのではなく、農業の改善策も提起しているのであり、全体としてキリスト教界の積極姿勢を示すものといってよいであろう。温情的姿勢は排され、農民について、精神面と農業経営双方の自立を図ることで問題の抜本的解決を目指している。

しかし、この特集号が、現実には農民にとってどれほどの意味をもったであろうか。特集号を読んで、離村を思いとどまって村のために働く決心をしたという『神の国新聞』の記事もあるので[25]、一定の支持を受けた面はあったのかもしれない。しかし、農民の関心事は当面の生活の維持である。農民の求める情報や期待に合致した内容ではない。キリスト教としての凶作解決への意欲的姿勢や農村への関心の存在が証明されており、信仰と社会とを統合的に把握する方向は示されている。けれども、日々の生活にも事欠く人々への現実的希望につながったのかは、きわめて疑問である。

以上のほか、慰問伝道、福音学校、慈善音楽会といった個別の活動も、東北の教会によって取り組まれている[26]。したがって、個々の教会が、凶作をみずからの課題として認識して、それなりの動きをしたことも間違いない。しかし一方で、凶作地にとどまり活動している者からの苦境の訴えも寄せられており、現地では決して順調に進んでいるわけではないことがうかがえる[27]。

基督教連盟による活動の一方で、基督教連盟と協力関係にありつつも、独自性をもった活動がいくつか行われていた。一つは賀川豊彦の動きである。いうまでもなく、賀川はすでに農民運動を主導し、また『農村社会事業』など農村の生活に関連する著作を出し、立体農業を提起するなど農業の具体的なあり方を論じた。さらに、『一粒の麦』などの農村を舞台にした小説を発表した。また賀川の影響下に農民福音学校を設立する動きが広がり、やはり賀川の影響下でなされた「神の国運動」は相当程度農村への伝道を含んでいた。こうした賀川の立場からすれば、東北凶作に関心を抱き、関与していくのは当然であった。

賀川は「私が予言した通り、今年もまた東北は飢饉であつた。結局東北は米中心の農業では絶望するより道はない。一方に於ては、小学校時代からパンやビスケットを作る方法を教へ、他方に於ては、私が多年主張してゐる樹木作物の工夫によつて、動物の飼料をつくり、山羊、羊、兎鶏、豚、牛、馬等の食物を無料で山からとるやうにしなければならない。そのほかに村を救ふ工夫はない」と述べ、冷静に受け止めるともに、かねてからの持論を展開している[28]。

だからといって、賀川が緊急課題としての凶作救護に無関心だったわけではない。それどころか賀川は、「親類運動」を提起して、積極的に対応しようとした。「親類運動」は大阪では、ＹＭＣＡや教会のほか、社会事業連盟、保育連盟と、キリスト教を超えた広がりで、運動が広がっていった[29]。大阪での運動が活発だったのは、元来賀川が関西を拠点として活動していて、イエスの友会など賀川系の組織が広がっていたことや、地理的に直接赴いての救護活動は困難であり、大阪で可能な活動として歓迎されたということなどが考えられる。

しかし、一般の新聞に、「親類運動」のなかで、子どもへの責任を最後まで果たさず、あたかも子どもを捨てたケースがあるかのように報じられるといった誤解にさらされることもあった。これは、障害児であるために一般家庭での養育が困難であるため、いくつかの経過ののちに東北の施設へ入所したケースが、無責任に送り返したかのように報じられたものである[30]。

賀川自身も、実際に東北に赴いている。賀川は、一二月下旬に東北を訪問した。二三日夜に盛岡で講演、二四日はクリスマスイブであるが遠野で講演し、さらに上淵村や青笹村の住宅を視察した。そこでは窓のない家に住んでいたり、布団がなくて藁で寝ている実態があった。その結果、岩手を半永久的に指導する気持ちをもつのであった[31]。

一月下旬にも岩手県を訪問した[32]。二六日に一ノ関を経て興田に出向き、小学校での講演を行い、二七日は日曜で、一ノ関で礼拝、その後信用組合で「都市信用組合と農村信用組合」という講演、晩には北福岡で講演、二八日には軽米町の小学校で生徒に話し、児童の発育不良に触れた。さらに、高等小学校で農村更生の講演会で五〇〇人の参加があった。二九日には遠野に行き、遠野を拠点に活動していた藤崎盛一に会い、農民福音学校について相談、土崎で農村産業組合について講演、さらに一ノ関の医療組合で講演、三〇日に東京に戻った。

著名人であった賀川が、多忙ななかであえて東北の、それも都市部から離れた地を訪問したことは、現地のキリスト者にとっては大きな喜びであり、勇気づける効果が大きかったのは間違いない。また、一般の農民にとっても、賀川と直接接することが、それなりに希望を与える面があった。ただ、いつも述べてきた農村社会事業論や立体農業論を語ったとすれば、具体的な救護の効果が高かったとはいえないであろう。

一方賀川は、凶作への感想も、たびたび述べている。「東北地方は研究すればするほど、どうしても半永久的に、衣食住の問題を指導して上げなければならぬことが分つて来た。それで私は積極的に、北の方に手を広げねばならぬと思つてゐる」として[33]、改めて生活様式の抜本的な改善の必要を語った。賀川の農村への姿勢はすでに著書の『農村社会事業』で示されていた。その面からすれば、凶作は一年限りの特異な事件ではなく、予想されたことにすぎず、その対応も以前から提案している対策を確実に実行すればよいことになる。

こうした賀川の行動をみた場合、賀川の東北凶作への関心が情緒的な一時の興味ではなく、真剣なものであったことを示している。当時の賀川はきわめて多忙であり、東北旅行はかなりのスケジュール調整をしたうえでの行動であったと思われる。しかも訪問先も、被害が実際に広がっている農村部までみずから足を運んでいる。そこで各地の実態に触れ、また農民と直接会話することもあったであろう。このことは、賀川の農村更生への意欲をいっそう高めたことは明らかである。

一方で、賀川自身の直接の関与はそれだけだったという、否定的評価も可能かもしれない。すでに著名であった賀川の活動が、かつての神戸・新川での実践のような当事者と対等にかかわるものになることは困難であり、視察や陳情の受付という性格を超えることは難しかった。

講演を繰り返しているが、そこで語られたことは、当面の救済ではなく、長期的に取り組むべき農村社会の変革である。それがどこまで、住民にとっての希望となったのかは疑問である。賀川の気持ちは、「東北は、最近貧乏したのではない」という、構造的な問題としての発想であり、「半永久的」なかかわりである。一時の救済に関心を寄せる感情的な発想ではなく、これを契機に改めて農村更生を実施しようとし、それには農民福音学校を軸とした農村伝道がまずは重要になる。刹那的な感情に突き動かされて情緒的な活動をするのではなく、腰を据えた活動で対処しようとする姿勢は、その限りでは誤ったものではない。しかし、短期的な救護もまた必要であったはずであり、救世軍がそれを行ったのに比べると、バランスを欠いた感もある。ただ、救世軍のような社会事業団体が緊急の救護を担い、賀川自身はかねてからの農村更生への運動をいっそう強化するという、役割分担をしているとみなすこともできるかもしれない。

もう一つの独自の動きとして、日本基督教婦人矯風会によるものがある。矯風会も凶作救護に乗り出すが、基督教連盟との協力より、むしろ他団体との協力を優先した。矯風会の関心は飢餓対策と同時に、身売りの防止である。

会長の久布白落実自身も東北を訪問し、困窮の実態を確認している。久布白は、会長であるとともに、前述の基督教連合奉仕団の救護部長でもあるので、基督教連盟の立場もあわせもっている。ただ、矯風会は愛国婦人会、朝日新聞社、真宗婦人会と組んで救護運動を行った。朝日新聞社と愛国婦人会との間を斡旋したのは久布白だという(34)。矯風会の軸足は、これら四団体による運動にあったので、規模や社会的影響力は基督教連盟よりもはるかに強く、したがって久布白も矯風会としての立場が目立つ。しかし、以下の東北訪問の報告を矯風会の会員以外のキリスト者も読む機会があるなど、基督教連盟の枠内での位置づけも必要であろう。

久布白は『婦人新報』に「東北六県の訪問」という記事を掲載している(35)。久布白は一一月一二日より、みずから東北に赴き、宮城県、山形県、秋田県、青森県、岩手県の順で訪問している。県庁で県の幹部から話を聞くという方法が主ではあるが、宮城県では広瀬村に行くなど凶作の現場にまで出向いてもいる。座談会を開いて村民とも膝を突き合わせて語り合ったとも報じられており、農民自身からの状況把握も行ったようである。

矯風会の関係者が、事態を深刻に受け止めて行動したことは確かである。独自の「東北義金」も多く集まっている。ただ、一九三四年は矯風会の悲願である廃娼実現にとって正念場ともいうべき時期であった。この頃内務省が廃娼に傾いて廃娼実現が視野に入っていた一方、それゆえに存娼運動も活性化していた。したがって、最大の関心事は廃娼の問題であった。そもそも矯風会は、災害の救護活動のための組織ではないので、やむをえないことではあろうが、機関誌の『婦人新報』を見る限り、会員の関心は廃娼など他の課題による強くあったように思われる。

以上のほか、個々のキリスト教団体等の動きがあり、たとえばYMCAは、室戸台風への救護の活動を行っていたが、東北凶作についても動きがみられ、一二月一〇日より大阪のYMCAが二名を東北に派遣し、二名は東北各地を巡回して状況把握をしたり、「親類運動」の打ち合わせなどを行ったりしている。[36] あるいは、仙台基督教育児院は、すでに前年の三陸大津波に際して、被災地臨時託児所を設けて救護にあたったが、[37] 凶作においても、貧窮農家の救護にあたることを表明して、凶作地の子どもを受け入れるなどの対応をとった。[38]

こうして活発に行われた凶作救護であるが、春をむかえて事態が落ち着いてきたとの判断で、基督教連盟としては、一九三五年六月には終結することになった。三月に二回開催されている定例常議員会では、いずれも議題になっていないことから、すでに三月には縮小しつつあったとも思われる。基督教連盟では六月四日に残務委員をおき、奉仕団を解散した。[39] もちろん、賀川らが考えた根本的な解決は、以降も取り組みが必要であるが、直接的な救護は終了し、基督教連盟の活動の焦点は、四月二一日に発生した台湾震災の救護金の募集へと移っていく。

こうした凶作救護について取り組んでいる最中には、活動の遂行が優先される事情もあってか、救護運動の関係者自身による自己評価があまりみられないが、そんななかで、メソジスト秋田教会の亀徳正臣による論考は、救護が継続中に書かれていること、またメソジスト秋田教会は奉仕団の地方部がおかれた教会であり、亀徳は前述の『神の国新聞』の特集号で「見よ！苦難に輝く基督信者の群」を書いていて、基督教連盟の活動を熟知していたと思われることから、注目すべきであろう。

亀徳は農村伝道について、教会全体としては認識不足でしかも当の農村伝道に携わっている伝道者自身の召命感が欠如しているとして批判的であり、それゆえに農村伝道は行き詰まっているとみなしていた。しかし、凶作によって農村への関心が喚起したことを肯定的にみて「農村の基督教化こそ教会の輝かしい将来を約束する使命なる確信」と主張した。そして、農民が窮迫しているなかでの農民の魂の救済がキリスト者に課せられた問題であり、「東北の凶作飢餓に曝露された農村の悲惨・苦悩の現実こそ神への応答の契機である」としている[(40)]。

4　農村における実践者の思想と行動

東北の状況について、農村伝道にかかわっていた者が関心をもち、あるいは直接的に関与していくのは当然の流れであった。すでに一九二〇年代からキリスト教界において、農村伝道への関心が広がり、各地に農民福音学校が設置されていく。それは賀川豊彦の流れのほか、アルフレッド・ラッセル・ストーンらの外国人宣教師など、いくつかの潮流がある。教派としても、賀川が日本基督教会であるほか、石田英雄らが組合教会、ストーンらはメソジスト教会であり、教派にかかわらない動きであった。

農村伝道の対象は全国に及ぶが、東北は農村地域が広がっているだけでなく、凶作が繰り返された地域として、農村伝道にとって主要な宣教地であった。凶作はまさに農村問題の根幹ともいうべき問題であり、各地の農村伝道の関係者が衝撃を受け、高い関心をもったのは当然のことである。

ただ、農村伝道の実践者であればあるほど、みずからの活動拠点をもっていて、牧会すべき信徒がおり、場合によっては、みずからが耕す農地があるので、活動拠点から簡単に離れることはできず、直接凶作地に出向いて活動することができない。

そうしたなか、農村伝道に関与しつつ、東北凶作への救護活動に寄与した人物として、なんといっても藤崎盛一に注目すべきである。藤崎は宮崎県都城市の出身で、キリスト教信仰をもつとともに、「農業こそ神と共に働く聖業」と考え、東京農業大学に進学する。賀川豊彦の思想に触れ、賀川の継承者として農村伝道に従事した。晩年の自伝『農民教育五十年』で、「賀川豊彦に学ぶ」という章を設け、賀川について「車の両輪のように深く」と述べて、賀川を師として活動してきたことを強調している(41)。戦後は香川県豊島の豊島農民福音学校校長となる。藤崎の場合、農業技術や農村の実態に精通したうえでの農村伝道であり、キリスト者にありがちな、理念が先行して実践力に乏しい人物とは異なる。

藤崎は、東北視察の適任者として、基督教連盟の委嘱によって、一二月七日岩手県に赴き、遠野などで、実態調査のほか、救援物資の配給、映画「一粒の麦」の上映、講演などを精力的に行った(42)。藤崎の活動は凶作時に終わらなかった、一九三五年一〇月の段階で六回も東北に出向いている。前述の自伝でも「東北の大凶作地帯を行く」という見出しをつけて回顧しており、人生のなかで遭遇した出来事のなかでの主要なものであった(43)。

藤崎は凶作に関連して、「役人や学者の指導に農民が何か物足らなさを感じるのはなぜであらう?」と問いかけ、行政や研究が農民の実態に触れることなく、表面的なものにとどまっていることを批判している。藤崎は「政府がなぜもっと積極的に手を下さないのかと義憤を感じる」「政治への不信というものが一つの怒りになって私の心を暗くした」と述べており、凶作は単なる災害ではなく、政治上の課題であることへの強い認識がみられる(44)。ただ、政策の具体的なあり方については明確ではない。

実際に凶作地を歩くなかでも「東北の凶作は農業組織を根本的に改革せざれば、再び凶作をまねかれることは出来ないのだからして此際、精神的更生と、農業の改革の道を計ることが大切である」と痛感している(45)。藤崎は、他の牧師たちと異なり、自身が高い農業技術をもっていたので、その主張は観念や素人の思いつきではない。藤崎について賀川が「吾々は立体農業の必要を一層知り得た」と述べて、藤崎の議論を自己の主張を強固にする論拠にしているのは、藤崎がそれだけ農業の現実に精通しているからである(46)。ただ逆に、短期的・緊急の対策としての社会事業への関心は強いとはいえない。

キリスト教による凶作救護が一定の成果をあげたとすれば、その功績者の一人は藤崎である。しかも一時的な興味関心に終わらせることなく、東北農村への関与を継続的に行い、キリスト教による活動を責任あるものにしたのも、藤崎あってのことであろう。その点で、藤崎の功績を評価し、歴史に位置づけなければならない。ただ、そうであればこそ、農村伝道が結局成功したとはいえないのはなぜか、そこに藤崎のもっていた弱点があったとも思われるので、今後検証が求められるであろう。

もう一人として、栗原陽太郎を取り上げたい。農村伝道の中心的な人物である栗原陽太郎は、東北凶作にも強い関心をもったと思われる。栗原は群馬県渋川を拠点にして農村伝道を展開していた。地理的に東北が近く、また弘前での調査、八戸での伝道、宮城県石森での農民福音学校での講師、一九三一年に東北学院で開催された東北六県農村伝道活動協議会での講演、登米農村教会への協力、遠野での講師など、東北へは凶作以前からたびたび訪問してさまざまな働きをなしていた。東北は主たる活動の場の一つといってよく、かつその関心は凶作以降も継続したと思われる。(47)伝道者であるので、藤崎ほどの農業の知識は有していないと思われ、しかし組合による状況の打開など社会改良的視点は濃厚である。(48)

栗原の東北への関心のあらわれとして、凶作後に「東北に於ける農村伝道の将来」を書いている。(49)そこでは、「農村伝道も東北に於ては特に緊急の問題となつて居る」という問題意識のもと、特に農村福音学校を重視して議論している。すでに東北で農村福音学校が各地で発足していたことから、「東北に於ける農村伝道の将来は希望に輝ける」と楽観的な見通しを示していた。これは、根拠のない楽観論なのではなく、東北への深い愛着と、それゆえの願いが込められた発言であろう。

しかし栗原は、やがて満洲基督教開拓村を推進、実行する中心的な人物となっていく。その時期になると栗原は、一九三〇年代の農村全般の生活困窮において「東北の凶饉が一層この問題に拍車をかけ」との意識から、農村伝道が自給を目指す実践運動であるとの認識を示し、「満洲移民」を解決策としていくのである[50]。

農村伝道の関係者は、農村の生活が低下しやすい構造に気づき、その改革をも伝道の目的と考えていたので、一九三四年凶作は必然的に発生する問題と考えた。凶作救護は抵抗感なく着手できたし、藤崎らの人物をすぐに獲得することも可能であった。農村伝道者の存在はあってこそ、キリスト教による凶作救護が推進できたのであり、農村伝道者が農民に支持されてこそ、キリスト教が凶作に入って活動できた。しかし、凶作という教訓を目の当たりにしたにもかかわらず、賀川や藤崎らが提唱するような農業改革は実際にはほとんどすすまなかった。かえって「満洲移民」に活路を見出すきっかけにさえなってしまったのである[51]。

5　社会事業へのつながり

こうして、直接的な活動は短期間ながら、キリスト教による運動的な救護活動が行われた。これらの活動は実際に現地に出向いての活動であり、実践的であり、現地の住民との連携をとりつつ活動しようとした。あくまで現地の住民の立場を踏まえた活動が志向されており、それは教会という活動の拠点がすでに存在したからこそ可能になったし、農村伝道への熱意によって基盤も形成されてきた。教界が全体として活動していく姿勢は、戦後の伊勢湾台風などでのキリスト教による動きにもつながっていく。

また、場当たり的な物質的救援ではなく、精神的な改革、あるいは農業のあり方について改善していく意欲があり、それは単発的な救援では不可能である以上、長期的な粘り強い活動が前提になっていたはずである。そうした点でいえば、キリスト教社会事業が、社会事業家個人のカリスマではなく、教会をベースにした組織的で長期的な活動となっていくことに凶作救護がつながっていく可能性を持っていた。凶作救護に関わった者は、必ずしも社会事業に関心があったとは限らないので、社会事業を教会活動の一つとして認識する契機にもなったであろう。

キリスト教の教勢が限定的であること、ことに地方での広がりに欠けていることからすれば、その活動が部分的で小規模になることは避けがたいことである。したがって、実質的な救護の効果を問うことにはあまり意味はない。キリスト教が、農民の苦難に共感し、教会の課題としていくことにどこまで成功し、それが以後の社会事業実践へと継承されたかが問われなければならない。農民の苦難への共感については、一部ではあったとしてもある程度なされたことは率直に認めるべきである。しかし、キリスト教がファシズムの動きのなかで、自己保身の姿勢を強めていく時期にちょうど重なっていた。そのために、凶作救護への取り組みが教会の社会への姿勢を前向きに変えて、しかも社会事業実践へ積極的に広げていくことにはならなかった。

注

(1) カトリックにおいても凶作救護の義捐金の呼びかけが行われ、救護活動に関する記事が『日本カトリック新聞』に掲載されるなど、関心と救護の動きがあった。ただ、その展開の過程にはかなりの違いがあるので、本章ではプロテスタントに限定して議論する。

(2) キリスト教による凶作への支援について当時、「救護」または「救済」と呼んでいる。いずれも今日では慈恵的ニュアンスを含みやすい用語であるが、当時の用語のうち、「救済」と比べ、いくらか慈恵的イメージの少ない「救護」をとりあえず本章では用いる。

(3) 前章の注(2)でも触れたように、山下文夫は、『昭和東北大凶作』無明舎出版、二〇〇一年、『昭和の欠食児童』本の泉社、二〇一〇年で詳細に論じている。

(4) 佐々木敏二「『社会信条』の精神にもとづく実践とその崩壊過程」同志社大学人文科学研究所編『戦時下抵抗の研究　Ⅱ』みすず書房、一九六九年。

(5) ただ、鈴木淳『関東大震災――消防・医療・ボランティアから検証する』筑摩書房、二〇〇四年は、罹災者救助、ボランティア、救護活動などに焦点をあてて論述している。北原糸子は「災害にみる救援の歴史――災害社会史の可能性」『歴史学研究』第八八四号、二〇一一年一〇月で、関東大震災などを例示しつつ、災害への救援を歴史研究の課題として提起し、『関東大震災の社会史』朝日新聞出版、二〇一一年で、医療救護、協調会の救護活動、義捐金の動向など、救援に関する動きを、地方での動きも含めて詳述している。東日本大震災の衝撃により、今後は災害史において、救護を視野に入れていくことになってくると思われる。

(6) 「東北凶作救護運動に就て」『連盟時報』第一二八号、一九三四年一一月、七頁。『神の国新聞』第八二九号、一九三四年一一月、三頁に、見出しは「東北地方凶作に基督教救護起つ」と異なるが、ほぼ文章も同じ記事が掲載されている。

(7) 『連盟時報』第一二九号、一九三四年一二月、二頁、『連盟時報』第一三一号、一九三五年二月、六頁。

(8) 『連盟時報』第一三一号、一九三五年二月、一〇頁。

(9) 『連盟時報』第一二八号、一九三四年一一月、七頁。

(10) 賀川豊彦「『親類運動』私案」『火の柱』第八〇号、一九三四年一二月、一頁。

(11) 『連盟時報』第一三〇号、一九三五年一月、五頁。

(12) 『神の国新聞』第八五六号、一九三五年五月。

(13) 『連盟時報』第一二八号、七頁。

(14) 『連盟時報』第一二九号、五頁。

(15) 『神の国新聞』第八二九号、一九三四年一一月、八頁。

(16) 『神の国新聞』第八三〇号、一九三四年一一月、三頁。

(17) 『神の国新聞』第八三三号、一九三四年一二月、三頁。

(18) 前掲記事(16)、二頁。

(19) 『神の国新聞』第八三一号、一九三四年一二月、三頁。

(20) 前掲記事(16)、三頁。

(21) 小林誠「暗灰色の空に光を　凶作地より帰りて」『神の国新聞』第八三三号、一九三四年一二月、七頁。

(22) 藤崎盛一「凶作地帯の農村を歩く」『神の国新聞』第八三六号、一九三五年一月、二頁。

(23)『連盟時報』第一三〇号、一九三五年一月、五頁。託児の効果について、ほぼ同文の記事が『神の国新聞』第八三六号、一九三五年一月、六頁にも掲載されている。
(24)『神の国新聞』第八三七号、一九三五年一月、八頁。
(25)『神の国新聞』第八四七号、一九三五年三月、三頁。
(26)『神の国新聞』第八四九号、一九三五年四月、八頁。
(27)『神の国新聞』第八三六号、一九三五年一月、三頁。
(28)トヨヒコ「旅から旅へ」『雲の柱』第一三巻第一一号、一九三四年一一月、五一頁。
(29)『神の国新聞』第八四三号、一九三五年二月。
(30)イエスの友会「東京日日新聞に掲載されし親類運動の誤報に就いて」『火の柱』号外、一九三五年三月、一頁。
(31)トヨヒコ「三等列車の客」『雲の柱』第一四巻第二号、一九三五年二月、二九頁。
(32)トヨヒコ「出航のドラを聞乍ら」『雲の柱』第一四巻第三号、一九三五年三月、三頁。
(33)トヨヒコ「日本巡礼」『雲の柱』第一四巻第一〇号、一九三五年一月、三三頁。
(34)日本キリスト教婦人矯風会編『日本キリスト教婦人矯風会百年史』ドメス出版、一九八六年、六三五～六三七頁。久布白自身も、愛国婦人会が身売り防止に資金を用立てる用意があることを知って朝日新聞と愛国婦人会の間を斡旋したと回顧している(久布白落実『廃娼ひとすじ』中央公論社、一九七三年、二三二頁)。
(35)久布白落実「東北六県の訪問」『婦人新報』第四四一号、一九三四年一二月。
(36)井口生『開拓者』第三〇巻第二号、一九三五年二月。
(37)田澤薫『仙台基督教育児院史からよむ育児院と学校』東北大学出版会、二〇〇九年、九八～一一〇頁。
(38)仙台基督教育児院八十八年史編纂委員会『仙台基督教育児院八十八年史』仙台基督教育児院、一九九四年、二一七～二一九頁。
(39)『連盟時報』第一三五号、一九三五年六月、二頁。
(40)亀徳正臣「農村危急に際して青年に訴ふ」『開拓者』第三〇巻第二号、一九三五年年二月。亀徳は「飢餓農村地帯からの報告」『新興基督教』第五三号、一九三五年二月も執筆している。
(41)藤崎盛一『農民教育五十年』豊島農民福音学校出版部、一九七六年。
(42)藤崎盛一、前掲記事(22)。

(43) 藤崎盛一「東北を巡りて」『雲の柱』第一四巻第一〇号、一九三五年一〇月、三九頁。
(44) 藤崎盛一、前掲書(41)、一一七～一一八頁。
(45) 藤崎盛一、前掲記事(22)、二頁。
(46) トヨヒコ、前掲論文(33)、三二頁。
(47) 江川栄編、栗原陽太郎『太郎物語――ある田舎牧師の生涯』栗原操発行、一九三三年。同書では、一九三四年凶作について栗原がどう受け止め、どう行動したのかの記述はみられない。しかし、同書は、栗原が書いたものを日本基督教団安中教会牧師の江川が約半分に縮めたものである。したがって、記述がない場合、栗原が書かなかったのではなく、編集作業で削除された可能性もある。記述がないことをもって、栗原について何らかの判断をするには限界がある。
(48) たとえば、栗原陽太郎述『農村伝道に就て（農村伝道強化の重要なる諸点）』日本組合教会社会部、一九二九年。
(49) 栗原陽太郎「東北に於ける農村伝道の将来」『神の国新聞』第九二八号、一九三六年一〇月、四頁。
(50) 栗原陽太郎「農村伝道現状の諸問題」『神の国新聞』第一〇六六号、一九三九年一一月、七頁。
(51) 栗原の「満洲開拓」への取り組みについて江川栄は、「日中両民族が憎しみ、殺し合う最悪の時とところに、キリストによる平和と和ぎと繁栄とを実現しようとの祈り願いのほか何ものでもない」と述べている（『栗原陽太郎召天一周年記念誌』一九七〇年、一六頁）。栗原自身は『太郎物語』で、詳細に記載しているが、評価は書いていない。ただし、前述の事情で、栗原がどう考えていたのか、同書で判断することはできない。筆者は、栗原が「満洲移民」に関与したことをもって、栗原を非難する意図をもっているわけではない。しかし、基督教開拓村の悲惨な結末ともあわせ、農村伝道の目指す方向と異なることは明らかであり、その史実や移民にいたった原因を明確にすることは必要である。

第11章　戦後の農村伝道

1　農村伝道の再出発

第10章では、戦前におけるキリスト教に基づく農村社会事業を概観して、個々にはすぐれた活動を生み出したものの、農村の生活問題の改善には程遠く、結局満洲開拓に根本的解決の活路を見出し、満洲基督教開拓村に社会事業や農村伝道の関係者が期待を寄せて積極的に推進するが、戦後無事に帰国できたのは参加者の約半数という惨めな末路になってしまったことを論じた[1]。

しかし、満洲基督教開拓村でもって、キリスト教による農村社会事業が終わったわけではないし、ましてや農村伝道をやめてしまったわけではない。戦争に敗れたからといって、農村社会事業を必要とした農村における生活上の諸困難がなくなったわけでは全くない。農村社会事業が求められる状況に何の変化もなかった。

したがって、戦後になっても、一般の社会事業のなかでも農村社会事業への関心は高い。たとえば、日本社会事業協会のなかに農村社会事業研究会を置いて、「農村社会事業実践要項」をまとめた[2]。そこで示されている「農村社会事業」は、生活保護法や共同募金運動と関連づけるなど、キリスト教による活動とは異なる視点も有しているが、農村において地域を基盤とした活動によって、生活上の諸課題を解決すべき状況にあることが明示されている。農村社会事業は戦後社会福祉の出発においてもなお、重要な課題であったのである。

同要項ではキリスト教のことは視野にないが、農村社会事業に参加すべき者の例示として「宗教家」が示され、場所として「神社寺院」も想定の一つになるなど、宗教の役割が期待されている。農村では「神社寺院」の役割が大きいので、それを明示しているが、教会も農村での基盤を持つことになれば、社会事業への参加も求められることになろう。

戦後復刊された雑誌『社会事業』(一九六一年から『月刊福祉』)においても、一九四九年一〇・一一月号として刊行された第三二巻第一〇・一一号に大久保満彦「農村社会事業論」、村松義郎「農村社会事業考察の一前提」が掲載されているほか、農村社会事業、あるいは何らかの形で農村と社会事業との関連に触れた論考が繰り返し掲載されている。ことに横山定雄はたびたび農村に関連する論考を執筆している。高度成長期の半ば頃まで、農村社会事業は、社会福祉全体にとっても、一定の関心をもたれていた。

したがって、キリスト教としても、農村社会事業に尽力すべき客観的状況が続いていたといってよい。戦前の農村社会事業や農村伝道にかかわった人たちのうち、兵庫県に曽根セツルメントを開設した石田英雄は戦時下に死去するが、石田の始めた事業のうち、保育所などは戦後も継続する。賀川豊彦は引き続き多様な活動をしているし、杉山元治郎は、代議士としていっそう活躍の場を広げる。栗原陽太郎、藤崎盛一ら主要な人物は、引き続き農村伝道を継続する。アルフレッド・ラッセル・ストーンはカナダに帰国したが、戦後再び来日する。戦前すでに農村伝道に寄与していた木俣敏は、戦後は中核的な役割を果たす。さらに、戦後になって新たに加わる人材もいる。むしろ、戦前は前史であって、戦後こそ本格的に展開したという解釈すらできそうなほどである。農村伝道の積極的展開は、キリスト教による農村社会事業の可能性を広げるものでもあった。

農村社会事業の源泉でもあった農民福音学校も、一九四三年以降は中止されていたものの、一九四六年に武蔵野農民福音学校が再開されたほか、新たに香川県豊島で、一九四七年から開校され、豊島では女子の学校も開校されている(3)。

参加者の数なども含め、戦前と比べて勝るとも劣らない状況になっている。

戦後社会は、高度成長のなかで都市化が進んでいくので、逆に農村というものの存在を際立たせることになる。都市が人口を増やし拡充させれば、その対比で農村にも注目が集まるという構図があった。また、都市が富裕な場としての地位を固めていくことから、農村が困窮の地として、注目されることになった。後述する菊池吉弥は、「私を農村社会に追い込んだのは戦争であり、私の戦争責任であった。私は、この農村地帯における伝道において、この責任を神に果たさなければならなかったのである」と述べて[4]、戦争責任との関連で農村伝道を語っているが、社会への問題意識を持ちつつ農村伝道を企図する姿勢は、戦後いっそう強まっている。

農村伝道が再興されるなか、農村伝道と関連する農村社会事業も、継続される条件があったと考えるべきであろう。戦後の継続性を視野にいれて検討しないと、農村社会事業の歴史的性格を把握できたことにはならないのではないだろうか。戦前の農村社会事業の成果は、戦後に継続された面、変質していく面、消失していく面など、多様な展開をしていくことになろう。戦後の変遷から逆に戦前を照射して、戦前の農村社会事業を詳細に理解することができるのではないか。

そこで戦後、農村伝道がどう変遷し、特にそれが社会事業・社会福祉から見たときにどう評価すべきかを分析する。そこから見えてくる大きな課題は、戦後におけるキリスト教社会福祉の可能性である。戦後は福祉三法（生活保護法、児童福祉法、身体障害者福祉法）の制定や社会福祉事業法の制定など、公的な施策がなされるため、キリスト教社会福祉の役割は低下していくことになる。それでもなお、キリスト教の役割があった場として、一つは農村での社会福祉が考えられる。なぜなら、農村における低位な生活実態は戦後しばらくは続くなかで、農村において社会福祉に取り組むことは、教会やキリスト者の任務でもあった。社会福祉の法体制が整備されて、嫌でもその体制に含まれなければ、社会福祉実践自体が事実上できなくなる。戦後のキリスト教社会福祉の影が薄くなるのは、キリスト教の怠慢ではなく、制度上必然的にもたらされたことでもある。その点、農村社会事業は、キリスト教との関係をなお強く持つことができた分野といってよいであろう。

なお、本章の目的はキリスト教社会福祉史として、戦後のキリスト教社会福祉の可能性の一つに農村社会事業があったのではないかと考えて、その可能性を検討しようとしたものである。そのため、あくまで社会福祉的な関心から論じたものであり、農村伝道については、全体像のあるごく一部分を取り上げたにすぎない。農村伝道は、失敗したと批判されているが、むしろ厚く広い活動が長期になされ、生涯をかけて従事した伝道者も少なくない。すでに星野正興『日本の農村社会とキリスト教』[5]のような、すぐれた文献も発刊されている。

農村自体への関心を持つ立場から見れば、本章が歪んだものに見えることは避けられない。農村伝道論への言及にしても、議論のうち社会福祉の関連する部分を抜粋して取り上げているので、論者からすれば不本意な、あるいは重箱のすみをつついているように受け取られるかもしれないが、あえて本章をまとめたのは、戦後農村に、キリスト教社会福祉を発展させうる機会がわずかでもあったのであれば、それを認識してその意義を何らかの形で継承することが、社会福祉のうえからも、キリスト教宣教のうえからも有意義であると考えるからである。

2　農村伝道の活性化と生活問題

戦後の農村伝道は、ある意味では、戦前よりも活性化していく。戦前は、一部の使命感をもった者の活動という印象がぬぐえないのに対し、戦後は日本基督教団において、主要な宣教課題として位置づけられていく。そこには、戦前から継続している農村の生活の低位性があった。戦後の農村は農地改革を経て、戦前とは状況が激変し、貧困であるという先入観では語れなくなっていくが、それはしばらく時間が経過してからである。

戦後のキリスト教界の動きとして、戦時下に結成された日本基督教団から、旧教派の離脱が相次ぐほか、戦後になって新たな教派の伝道が開始されるなどの動きがあるものの、なお日本基督教団がプロテスタント最大教派であり、農村に関連する動きも日本基督教団が中心的な役割を果たす。日本基督教団では、一九四七年にさっそく農村伝道二十五年計画を立て、さらに中央農村教化研究所を設立して、ストーンを所長とした。また、全国に農漁村センターを設置した。[6]一九五三年に第一回の全国宣教会議が開催されるが、そこでの関心事の一つは農村伝道であった。

農村伝道への関心の一事例として、戦後発刊されるキリスト教雑誌の一つである『基督教文化』での、一九五〇年九月に「日本の農村とキリスト教」という座談会を取り上げたい。[7]そこでは、出席者の一人が医師の日野原重明であることから、医療問題が繰り返し話題になっている。日野原はまず、農村に無医村が広がっている実態を指摘し、その背景として農民の低収入があって、農村での医療が医師から見て採算に合わないことを指摘する。さらに、キリスト者医科連盟が医療伝道として、戦前に中国で「細民伝道」を行った実績を紹介する。また、福島県にて堀川愛生園という団体と連携しつつ、医療伝道を行っている事例があるとする。堀川愛生園は、戦前はセツルメントを行っていた東京神田の三崎町教会の活動から始まった団体で、[8]現在では児童養護施設の運営などを行っている。

「貧農」ということにも話題が及び、編集部から「貧農といわれるような人達はキリスト教に対しては関心を持つておるのでしょうか」と問いかけている。ただ、岩井文男が「貧農には関心が少ないですね。…（中略）…貧乏なるが故に生活に追われて、とにかく毎日自分で考えて自分で独創的にものをするというところまで来ていないのですね」という発言がなされ、それ以上深められないで終わっている。テーマはあくまで「農村とキリスト教」であるので、テーマにかかわる広い課題に言及されて、農村社会事業にまで話題は及んではいないものの、医療や貧困が農村の深刻な課題であり、そこにキリスト者が向き合うことの必要性はある程度示されている。

こうした現状認識は、戦後も農村伝道に尽力したストーンも強く持っていた。一九五三年九月二二日から二四日にかけて青山学院大学で開催された全国宣教会議でストーンは、分団「伝道方策の再検討」にて「伝道と農村問題」と題して発題している[9]。そこでストーンは、農地改革後も耕地が限られていてなお農民は貧困であり、そこに出生率の高さも加わって、問題の解決を困難にしているとの問題意識を示す。そして、「農村の窮状を我らの伝道の問題との関連において見よう」と述べ、「基督者として今日の農村の窮状に目を閉じているわけにはゆかぬ。良きサマリヤ人が悩める人を避けて通り過ぎなかったと同じく、又主イエス・キリストが多くの病める者を医し、悩める人々を助け給うた如くに我々として何とかしてこれら農民を今日の窮状から救う道を開くために全力を尽さねばならぬ」とし、「我々は本当に彼らの経済的窮状のために同情した風を装うのでなく、真に彼らのために苦労するのでなければならない」と訴えた。

ストーンは対策の具体的な方法まで論じているのではないので、社会事業に触れているわけではないが、農民の経済的窮状への対処としては、やはり社会事業がまず検討されることになってくるはずである。この全国宣教会議は、社会福祉について、何ら協議対象になっていない。戦前のキリスト教社会事業の果たした役割からすれば、当然に宣教の課題の一つとして、関心が持たれていいはずだが、その気配すらないところに、戦後の日本基督教団において、社会福祉が軽視されてきた姿が現れているが、そのなかでのストーンの発言は、社会福祉に接近するものであった。

その後、日本基督教団宣教研究所によって一九五八年に作成され、一九六五年に改訂された「キリスト者の社会的行動の指針」では「農民は、過重の労働をもって社会の基本的要求に応えながら、しかも経済的弱者として、恵まれぬ社会的地位に甘んずべき境遇におかれている。国家は後進産業としての農業の革新のために、画期的施策を講じなければならない。われらは協同組合運動の社会的意義を正当に評価し、労働者および農民の生活防衛のために、これを育成強化しようと努める」として、農民の生活実態への特別の関心を示している、直接には、社会福祉にまで触れていないが、次の項目で「社会保障制度や公私の社会事業の果たすべき任務」なので、全体の構造としては、農村への社会的施策の奨励となっている[10]。

中央農村教化研究所には「福祉部」が設けられ、保育園や農繁期託児所が設置されている。これは農村における保育事業について「福祉」と認識していたということでもある[11]。中央農村教化研究所は、一九五一年に農村伝道神学校へと改称するが、女子部が設置され、それが保育科となって、早朝の祈祷会から一日が始まるなど、キリスト教保育の実践が強く志向される教育が行われた。一九七三年三月に廃科されるまで続く[12]。

以上のように、日本基督教団をはじめとしたキリスト教にとって、強く意識したかどうかはともかく、実質的に農村社会事業は主要な課題であったといってよいであろう。農村社会事業自体は、キリスト教特有のものではない。しかし、キリスト教による農村社会事業は農村伝道と関連し、教会と密接に関連しながら展開する。

3　農村伝道と社会福祉

実際に各地で農村伝道とも関連しつつ、農村社会事業が実施されていく。以下に紹介するのは、文献などで把握できたものを適宜紹介するのであって、恣意的に列挙したものである。しかし、個々にこうした活動があったことを認識したうえで、戦後キリスト教社会福祉の姿を検討すべきであろう。

御殿場の農民福音学校高根学園は、戦前に農繁期託児所から開始されて、常設保育所に発展させていたが、戦時下に中断された。しかし戦後ただちに、戦前からの関係者を中心にして再興への動きが出てくる。季節託児所を経て、一九五〇年には保育所へと発展を遂げている[13]。

福島伊達教会では、戦前から農繁期託児所を設置していた。この託児所は、「農村伝道は先ず生活からである」という考えから、農家の主婦の負担となっていた幼児の保育の軽減をはかったものである。一九四七年に伊達教会として、常設の保育所を設置することとなって保育事業が開始され、一九四九年には正式の認可を受ける。保育所は、単なる附属事業ではなく、地域にキリスト教を働きかける運動的取り組みの一環であった。また、伊達ＹＭＣＡの農村冬季講座を開催した[14]。

保育所や幼稚園の設置は、何も農村教会特有の動きではなく、都市部の教会でもよくみられることである。しかし、都市部の場合は、教勢拡大など、むしろ教会にとっての利点であったのではないだろうか。少子化が深刻化する時期まで、経営も安泰であった。農村の場合は、戦前の農村社会事業の活動を継承しつつ、農民の生活への対応である。農村伝道新神学校で保育科を設置したように、農村伝道の課題であった。一例として、菊池吉弥は青森県の五所川原で教会経営の保育所を経営した。日本基督教団木造伝道所が、一九四五年の創設当初は個人経営からスタートした保育所を、一九五二年に継承すると、その所長にも就任している。菊池は後述の木俣敏との共著を刊行しているように、農村伝道の実践者であり論客でもあった[15]。

和歌山県でのあるケースでは「不毛の時代に、教会は先ず幼児伝道からと考えて保育園を設置した。最初三瀬谷に、翌年荻原に、保母は教会の姉妹たちが喜んでやってくれた」として開始した保育園であるが、「保育園を二十数年していて、これが農村の人々との唯一の交わりの場所となっていた。何とか地域と接触し、奉仕する姿勢が大切である」というように、保育所が教会の存在基盤となっている[16]。

バプテスト系の注目できる活動として、戦前、斉藤久吉らによって、宮城県利府に設立された聖農学園がある。聖農学園は、戦後は日本基督教団の東北農村伝道圏センター、通称利府農村センターとして継承されていく。旧東部組合系のバプテスト教会が日本基督教団にとどまっていたため、日本基督教団の一部をなす形であったが、一九五九年に日本基督教団を離脱して、日本バプテスト同盟に加わることで、再びバプテスト系の聖農学園となる。戦前から学園の事業として重視されていた農民福音学校は、一九六一年まで行われている。そこでは、一九五四年には仙台基督教育児院の大坂鷹司が講師の一人になって「社会福祉の心」を講じているように、社会福祉への関心がみられ、やはり戦前から始まっていた農繁期託児所は戦後も継続され、一九七四年まで行われた[17]。

北部バプテストのタマシン・アレンは一九一五年に来日し、仙台での活動を経て盛岡に移って農村伝道を行い、凶作や津波への救援にも尽力した。一九三八年には三陸の久慈に移って、久慈社会館を設立するなどした。日米開戦にともない、抑留されていったんアメリカに帰国したものの、一九四七年に再度来日し、農民福音学校を開設し、久慈社会館も継続して、幼稚園や診療所の事業を行った。幼稚園といっても、富裕層を対象としたものではなく、地域住民の生活実態に即した事業の一つであったといってよい。チリ地震による津波被害への救援も行うなど、終始地域住民の課題に向き合っていった[18]。

農村での医療伝道として、神奈川県相模原市の田名伝道所について、日本基督教会（現・日本キリスト教会）牧師の渡辺信夫による報告がある[19]。相模原市は、現在では農村どころか政令指定都市になっているが、一九五〇年代には農村地域が広がっていた。日本基督教会田名伝道所において、小川武満によって、診療所が開設された。キリスト教の伝道が行われてこなかった地域に入っていくために保育とともに、医療が活用された。小川は、日本基督教会がアメリカの教会と連携することについて、軍隊と金の力を持つ国と伝道上の協力をすることに反対し、外国の力を借りることなく伝道を推進しようとした。

しかし、診察時間は一応決まってはいるが、実際は早朝や夜間でも患者は来るし、治療費を支払わない者もいる。また、患者が死亡したり、伝染病であるために隔離したりすれば、不当な非難を浴びるリスクもある。この医療伝道が、小川が医師であり牧師であるという、特異な立場であったために可能になったことであるので、あまり一般化はできないが、農村にキリスト教の基盤を築いていく意欲がみられた一つの実践であった。

以上のものは、おそらく全体からみれば一部であって、全国誌で伝えられることなく、地道に取り組まれた活動、現在ではなくなっているため、しっかり語られることなく忘れられつつある活動などが、多数あるものと思われる。今後、拾い上げて歴史に位置づけていくことが望まれる。

4　農村伝道論と社会福祉

戦後の宣教論として影響が大きかったのは、木俣敏の伝道圏の構想である。木俣は、一九五八年に『福音と世界』に「農村伝道の基礎的要件」を発表して伝道圏の考え方を議論し[20]、さらに一九六二年発刊の菊池吉弥との共著『教会と伝道圏』に「『伝道圏伝道方策』の研究」を収録し、さらに詳細に論じた[21]。

木俣の伝道圏構想は、一九九〇年代になってもなお、「三十年以上経ってもすたれていない」と評されるほど、発表当時はもちろん、以後も長期にわたって影響を持った[22]。農村に限定した議論ではないが、木俣の経歴からいっても、農村伝道への強い関心からの議論であることは明らかである。飯沼二郎は「木俣敏の農村伝道論」との見出しをつけて、木俣の伝道圏構想を紹介している[23]。したがって、木俣の伝道圏構想を、戦後の主要な農村伝道論として捉えるのは、決して過大な扱いではないであろう。

木俣は戦前、日本メソジスト教会の牧師として、長野県においてストーンらと協力しつつ、農村伝道に尽力した[24]。信濃農村社会教区が設置された際には、担当の牧師となった。社会教区では、川中島農村社会館が設置され、その館長も木俣であった。川中島農村社会館の事業の一つが「社会事業」であり、農繁期託児所、食生活改善事業、年末救済事業などがなされた。すなわち木俣は、農村社会事業の先駆的活動に寄与してきた人物なのである。木俣が伝道圏についての論考を発表していた当時の肩書は「中央農村教化研究所研究室」であり、農村が思考の軸であることは明らかである。

木俣は「相当のウエイトを持っている地域の住民が、産業・経済・教育・文化・社会福祉等、あらゆる面において共同の関心と共同の利害とによって、意識的にか無意識的にか結ばれている一定の地域における地域的結合体をさして農村共同体というのであろう」として、農村社会の構成要素として社会福祉を含めている。[25] 伝道にあたって、指導的青年男女と接触を図る必要があり、接触の方法として「教会の付帯教育事業、福祉事業」をあげる。[26] 住民にかかわっていくためには、地域社会へ奉仕するための組織体が必要であり、その組織のメンバーとして「福祉事業担当」をおく。[27]

閉鎖性の強い住民に対してはまず「第一次接触」がなされるが、そのプログラムとして、「労働問題に関する講義を主たる教科とした農民福音学校、労働福音学校」、教会経営の幼稚園・保育園の「母の会」「父兄の会」をあげている。[28] 地域社会内の特殊面での担当者として、「福祉事業の専門教師」や「一般福祉活動の奉仕者」をおく。[29] 伝道圏内の伝道圏協力委員会で取り組む共同事業には「社会福祉事業」が筆頭に来ている。[30]

木俣の伝道圏構想は、当時の社会状況やキリスト教が直面していた現実を踏まえて、緻密に組み立てられたものである。そこから社会福祉に関連する要素だけ抜き出すのは、木俣の議論を歪めて受け取る恐れがあるが、こうして随所で社会福祉に触れているのは、木俣の経歴とも合わせて考えれば、偶然社会福祉のことにも軽い気持ちで触れたというわけではなく、伝道圏構想を提起した時点においてもなお、農村に伝道にあたって、社会福祉を視野に入れるべきと考えていたことを意味する。木俣の宣教論の特質について、下田洋一は「人間の救い・解放には、地域社会の変革・解放が含まれる」と評し、地域社会と向き合う姿勢を評価しているが、[31] 地域社会と向き合うためには、地域住民の生活上の諸課題を直視することになるはずである。

木俣の議論からすれば、農村伝道には、戦前において農村社会事業の基盤になったのと同様に、社会福祉との接点を多く有するはずである。ただ、木俣以外の農村伝道論が、社会福祉との関係を鮮明に意図していたとはいえない。『農村伝道プログラム』という、農村伝道の基幹的な文献が一九六二年という、『教会と伝道圏』の同年に発刊されている。[32] 前半は、カルヴィン・シュナッカー「農村教会研究」というアメリカ人による著作の翻訳で、内容はアメリカの状況に関連するものである。後半は佐藤裕「日本農村教化のために」であるが、農村社会への理解や把握などは具体的かつ現実的で、農村伝道への手引きとしては有益に感じられるが、戦前の農村伝道は農民の困窮に直面することでもあったことには触れているけれども、社会福祉に直接関連する記述はみられない。

　筆者は、農村伝道に関係する文献や論考のごく一部を見たに過ぎないので、断定はできないが、農村伝道と社会福祉を結びつけて議論する発想は、木俣によって提言されたかのようであったが、以後は大きく広がることはなかったといってよい。

5　農村伝道の限界と社会福祉の基盤としての可能性

　農村伝道は次第に、キリスト教界全体からみれば、関心が薄れていく。それは、高度成長のなかで、そもそも農村自体が衰退して、人口が減少していく。農村人口の多かった時代では、日本のキリスト教の発展は、農村での信徒の拡大なしではありえなかった。それが、農村を視野に入れなくても、信徒の拡大が可能になった。むしろ伝道者や資金などの伝道のツールを都市に集中させる方が、効果的である。

　そのうえ農村でいくら伝道をしても、とりわけ若い信徒は、高校卒業や結婚などを契機に都市へ出て行ってしまう。そのため、一時はある程度の信徒をもっていた教会であっても、信徒の減少に悩まされることになる。まして、新たな教会の設立など、とうてい困難になる。おのずと伝道の関心はますます都市へと向かっていった。それでもあえて、地方への伝道を重視したケースもあることを、軽視してはならない(33)。とはいえその試みは、大きな苦難に立ち向かうことを余儀なくされた。

　そこに加え、そもそも「農民」とは誰なのか、曖昧になってきた。兼業化が進むので、農業で生計をたてていることを想定した旧来の農民像では、対応できなくなった。農村社会といっても、自動車の普及と道路の整備の中で、都市に通勤、通院、買い物で出かけることが容易な地域も珍しくなくなった。

社会福祉の面からいえば、農村社会事業の前提であった、困窮や疾病などの農民の生活課題は、農地改革以降のさまざまな政策のなかで、多分に解消していくことになる。農村は保守政権の有力な支持基盤であり、政策上さまざまな優遇がなされた。その結果、社会福祉の立場からの関心も高まっていくことはなかった。

それでも、保健衛生、保育などの生活上の課題が解消したわけではない。むしろ福祉国家政策のなかで都市部の生活条件が改善されれば、農村でも同レベルのサービスを希求することになる。しかし戦後は、保育所の設置などをキリスト教以外の者や行政が行い、保健行政も進行していく。保健婦のような公的な職員の活動も熱心になされた[34]。農村社会事業はキリスト教特有のものではなくなっていく。

それでもなお、農村での関心を失わず尽力し続けた者はいる。農村伝道神学校は「農村伝道」の看板を掲げつつ、牧師養成を継続している。個人でいえば星野正興のように、農村伝道に使命感をもって牧活を継続した者もいた。一九七一年に「農村伝道は可能か」という論考が『福音と世界』に掲載されているが、そこでの問いかけは、可能であり真摯に取り組むべきことを、暗に強調しているのである[35]。一九九二年の『福音と世界』では「いのちの危機と宣教」という特集が組まれ、松村重雄「農業の危機と農村宣教の課題」、大野和興「日本農業の『解体』と再生」という論考が掲載されている[36]。現在でもなお、農業や農村と関連した宣教論の議論は一部では活発である[37]。

しかしそうした議論の焦点は、農業政策の歪みの追及である。すなわち、農政が場当たり的であり、また都市中心の政策が農村を荒廃させ、工業化や都市化が環境破壊を促進していることを指摘する。その根本原因として、経済成長に依存した日本社会の姿や、それを支える資本主義の論理を批判する。そして、教会が抵抗するどころか、むしろ加担している実態を問う。そういう状況を打破していくことに、宣教の目標をおく議論である。議論それ自体には、正当性があるものの、マクロな関心のもとでは、社会福祉への議論には結びつかないので、戦後の一時期まで見られた、農村伝道と社会福祉を重ねて考える発想は見受けられない。いずれにせよ、農村でのキリスト教社会福祉が活性化しないということは、農村伝道が活性化しないということでもある。農村がキリスト教による福祉実践の主要な場としては後退したといわざるを得ない。

しかし、それゆえに、戦後の農村でのキリスト教による社会福祉実践の意義や可能性までをも否定的にみるのは適切ではない。農村での絶え間ないアプローチの姿勢はそれ自体、戦後においてキリスト教が、住民の生活実態への関心を失っていなかったことであり、そこにキリスト教による社会福祉実践のエネルギーや可能性を有していたと考えるべきであろう。ただ、それが大きく開花しなかったことについては、戦後の宣教の歴史全体とも絡んで分析が求められる。

しかも、近年では、農村部における相互扶助機能の低下や社会資源の維持の困難、いわゆる限界集落の広がりなどを背景として、農村を地域福祉の主要な対象と認識して働きかけていく試みが推進され、農村と社会福祉が近接しつつある[38]。農村の教会が現状としては、そこに加わる力量が失われている現実はあるが、可能性としては地域に関与できる機会は生じている。その可能性を模索するうえでも、農村伝道と農村社会事業のあり方を歴史から学ぶことが強く求められている。

注

(1)　本章では戦後を扱うので、社会福祉史の時期区分では「社会事業」ではなく、「社会福祉」と呼ぶのが一般的である。そうすると、「農村社会事業」ではなく、「農村福祉」(田端光美『日本の農村福祉』勁草書房、一九八二年という著作もある。同書は、豊富な統計を活用しつつ、個別事例も多く用いるなど、農村と社会福祉との関係を詳細に論じた水準の高い研究であるが、マクロな分析が基本になっていて、本章の視点とはかなり異なる)とか「農村社会福祉」と記すべきかもしれないが、戦前との継続性を意図した論考であること、戦後のある時期までは「農村社会事業」とされていたことなどにより、「農村社会事業」を基本としつつ、文脈や時期との関連で、「社会福祉」などの「福祉」を含んだ用語も用いる。

(2)『農村社会事業実践要領』日本社会事業協会、一九四九年。なお、日本社会事業協会は、戦前の中央社会事業協会を継承し、全国社会福祉協議会設立の中核となる団体である。
(3)農民福音学校編『農民福音学校』立農会、一九七七年。
(4)菊池吉弥「農村伝道の神学への試み――農村伝道者の神学的自伝として」『福音と世界』第一三巻第一一号、一九五八年一一月、一六頁。
(5)飯沼二郎は「農村伝道は完全に失敗の歴史」と述べている（『日本農業の将来とキリスト教』キリスト新聞社、一九九八年、九一頁）。飯沼の議論の不十分さを批判している星野正興も（『日本の農村社会とキリスト教』日本キリスト教団出版局、二〇〇五年、八頁）、自身が「農民伝道の失敗」という見出しをつけて、歴史を論じている（星野正興「農村社会と農村伝道」『福音と社会（農村伝道神学校紀要）』一九七八年、四八頁）。穂積修司「『地方・農村教会の課題と展望』――地方・農村伝道の変遷を辿りつつ」『神学研究』第四七号、二〇〇〇年三月も、「問題点」の多いことが強調されている。もちろん、これら論者は、農村伝道は失敗して駄目だった、というネガティブな議論をしているわけではなく、全く逆であり、特に穂積は打開策を詳述している。しかし、「農村伝道は失敗した」というイメージが一人歩きして、農村伝道のなかにあった、多様な活動や成果が看過されることになりはしないかと、筆者は危惧する。
(6)日本基督教団史編纂委員会『日本基督教団史』日本基督教団出版部、一九六七年。
(7)松田智雄・高井康雄・岩井文男・森岡清美・日野原重明「座談会　日本の農村とキリスト教」『基督教文化』第四九号、一九五〇年九月。
(8)三崎町教会五十年史編纂委員会編『三崎町にある我等の教会』日本基督教団三崎町教会、一九五八年、二七～二九頁。三崎町教会年表編集委員会編『三崎町にある我等の教会　日本キリスト教団三崎町教会年表1945年-1968年』日本基督教団三崎町教会、一九九一年、三二～三六頁。
(9)『日本基督教団全国宣教会議記録』日本基督教団出版部、一九五四年。
(10)『日本基督教団史資料集　第5篇　日本基督教団の形成（1954年～1968年）』日本基督教団出版局、一九九八年、二三一頁。
(11)『荒野を拓かん　農村伝道神学校神学科四〇年記念』鶴川学院農村伝道神学校同窓会、一九九〇年。
(12)秋山和子「保育科をふりかえって」『福音と社会（農村伝道神学校紀要）』第一八号、一九八八年。廃科の事情について、同誌掲載の興梠正敏「保育科の廃止について」で触れている。

(13) 杉浦秀典編『みくりやと賀川豊彦』賀川豊彦記念松沢資料館、二〇〇七年。『八十八年の歩み』日本キリスト教団御殿場教会、一九七二年。

(14) 遠藤修司『農村教会の歩み――日本基督教団福島伊達教会六十五年史』日本基督教団福島伊達教会、一九五六年。

(15) 『木造教会・木造保育所　写真で見る50年』日本基督教団木造教会、二〇〇三年。

(16) 鈴木義徳「過疎の中で生きぬく」『福音と世界』第三四巻第九号、一九七九年九月。

(17) 斉藤久吉・角谷晋次『東北農村と福音――宮城県利府村のキリスト教成人教育史』『聖農学園の歴史』刊行会、一九九七年。斉藤久吉『御心が地に成るように』聖光会館・塩釜キリスト教会、一九九九年。斉藤の信仰や思想については、斉藤久吉『最も大いなるものは愛である――信・望・愛に生かされて』日本バプテスト同盟塩釜キリスト教会、一九八八年。

(18) 目黒安子『みちのくの道の先――タマシン・アレンの生涯』教文館、二〇一二年。

(19) 渡辺信夫「田名伝道所――一つの農村医療伝道の試み」『福音と世界』第一〇巻第九号、一九五五年九月。

(20) 木俣敏「農村伝道の基礎的要件」『福音と世界』第一三巻第一一号、一九五八年一一月。

(21) 菊池吉弥・木俣敏『教会と伝道圏』日本基督教団中央農村教化研究所、一九六二年。

(22) 大庭昭博「『伝道圏』考1」『福音と世界』第四八巻第一号、一九九三年一月、六七頁。

(23) 飯沼二郎『日本農村伝道史研究』日本基督教団出版局、一九八八年、一五四～一六五頁。

(24) 塩入隆「日本メソヂスト教会の農村伝道」同志社大学人文科学研究所編『日本プロテスタント諸教派史の研究』教文館、一九九七年。塩入隆『長野県町教会百年史』日本基督教団長野県町教会、一九九二年。

(25) 菊池吉弥・木俣敏『教会と伝道圏』日本基督教団中央農村教化研究所、一九六二年、一四九頁。

(26) 同前書、一五九頁。

(27) 同前書、一六三頁。

(28) 同前書、一六五頁。

(29) 同前書、一六七頁。

(30) 同前書、一七五頁。

(31) 下田洋一「日本宣教論への一つの提言――木俣敏『伝道圏伝道構想』の意義」雨宮栄一・盛岡巌編『日本基督教団50年史の諸

問題』新教出版社、一九九二年。

(32) シュナッカー、カルヴィン／佐藤裕訳『農村伝道プログラム』キリスト新聞社、一九六二年。

(33) 日本キリスト兄弟団（「けいていだん」と読む）は、メノナイト系の小規模な教派であるが、山口県の、それも萩市や長門市などの日本海側を中心に宣教を行った。東條隆進『日本宣教における「地方」の問題』関西ミッション・リサーチ・センター　東京ミッション研究所、一九九九年は、その宣教の歩みを、内部の軋轢や葛藤などを含めて赤裸々に記すとともに、都市と地方、近代化と地方という観点から分析、検討した。日本のキリスト教宣教を考える上で、貴重な示唆を与える文献である。

(34) 農村地域での保健婦活動の浸透の一例として、木村哲也『駐在保健婦の時代』医学書院、二〇一二年は、高知県、沖縄県、青森県の駐在保健婦制度を論じている。

(35) 上野恒治「農村伝道は可能か」『福音と世界』第二六巻第一〇号、一九七一年一〇月。

(36) 松村重雄「農業の危機と農村宣教の課題」、大野和興「日本農業の「解体」と再生」『福音と世界』第四七巻第一二号、一九九二年一一月。

(37) たとえば、日本宣教会議・戸枝義明編『日本農業の将来とキリスト教』キリスト新聞社、一九九八年。

(38) たとえば、玉里恵美子『集落限界化を超えて』ふくろう出版、二〇〇九年。田中きよむ・水谷利亮・玉里恵美子・霜田博史『限界集落の生活と地域づくり』晃洋書房、二〇一三年。

第12章　奄美大島におけるカトリック社会福祉の展開

1　奄美大島の実態

九州と沖縄の間に奄美群島が位置し、そのなかでもっとも大きく中心都市の奄美市があるのが奄美大島である。奄美大島は、単に離島というだけにとどまらない課題を長く抱えてきた。自然環境の面では、山間部が多くて平地は少ないため、農業のうえでハンディが多い。現在では、道路が整備され、島内は短時間で移動することが可能であるが、道路が整備される以前は、他の集落に行くには、舗装されていない荒れた山越の狭い道を通らなければならないため容易ではなかった。周囲の海は荒れやすく、近代的な大型船が就航するようになる一九七〇年代以前は、鹿児島市に行くにしても欠航が多いなどの困難があった。台風の通過しやすい場所であるなど、災害が起きやすい。南国のイメージがあるが、実際には雨天が多く、むしろ陰鬱な雰囲気の日が多い。

少ない平地に多数の住居が密集していることから、大火も繰り返された。毒蛇のハブが大量に生息していることも、行動を制約していた。

さらに、歴史的社会的悪条件が重なっている。前近代から、薩摩からの搾取を受けてきたが、近代になってますます事態は悪化する(1)。財政面では、「独立経済」と称して、奄美のみの低劣な財政を強いられ、数少ない産業である砂糖の生産でも鹿児島の商人による、島民に不利な取引を強要された。

敗戦後は、一九五三年一二月二五日に返還されるまで、沖縄とともに米国統治下におかれ、戦後復興への歩みが立ち遅れた。その後、奄美振興開発事業によって、多額の国家予算が投入されるようになる。そのことは、道路、港湾、空港の整備など生活が近代化された面はあるが、一方で自然破壊が進み、また産業では公共事業に依存する体質を産んだと指摘され、人口の流出を止めることにはならなかった。(2) 観光は数少ない産業ではあるが、名所旧跡があるわけでもないし、航空路線も限られていて、沖縄のように活性化しているわけではない。

ネガティブなことばかり書いたが、むろんすぐれた特性も数多い。本土とはもちろん、沖縄とも異なった独自の文化が形成され、集落ごとに違うというほど多様である。開発のなかで破壊がすすんでしまったとはいえ、まだまだ豊かな自然や稀少生物の宝庫である。とはいえ、生活条件が厳しい実態を糊塗してはならない。

こうした条件は、島民の生活を困難にする一方で、生活向上へ向けての福祉活動は生じにくかった。そうしたなかでカトリックによるさまざまな福祉活動が戦後展開される。奄美では、カトリックの宣教が大きな成果をおさめた。一九三〇年代から戦時下にかけて後述の迫害によって大きく後退したものの、現在にいたるまで。人口比で多数の信徒をもっている。そのカトリックが、住民の福祉に関心をもって取り組むようになる。

奄美は、沖縄と九州の狭間におかれていることや、人口も少ないことから注目されることが少ない。よく沖縄の被差別的な立場が強調されるが、沖縄との対比においても被差別性をもっているのが奄美である。しかし、独自の文化や歴史など社会福祉史の面からも解明すべき課題を有していると考えられる。奄美におけるカトリックによる社会福祉活動を把握することで、奄美という一地域の福祉の歩みを明らかにするだけではなく、厳しい生活条件を克服するうえでの社会福祉実践の課題を検討する。なお、二〇〇六年三月に、名瀬市、笠利町、住用村が合併して奄美市が誕生したが、本章では当時の地名を用いている。

2　奄美大島のカトリック

カトリックの社会福祉を検討する前提として、奄美大島のカトリックの歩みを把握しておきたい(3)。奄美大島は伝統的な祭祀や風習が残ってきた反面、カトリックが大きな勢力を保持してきた。一般にカトリックが多い地域として長崎が知られるが、むしろ長崎以上に強いといってよい。ここで述べる一連の福祉も、その勢力があってこそ可能になってきた。なぜ、そうした勢力を有することができたのかを把握しておく必要がある。

奄美には一八九一年に神父バーナード・フェリエが来島することで、カトリックの伝道が始まった。さっそく一八九二年八月には名瀬教会で一六二人が洗礼を受けるなど、一〇〇人を超える規模での洗礼も珍しくなく、教勢が急速に拡大した。神父の来島も相次ぎ、各地に教会が建てられていく。カトリックの広がる中、プロテスタントは宣教の機会を逸してしまった。

短期間に広がった要因として、安齋伸は、島民の新しい理念の模索、伝統的神事や俗信からの解放への願い、経済的窮乏、宣教師の熱心さなどをあげている。カトリックは疲弊する島を近代化していくための、生活や文化の改革を促進するものとして、一部の島民から歓迎されたのである。安齋はさらに、カトリックが「経済的負担を信徒に求めなかった」「貧窮者に救済の手を伸ばした」という指摘をしている(4)。つまり、布教において当初から、生活困窮者に配慮する姿勢があった。この姿勢も教勢拡大につながっていくだけでなく、その後の福祉活動につながっていく要素になっていったと考えられる。

しかしながら、そのまま順調に発展したのではなく、一九三〇年代の迫害によって大きな打撃を受けることになる(5)。宣教当初から島民との軋轢はあり、投石などの嫌がらせの類は少なくなかったが、それは個人的で散発的なことでしかなかった。それに対し、一九三〇年代の動きは組織的で執拗であった。陸軍の幹部らによって反カトリック攻撃がなされ、カトリック排斥の機運が高まった。この動きに地元マスコミや一般住民も呼応していく。地元紙や、カトリック排撃を目的とした団体による、カトリックへの中傷や非難が激しくなった。最初の標的は、カトリック系の大島高等女学校であり、同校の廃校を求める運動が活発化し、廃校に追い込まれた。また、個々の信徒に対しても、暴力的な手段も含めて信仰を棄てるよう迫られた。神父の来島さえ困難になり、あえて来島した神父も退去を余儀なくされる有様で、困難のなかでも信仰を守り続けた信徒も少なくはないが、カトリックは壊滅に近い状況になっていく。

迫害を分析することが本章の目的ではないが、戦前といえども日本は法治国家であり、大本教弾圧やホーリネス弾圧などの一連の宗教弾圧も、一応は治安維持法という法律を根拠として取り締まったのである。カトリックの壊滅を目指す、行政・軍部・島民ぐるみの信徒への威圧など、あまりの無法といわざるを得ない事態である。それが可能となったのは、エリートコースをはずれた軍人による歪んだ愛国心、近代になって島内で急激に勢力を拡大したカトリックへの信徒以外の島民の危機感、本土から虐げられているがゆえに余計に愛国心を実証したい島民の心理が結合したのであろう。また、島内で進んでいる無法状態が、情報手段の乏しい当時としては適切に全国に伝えられたとはいえないし、カトリック側の対応も、ほぼ同時期に起きた上智大学生の靖国神社参拝拒否事件などの影響のためか、弱腰に感じられる。戦前も、カトリックによる診療所が設置されるなど、福祉への萌芽がみられたが、カトリック自体が壊滅状態になってしまった。

敗戦後、奄美は沖縄とともにアメリカの軍政のもとで、宣教が再開される。一九四七年より沖縄とともに、フランシスコ・カプチン会に依託され、復興し、再び大きな勢力をもつようになる。一九五三年の日本復帰によって、行政区域が沖縄と異なるようになったこともあって、一九五五年からコンベンツアル聖フランシスコ修道会によって宣教が担われる(6)。後述するような宣教師らの献身的な活動のなかで教勢が回復し、社会福祉の担い手となっていく。奄美市の中心部である名瀬市街地に二つの規模の大きい教会があるほか、島内の主要な集落には教会があり、奄美の一つの勢力となっている。

3　ハンセン病と児童福祉施設

奄美大島のカトリックによる福祉が活発になったきっかけの一つは、ハンセン病の問題である[7]。奄美ではハンセン病患者が比較的多く存在するにもかかわらず、地理的条件などもあって療養所に入所することが少ない状態が長く続いたが、ついに国立療養所奄美和光園（以下、和光園）が一九四三年に設置される。全国のどの国立ハンセン病療養所でも、プロテスタント、カトリック両方の教会が設立されていく。和光園の場合、設置当初は戦時下で迫害の影響の残っている時期なので、表立ってカトリックの信仰を明らかにする患者が多くいたとは考えにくいが、戦後、信者が増え、園内での一大勢力として無視できない存在となる。他の療養所のカトリック教会は、療養所のなかでは少数の勢力にすぎず、プロテスタント教会よりも小規模であるが、和光園の場合は、カトリックが最大の宗教組織であった。

こうなったのは、もともとカトリックの信仰をもっていた者が入所してきたこと、戦後本土の療養所に入所していたカトリック信徒の患者が和光園に入所して核になったことが前提としてあり、さらに、パトリック神父による熱心な伝道がなされた。パトリック・フィン神父は、和光園のすぐ横で生活し、園内に常時出入りして職員同様の状況であったという。パトリック神父の真摯な姿勢が、入所者の信頼を得ることにもなった。

カトリックの広がりのなかで起きてくるのが、入所者の出産問題である。国立ハンセン病療養所では、入所者同士の結婚を認める代わりに、断種手術を強制していた。入所者が妊娠した場合には、中絶を強要した。この強制断種や中絶が今日、人権侵害の一つとして指弾されている。しかし和光園の場合、医師が少なく医療設備が乏しいために断種手術が困難という現実的な問題があったうえに、断種や中絶に対してカトリックが反対したことから、断種・中絶が行われないケースが少なくなかった。パトリック、あるいは和光園に出入りしていたゼローム・ルカゼウスキー神父は[8]、産むように信徒を諭していたという。そのため、入所者による出産が続くことになる。

しかし、ハンセン病は感染力が弱いとされているとはいえ、幼少時の親との親密で長期的な接触によって感染する可能性はあるので、親が直接養育することはできなかった。また、園内に養育の場を設置することも、そもそも厚生省（現・厚生労働省）の立場からすれば、出産などありえないのであるから、できないことであった。

一方、事務職員に松原若安というカトリック信者の事務長がいた。松原は和光園の事務長として長く活躍し、和光園の機関誌にたびたび執筆している。和光園に赴任した医師小笠原登、あるいは画家として当時は全く無名であったが死後注目を集めるようになった田中一村との交友があった。退職後は名瀬市議となり、宇検村の枝手久島石油精製工場建設の反対運動にも参加する。こうした経歴からもわかるように、役人的なタイプではなく、積極的にものごとに取り組む人物であった。

当初は松原が個人的に子どもの養育をするといったこともあったが、子どもが増えてくると限界を迎えた。また、厚生省からは、断種せずに子どもを養育することをやめるように圧力がかかってきた。

こうしたなか、カトリックの大西基四夫が園長に赴任した。大西は施設設置までの経緯を回顧している[9]。大西の前任地は鹿児島県鹿屋市の星塚敬愛園であるが、敬愛園園長の時代から、奄美を訪問しており、園長であった馬場省二の立場や厚生省の意見も耳にしていた。大西自身は出産を是認する考えに傾いていたが、子どもの養育が課題であった。そこでカトリック教会に相談をもちかけたという。ゼローム神父の尽力により、ゼロームの自費で一九五四年名瀬市西仲勝に「子どもの家」が設置された。出産直後だけ松原が世話をして、「子どもの家」が引き取ることとなった。当初は、和光園で生まれた子どもを引取って養育するための場であった。こうした事情を知って、他の療養所に入所していて、

資料12-1　子どもの家と名瀬天使園

出所：ゼローム神父記念誌編集委員会編『奄美の使徒ゼローム神父記念誌――うがみんしょうらん』ゼローム神父記念誌刊行実行委員会，二〇〇六年，八三頁。

和光園に転園して出産する者もいたという。

一九五五年に幼きイエズス修道会が「子どもの家」を引き継いだ。一九五九年に乳児院名瀬天使園として児童福祉法の認可を受ける。これによって奄美全体から一般の乳児も措置されるようになる。一九六五年経営が長崎聖嬰会に移管され、一九六六年には建物を新築、一九七一年に法人名を聖嬰会に変更するといった動きがあった。[10] しかし、園児の減少もあって、一九九二年に廃止された。

乳児院の子どもが成長すると、乳児院では対応できないため、成長した子どもの養育の場を確保する必要が生じ、養護施設・白百合の寮が宮崎カリタス修道女会により設置される。[11] 和光園入所者の子どものほか、一般の児童も入所するようになる。一九六四年に増築、一九七七年には海の家「赤尾木寮」を設けた。[12] 白百合の寮は一九八二年に名瀬市浦上に移転した。[13] 一九九二年に名瀬天使園が廃止となり、その子どもを引受けて、乳児預かり所・つぼみの寮が一九九二年に設置され、一九九四年に建物が新築されたが、[14] 二〇〇五年三月に廃止された。

これらの経緯をみてもわかるように、初めから意図して児童福祉施設を整備しようとしたわけではなく、ハンセン病との取り組みを経て、施設を運営することになった。設置当時は社会福祉施設は島内にほとんどなく、数少ない社会福祉実践の場であったし、また島内の児童が、島内にとどまって施設に入所することができるようになった。

4　障害児施設と老人ホーム

もちろん、ハンセン病問題への対応のみが福祉活動への動機ではなく、島民の生活ニーズへの関心のなかで、各種の施設が設置されていく。

一九四九年には、名瀬市西仲勝に、カトリック診療所を設置する[15]。宣教が始まるとともに診療所設置の話が持ちあがり、永田清成医師が週一度来るようになった。一九五〇年に龍郷村赤尾木にも診療所を設置した。一九五八年には名瀬カトリック診療所が開設され、和光園園長の大西基四夫の妻の久子が診療にあたる。夫妻ともカトリック信徒であった。久子はハンセン病強制隔離の中心となった医師、光田健輔の次女でもある。徳之島にも一九六〇年頃診療所が設置された[16]。

奄美では、医師の不足、道路事情の悪さによる通院の困難さ、南国特有の疾病、治療費を払えない貧困などが重なって、医療はきわめて深刻な生活課題であった。小規模とはいえ、こうした課題にこたえるものとして、住民の生命を支えるものであった。しかし、信徒の医師による献身的な働きに依存していたこと、また他の医療機関もある程度整ってきたことから、西仲勝の場合、一九六五年に医師は不在となったのを契機に廃止されることになる。

入所型の社会福祉施設も設置される。一九六六年には、精神薄弱児施設（現・知的障害児施設）希望の星学園が龍郷村に創設された[17]。一九六五年の地元紙『奄美』には「カ教が養護施設」との見出しで「竜郷村の郵政省から払いさげた同村赤尾木の元無線通信施設の敷地四・八ヘクタールと鉄筋平屋建て七二五平方メートルの建物を精薄児収容施設に提供することを決めたので同教会は大喜び」との記事が掲載されている。施設設置の動機は、笠利町赤木名で全郡福祉大会が開かれた折に、知的障害児の母から涙ながらの訴えがあって、出席していたゼローム神父が施設をつくると述べたことがきっかけという[18]。当時、奄美には知的障害の施設がなかったため、施設に入所する必要が生じた場合、島外の施設に入所するしかない実態があった。そうなると、経済実態や交通事情からいって、家族の面会や一時帰省などは困難であり、家族や地域から切り離されることになる。当時の状況のなかでは、島内への施設の設置は、知的障害児の家族からすれば、悲願だったのである。

資金募集にあたって、コンベンツアル修道会に勤務していた別府次郎がアメリカ、カナダで資金募集を行った[19]。別府は後に名瀬市議となるが、その際に社会福祉の重要性を訴えている。ゼローム神父のアメリカでの募金、地元新聞の南海日日新聞による募金などもあった。施設の運営はクリスト・ロア宣教修道女会に依託され、修道女が奄美に来た。クリスト・ロア宣教修道女会は、戦後、ハンセン病施設であった神山復生病院を運営していることでも知られる。

一九六五年五月一日に起工式が行われた[20]。一九六六年七月一日に落成し、七月八日に開園式が行われた[21]。一九六八年に皇太子（現・天皇）の[22]、一九七一年には高松宮夫妻の訪問を受けるなど[23]、社会的認知も受ける。一九六九年には九州への旅行を行っているが[24]、当時の交通事情や経済事情を考えると、かなり困難な事業であったと思われる。一九八一年には一五周年となって記念行事が行われた。「カシオペア子供王国」という地域との交流行事なども行うようになっている[25]。二〇〇〇年に増改築された。

一九七二年には瀬戸内町古仁屋に特別養護老人ホーム奄美の里が開設された[26]。マリアの宣教者フランシスコ修道女会の経営である。奄美で最初の特別養護老人ホームであった。奄美では高齢者の施設がなく、入所の必要な人はやむなく本土の施設に入所するか、あるいは、名瀬市立の養護老人ホームがあってそこに特別養護老人ホームに該当する人が入所するなどの実態があった[27]。知的障害児の場合と同様、本土の施設に入所した場合、住み慣れた郷土から切り離されてしまううえ、当時の高齢者には奄美の言葉を日常的に使っている人がいて、施設内でコミュニケーションがとれないという問題があった。

古仁屋は戦前には軍の要塞があって、その存在が戦前の迫害の要因ともなり、また所属の軍人が迫害に参加したという地である。中心都市の名瀬市や奄美空港から離れているという不便さもあって、急速な過疎化、高齢化のなかで高齢者への支援が求められていた。一九八三年五月には、裏山の土砂崩れで入所者が避難するといった出来事はあったが、[28]高齢化のなかで、その存在意義を高めていった。

一九六三年一月に大和村に大棚保育園が、一九六六年一二月には名瀬市に知名瀬保育園が設置された。一九七五年四月には笠利町に笠利聖母保育園が開園している。[29]もともと幼稚園として一九五九年に開設したものを、紬を織るなど共働きの多い実態のなかで乳児でも預かるという必要性にこたえて、保育所とした。

一九八八年には聖嬰会によって、名瀬天使園に隣接した地に特別養護老人ホームめぐみの園が設立された。同年にデイサービス事業も開始している。[30]

奄美では、奄美振興開発事業に社会福祉施設整備が含まれるようになり、振興策の一環として、社会福祉施設整備も推進されるようになっていくが、元来は施設を経営できる意欲と能力をもった主体は乏しかったといえよう。カトリックによる施設はいずれも奄美で最初であり、福祉の乏しい奄美で基礎をつくることになった。

5　宣教に不可欠な社会福祉

奄美の生活水準の低いなかで、生活への支援は宣教に不可欠な課題であった。困窮した家庭への訪問、大火など繰り返される災害への支援、病人を車で運ぶなど、日常の宣教活動の延長として、住民の生活を支える活動が盛んに行われていく。

戦後まもない頃、オーバン・バートルダス神父はジープで島内を走り回っていたが、このジープは「或時には救急車となり、又時には霊柩車となり、島の人々の為にもとても働いた」という。車が少ない時期、ジープが移動の手段にとどまらず、生活の支援に活用されたのである。それは、今日の感覚では、それほど特異なことには感じないが、当時は、道路事情が劣悪で、運転する者にとって、かなりの苦難をともなっていた。平義治は「笠利まで（筆者注――名瀬市内から）直行でジープでも数時間かかったものだった」という状況であったと回顧している。[31]

多くの教会ではミシンが置かれたが、衣服も満足にそろえられない現実への対応であった。一九四八年から一九五一年にかけて洋裁学院がおかれたのも同様である。[32] 狭義の福祉としての意識はなかったであろうが、切実な生活課題にこたえることだったのである。

また、全国各地で貧困者への支援をしていた修道士ゼノ・セブロフスキーは、奄美にも関心を寄せていた。[33] 何度か奄美に支援物資を送っており、奄美への関心を喚起するとともに、島民にとっての具体的な生活の支えともなった。

そうした福祉への姿勢は一般信徒の活動にも反映される。一九五八年頃に名瀬聖心教会の青年会には、社会福祉部が設置された。[34] 目標として、研究調査、討論の集会、図書の配布と紹介、各地区の教会やカトリック青年会との連絡協調と資料交換、少年少女への指導育成、各種社会福祉施設の設置促進など多様なものが掲げられ、意欲的に発足したことがうかがわれる。

ただ、あまりに幅広い内容が掲げられたので、実際にすべてが実現できたのではなく、活動として主に行われたのは施設への訪問である。特に乳児院の天使園訪問の様子が報じられている。[35] それによると、おむつ洗いや食事の世話、子どもの見守りなどの実質的な活動を行った。毎月行われ、参加者は一〇人を超えることも多かった。[36] 活動が具体的であること、参加者が多いことなど、当時としては積極性に富んだ活動であった。

一九六五年に慈善市を行って、収益を施設に寄付しているなど、資金獲得の取り組みもみられた。[37] 希望の星学園への運動会への参加も記録されている[38]。こうした活動は、よくありがちな「慰問」ではなく、参加していくボランティア活動であった。共同募金への協力も行われた。

こうした活動もあって、奄美大島カトリック連合青年会の一五周年において、管区長ユゼビウス・ウエスンコは「皆様の犠牲的精神は、過去幾多の慈善行為の中に現れ、或る時は貧しい隣人へと救いの手をのべ、又或る時は精薄児や孤児へと愛の手をのべ単に言葉だけでなく、実際に行動に移して、より良い幸福な社会を作ろうと努力されて来られた事は、奄美の教会は勿論のこと、社会にとつても喜びに耐えない処であります」と述べている。いわば身内の、しかも祝辞として述べていることであるから、客観的な評価とはとうてい言いがたいが、それなりの実績がなければ、こうした表現になることもないであろう[39]。

教会による一九七二年から「八月踊り」での和光園への訪問なども行われた[40]。和光園にカトリック教会があることから、入所者との交流は当然に行われてきているし、光田健輔が死去したとき、和光園教会で追悼ミサがあり、神父、修道女らが全島から参加している[41]。光田が晩年カトリックの洗礼を受けていることと、当時の園長がカトリック信徒の大西基四夫であったことから、こうしたミサが行われたのであろう。一九九六年にらい予防法が廃止されたときには、和光園教会で廃止感謝ミサが行われ、大熊教会ほか各教会から参加した[42]。

一九七〇年代まで、奄美では各地で大火が繰り返されて、ただでさえ苦しい生活を一段と困窮させていた。平地の少ない奄美では、市街地は家屋が密集して形成され、しかし消防体制はそれに追いつかず、いったん火災が発生すると、たちまち広がっていくのである。一九五五年の名瀬市の大火では聖心教会と司祭館が焼失した。一九五八年には古仁屋町での大火で教会も焼失した。これら大火では、信徒の被災者も少なくなかったと思われる。自ら被災することがありつつも、大火の被災者への支援も行われていた。

ただ、こうした活動もやがて停滞していく面がある。青年が就職、進学などで島から出ていくことが多くなって、中核を担っていた層が薄くなってしまったこと、都市的な生活様式が島にも浸透するようになって、生活のあり方が変化してきたこと、各種の社会福祉制度が機能するようになって、カトリックが担うべき範囲が狭まったこと、振興事業などにより経済的に一定の向上がみられ、大火などの災害や台風被害もかつてほどではなくなったことなど、社会情勢の激変の影響が考えられる。

こうした福祉活動の展開のうえで、神父のゼローム・ルカゼウスキーが主要な役割を果たしている[43]。名瀬天使園、白百合の寮、希望の星学園のいずれも、ゼロームの尽力のなかで設立されたものである。ゼロームは一九二二年にアメリカに生まれ、一九四一年にコンベンツアル聖フランシスコ修道会に入会、一九五二年に奄美に来島した。以後、島内各地の主任司祭を歴任した。ゼロームが関心を寄せたのは、貧困の問題やハンセン病の問題であり、それが、施設の設置につながっていく。土地の取得など設立に向けての準備や担当する修道会との折衝などを担って、施設の設置の道筋をつける。一九五五年の名瀬市の大火でも救援を行うなど、災害での救援にも熱心であった。晩年には病院訪問などを行った。島民から広く惜しまれつつ、二〇〇三年に死去した。

こうした多様な活動が可能になったのは、カトリック特有の有利な条件があったことも否定はできない。必要に応じて修道会を誘致することができたし、働き手として、神父や修道女を島外から得ることが可能であった。ただし、奄美出身の神父や修道女を多数生み出しているのであり、一方的な受け手というわけではない。

また、米国統治下において、優遇される状況があり、日本復帰後も、アメリカからの物的・経済的支援などを得ることが可能であった。奄美の歴史において、米国統治下におかれたことのマイナスの意味を考えるとき、アメリカとのつながりについての評価には微妙な問題をはらんでいるといえよう。

また、生活困難な人たちへの支援を通じて島内で勢力を広げる、共産党勢力への対抗という意識もあったようである。ゼロームは「その頃、共産党員が、社会福祉のためによく働いていた。そこで私も、メリケン粉など救援物資を配った」

と述べている。[44] 米国統治下の時期から、共産党と関係する社会運動が活発に行われた。前近代から続く社会的抑圧と貧しい生活、さらには米国統治時代の復帰運動は、共産党の勢力を拡大させる要因となっていた。党の関係者は政治活動にとどまらず、住民の生活への具体的な援助を行い、勢力を広げていた。その結果、地方でありながら、共産党がかなりの勢力をもつようになり、名瀬市議会で複数の議席を有するにいたる。こうした状況への危機感もあった。ゼノも「斯様な所の例にもれず共産主義者たちの活発な運動が繰り展げられています。皆さん大島が共産主義の犠牲にならぬよう沢山お祈りして下さいませ」と述べており、[45] 共産党への対抗という発想が、カトリック内で共有されていた状況がうかがわれる。ただ、相対的に強かったとはいっても、しょせん少数派にすぎない共産党に対する反応が過敏である感は否めず、冷戦で生じた国際的な政治構造が、奄美でも反映されていた。

こうした限界はあるにしても、全体として、島民の生活支援に成果をあげてきた。ことに、信徒の加わった活動は、自ら住民でもあるわけであるから、地域福祉の萌芽となる可能性を有していた。

6　教会を基盤とした地域福祉

奄美でもカトリック福祉の歴史的意義は、単に社会福祉施設を多く設置したことにあるのではない。カトリックの人たちが、島民の生活改善に広く関心をもち、具体的に活動したことの今日的意義である。実態から出発し、それを個別の課題に取り組むことで改善し、一定の成果をあげた。

奄美にも、地域における相互扶助の機能はあったと思われるが、戦後社会で生起する問題は、それを超えるものであり、地域の課題の解決への積極的努力なしに改善への展望を見出すことはできなかった。事実上、カトリック以外に戦後の困難な時期に福祉活動を担える主体はほとんどなかったのが現実であったであろう。カトリックが地域から遊離した存在であれば、外部からの恩恵的救済に終わる危険性も有しているのであるが、教会が活動のベースになるなど、地域に根ざした性格を有していた。カトリックの人たち自身も島民として困難な条件下での生活を営んでいるのであり、その活動は恩恵的ではなく、地域のなかでの福祉をつくっていく契機となるものであった。

やがて奄美は振興開発事業もあって外見は豊かに変貌するが、それについては自然破壊などへの批判や本土への依存的な体質を生んで自立を阻害したのではないかとの疑念も消えない。しかし、地域での自発的実践がみられたことは、奄美自体がなお自立への可能性を十分にもっていることを示している。

付記

名瀬聖心教会にて資料の閲覧・複写などの協力をいただいた。田辺徹神父より聞き取りなどの協力を、森山一隆氏より資料や情報の提供をいただいた。記して感謝したい。

注

（1）奄美大島の歴史の展開を分析したものに、西村富明『奄美群島の近現代史――明治以降の奄美政策』海風社、一九九三年がある。

（2）戦後の分析として、鹿児島県地方自治研究所編『奄美戦後史』南方新社、二〇〇五年。カトリックの作家である島尾敏雄による『名瀬だより』農山漁村文化協会、一九七七年も、一九五〇年代後半頃の奄美の様子が描かれており、またカトリックについても触れている。なお、筆者は、一九七一年四月から一九七四年四月初めまで、当時小学生であったが、名瀬市に居住した。道路は名瀬市街地以外ほとんど舗装されていないなど、奄美が本土並の生活様式に変貌する直前といっていい頃であり、本章が扱う時期の状況について、体験的に知っている。

（3）奄美のカトリックの歴史としては、『カトリック奄美100年』奄美宣教100周年実行委員会、一九九二年。また『名瀬市史　中巻』名瀬市史編纂委員会、一九七一年、五一九～五三七頁には「奄美大島に於けるカトリック布教史」と題して、やや詳しい記述がある。現在の教会や信徒の実態の報告として、須山聡編著『奄美大島の地域性　大学生が見た島／シマの素顔』海青社、二〇一四年の「第8章　カトリックの普及と信仰の混淆」。

(4)　安齋伸『南島におけるキリスト教の受容』第一書房、一九八四年、二九〜三〇頁。

(5)　カトリックへの迫害について、まとまった文献としては宮下正昭『聖堂の日の丸——奄美カトリック迫害と天皇教』南方新社、一九九九年、小坂井澄『ある昭和の受難「悲しみのマリア」の島』集英社、一九八四年がある。高木一雄『大正・昭和カトリック教会史1』聖母の騎士社、一九八五年では、関係史料を多く引用して分析している。『奄美宣教百周年記念資料誌（1）宣教師達の働き』サンタ・マリアの島のカトリック教会には、当時を知る人の座談会記録をはじめ、いくつかの史資料が掲載されている。そのほか『鹿児島カトリック教区報』第一三四号、一九七六年一月の記事などがある。当時の『日本カトリック新聞』一九三三年一一月五日号には、「大島高等女学校問題の真相を語る」という見出しをつけた大きな記事が掲載されている。

(6)　戦後のコンベンツアル会のもとでの動きは、『奄美大島宣教25年史』コンベンツアル聖フランシスコ会奄美大島管区本部、一九七七年。

(7)　児童施設の経緯については、杉山博昭「九州におけるカトリックによるハンセン病救済活動」『東北社会福祉史研究』第二三号、二〇〇五年三月、杉山博昭・山田幸子・澤宣夫「九州におけるカトリック児童養護施設の歴史的展開」『純心人文研究』第一二号、二〇〇六年三月でも述べた。

(8)　ゼロームについて、「ジェローム」「ゼロム」など、さまざまな表記がなされており、よく用いられたのは「ジェローム」であるが、晩年の『鹿児島カトリック教区報』の記事及び死後に発刊された記念誌で「ゼローム」とされているので、本章では「ゼローム」で統一する。

(9)　大西基四夫『まなざし　その二——癩に耐え抜いた人々』みずき書房、一九九一年、七二〜七六頁で回顧している。和光園に関係した人からの聞き取りによれば、大西は和光園在職時、なお患者からの感染を不安視し、隔離にこだわりがあったという。入所者が子どもを産むことについては容認していたというが、その大西の発言であるから、ここに書かれていることすべてを事実として認めてよいかは慎重であるべきであろう。しかし、今のところ否定する材料もないので、とりあえず是認して記述する。

(10)　『ベルブム』（奄美大島カトリック連合青年会発行）第一号、一九七五年一一月、一五頁。

(11)　宮崎カリタス修道女会の奄美への進出と、笠利聖母保育園や白百合の寮設立については、谷口ミサエ『ひまわりは太陽に向かって　カヴォリ神父とその娘たち』ドン・ボスコ社、一九九五年、二一六〜二二一頁にも記されている。

(12) 赤尾木寮については、碇山国栄『郷土史　星の里』私家版、一九八四年、八九～九〇頁で触れている。
(13) 『鹿児島カトリック教区報』第二〇四号、一九八二年五月。
(14) 『鹿児島カトリック教区報』第三三三号、一九九四年三月。
(15) 『鹿児島カトリック教区報』第九八号、一九七二年一〇月。
(16) 『鹿児島カトリック教区報』第一八一号、一九八〇年四月。
(17) 『創立15周年記念誌』社会福祉法人クリスト・ロア会希望の星学園、一九八一年。
(18) 『カトリック鹿児島教区報』第二八・二九合併号、一九六四年一一月では「竜郷村に身障者施設」との見出しで、本文中でも「身体障害児施設」と記しており、第三三号、一九六五年四月でもなお「身障者施設」と報じている。この施設への理解の乏しさがあったことがうかがえる。第三四・三五合併号、一九六五年六月でようやく「精薄児施設」となっている。なお、『教区報』は第四六号までは『カトリック鹿児島教区報』と表記されていたが、紙面では特に断り無く、第四七号より『鹿児島カトリック教区報』と表記されるようになり、現在に至っている。
(19) 『カトリック鹿児島教区報』第三二号、一九六五年二月。
(20) 『カトリック鹿児島教区報』第三四・三五合併号、一九六五年六月。希望の星学園設置の経緯については、碇山国栄、前掲書、八八～八九頁でも触れているが、あまり実証的ではないうえ、「身心障害児」といった用語が使われている。
(21) 『カトリック鹿児島教区報』第四一号、一九六六年七月。
(22) 『鹿児島カトリック教区報』第四七号、一九六八年五月。
(23) 『鹿児島カトリック教区報』第八二号、一九七一年五月。
(24) 『鹿児島カトリック教区報』第六一号、一九六九年八月では、修学旅行の様子が詳細に紹介されている。
(25) 『鹿児島カトリック教区報』第二九二号、一九九〇年六月。
(26) 『鹿児島カトリック教区報』第九四号、一九七二年九月。
(27) 『鹿児島カトリック教区報』第七五号、一九七〇年には、『南海日日新聞』からの転載として別府治郎による「奄美大島における老人福祉の問題点」と題した論説が掲載され、こうした実態について論じている。
(28) 『鹿児島カトリック教区報』第二一七号、一九八三年七月。
(29) 『鹿児島カトリック教区報』第二三一号、一九八四年一一月。

(30)『鹿児島カトリック教区報』第二七一号、一九八八年七月。『聖嬰会の心』聖嬰会、一九九六年、二九～三三頁に、めぐみの園についての記述がある。
(31) 平義治「奄美宣教再会のころ　オーバン師と〝カナリア号〟の事など」『鹿児島カトリック教区報』第一六〇号、一九七八年五月。
(32)『聖鐘』(名瀬聖心教会カトリック青年会機関誌)第一三号、一九六六年一一月、二三頁。
(33) 枝見静樹編著『かぎりない愛・ゼノの生涯　改訂版』清水弘文堂、一九八五年。コンベンツアル・フランシスコ修道会監修『ゼノさん　愛の使者』中央出版社、一九八二年。
(34)『聖鐘』創刊号、一九五八年三月、一〇頁。
(35)「天使園訪問」『聖鐘』一一号、一九六五年四月、二七頁。ほぼ同文のものが『鹿児島カトリック教区報』第三六号、一九六五年八月にも掲載されている。
(36)『鹿児島カトリック教区報』第六八号、一九七〇年三月。
(37)『カトリック鹿児島教区報』第三一号、一九六五年一月。
(38)『鹿児島カトリック教区報』第一〇〇号、一九七二年一二月。
(39)『れんせい　十五周年記念』奄美大島カトリック連合青年会、一九七一年、二頁。
(40)『鹿児島カトリック教区報』第九八号、一九七二年一〇月。『大熊教会創立85周年』大熊教会創立85周年祭記念誌編集委員会の年表にも「八月踊り」で和光園に訪問していることが記されている。「八月踊り」とは、奄美独特の行事で、本土の「盆踊り」とは異なるものである。各集落ごとに行われるが、集落によって、中身に相違があるという。
(41)『カトリック鹿児島教区報』第二四号、一九六四年五月。
(42)『鹿児島カトリック教区報』第三六〇号、一九九六年九月。
(43) ゼロームについて『奄美の使徒ゼローム神父記念誌　うがみんしょうらん』ゼローム神父記念誌刊行実行委員会、二〇〇六年が刊行されている。二三〇頁にも及ぶ大著であり、ゼロームの生涯の紹介などのほか、社会福祉施設の写真といった本章に関連する資料が多く掲載されている。
(44)『鹿児島カトリック教区報』第一二一号、一九七四年一一月。
(45) 枝見静樹編著、前掲書、八二～八三頁。

第Ⅳ部　キリスト教社会福祉を支えた人物と思想

第13章　アキスリング――宣教活動と社会事業

1　アキスリングについて

セツルメントは、貧困をはじめとした生活上の諸課題に援助者自身も生活者の一人としてかかわっていく活動である。社会事業の諸分野のなかでも、問題それ自体の根本的解決を目指し、しかも社会改良的視点を含んでいるとして、社会福祉史研究において特に関心をもたれてきた。

セツルメントは片山潜のキングスレー館などを先駆としつつ、東京や大阪といった大都市で発展をみせていく。東京におけるセツルメントのなかで、比較的早く創設されたのが三崎会館である。三崎会館の設立にかかわり、館長として寄与した人物が、ウィリアム・アキスリングである。本章は、セツルメントの重要性からすれば、早期に設置されたセツルメントの中心人物のアキスリングについて、社会福祉史研究のなかで重視すべきとの考えから、社会事業実践者としてのアキスリングを取り上げている。

アキスリングは、一八七三年にアメリカ・ネブラスカ州に生まれ、一九〇一年にバプテストの宣教師として来日し、以来日本での宣教を続けると同時に、三崎会館の館長をはじめ、社会事業との関係も大きかった。戦時下には、抑留されるという苦難も味わって、アメリカへの帰国を強いられたが、戦後は再び日本での活動を続け、一九五五年に日本を離れ、一九六三年に死去した。

アキスリングについての文献自体は、少なくはない。伝記として『日本とともに――ウィリアム・アキスリング博士記念』[1]と、『最初の名誉都民アキスリング博士――捕虜交換船での最後の男』[2]が出版されている。前者は、沢野正幸が編集者、後者は著者となっている。実際には、この二冊は相当程度同じ文章であり、後者は前者を一部改変、再編集したものにすぎない。いずれにせよ、この二冊は宣教師としての働きに力点を置いた文献であって、社会事業に関する記述は少なく、記述は物語風である。そのため、アキスリングの社会事業への貢献の全体像を把握することは困難である。

東京都の名誉都民に選ばれたことから、名誉都民の伝記を収録した『名誉都民小伝』にも、伝記が収録されている[3]。ただし、簡略であるうえ、十分に関係資料を収集して執筆したとも思えない。生前に書かれたものなので、事実関係の大きな誤りは少ないであろうが、研究文献としては不十分である。何より、名誉都民としての業績が「社会福祉事業」であるにもかかわらず、肝心の社会福祉史上の功績がしっかり描かれてはいない。

資料13-1　W・アキスリング

出所：三崎町教会五十年史編纂委員会編『三崎町にある我等の教会』日本基督教団三崎町教会，昭和三三年。

わが国のバプテスト教会史に関連する文献を読むと、たびたびアキスリングの名を見出すことから、バプテスト教会をはじめ、キリスト教の歩みのうえで、かなりの足跡を残していることは把握できる。前述の文献のほか、アキスリングの生涯に触れたものは、アキスリングが宣教師としてかかわった、日本基督教団三崎町教会や日本バプテスト同盟深川教会の記念誌はじめ、いくつかある[4]。しかし、これらは教会内部の出版物であるので、一般の者の目に触れる可能性は小さい。

こうして多数の文献があるにはあるが、共通していえるのは、宣教師としての業績の評価に主眼が置かれ、社会事業への貢献については強調されてこなかった。社会事業の業績への一応の評価はなされているが、今日の社会福祉にアキスリングの業績が継承されているとはいえない。三崎会館について、セツルメント史のなかで触れることはあっても、アキスリングへの言及まではみられない。わが国の社会福祉史において、アキスリングは全くの無名の人物といってよいであろう。

こうなってしまうのは、アキスリングが外国人であることから日本語での著作をあまり残しておらず、また社会事業に関する論考が少ないことから人物像や思想の把握が困難であるという事情もある。またアキスリングの活動基盤はバプテスト教会、もしくは日本基督教連盟であって、社会事業界ではなかったので、社会事業関係の発行物に登場することも多くはなかった。しかし、セツルメントが社会事業に果たした役割を考えた場合、そこに一定期間従事した主要人物を欠かすことはできないはずである。

そこで本章は、キリスト教によるセツルメントの歴史的意義を把握していく研究の一環として、アキスリングの人物や思想を把握することを目指している。そのことにより、キリスト教社会事業史において従来注目されてこなかった側面を見出していきたい。ただし、アキスリングの最大の業績は三崎会館の創設・運営であるが、三崎会館については、活動の幅も広く、単独で検討する必要があることから、本章では三崎会館自体については詳細には触れず、三崎会館以外の社会事業関連の事項や思想について述べていくこととする。

2　アキスリングの社会事業活動

アキスリングによる社会事業活動は、三崎会館に限定されたものではなく、多岐にわたっている。アキスリングの社会事業活動や思想の把握のためには、アキスリングによる社会事業ないしその関連の活動の全体を概観しておくことが必要であり、本章では、社会事業に何らかの関係を持つ活動について、その内容をとらえていく。

（1）東北凶作救護

アキスリングの活動の前提として、バプテストに属する宣教師であることを理解しておかなければならないであろう。アキスリングの属するバプテストが、長老派やメソジストなどに比して耳にすることが少なく、理解しにくい教派なので、少し説明しておきたい[5]。バプテストは、幼児洗礼の否定、全身を水に浸す「浸礼」、政教分離、個々の教会の独立の重視、会衆主義といわれる教会運営などが特徴であり、イギリスで生まれた。アメリカで勢力が伸びるが、アメリカにおいて、奴隷制度の賛否をめぐって南部バプテストが分離することで、北部と南部に分裂することになる。わが国にはそれぞれが宣教師を派遣し、アキスリングの属する北部の系統は、主に東北や関東など東日本に宣教し、関東学院を設置した。南部は九州など西日本を中心に宣教した。北部も一時期山口県に教会や孤児院を設置したこともあるが、山口県の宣教は南部に譲ることになる。福岡にある西南学院は南部の系列である。

「日本バプテスト教会」として一つの教派としての性格をもつ反面、日常的には北部系はバプテスト東部組合、南部系はバプテスト西部組合として、独自の動きをすることが基本になる。戦時下は、日本基督教団に統合される。戦後、旧西部組合系は日本バプテスト連盟を結成して日本基督教団から離脱[6]、旧東部組合系は、キリスト教新生会を日本基督教団内で組織してバプテストの信仰を保持しようとしたが、その一部はやがて日本基督教団を離脱して、日本バプテスト同盟を結成した。アキスリングが活動の拠点とした三崎町教会は、日本基督教団に残留したが、深川教会は日本バプテスト同盟に属している。沖縄のバプテスト教会は米国統治の影響で、沖縄バプテスト連盟という独自の教派を創設し、日本復帰後も継続している。現在ではそのほかにも「バプテスト」を名乗る教派が、日本バプテスト教会連合、保守バプテスト連盟などいくつかあるが、これらは「福音派」と呼ばれる別の流れである(7)。

アキスリングは仙台に着任し、すでに宣教師として活動していたエフリアム・H・ジョーンズとともに、東北の伝道地を訪問する(8)。東北は、バプテストによる宣教地として重視されており、仙台、盛岡などの主要都市はもちろん、塩釜、気仙沼、遠野などの地方都市にまで宣教の働きがなされ、尚絅女学校を創設した女性宣教師、アニー・サイレーナ・ブゼルら、さまざまな人物が東北で粘り強く活動した。アキスリングは盛岡への赴任を希望して、一九〇二年にはそれを願い出ていたが、病気などの事情で、一九〇四年に盛岡に赴任することになる(9)。

盛岡でアキスリングがさっそく直面したのは、一九〇五年から一九〇六年にかけての東北での凶作である。アキスリングは、この凶作による飢餓の救護に尽力した。アキスリング自身はそれについて、「明治三十七年、東北地方には大凶作が襲った。宮城、福島、岩手、青森の四県下の人々は、木の根や草の葉を食べなければならないような状態に陥ってしまった。私はその頃、盛岡に住んでいたが、すぐ、同僚にはかって国際救済委員会を組織し、この東北の飢饉を米本国にうったえたのであった。さいわいセオダー・ルーズヴエルト大統領が自ら先頭に立って、全米の国民にうったえ、相当の大金を集めてくれた。私は県、郡、村のそれぞれの当局にはかって救済事業に当り連続八カ月間、雪草鞋をはいて、町や村を廻り歩き、老人や子供たちに米配給の切符を配布した」と回顧している(10)。

この記述では、アキスリングは相当な活躍をしたようであるが、実際のところ、どのような活動をし、どのように貢献したのであろうか。一九〇五年のこの凶作は石井十次が被災児童の救済に乗り出して、岡山孤児院が一時一二〇〇名まで膨張することにもなった凶作であることからもわかるように、東北で広く発生した深刻な事態であった。石井に限らずさまざまな社会事業関係者が救護に乗り出している。現地に居住して、悲惨な状況を目の当たりにしたアキスリングが無関心でありえなかったのは、当然であろう。

一九〇五年凶作の救護活動についてはすでに、筑前甚七が岩手県の職員による日誌を発見、整理して、岩手県行政が凶作にどう動いたのかを時系列で明らかにしている。[11]また、菊池義昭と三上邦彦は、新聞記事やキリスト教関係の発行物などを詳細に収集して、細かい事実関係まで把握して示した。[12]筑前、菊池・三上とも、アキスリングという人物に着目したわけではないが、凶作救護の動きを詳述するなかで、結果的にアキスリングの足跡を記すことになっている。ここでは筑前、菊池・三上の研究に依拠して、アキスリングの動きを確認しておきたい。

筑前が整理した史料によれば、アキスリングは一九〇五年一二月七日に、岩手県庁を訪問し、知事と面会した。面談の趣旨は、仙台で開いた外国人会の内容を伝えることであった。二〇万円の義捐金を集めることとなり、まず日本在住の外国人に呼びかけるとともに、本国にも呼びかけるということである。一二月一三日にも、県庁を訪問した。「四部長」から凶作の状況を聞き取り、特に西磐井郡について詳細を聞いた。このように聞き取ったのは、義捐金募集のため、横浜の外国新聞に掲載するためである。

二月二七日の記載によれば、アキスリングが各郡市を視察するので、県が郡市長に紹介をするとのことである。四月七日の記載では、盛岡、岩手、紫波、稗貫、上閉伊の各郡を視察の予定であるという。

アキスリングの活動の拠点となった外国人凶作救済委員会については、菊池、三上が明らかにしている。この委員会は、仙台と盛岡在住の外国人宣教師によって組織され、義捐金を外国人より募集して、配分することを主な目的としていた。菊池・三上の研究は、『河北新報』を主な史料にしているが、一九〇五年一一月三〇日に会合を開き、アキスリングも出席している。一九〇五年一二月一四日には『The Japan Times』に義捐金募集のアピール文が掲載され、委員の名が掲載されている。七名のうち、他の六名は仙台であり、盛岡在住の唯一の委員としてアキスリングの名が掲載されている。

菊池・三上は、岩手県での救済の状況を、キリスト教団体という枠組を設定して詳述している。筑前による史料に記されているように、一二月一三日に県庁を訪問して被害状況を調査しているが、実際に『The Japan Times』や『The Famine in North Japan』に掲載されていることが確認されており、アキスリングが、外国人向けの新聞と連絡をとって動いていたことは確実である。

アキスリングはすでに日露戦争の軍人遺族を救う活動も行っており、アメリカのキリスト教関係者が集めた資金を給付する働きをしていた。救護の義捐金についても、一月下旬頃に一回目の配分、二月下旬に二回目の配分、さらに三回目の配分（詳細は不明）、さらには四月に四回目の配分をしている。

こうしてみると、アキスリングの回顧は、おおむねその通りであり、アキスリングは岩手県において、凶作の実態把握とそれの外国人への情報提供、募金、配分にかなりの労力を用いて活動した。その活動は、行政を介して行われる場合もあり、また動きの一部は新聞でも報道された。東北の村々において、外国人の動きはかなり目立ったのではないかと思われる。したがって、キリスト教の存在を地域に知らしめる意義もあったであろう。そして、その熱心な動きは、アキスリングが社会的課題に熱意をもって動く人物であることを示している。

ただ、当時の岩手県の交通・通信事情を考えると、こうした一連の救護活動が心身ともに大きな負担であったことも否めない。アキスリングは病気のために一九〇六年にいったん帰国することになってしまい、したがって東北での宣教活動も停止されることになる。

（2）三崎会館

アキスリングは、一九〇八年に再度来日した。再来日後は、東京の三崎町教会で活動し、セツルメント三崎会館を設置する。アキスリングと社会事業との関係にとって、やはり主要な存在は三崎会館である。前述したように詳細には触れないが、最小限のみ確認しておきたい。三崎会館は、キングスレー館や興望館などに比べて著名とはいえない。しかし、大林宗嗣『セッツルメントの研究』では、わが国最初のセツルメントを有隣園であるとし、「次に」として、三崎会館を紹介している[13]。大林が有隣園を最初のセツルメントと位置づけていることには批判もあるし、客観的に考えても、正当な把握とはいいがたいが、セツルメント研究の第一人者であった大林が、三崎会館を主要なセツルメントとみなしていたということである。以後も、セツルメントの全体的な動きを説明するときに、主要なものとして触れられることはしばしばあり、戦前では三好豊太郎『隣保事業の本質と内容』で紹介されている[14]。

一九〇八年、東京第一浸礼教会と日本独立浸礼教会が合同して、中央バプテスト教会が設立され、新会堂も建設された。中央バプテスト教会は隣保事業を行うこととなり、当初は中央会館の名で始まった。アキスリングは、その宣教師および館長として赴任する[15]。

ところが、一九一三年に救世軍から出火した大火により、会堂が焼失してしまう。しかし、仮小屋を建てて、託児所や夜学校を継続して行った。新たに会堂を建設し、名称も東京三崎会館となった。活動内容も、徒弟学校、図書縦覧所、印刷職工救済会、無料法律相談所、巡回看護学校、児童夏期学校が加わった。託児所は一九一七年に、三崎愛の幼稚園となった。

ところが、一九二三年に関東大震災によりまたも会館が崩壊することになってしまう。しかしさっそく、罹災者収容を行い、さらに仮病院を設けて、無料診察を行った。診療活動は継続されて、一九三三年に三崎会館附属病院へと発展する。

建物の方は、皇室からの下賜金、大震災善後会からの交付金、さらに内務省やアメリカのバプテスト教会からの援助もあって、一九二五年に再建された。

資料13-2　深川社会館

出所：資料13-1と同じ。

一方、深川に支館として一九二四年に、深川区元賀町に深川社会館を設置した。一九二八年に建物を設置して白河町に移った。

このように、三崎会館と深川社会館は幅広い活動を展開しており、セツルメントとして軽視してよい存在ではない。わが国のセツルメント史において、あるいはキリスト教社会事業において明確に位置づけていくべきであろう。

一九三〇年代後半、三崎会館と教会との関係がこじれる事態が発生して、一九三七年に館長を辞することになる。その後アキスリングは日米開戦にともなって抑留されるので、会館との関係は完全になくなる。三崎会館は戦時下も継続されたものの、一九四四年に政府が戦争目的に使用することとなって、三崎会館は閉鎖されることになってしまった。深川社会館も、戦時託児所を運営するなどしていたが、一九四五年三月の空襲により全焼した。

(3) 日本基督教連盟での活動

アキスリングは、日本基督教連盟において、主要な働きをなしている。単にバプテストの立場で関与したというだけでなく、連盟が動いていくうえでの重要な活動を行い、それは社会事業とも関連している。

一九二三年に日本基督教連盟が、プロテスタントの諸教派を中心にして結成された、諸教派や主要なキリスト教団体による協力組織である。アキスリングは、その中心的な人物として、幹事として活動する。同時に社会部の委員となっている。連盟社会部は、「社会信条」をつくるなど、キリスト教の社会的関心の盛り上がりの中で、活発に活動する。社会部の活動に、アキスリングがどこまで実質的な影響力を行使したのか明確ではないが、一定の寄与をしたのは明らかであろう。連盟の設立時の事務所は、三崎会館におかれたし、連盟の機関紙『連盟時報』の編集副主任もつとめた。[16]

一九二四年に、基督教連盟がアメリカの関係団体との関係強化を図って、代表三名を派遣した際、その一人がアキスリングであった。また、一九二八年にエルサレム会議が開催された際には、日本代表の一人として参加した。基督教連盟を母体として行われた「神の国運動」と呼ばれる全国規模の宣教運動では、中央委員となっている。一九三一年から一九三三年にかけてアメリカやヨーロッパを訪問した際には、「神の国運動」の紹介に努め、海外に「神の国運動」が推進されていることを伝える役割を果たしている。[17]

基督教連盟について、真にプロテスタント全体の活動になりきれず「連盟人」と呼ばれる、一部の活動家中心の動きにとどまったという批判があるが、[18]アキスリングはその「連盟人」であったといってよい。基督教連盟で働きを共にしたこともある都田恒太郎は「日本の基督教連盟の声価を世界のキリスト教界に高らしめた大きな貢献はアキスリングによるものが多かったといっても過言ではあるまい。アキスリングは日本のエキュメニカル運動にとって忘れてはならない人である」と、その業績を高く評価している。[19]アキスリングは、単にバプテスト教会の代表として基督教連盟に関与したにとどまるのではなく、基督教連盟が社会活動を重視していく動きに肯定的に寄与したといってよいであろう。

ただ、そのことは、基督教連盟が一九三〇年代に国家主義の影響に流れていく動きに、アキスリングも無関係とはいえないということも指摘できよう。[20]ことに、日中戦争が本格化し、日米関係も悪化していく状況のなか、欧米のキリスト者に向けて「極東問題の正解へ」と称するパンフレットを作成・配布し、[21]また世界バプテスト大会に参加した際に「日本の立場を弁明」したり、[22]一九四〇年にはアメリカ各地で日本のための講演会を開き、あるいはサンフランシスコで日本のためのラジオ放送を行ったという。[23] それらの詳細な内容は不明であるが、日中戦争等の動きについて、日本の立場を代弁する内容であったと推察される。そのことは、アキスリングが日本軍国主義に親和的だったということではない。一九四一年四月にも賀川豊彦、阿部義宗らによる遣米平和使節団の一員として再度渡米して、戦争回避のために奔走した。[24] 日米の和解による平和の実現がアキスリングの立場であったといえよう。

アキスリングが連盟に関与することとの関係で、社会事業に直結した活動は、「神の国運動」への寄与である。「神の国運動」は一九二九年に始まった、プロテスタント諸教会の協力による全国的な宣教運動である。単にキリスト教の布教をするというだけでなく、社会的関心と結びついており、農村社会事業やセツルメントなど社会事業とのつながりも深い。運動の機関紙『神の国新聞』には、社会事業関係の記事が少なくない。この「神の国運動」にもかかわり、特に運動の海外への紹介において、都田は「この運動を世界的基盤の下に進められた運動たらしめた貢献は当時の連盟英文幹事であったW・アキスリングの活動によるものであった。アキスリングの著述、外国雑誌への寄稿、『連盟時報』の英文欄を通しての外人宣教師および諸外国の教会に対する宣伝の功績は大きく評価せらるべき」と述べている。[25]

もう一つは、東北凶作救護である。アキスリングは一九〇五年の凶作時にも、先頭に立って救護活動を行ったし、関東大震災時も、基督教震災救護団の実行委員となり、[26] また三崎会館は救護活動を展開する。アキスリングは常に、災害の被害に対して率先して救済に尽力してきた。一九三四年、東北で凶作が発生した際、日本基督教連盟は、基督教連合奉仕団を設置して、凶作救護を開始した。アキスリングは、奉仕団の幹事となる。奉仕団はその活動として、凶作地の視察を行うが、アキスリングは、青森、岩手、仙台方面を視察した。帰京したアキスリングは、被害が予想以上であって物資の供給を急がねばならないこと、農民への精神的慰安を与えなければならないことを報告している。[27] さらに、藤崎盛一とともに岩手県遠野も訪問した。[28]

もともと東北がアキスリングの宣教の出発点であり、バプテスト教会の主要な宣教地でもあった。この活動は、組織の一員として動いたというレベルにとどまるのではなく、個人的にも強い使命感を感じる活動であったと思われる。

なお、基督教連盟は、一九四一年に大部分のプロテスタント教派の合同により日本基督教団が結成されたことにともない、日本基督教連合会に改組されるが、アキスリングはそこでも名誉幹事になっており、最後まで連盟との関わりを続けた(29)。

（4）聖農学園

アキスリングの東北への関心や寄与は、東北を離任したことで消えるわけではない。宮城県利府では、常設の農村伝道の機関として、バプテスト塩釜教会に赴任した斉藤久吉らを中心として、聖農学園が設置された。農作業を行いつつ、キリスト教について学ぶ場であり、ここから多くの宣教者が育っていく。アキスリングによる東北への貢献の一つは、宮城県利府での聖農学園への設立に協力し、顧問として関与したことである(30)。聖農学園設立にあたって、土地を確保するために一週間で返済という短期の借金をしたものの、返済のあてがなく困っていた。相談に訪れた斉藤に対して、即座に不足していた五〇〇円を献金した。ちょうど著書出版の謝礼が届いたところであったという。さらに、顧問にも名を連ねている。農場の小農舎の建設もアキスリングの寄与によるものであった。

しかも、実際にたびたび訪問して活動を支え続けた。確認できるだけでも、一九三四年八月の第六回利府農民福音学校で礼拝説教、一九三五年三月と四月に訪問、一九三八年二月の第一二回利府農民学校では特別講師として礼拝説教を行い、一九三九年二月の第一四回でも公開講演や講義を行っている。

学園自体は、狭義の社会事業とはいえないかもしれない。しかし活動の一部として、聖農保育園が創設され、また毎年農繁期託児所を設置するなど、社会事業的な要素も含んでいる。アキスリングはその農繁期託児所にも寄付をしている。農業をベースにして福音を伝えていくその活動は、農民らと生活体験を共有して成り立つ活動であり、社会事業的な視点が不可欠で、したがって農民福音学校の講義にも社会事業関係の科目が含まれていた。アキスリングはあくまで協力者の立場ではあるが、アキスリングが支えているというだけでも、関係者は大いに励まされたであろう。

戦時中も活動は継続され、戦後は一九五〇年より、日本基督教団農村伝道圏センターとしての位置づけとなるも、日本基督教団にとどまっていた旧バプテスト東部組合系の教会が離脱して日本バプテスト同盟を設置したことから、一九六〇年に日本バプテスト同盟の所属となった。さらに農業をめぐる社会情勢の変化により、農村伝道の使命を終えて、キャンプ場の設置、用地のキリスト教系幼稚園への譲渡などによって、解消していくことになる。

(5) 抑　留

社会事業とは直接の関係はないが、アキスリングをめぐる大きな出来事として、日米開戦のなかで抑留された事件を取り上げる必要がある。日米戦の開始にともない、アメリカ人であるアキスリングは、敵国人という立場になってしまい、六九歳という当時としてはかなりの高齢でありながら、夫人とともに自宅に軟禁された[31]。一九四二年九月には、抑留強化措置の対象になり、埼玉抑留所に収容された。妻は田園調布のキャンプに収容されて夫婦別々になる。埼玉抑留所は、聖フランシスコ修道院を転用したものだが、サツマイモ栽培の農作業を抑留者にさせるなど、過酷な待遇であった。結局夫妻とも一九四三年九月の第二次抑留船によって、帰国することになる。

アキスリングは、四〇年近くにわたって日本に奉仕し、社会事業によって多くの日本人を支援してきた。一九三〇年代に日本への国際世論が厳しくなる中、あえて日本の側に立って活動した。こうした日本のために奉仕してきたことへの日本からの対応は、こういう仕打ちであった。アキスリングに対してだけでなく、回春病院のエダ・ライトをスパイ扱いしたあげくに冷たく追放したり、社会事業に従事するために日本に残っていた修道女を軟禁したりと、社会事業に携わった外国人への対応は、あまりに非道である。しかし、アキスリングはそれでも日本を見捨てることなく、戦後は再度来日し、日本での宣教の後、日本を離れることになる。

3　アキスリングの思想

(1)　宣教の姿勢

アキスリングの活発な活動をみたとき、他の宣教師に比べて独自の思想をもち、それを実践に結実させていたと感じざるを得ない。活動歴からいえるのは、第一に、行動力にすぐれているということである。東北での凶作救済、基督教連盟での活動など、宣教師としての責務を超えた活動であり、語るだけでなく、動く人物であった。第二に、バプテストに立脚しつつも、宣教に有益であれば他派との協力を厭わない柔軟な人物であるということである。第三に、キリスト教社会事業全般にあてはまることではあるが、面前の困難な人を看過できず、まずは手をさし伸べるタイプの人間であるということである。

こうした行動それ自体に、アキスリングの思想が発揮されているものの、思想を詳細に検討するのは、外国人であることから困難な面がある。アキスリングの名で発表された論考は、アキスリングが日本語で書いた、英語で書いたものを翻訳した、アキスリングに取材して趣旨をまとめた、ということが考えられる。アキスリングに直接接した三崎町教会員からの聞き取りによれば、アキスリングは日本語に習熟していて、日本語の執筆は日本人同様にできていたということであり、自分で日本語によって執筆した可能性も大きい。しかし、自分で書いたとしても、日本語の微妙なニュアンスについて、困難があったとも考えられるので、その論考を日本人のものと同様に扱うには限界があるであろう。

神学的背景としては、深川教会の牧師であった秋葉盛事によると、「キリスト中心の神学と、社会的福音によるアプローチとを、宣教の基礎とした」という[32]。アキスリング自身は「徹底した伝道をしようと思うならば、ただ人の霊を救うというだけでなく、さらに進んで、人々の思想問題や日常の生活問題をとりあげて、教え導いて行かなければならない。すなわち精神的に、智的に、また生活の上で人を救つて、すべてを高め、人としての有終の美を発揮させることである」と伝道の立場を述べている[33]。

アキスリングは、これが来日当初からの目標であったというが、来日時に明確にそう考えていたのか不明である。ただ、日本での実際の行動と重ねて考えれば、確かにそのような発想にあったことは間違いない。すなわち、信仰を魂の救いというような抽象的で狭いものとしてとらえるのではなく、生活上の具体的な救済が不可欠であり、またそれは信仰とは別次元ではなく、統合的に理解しようとした。三崎会館はこの発想を具現化する活動であった。

こうして信仰を土台とする社会事業を希求するアキスリングは、一方で社会事業の基盤としての教会がしっかりと形成される必要があることを強調した。「全世界のプロテスタントが、使命を自覚し、一致団結」することが、重要であると述べている[34]。その立場で日本基督教連盟での活発な活動を行ったのである。プロテスタントの教派間の行き過ぎた対立が、宣教の妨げとなっていて、宣教本来の目的に立ち返って、キリスト者の使命を着実に実行することを求めた。教派を超えた一致は、社会事業の推進のうえでも求められた課題であった。

（2）人種差別の否定

アキスリングは、人種差別を厳しく退けた。「子供の頃から人種的偏見や、人種的差別の観念があつてはならないということを誰から教えられるとなく痛感していた」と、人種差別への批判的立場にあることを強調している[35]。アニー・サイレーナ・ブゼルについて、還暦記念会においてブゼルが人種的偏見がないことを称揚した[36]。さらに葬儀の弔辞でも「人種的観念のない、純なるキリストの愛を以つて日本の同胞兄弟を熱望して下さいました」と述べたうえ、ブゼルが「人種的偏見を絶対に持たず、自分は他国の人であり、他人種の人であると云ふ事を意識せずに、徹底的に兄弟愛を以つて、他国の人々に接し、他人種の人に接して居る」という立場だったということを回顧している[37]。

ブゼルについての発言はいずれも儀礼的な場でのものであるので、ブゼルへの評価としては、それを考慮して受け取るべきであろう。しかしブゼルの東北での熱意ある活動からすれば、実際にブゼルがそういう人物だったとも考えられる。いずれにせよ、ブゼルの人種的偏見のなさを強調するのは、アキスリング自身が、同様の立場を重視していた反映といってよい、アキスリングが、戦時下に軟禁される日本からの不当な仕打ちにもかかわらず、戦後もなお日本での活動を継続したのも、一つには、人種差別を拒否しようとする姿勢にあったといえよう。

人種差別は、主に白人によって宣教された日本のキリスト教にとって、日本宣教の課題の一つである。白人宣教師が必ずしも人種差別に無関係とはいえず、それは日本人から見て、キリスト教への不信感につながる可能性をもっていた。戦後になっても日本基督改革派教会（現・日本キリスト改革派教会）のごとき、人種差別を克服するどころか、アパルトヘイトを支えていた南アフリカの白人教会を熱心に支持するなど、人種差別を是認していると疑われかねない態度をとる教派すら存在した[38]。こういう不信仰な姿勢が宣教を妨げてきたのである。アキスリングは、聖書に忠実に従い、人種差別を明確に否定する態度で、日本の宣教に従事したのである。

（3）労働問題への関心

アキスリングは、労働問題をはじめとした社会問題への強い関心を持っていた。それを示すのは、アキスリングによる単著の『軛を負いて』である。同書は一九三二年に出版されたが、発刊後から戦時下の記述を加えて、一九四六年に増補改訂版が出版された[39]。「賀川豊彦苦闘史」という副題があるように、賀川豊彦の人生を、社会的活動を軸に描いたものである。長老派系の日本基督教会に属する賀川とは、教派としては異なるものの深い交流があり、前述のように、賀川が中心的な存在であった「神の国運動」にも加わっているし、「賀川豊彦との対話から、本所に賀川、深川にアキスリング」と表現されているように[40]、セツルメント実践も賀川とのつながりのなかで、広がったとされている。

こうしたアキスリングと賀川との信頼関係において、賀川を礼賛する立場から紹介した著作である。同書についての学術的な評価をいえば、事実に関する裏づけは明確ではないうえ、礼賛的な記述が目立ち、賀川研究の参考文献として用いるには危うさを感じさせる[41]。賀川について書かれているだけなので、直接にアキスリングの思想が述べられているわけではない。訳書であるので、細かい個々の表現を根拠にアキスリングの思想を議論するのは限界がある。しかし、著者の立場を抑制した実証的伝記というより、アキスリングが賀川に共鳴し、賀川への賞賛の輪を広げることを目指して書かれている。したがって、アキスリングの基本的な立場を示す性格を持っている。

同書の各章の見出しは「貧しき人びとと共に」「解放者の役割りに於いて」「伸び行く労働戦線」「戦う平和論者」というったものである。賀川の生涯を全面的に賞賛しているが、神戸新川での実践はもちろん、労働運動、平和運動の側面から賀川を紹介している。賀川の諸活動を広く紹介し、評価しているのであるが、とりわけ賀川が常に労働者の立場に立って行動し、思考した側面を重視して論述している。

賀川は、戦時下当初は反戦的な立場に立ちつつも、戦争協力に踏み込んでしまう。それは、アキスリングの祖国アメリカを敵視することであったのであるが、それについても賀川に好意的な解釈がなされており、戦時下の言動は、賀川への高い評価を何ら変えることにはならなかったようである。

同書の記述からいえば、アキスリングもまた、労働者の社会的向上を願い、平和主義的であり、それら社会の改善のための運動的なかかわりを是認ないし奨励する発想のように思われる。

アキスリングの労働問題への関心を裏づけるのは、「日本に於ける労働階級の実情」という論文である[42]。そこでは、まず日本が農業国から工業国に転じつつあることを指摘する。そして、豊富な統計を駆使して、日本の労働者の状況について分析している。かつての工場には義理人情があったが、現在の工場はそれが失われて、職工が人間として扱われず機械のように使われていると主張する。さらに、自身が東京・本所に暮らした観察により、生活実態が低位であることを描いている。また、女工の労働条件の劣悪さも訴えている。こうした分析の結論として、「此等の同胞を救済し、彼等の為に新紀元を作ると云ふことは我々基督教徒に与へられて居る大使命であることを確信して疑はない者である」と述べている。アキスリングは、日本の労働実態を正確に把握したうえで、その改善をキリスト者の「大使命」と位置づけた。「使命」を実行する具体的な場の一つが三崎会館であり、三崎会館は、労働問題への関心を基盤とした実践なのである。

しかし、労働問題解決の方策は、あくまでキリスト教主義がベースであり、「吾々クリスチャンは基督によつて改革者となり、預言者の眼を持つて将来を見、周囲の人々を輝かせて、神国建設、国家の基督教化の為めに熱望してやまない」とも述べている。[43]

（4）社会事業観

キリスト教と社会事業について直接テーマとしているのが、ＹＭＣＡの機関誌『開拓者』に掲載された「基督教会と社会事業」である。[44] そこでアキスリングは、一般的な伝道をしても人は集まらず、人々の実際の必要に応じなければならないので、社会事業を開始したという。そして、東京の多くの教会が、教会の所在地外より会衆が集まっている現状を批判し「教会は先づ其付近の住民を、照らす光で無くてはならぬ」と述べる。また、社会的に悪が蔓延しているのに、教会は日曜や特定の日に祈るだけで何もしていないことも批判した。「世の中には、生活難に悩める人、色々の事情より同情者、保護者を求めて居る人、罪悪に呻吟して、心の平和を恢復し得べき場所を求め居る人」がいるので、教会はそれらの人々に開放されなければならないと訴える。そして、三崎会館の事業を紹介したうえ、最後に、「社会事業に志す者は、兎角事業に忙殺されて、本来の精神上の働きを閑却し易い傾向がある、自分はかく事業の形骸丈を握つて精神を失ふが如き愚に陥ることを恐れて、上気した事業の何の時間でも、必ず少しの時間を割いて基督教を伝えて居る」と述べている。こうしてみると、アキスリングの軸足は、宣教にあり、宣教の必然として、セツルメントに着手したということになる。したがって、常に教会活動と密着しつつ、事業が展開されなければならなかった。

関東大震災の復興を論じた「徹底的復興」も、東京府社会事業協会発行の『社会福利』に掲載され、実質的には社会事業を論じている。(45) そこでは、道路の修繕や建物の再建といった物質的復興では不十分であり、物質的復興ができても「市民の大部分が経済難や生活苦に悩まされ、或は病苦に甕ふされ、色々様々の苦難に遭はれて少しも其の生を享楽することが出来ず人としての価値をあらはすことが出来ないものが多くあれば折角出来上つた復興も何の誇とすべきところあらんや」と述べて、生活の向上のない復興には意味がないと批判した。そして、現実に生活困窮者、失業者、貧困児童、水上生活者、病者の存在を指摘し、社会事業によってそれら社会の欠陥を是正することなしに復興はなしえないことを主張した。この論考は一九三〇年のものであり、物質的復興の方は相当に進んでいた反面、生活困窮などの課題は、金融恐慌などが追い討ちをかけて、復興どころか悪化すらしていた状況である。アキスリングはそうした実態を見逃すことなく、社会事業の必要を訴えた。やや深読みすれば、建物のような表面だけ美しくしてあたかも震災が過去のものであるかのような状況での厳しい批判であった。

4　日本社会事業へのアキスリングの貢献

アキスリングはあくまでキリスト教宣教を目的として日本での活動をしたのであり、社会事業家として位置づけるのはアキスリングの本意ではないかもしれない。したがって、セツルメントに関与したことをもって、アリス・アダムスや吉見静江など、セツルメントに生涯を投じた人物と同列に位置づけるのは、適切ではないかもしれない。これまでの社会福祉史のなかで漏れてきたのも、「社会事業家」と位置づけるには躊躇させる面があったためであろう。

しかし、キリスト教社会事業というものが、信仰を基盤とした社会的実践であると考えた場合、宣教者としての責務を果たしつつ、人々の抱える生活課題に立ち向かう実践も遂行していったアキスリングは、もっとも典型的なキリスト教社会事業家であったといってよい。しかも、特定の教派、特定の分野に閉じこもることなく、普遍性をもつ形へと広げていく。自身の病気、火災や震災、日米開戦など、その歩みは順調ではなかったが、それにもかかわらず一貫した姿勢を保持し続けたキリスト教社会事業のあるべき姿を、大規模とはいえなくとも地域での日々の着実な実践のなかで示した。あくまで教会を基盤としつつも、どこまでも社会へ向けて羽を広げていくアキスリングの活動は、キリスト教社会事業の分析視角として重視すべきものといえよう。

付　記

本章作成にあたり、日本基督教団三崎町教会にて、資料や文献の閲覧・複写の協力を得ることができた。厚く感謝したい。

注

(1) 沢野正幸編著『日本とともに——ウィリアム・アキスリング博士記念』キリスト教新生会、一九七三年。
(2) 沢野正幸『最初の名誉都民アキスリング博士——捕虜交換船での最後の男』燦葉出版社、一九九三年。
(3) 『名誉都民小伝』東京都、一九五五年、五五～六五頁。
(4) 三崎町教会五十年史編纂委員会編『三崎町にある我らの教会』日本基督教団三崎町教会、一九五八年。三崎町教会年表編集委員会編『三崎町にある我らの教会　日本キリスト教団三崎町教会年表　1907年-1945年』日本基督教団三崎町教会、一九九三年。『八十年志——日本バプテスト深川教会』日本バプテスト深川教会八十年志編集委員会、一九九〇年。

（5）日本のバプテストの歴史については、日本バプテスト連盟や日本バプテスト同盟が発行したものなど、いくつかある。アキスリングが属した東部組合の流れは、日本バプテスト教会」日本バプテスト同盟、一九七三年。枝光泉「日本のバプテスト教会」バプテスト史教科書編纂委員会編『見えてくるバプテストの歴史』関東学院大学出版会、二〇一一年が主要な動きを簡潔に整理していて、理解しやすい。戦前に出されたものとして、千葉勇五郎『日本バプテスト教会』東方書院、一九三五年（山室軍平『救世軍一班』と合冊）がある。

（6）今日、アメリカの南部バプテストが強烈に保守化したのに対し（詳細は、E・ルーサー・コープランド／八田正光訳『アメリカ南部バプテスト連盟と歴史の審判』新教出版社、二〇〇三年）、日本バプテスト連盟はリベラルな傾向を強めたため、この両者の性格はかなり異なるものになっている。

（7）中村敏『日本における福音派の歴史――もう一つの日本キリスト教史』いのちのことば社、二〇〇〇年。

（8）宍戸朗大『バプテスト派の初期伝道誌　東北伝道とバイブルウーマンの活動』耕風社、一九九五年、九〇頁。大島良雄『灯火をかかげて』ヨルダン社、二〇〇二年。

（9）大島良雄『バプテストの東北伝道』ダビデ社、二〇〇五年、九二頁。

（10）アキスリング、ウィリアム「滞日宣教五十年」『ニューエイジ』第三巻第八号、一九五一年八月、二頁。

（11）筑前甚七「明治38年凶作後の岩手県における救済活動」『東北社会福祉史研究』第五号、一九八三年六月。

（12）菊池義昭・三上邦彦「1905（明治35年）東北三県凶作と罹災者救護団体等の活動に関する研究Ⅰ――研究の目的とキリスト教系団体の活動実態」『東北社会福祉史研究』第八号、一九八七年。

（13）大林宗嗣『セッツルメントの研究』同人社書店、一九二六年、一九四～一九五頁。

（14）三好豊太郎『隣保事業の本質と内容』基督教出版社、一九三六年、二七頁。

（15）三崎会館について、日本基督教団三崎町教会による『三崎会館社会事業史』（一九九五年）と『三崎会館の活動とその時代』（二〇〇〇年）が、その歴史を詳細にまとめている。しかし両書は公刊されたものではなく、教会などに保管されているほか、公共の場としては日本社会事業大学図書館に所蔵されている程度であり、その存在は知られておらず、三崎会館の実践は社会福祉史研究においてほとんど認識されていないのが実態である。アキスリングが三崎会館の歩みと特徴を簡潔にまとめたものとして、「感想」『社会事業』第一一巻第一号、一九二七年四月がある。

（16）寺崎暹「日本基督教連盟」同志社大学人文科学研究書編『日本プロテスタント諸教派史の研究』教文館、一九九七年。

(17)『神の国新聞』第七四三号、一九三三年三月、七頁。
(18) 佐々木敏二「「社会信条」の精神にもとづく実践とその崩壊」同志社大学人文科学研究所編『戦時下抵抗の研究 Ⅱ』みすず書房、一九六九年、一三七頁。
(19) 都田恒太郎『日本キリスト教合同史稿』教文館、一九六七年、七二頁。
(20) 一九三〇年代に日本基督教連盟の動きについては、土肥昭夫「天皇制狂奔期を生きたキリスト教――日本基督教連盟を中心として」富坂キリスト教センター編『十五年戦争期の天皇制とキリスト教』新教出版社、二〇〇七年。
(21)『神の国新聞』第九九二号、一九三八年一月、四頁。
(22)『神の国新聞』第一〇六七号、一九三九年一二月、一頁。
(23)『神の国新聞』第一〇八九号、一九四〇年七月、一頁。
(24) 日本基督教団史編纂委員会編『日本基督教団史』日本基督教団出版部、一九六七年、一一七〜一二〇頁。
(25) 都田恒太郎、前掲書、一〇八〜一〇九頁。
(26) 海老沢有道・大内三郎『日本キリスト教史』日本基督教団出版局、一九七〇年、五五七頁。
(27)『神の国新聞』第八三〇号、一九三四年一一月、三頁。
(28)『神の国新聞』第八三三号、一九三四年一二月、二頁。
(29) 日本バプテスト連盟歴史編纂委員会編『日本バプテスト連盟史（一八八九―一九五九）』日本バプテスト連盟、一九五九年、五一三頁。
(30) 聖農学園の歩みとアキスリングとの関係についての基本的な事実関係は、斉藤久吉・角谷晋次『東北農村と福音――宮城県利府村のキリスト教成人教育史』『聖農学園の歴史』刊行会、一九九七年による。
(31) 抑留の事実関係については、小宮まゆみ『敵国人抑留　戦時下の外国民間人』吉川弘文館、二〇〇九年による。同書の九六頁ではアキスリングについて述べ、さらに二五〇頁では再来日したことを記している。また、東京教区史編集委員会編『東京教区史』日本基督教団東京教区、一九六一年、一三八〜一四一頁には、当時の宣教師全体の抑留の動きを記しており、そこにアキスリングと妻の動向も含まれている。
(32) 秋葉盛事「W・アキスリング宣教師」『八十年志――日本バプテスト深川教会』、日本バプテスト深川教会八十年志編集委員会、一九九〇年、五六頁。

(33) アキスリング、前掲論文、二頁。
(34) 同前論文、三頁。「日本バプテスト教会の展望」という記事が『開拓者』第二七巻第七号、一九三二年七月に掲載されている。そこでは「アキスリングのごとき教派心など微塵もなく、各派合同論の急先鋒をなして居る」と指摘している。また、東部組合が自由主義神学の傾向があることを述べ、その一人がアキスリングだとしている。この記事は暴露的に書かれていて、やや信憑性に欠けるが、外部から見て、アキスリングがそのように見えていたということはいえるであろう。
(35) 同前論文、一頁。
(36) 栗原基『ブゼル先生伝』ブゼル先生記念事業期成会、一九四〇年、五三一頁。
(37) 同前書、六四八〜六四九頁。
(38) 杉山博昭「日本の教会とアパルトヘイト」『福音と世界』第四七巻一一号、一九九二年一〇月。
(39) アキスリング、ウィリアム／志村武訳『軛を負いて』白至社、一九五九年。
(40) 秋葉盛事、前掲書、五六頁。
(41) アキスリングの賀川伝について、言及しているのはシルジェン、ロバートである。アキスリングの賀川伝は西欧における賀川の名声を高めることに寄与しているが、賀川の言動を誇張、美化していることを指摘している（シルジェン、ロバート／賀川豊彦記念松沢資料館監訳『賀川豊彦　愛と社会正義を追い求めた生涯』新教出版社、二〇〇七年、一八七・二一七〜二一八頁）。
(42) アキスリング、ウィリアム「日本に於ける労働階級の実情」『開拓者』第一五巻第一号、一九二〇年一月。
(43) アキスリング、ウィリアム「永遠のキリスト」『女子青年会』第一九巻第九号、一九二二年九月、二二頁。
(44) アキスリング、ウィリアム「基督教会と社会事業」『開拓者』第一三巻第七号、一九一八年七月。
(45) アキスリング、ウィリアム「徹底的復興」『社会福利』第一四巻第四号、一九三〇年四月。

第14章　賀川豊彦――優生的言説と実践との関係

1　社会福祉と優生思想

優生思想への関心が、一九九〇年代以降活発化し、社会学、教育学、歴史学、科学史などさまざまな領域で研究がすすめられている。社会福祉学においても優生思想への関心が高まり、語られるようになった。その際、ノーマライゼーションやインクルージョンなどの社会福祉の理念と優生思想とを対比させて、優生思想を克服すべき誤った思想として批判するという論理の立て方が行われやすい(1)。

優生思想と社会福祉を対立的にとらえる発想は何も近年のものではなく、むしろ根深い思い込みとして浸透していた。それが原因で起きたのが、一九九七年八月から九月にかけてスウェーデンで断種手術が行われてきたことが、衝撃的な事件であるかのように朝日新聞や毎日新聞で報道されたことである。詳細な経過は、二文字理明・椎木章によって語られているが(2)、スウェーデンのみならず、日本で社会福祉の先進国と認識されている国々では、日本より早く大規模に行われていたことであり、衝撃でも何でもない事実にすぎない。それが衝撃と受け止められるのは、「欧米は人権が保障されているのに、日本は遅れている」という「常識」に加え、社会福祉と優生思想を対立的にとらえる発想があるためであろう。

しかし、市野川容孝は、「優生学はまさに福祉国家という枠組みにおいてのみ可能だった」と述べて、優生思想と福祉国家の親和性を指摘している[3]。市野川によれば、反福祉の実例として誰もが想起するナチスドイツの優生政策も、実はワイマール時代の福祉国家体制の延長線上にある。福祉国家体制においては、「各人の生の保障という責務を引き受けるのと引き換えに、国家は、各人の生を鷲掴みにし、それを国家にとっての経済的有用性の観点から評定する権利を手に入れる」というのである。

優生思想との親和性は、政策レベルにとどまらない。社会福祉実践も同様である。三島亜紀子は、日本において一九三〇年前後、「優生学」がソーシャルワーク理論として援用されてきたことを指摘している。さらに三島は、「弱者の囲い込み」という視点から、社会福祉の動き全体を論証している[4]。

社会福祉実践は、人間の尊厳や障害の無条件的な受容を前提としなければ存在しえない。片方で、ある人々をサービスの対象者として確定することで隔離や排除の契機をつくり、障害の発生予防や軽減に関心を寄せ、障害の解消を目指すという矛盾した性格を有している。こうした社会福祉実践の矛盾については、反専門職論が説かれるなかで、厳しく批判されることもあったが、批判する側も多分にイデオロギー的な発想であったこともあって、かみあった議論がなされてきたとはいえないであろう[5]。

現在では、優生思想を社会福祉実践を支える理論として語ることはなくなった。むしろ闘うべき対象として語られている。しかし、優生思想を否定することで成り立ちうる社会福祉実践が、実は優生思想に近い場所に立っているという矛盾は深まっているように思われる。

近年、社会福祉実践の目的として、「自立支援」や「介護予防」が説かれている。また、社会福祉領域にとどまる動きではないが、健康の保持を国民の義務として過剰に要請する動きも顕著になっている。これらは障害の存在が財政的負担になることを自覚し、しかも自己責任ととらえて予防、軽減を図るものとして、優生的発想の範疇にあるといえるであろう。今日、経済はじめさまざまな政策の背景となっている新自由主義について、斎藤貴男[6]、竹内章郎[7]、山田真[8]らは優生思想との関連を指摘している。また、優生思想は、一九九六年の優生保護法の母体保護法への改正によって解消されたのではなく、自己責任や自己決定の論理のなかで、新たな装いでむしろ強化されていることへの指摘もある[9]。

そうなると、社会福祉と優生思想との関係は、単なる対立関係として片づけることはできず、とりわけ実践との関係から議論を深める必要があるといえよう。そのためには、優生思想が社会福祉実践の理論として考えられていた時代の、実践や福祉思想の検討が不可欠である。優生思想の研究が活発化するなかで、社会福祉と優生思想との関連に関心を寄せる研究もあらわれ、なかには、歴史的な性格を視野に入れた研究もみられる。その一つとして、堀口良一は「優生学と福祉」と題して海野幸徳を材料にし、海野の優生学研究の展開を追っている。確かに海野は社会事業を先駆的に体系化した人物であるし、また優生学についての著述も多く残している[10]。しかし、果たして海野が社会事業を代表しうる人物なのか、疑問もある。むしろ海野は、優生学を社会事業に取り入れることに違和感をもっていたことが指摘されている[11]。そもそも海野は学者であって実践者ではないので、実践との関連という筆者の問題意識とは、ずれがある。

そうした場合、賀川豊彦こそ検討の素材として、適切であると考えられる。なぜなら、第一に賀川は、社会福祉実践を体現した人物である。賀川の、とりわけ初期の活動は、貧困者への蔑視などの問いが提起されてはいるが、基本的には社会福祉実践とは何かを、身をもって示したといってよい。第二に、社会福祉の領域についても思想的に大きな成果を残し、現在にまで影響をもっている。第三に、すでにその優生思想が批判的に語られている。こうした点からみて、賀川をくぐることなしに、社会福祉実践と優生思想という課題を解くことはできないと思われる。ただし、筆者は賀川の全体像を知っているわけではないし、体系的に把握してもいない。賀川についての議論が混乱しやすいのは、全体像を知らない論者が、部分だけを根拠にして語るケースが少なくないためである。本章も、部分をもって語るにすぎないという点では、混乱を助長するものかもしれないが、筆者としては、賀川研究というより、社会福祉実践の立場から優生思想をとらえる素材として、あえて検討を試みた。

2　従来の賀川豊彦の優生思想への批判

優生思想の論点から賀川を分析することは、これまでもたびたび行われてきたことである。賀川研究においては、むしろ陳腐なテーマだといっても過言ではないほどである。一九八〇年代、部落差別などの論点から、賀川への批判的な分析が盛んになっていくが、それはやがて、賀川の優生思想へと議論を広げていった。

吉田光孝は、一九八〇年代における一連の賀川批判の立場から、賀川の優生思想を厳しく批判している[12]。吉田は、賀川を分析すべく、賀川全集を通読した。そして、賀川の貧民対策の特徴として「優種学的改良」を見出す。賀川の優生的な言説を紹介しつつ、「隔離、優性手術―身体障害者や精神障害者を『悪種淘汰』し遂行されるところの賀川の人種改良・人間改造、そこには、人間として、実に、薄暗いものが渦巻いています」と述べている。吉田の批判は痛烈であるが、差別的な発言を取り出して、それを天皇制などの差別イデオロギーや差別体質の故として賀川を徹底的に論難し、さらにはそうした賀川を評価してきた教会の在り方を問うという、典型的な賀川批判の手法である。

加藤博史は、国民優生法制定へ向けてのさまざまな議論を論者別に整理して分析しているが、「社会事業界の象徴的人物」として賀川を取り上げている[13]。「賀川の論理は、あまりにも偏見と病者蔑視に満ちている。これは単なる偶然ではなく、また歴史的制約に帰すべきものでもなく、社会事業の一面の本質と深く関連している」「賀川の思想においては、美しい人、人格的に優れたもののみが、自主、自由、自治を享受しうるものとして評価されるのであり、そうでないものには消極的にしか生存意味をみいだすことができない」と述べている。加藤は、優生思想について発言した何人もの人物を取り上げて論じているのであり、ことさらに賀川に焦点をあてて批判しているわけではない。しかし、精神科病院のワーカー出身者として実践者の視点を共有しつつ、しかも史料を広範に収集、分析したうえでの加藤の批判は、説得力を強く有するものである。

ただし加藤は、その後に著した『福祉哲学』で「人格性と賀川」との題で賀川についてまとまった議論を展開し、「被差別部落や障碍者・病者に対する事実誤認があり、また論理的矛盾があり、あきらかな侮蔑感もみられる」と指摘してはいるが、論旨全体としては、賀川に肯定的である[14]。

藤野豊は、ハンセン病についてのすぐれた研究を次々と公表する一方で、優生思想に関心を広げた。『日本ファシズムと優生思想』は、以後の優生思想研究の基本的な枠組みを提供した、影響力の大きい著作である[15]。同書では、補論として「近代日本のキリスト教と優生思想」という節を設けている。そこで「貧民問題と優生思想」を取り上げ、もっぱら賀川に焦点をあてて批判を展開し、「貧困という問題の解決を優生思想に求めた」と結論づけている。藤野は元来は、差別糾弾的な視点から部落史を研究してきた研究者である。さらにハンセン病研究において、賀川が隔離政策を推進する救癩運動に参加してきたことから、賀川への批判的観点を強く有していると思われる。賀川がこれまで高く評価されてきた、貧困者への取り組みの側面に重点をおいた批判だけに、賀川評価の根幹にかかわる意味をもっている。

賀川について実証的な研究を積み重ねている倉橋克人は、たびたび賀川の優生思想に言及している。「賀川の優生学的関心はその後も決して衰えることはなく、次々と新しい展開を示す[16]」、「いささか楽天的で、極めて主情的傾斜の強い文面であるが、その思索的背景として…（中略）…『人種改良学即優種学』的発想が介在していることは容易に想定される[17]」と述べて、賀川の優生思想の存在と批判的分析の必要性を繰り返し説いている。筆者自身も、「キリスト教社会事業家と優生思想」について論じたことがある。そこで賀川について、優生思想を奉じるキリスト教社会事業家の典型として紹介している[18]。

このように賀川が優生思想に立脚し、しかも生涯にわたって維持し続けた事実は、すでにいくつもの研究において論証されている。賀川が優生主義者であったことは歴然とした事実である。一連の研究は事実関係に関して、反論の余地はほとんどない。ただ、これらの議論では、賀川が優生主義者である事実を示し、それを賀川の影の面として批判の俎上にのせることに力点が置かれている。かつて賀川への一面的な礼賛のなかで、優生思想が隠されてきた時代があったことからすれば、それには大きな意義があった。しかし、賀川自身の視点に立って、なぜ賀川が優生思想を唱えるようになったのかの分析は弱いように思われる。とりわけ、社会福祉実践者たる賀川がなぜ優生思想に流れたのかという議論にはいたっていない。今後は、賀川が優生思想の持主であるという自明になったことを指摘する段階を超えて、内在的な分析が求められよう。倉橋の一連の研究はすでに、そこに踏み込みつつあるし、他にも同様の研究がすでに試みられているのかもしれない。しかし、実践的視点からの社会福祉史構築を目指す筆者のような立場からの考察は、なかったのではないだろうか。

3　賀川豊彦の優生的言説と社会福祉実践

(1)『農村社会事業』の優生的言説

賀川の優生思想に関する言説は著作の随所にみられるのであり、賀川の優生思想を分析するためには、そうした叙述を広く収集して、分析するべきである。しかし、本章では、それを行うだけの紙数もないので、社会事業と密着した部分のみを取り上げる。そこで、まず『農村社会事業』を取り上げ、次いで優生思想を批判したかにも見える論文「弱者の権利」を取り上げる。あわせて、賀川の病者としての側面を確認し、優生問題についての当事者性について考察する。

賀川の優生思想を社会事業との関連で検討する場合、とりわけ『農村社会事業』を取り上げるのが適切であると考える。なぜなら、同書は賀川にとって唯一ともいえる「社会事業」が主題であることを明記した単著である。また、発行当時農村社会事業が注目され、議論も活発化するなか、農村社会事業を論じた日本における代表的著作でもある。それだけ、社会事業界への影響も大きかったと考えられる。そして何といっても、同書での優生的言説は、きわめて激烈で、しかも何度も繰り返されていることである。弱者とともに生きたという賀川のイメージからすれば、衝撃的ともいってよい記述である。しかもそれが、「社会事業」という隣人愛を基軸とすべき領域を論じる文脈の中で語られているのである。

『農村社会事業』は一九三三年に、「農村更生叢書」として、日本評論社から刊行された、二九一ページにおよぶ著作である。『農村社会事業』の優生的言説については天野マキが触れているが、天野は引用しているだけで、それをどう捉えるべきかには触れていない[19]。また、『農村社会事業』それ自体の研究として、田端光美による同書復刻版の解説があるが、そこでは優生的言説には触れていない[20]。

同書の優生的言説のみを切り取って引用することは、引用部分での差別的な表現が、あまりに強烈で目立つために躊躇を感じる。しかし、賀川が実際にどのようなことを書いたのか、この引用がなければ論証できない。史料に依拠した議論のために、あくまで歴史的文献として、そのまま引用していく。引用部分は、用語が今日では不適切であるばかりではなく、内容についても誤りが多く含まれる。障害者への偏見につながることがないように、留意していただきたい。

第四章「農村に於ける人口問題と社会事業」で冒頭部分から、さっそく登場する。

「生理的の遺伝性不具者、心理的の白痴、低能、発狂、変質者、道徳的の不能者及び犯罪者の遺伝を防ぐために、妊娠調節は最も必要である。また癩病の如きは、胎内伝染をする傾向を持つてゐるから、簡単な手術法によつて男性の輸精管を切断して、子孫に、黴菌が伝染しないやうな工夫をすることも必要である。この手術の如きは私もみたことがあるが、非常に簡単であるから、レプラ患者自身がすゝんでこの手術を受けると、まことによいと思ふ。

然し私は、農村に於ける優等な家族は、母性保険によつても多く子を生んで貰はねばならぬと思ふ。…（中略）…天才の子供はかうして保護せねばならぬ。さうしなければ、世界は劣等なものばかりの種になつて、いくら社会事業をしても追付かないほど人間は悪くなるだらう。『生めよ、殖えよ、地に充てよ』といふ法則は、梅毒や、コカイン、アルコール、阿片、モルヒネ等によつて汚されない時には適用出来ても、今日のやうに人間の血が汚れてきた場合には、優生学的な選択を妊娠の上に大いに加へる必要がある。村に善い村と悪い村があるのは、一つはその住民の性質によることは争はれない。悪質遺伝の多い村では、将来発展する希望は非常に少ない。さうした村は衰亡するより道はない。

その反対に、優等な種を保存すれば、その村の繁栄は期して待つことができる」。（六二一～六二二頁）

第五章では「優生学運動と産児制限」という見出しがあり、「私の云ふ産児制限は、優生学的産児制限である。…（中略）…私のゐた処の人などは実に狂暴で無智だから、さういふ人は産児制限をする必要がある。X光線を五時間くらゐかけると、絶対に子供を産まないやうになる。薬を使つたりすることもあるが、薬を間違へると危い。その中毒によつて後天的遺伝になる」（六八頁）と論じている。

第八章では精神病を取り上げ、「如何に地方農村に発狂者が多いかゞわかる。我々は、遺伝素質を浄化するとともに」と述べている（九八頁）。

こうして、典型的な優生思想を展開するとともに、実行することへも意欲的である。賀川が優生思想の持ち主であり、しかも観念的に優生思想を抱いただけでなく、実現を目指していたといわざるを得ない。どう弁護しようにも、これらの記述を容認する余地はないように思える。したがって、これら記述を根拠として、賀川を障害者差別主義者として批判することには一定の妥当性があるといわざるをえない。

しかし、ここで断罪することで、問題は解決しないと考える。なぜ賀川は『農村社会事業』でここまでの記述をすることになったのか、それを考察することなしでは、社会福祉と優生思想との関係が明らかにならない。

周知のように、賀川にとって、農村問題は特に関心の高いテーマであった。農村の困窮した状況を熟知しており、対策として立体農業など具体的な提言もする。杉山元治郎らとともに、農民組合運動にも参加していた。また、農村伝道にも関心を示した。各地で農民福音学校が設置されていくのは主に賀川の影響である。賀川は、農村を改革すべく、農業技術の問題、産業組合などの農村社会の改良、農村伝道を通じた精神の改造も視野に入れていた。農村伝道は単に農村でキリスト教の教えを伝えるというものではなく、農繁期託児所や保健活動などの具体的な実践をともなうものであった。賀川は、農村の根本的な改造を目指して、すすんでいたのである。

一方で、政策はどうであったか。農村恐慌に対して、政府が無策だったわけではなく、時局匡救事業などを推進する。しかし、地主制度のもとで階層が固定化したなかで構造的に貧困を生みだす農村の実態からすれば、場当たり的な対応でしかなかった。また、農山漁村経済更生運動が推進されるが、農民に自助を強要する欺瞞的な運動であった。賀川の『農村社会事業』はそうした政策と対峙する役割をも担って登場した文献であった。『農村社会事業』は単なる農村での社会事業の概説書ではない。

賀川は政策と異なって、農村の抜本的な改革を提示しようとした。そのなかで優生的な言説になっていった。また、今日では差別的とされている用語が用いられているために、差別的に読めてしまうけれども、内容自体は特に差別的とはいえない部分があることにも留意しておかなければならない。たとえば、「人間に病気がなくならない以上、白痴、低能、発狂者のなくならない以上、社会事業といふものは、いつまでも必要なものであり、天災が決してロシア流の共産主義によつてはなくすることの出来ないものである以上、社会政策はいつまでも人間社会に必要である」（一二頁）、あるいは「都会の生存競争の落伍者である白痴、低能、発狂。変質または犯罪者を教育する点で、農村ほど適当な処はない。

農村に於てのみ、これらの心理的破産者を救済することが出来るのである」（一四頁）といった箇所は、今日の感覚では差別性を強くともなった用語が使用されているために、差別表現のように感じてしまうのだが、内容自体は障害者に社会事業で対応すべきことを説いているにすぎず、その社会事業の実施について、農村が適していると主張しているのである。

とはいえ、賀川の発言に是認しがたい部分が含まれているのは明らかである。賀川は第八章の「農村に於ける心理的災厄の保護」にて、知的障害者と精神障害者の救済に言及している。ここで、賀川は二つの策を提示している。一つは、「妊娠調節による優生学的努力」であり、もう一つは知的障害者に対しては、教育や篤志家による保護、精神障害者に対しては精神病院の設置による治療である。しかし、根本策として、断種などを構想していたことは明らかである。賀川は、教育の必要と効果を認識していた。一方で、農村の早急な生活改善を探究した。農村の構造的なシステムが容易に変革できない現実のなか、優生学は、実現できそうな抜本的な対策として、魅力的であったのではないだろうか。

（2）「弱者の権利」

賀川は一方で、優生思想と真っ向から対立するかのように読める論文も残している。『社会事業研究』に掲載された「弱者の権利」という論文であり、同論文には「宇宙生命の可能性と最後の一人の生命の尊厳」という副題がついている。(21)同誌は大阪で刊行されていた社会事業雑誌であるが、中央社会事業協会による『社会事業』と並ぶ、日本を代表する社会事業専門誌として、社会事業関係者への影響の大きい雑誌である。しかも、巻頭に掲載されている。

ここで賀川は「弱者に生きる資格はないだらうか?」とまず問いかける。そして「病人は必ず死にゆくべきものであり、不具者は必ず捨てられるべきものであらうか?、白痴、低能、発狂、変質者は生かしておくべきものでなく、社会は一日も早く彼等の死を早め、彼等の生存の権利を奪ふべきものであらうか?」とさらにたたみかける。そして、賀川は、「優勝劣敗の思想」を批判し、「私は弱者の権利を主張する」と結論づける。賀川はその根拠をいくつか提示する。「生命の種は如何なる場合に於ても、これを粗忽に取り扱ってはならない。たとひそれが、白痴低能者の生命であつても、我々はその生命を尊重しなければならない」として、生命の絶対的尊重を述べる。また、戦争で「優等人種」が死に、障害者ばかりが生き残ったとしても実際には社会は「常態人口を回復し得る」として、社会防衛上の意味がないことも強調する。また、障害者の教育の可能性にも言及している。最後は「宇宙意志の尊厳」といった難解な世界を語り始めるのだが、全体の論旨としては、障害者を社会発展の妨げとする思想を厳しく排斥して、障害者の生存権を擁護する内容となっている。

一見すると、賀川が繰り返した優生的な言説と反する議論に読める。筆者は、かつてこの論文と賀川の優生思想とを比べ「どちらが本音なのか疑いたくなる」と書いた[22]。そして、著作を量産した賀川にありがちな矛盾の一つであることを示唆した。しかし、賀川が無責任に、あるいは気分次第で正反対の主張を安易に展開したのであろうか。筆者のかつての記述は、あまりに表面だけ読んで、安易な記述をしてしまったように思う。

これは単なる矛盾ではなく、どちらも本音であり、賀川の基本的な主張だったのではないだろうか。賀川は「弱者の権利」において、遺伝学的な知識を披露して、あくまで遺伝や優生の観点から議論を試みている。決して、優生的な思考自体を否定しているのではなく、あくまで優生的に考えて、病者の存在が許容しうると論じているのである。賀川特有の構想のなかでは、障害者や病者は存在しうるのであり、抹殺する必然性はなかった。

賀川は論文の後半では、「宇宙進化」や「宇宙生命」の議論を展開して、そこに弱者が存在しうることを説いている。「最後の一人の生命の尊厳」というのは、そうした賀川の「宇宙進化」のなかの概念である。我々が一般に想定するような、「どんなに重い障害をもっていても、生存権の主体として、法的、制度的、社会的に尊重されるべき」という概念とは異なるのである。したがって、この論文を根拠にして、賀川をあたかもノーマライゼーションの先駆者であるかのようにとらえるのは正しくない。

しかし、反面で、賀川の優生思想は、ナチスのような、障害者の抹殺を目指すような主張ではなかったのである。とはいえ、「優生思想の本質は障害者の抹殺であり、優生思想を唱えている以上、障害者の存在を認めていたというのは主観的なもので、究極的には障害者の存在を拒否する姿勢なのだ」という批判も成り立ちうるのかもしれない。しかし、賀川の社会発展の構想は、障害者や病者が存在しうる社会なのであり、賀川を単純に障害者や病者と敵対したと決めつけられない。

（3）病者としての賀川豊彦

賀川について議論する大前提として意識しておかなければならないのは、そもそも賀川自身が病者であるということである。周知のように、賀川は結核を患い、新川に入った動機の一つも、余命がわずかだと宣告されたからといわれている。その後も、スラムの環境もあってトラホームやさまざまな疾病がふりかかり、常に病と隣り合わせの生活であった。腎臓炎、心臓病、肺炎カタル、肋膜炎、結核性痔ろう、蓄膿症、脊椎病、角膜離脱、中耳炎といった疾病にかかったという。血痰を吐くのは茶飯事で、医師から死の宣告を受けたのも一度や二度ではない。

現在の用語でいえば、賀川は「当事者」であった。賀川が病者を嫌悪し、その抹殺を図ったのなら自分自身を排除しなければならなくなる。賀川批判においては、賀川自身が病者であるという自明の事実について、分析されていないように思われる。

賀川は自分を病者として、自覚していたのか。村島帰之による『賀川豊彦病中闘史』の序文で、みずからの病史を簡潔に述べている。[23] 賀川には『吾が闘病』という著作もある。[24] 自身が病者であるという自覚をもっていたのは、明らかであろう。

もっとも、次のような点で、賀川の当事者性を否定する余地があるかもしれない。まず、賀川の疾病は結核やトラホームなどの感染症を中心としており、遺伝とは関係ない。また、いずれも肉体的な疾患である。したがって、優生思想が対象としがちな遺伝病、あるいは精神障害とは一線を画することができた。賀川が優生思想を論じる際、自分が病者として排除される側になるとは考えなかったという可能性である。

また、賀川と病気との関係は、「闘病」「闘史」ということばで語られている。賀川にとって、病気は闘うものであり、闘って克服すべきものと捉えられていた。『吾が闘病』では、自然療法や精神療法によって病気を克服していく姿が語られ、疾病の体験を語った著作に『病床を道場として』という題をつけている。[25]「国民病の克服者」として紹介されているように、[26]第三者からみても、闘病に成功しえた代表的人物であった。

したがって、病者であることは弱者であることを意味せず、むしろ賀川にとって強者であることのあかしである。通常の感性の持ち主であれば、治癒困難な疾病に罹ると、将来への不安を感じるし、行動も消極的になりがちである。なかには自殺の道を選ぶ者もいる。しかし賀川はそうではなかった。病者であることを強調すればするほど、賀川は病に打ち勝つ力強い人間であることが証明されていく。

一方で、優生思想が対象とする知的障害などは、「闘い」で治癒したり安定したりするものではない。精神障害者がさらに疾病をもてば、より苦しみが増すのが一般的であろう。賀川の病者としての立場は、他の病者・障害者との共通の立場を意味するのではなく、むしろ全く逆の立場に立っていることを示していたのかもしれない。そうすると、賀川の一連の疾病のゆえに、賀川を病者・障害者として、その「当事者性」を強調することは、適切とはいえないであろう。

しかし、賀川が病気がちであったことは、スラムに長く住んだとか、多忙であったとかといった後天的で賀川特有の事情にすべて原因があるわけではない。体質という、先天的な要因にかなり規定されていることに起因する部分が少なくないことも事実であろう。賀川が、強者として、障害者に対して優越的な立場にあったというのも、短絡的な見方である。少なくとも、賀川の病者としての体験と優生思想との関連については、なお分析の余地があると思われる。

4　優生思想の背景と影響

最初に指摘したように、社会福祉実践は、障害や疾病の無条件的な受容、肯定がなければ、成り立たないものである。反面で、社会福祉実践は単に現状からの救済にとどまらず、予防や事態の改善を志向する性格がある。たとえば、児童虐待であれば、現に虐待を受けている子どもを救い出す。しかし、それで終わるのではなく、そもそも虐待自体が発生しないように尽力するのである。そうすると、障害であれば障害自体の発生予防に関心を向けることになる。実際、乳幼児への検診など、ある程度の体制もつくられてきた。しかし、そこに傾くと、障害の無条件的な受容と矛盾することにもなる。

賀川が新川に入ったのは、慈善事業から社会事業へと発展していく過渡期であった。慈善事業は、孤児などすでに発生した事象への事後的な救済であるのに対し、社会事業の特徴は予防的、科学的であると一般に説明されている。したがって、実践者は、隣人の精神を持つだけでは不十分で、人間に関連する諸科学に精通することが望まれるし、そこでいう諸科学とは、心理学や精神医学のような、実用性に富んだ領域が想定されることになる。

賀川はまさに、予防性、科学性の必要性に早い時点で気づき、実践しようとした。社会事業実践者のなかで、賀川ほど諸科学に精通した人物はいないといってよい。優生思想は今日では差別的イデオロギーとして認識されているが、戦前は「優生学」という学問領域であった。自然科学にも精通した賀川が、「優生学」を知り、活用しようとしたのは必然的な流れであった。さらに予防性という場合、賀川は片方で、労働組合運動、消費生活組合運動、農民運動など社会変革によって達成しようとしつつ、一方で伝道などによって個々人の精神性の変革をもとらえていた。社会と個人とをともにとらえる賀川の発想において、優生思想は社会進歩と個人的対処との双方を含んだものとして、受け入れやすいものであったといえるであろう。

しかも、賀川は障害者や病者と敵対したり排除したりしたのではなく、むしろ共存の可能性を求めていた。そのため余計に、優生思想が、ある人々を排除する本質をもつことが自覚されなかった。

今日の我々は、ノーマライゼーションの思想などに触れているし、優生思想がナチスによる障害者「安楽死」につながった史実も知っているので、優生思想が誤りであることを自明の真理として受け入れている。しかし、一九六〇年代後半から一九七〇年代にかけて、「不幸な子供の生まれない運動」が賀川の実践の場を含む兵庫県で実施されたように[27]、優生思想はかなり最近まで、常識的発想でもあった。

あらゆる点で先進的な発想をしていた賀川は優生思想においても、早くから取り入れた。優生思想を克服する思想、たとえば、糸賀一雄が「この子らを世の光に」という思想を体系化され、社会に浸透していくのは、賀川の死後といってよい[28]。だからといって、賀川の優生思想に是認できる余地があるといっているのではない。これまで問われてきた、貧困者への見方をはじめとした賀川の限界や誤りを考える場合、そこにしばしば優生思想が絡んでいる。こうした賀川の問題が解明されないまま、賀川を先駆者として社会福祉が発展してきたことで、社会福祉実践において今なお、優生思想を克服しえず、むしろ内包したまま、社会福祉実践が広がりを見せているのである。

注

（1）たとえば、加藤博史「社会福祉の理念」菊池正治・清水教恵編著『基礎からはじめる社会福祉論』ミネルヴァ書房、二〇〇七年、二七頁。筆者自身も、岩田正美他編『社会福祉の原理と思想』有斐閣、二〇〇三年、一〇二頁で、優生思想を克服すべき課題として書いている。

(2) 二文字理明・椎木章『福祉国家の優生思想』明石書店、二〇〇〇年。
(3) 市野川容孝「優生思想の系譜」石川准・長瀬修編『障害学への招待』明石書店、一九九九年、一五一頁。ほかに、森岡正博「福祉と優生思想」『コミュニティ福祉学部紀要』第四号、二〇〇二年三月。
(4) 三島亜紀子『社会福祉学の〈科学〉性』勁草書房、二〇〇七年、三三～三六頁。
(5) たとえば、山下恒夫『反発達論』現代書館、二〇〇二年（初版は一九七七年）。興味深い普遍的な論点も多いために、出版後二五年もたって再刊されたのだが、「抑圧」という用語がキーワードであり、また著者自身が「日常性のイデオロギー」を問うと述べている。
(6) 斎藤貴男『機会不平等』文藝春秋、二〇〇〇年。
(7) 竹内章郎『いのちの平等論』岩波書店、二〇〇五年。
(8) 山田真「健康義務化社会を問う」日本社会臨床学会編『「新優生学」時代の生老病死』現代書館、二〇〇八年。
(9) 日本社会臨床学会編、『「新優生学」時代の生老病死』現代書館、二〇〇八年、九頁～十四頁。
(10) 堀口良一「優生の論理と安全の論理」山崎喜代子編『生命の倫理2　優生学の時代を越えて』九州大学出版会、二〇〇八年。中馬充子「近代日本の優生思想と国家保健政策」山崎喜代子編『生命の倫理　その規範を動かすもの』九州大学出版会、二〇〇四年でも海野に触れている。
(11) 三島亜紀子、前掲書、三五～三六頁。
(12) 吉田光孝「討議資料の欺瞞性を撃つ　賀川豊彦は差別者か」『資料集『賀川豊彦全集』と部落差別』キリスト新聞社、一九九一年。
(13) 加藤博史『福祉的人間観の社会誌』晃洋書房、一九九六年、四三七～四三九頁。
(14) 加藤博史『福祉哲学』晃洋書房、二〇〇八年。
(15) 藤野豊『日本ファシズムと優生思想』かもがわ出版、一九九八年、四二四～四二七頁。
(16) 倉橋克人「賀川豊彦」『近代天皇制とキリスト教』人文書院、一九九六年、三四五頁。
(17) 倉橋克人「賀川豊彦の神学思想をめぐる序論的考察」『キリスト教と歴史』新教出版社、一九九七年、一七六頁。
(18) 杉山博昭『キリスト教福祉実践の史的展開』大学教育出版、二〇〇三年。
(19) 天野マキ「賀川豊彦に視る社会事業の視覚――「農村社会事業」の検討を通して」『東洋大学社会学部紀要』第四五巻第二号、

二〇〇八年。

(20) 田端光美「賀川豊彦『農村社会事業』解説」『農村社会事業』（戦前期社会事業基本文献集36）日本図書センター、一九九六年。

(21) 賀川豊彦「弱者の権利」『社会事業研究』第一六巻第一〇号、一九二八年一〇月。なお、一九三一年発行の『神の国新聞』六二七号にも、分量は少ないが、「弱者の権利」という題で、論旨もほぼ同じ論考が掲載されている。「弱者の権利」については、吉田久一『日本社会福祉思想史』川島書店、一九八九年、四八八頁において「社会的弱者の中にも、賀川の特色である宇宙意志の尊厳を認め、最後の一人の生命の尊厳とその権利の擁護が、デモクラシーの根本原理と考えた」と評している。

(22) 杉山博昭、前掲書、一四九頁。

(23) 村島帰之『賀川豊彦病中闘史』ともしび社、一九五一年。

(24) 『吾が闘病』は杉山平助との共著として、三省堂から一九四〇年に発行されている。

(25) 『病床を道場として』は、一九四一年に「闘病精神の修養」の副題をつけて、白十字会から出版され、「私の体験した精神療法」との副題で、ニューモラル出版社や福書房からも出版されている。

(26) 加藤三日男『病苦を克服した人々』土肥書房、一九四〇年、一一九～一二二頁。

(27) 松永真純「兵庫県「不幸な子どもの生まれない運動」と障害者の生」『大阪人権博物館紀要』第五号、二〇〇一年。

(28) 糸賀は一九四六年に近江学園の園長になっており、糸賀が活躍した期間は、賀川が活躍した期間と重なっているが、糸賀の主著『この子らを世の光に』が一九六五年、『福祉の思想』が一九六八年であるから、糸賀の思想の体系化と社会への浸透は、賀川の死後といってよい。

第15章　谷川貞夫——共同募金論の先駆的意義

1　谷川貞夫と共同募金

共同募金は民間社会福祉の資金獲得の一方策として一九四七年に第一回が全国的に展開され、以後現在まで継続され「赤い羽根」として広く浸透している。単なる民間社会福祉の資金獲得にとどまらず、国民、とりわけ子どもへの社会福祉への関心を高める契機となるなど、福祉教育の一手段としての役割も期待されている。

一方で、しばしば疑問や批判にさらされ、現在でも戸別募金などの方法が、自治会などで半強制的になされることがあって、一部に疑問や反発があるのも否めない(1)。筆者は共同募金について、国民に広く疑問が潜在している実態からすれば、「寄付の文化」といった美名で語られるのには違和感を覚える。しかしここまで組織化され、なじんでいるものを否定するのは現実的ではなく、真に社会福祉を前進させる取り組みになるよう、常に改善していくことが望ましいと考える。

その前提として、共同募金が実施されていく過程での出発点、原点を制度創設時やその前にさかのぼり、共同募金とはそもそもなぜ取り組まなければならなかったのか、初めは何を目指していたのかを検討すべきであろう。その際に、必ずみておくべき人物が谷川貞夫である。

谷川貞夫は戦前、日暮里愛隣団と呼ばれるキリスト教系のセツルメントで活躍したほか、戦後は日本社会事業大学教授をはじめ、団体や施設の役員などさまざまな活動を行い、日本の社会福祉の発展に大きく寄与した。谷川は戦前、共同募金に関連する論文をいくつも発表し、議論の中核をなす存在であった。そして戦後、共同募金の実施が検討された際、谷川による貢献があったという。葛西嘉資は、GHQから共同募金を実施するよう示唆されたものの、知識が乏しく困っていたところ、「谷川君がバット博士から貰った共同募金の本が手もとにあったといって、分厚な一冊の本を持ってきてくれた」ということで、共同募金実施の決心がついたという。[2] 安田巌も、共同募金の研究をするなかで有益だったのは、谷川から借用したアメリカの参考書であったと述べている。[3] こうしたエピソードは、偶然谷川が本や資料をもっていたということではなく、すでに共同募金について、ある程度の研究蓄積を有していたということである。戦後の共同募金は、谷川による蓄積の上に実施されたともいえるのである。

谷川は、いわば自分の研究成果を取られたのであるが、むろんそうした狭量な発想には立たず、実施後も共同募金についての好意的言及を行って、その実施を後押ししている。しかし、直接共同募金の中心にいたわけではないこともあって、谷川の貢献は今では知られていないのではないだろうか。共同募金についての本格的な歴史文献は、中央共同募金会による『みんな一緒に生きていく――共同募金運動50年史』であるが、そこでは谷川については何ら述べていない。[4] そのほか、いくつかの主要な文献があるが、ほとんどが同様か、触れたとしてもわずかである。[5] 庄司拓也が、一九三〇年前後の私設社会事業の運営共同化の動きを丁寧に整理しているものの、谷川の役割についてまでは触れていない。[6]

谷川の共同募金論については、谷川の過去の論文を収録した『社会福祉序説――戦前、戦中、戦後の軌跡』のなかで、「共同募金への期待」との題で、関連の五つの論文が掲載され、かつ巻末の重田信一の解題のなかで、二ページ弱にわたって言及されている。[7] したがって、谷川が戦前から共同募金について発言していた先駆者であることは、すでに同書で示されている。しかし、同書収録の五編以外にも、共同募金を主題とした論文がいくつかあるし、他の論文内で部分的に言及している場合もある。また、同書は、一九三三年から一九三四年にかけての論文のみが収録され、重田の解説も一九三三年前後の状況の説明にとどまっていて、その前や戦後には及んでいないし、掲載論文の概要の説明がほとんどで、一連の論文の社会事業史上の意義や、谷川の社会事業論における位置の分析にまでは及んでいない。したがって、谷川の共同募金論について検討する余地はなお残されている。

しかも今日、共同募金に関心を持った者が読むのは『みんな一緒に生きていく――共同募金運動50年史』であって、『社会福祉序説』を読む者は、ほとんどいないであろう。したがって、谷川の共同募金への貢献は、忘れられているのが実態である。

谷川の貢献が忘れられているのは共同募金においてだけでなく、社会福祉全般についてもいえる。谷川は数々の著書・論文を書いてきて、著書は共著も含めれば約30点にも及ぶ。その割には思想家・理論家、あるいは研究者として、今日高く評価されているとはいえない。それは、著作の大半が書名に「概要」「概論」「講座」とあるように、オリジナルな主張を展開するというより、テキストとしてわかりやすく整理することに主眼がある(8)。数々の論文もその時期の課題について、実践的な立場から、対処を検討するという視点である。独自性・先進性・批判性といった観点で評価すれば、物足りなさがつきまとう。しかし、谷川は社会福祉の草創期に、主に実務面から社会福祉を支えた。キリスト者ではあるが、その議論は宗教者以外にも通用する普遍性を目指していた。

共同募金についても、民間社会事業出身である自身の課題として考え、制度実施を見据えた真摯な議論を行ってきた。本章は谷川が共同募金について何を語り、どう考えていたのかを探り、共同募金とは何であり、何を目指したのか把握しようとしている。谷川の共同募金論を概観し、個々の論文の意義を確認し、それが谷川の社会事業論全体とどう関係するか、また共同募金についての当時の議論の中での意義を確認していく。

谷川が勤務した日暮里愛隣団は、キリスト教系であったために海外の宣教団体からの資金があって比較的恵まれていたとされる。[9] しかしそれは相対的な話であって、戦時下に海外からの資金がなくなると、たちまち困窮して閉鎖を検討することさえあったというように、もろい土台に立っていることに変わりはなかった。

2　私設社会事業財源確保への問題意識

一九三〇年代初頭の状況を考えた場合、社会事業の発展や広がりがある程度すすんで、社会事業が社会的にも評価され、期待されていく。しかし、社会事業が発展することは、それだけの資金が必要であることを意味した。救護法の実施によって、救護法に基づく救護施設に委託費が支払われるなど、公的な資金が得られるようになったり、国庫による補助が広がったり、助成団体など一定の財源が確保されはしたものの、なお不十分であった。むしろ経済不況の只中であるので、主要な財源である寄付は集まりにくくなっていく。

全日本私設社会事業連盟が結成される目的も、公的助成の要求がその一つである。社会事業従事者の待遇問題に関心が集まるが、これもまた財源を必要としていた。さらに、公立の施設が広がり、私設に比べて財源の面では優位に立っており、私設側の危機意識が深まっていた。『社会事業』『社会事業研究』などの社会事業論壇における関心事の一つは財源問題であり、財源問題に関する論文が頻繁に掲載されるようになる。特に全日本私設社会事業連盟の発行する『私設社会事業』では切実な問題として、常に財源問題が語られた。私設社会事業の財源は、私設社会事業の一員である谷川にとって、重要な課題であった。全日本私設社会事業連盟と谷川との関係も深かった。[10] 谷川は私設社会事業の財源問題に発言し、あるいは関心の深さを表明している。

こうした中で注目されていくのが、共同募金である。共同募金は、長崎県において実施された実績があって、私設社会事業の関係者より、これを強く推進する動きがあった。一九二九年には、東京府社会事業協会が共同募金調査委員会を設置した。委員会は調査報告書をまとめて、東京府市の社会事業の状況や私設社会事業の現状を述べたうえ、共同募金とは何かについて詳細に説明し、そして「社会事業募金連盟規約草案」を作成した[11]。こうした動きがありながらも、共同募金の実施には至らなかった。

ただ、東京私設社会事業連盟は、一九三三年五月に社会事業デーを実施し、共同募金への流れをつくろうとした。社会事業デーについて『私設社会事業』の記事では「やがて共同募金に迄延長され」と説明している[12]。全日本連盟の理事長の丸山鶴吉も、社会事業デーの意義を説明するなかで、私設社会事業の経営が厳しい実態を訴え、寄付をするときは「私設の団体を御選びになつて御喜捨下さいますやうに」と述べたうえ、アメリカの共同募金を紹介し、「日本に於きましてもこんな制度が出来ますれば、民間社会事業家も寄附なさる方もどんなに幸福であるか」と主張する。ただ、現実に共同募金を実施できる体制にないので、春夏二回の社会事業デーを行うというのである[13]。社会事業デーは、単なる社会事業の宣伝活動ではなく、共同募金への発展が意図されていた。『私設社会事業』には共同募金を解説し、あるいは推進する論考がたびたび掲載された[14]。

こういうなかで、共同募金が推進されるが、社会事業界は推進一色ではなかった。たとえば、東京府社会事業協会が発行する『社会福利』にて徳永寅雄は、社会事業の公営化が進んでいることと、経済的不況が常態化していることから、直ちに実施することに疑問を呈している[15]。やはり『社会福利』では、共同募金のアンケートを実施し「共同募金運動批判」と題して公表している。「批判」と題してはいるが、回答は賛成論が多数である。ただ、反対論も見受けられ、相田良雄は、絶対反対ではないと断りつつも「第一予期したほどの金を集め得ない。第二之が分配に困る。第三その結果は弱小無力な団体をして利して有力有望の団体に迷惑を与ふる」として批判している。とりわけはっきり反対を明言しているのは救世軍で、「共同募金に就ては救世軍は…（中略）…此の企に参加致しかねます」と断言している[16]。

救世軍は、募金に関しては、さまざまな方法を駆使して成果をあげていたし、社会鍋は年末の風物詩になっていた。共同募金が実施されるメリットは何もないばかりか、救世軍が行ってきた募金を減らしかねないので、推進する立場ではなかった。救世軍の山室民子は、『救世軍士官雑誌』という救世軍の内部の発行物で共同募金を批判する見解を示し、募金を実施する中央機関が強くなる危惧がある、個々の事業の精神を伝えることができず、特に宗教的な面を訴えることができない、都会中心主義で農村が忘れられる、などの意見を述べて批判した。東京私設社会事業連盟が試行的に行った社会事業デーが必ずしも成功していないことを指摘している[17]。『救世軍士官雑誌』は当時、救世軍内部の者のみが購読できる特殊な雑誌であったので、その論考自体が広く影響を与えたわけではないが、当時の社会事業における救世軍の位置を考えると、救世軍のこういう消極姿勢が、共同募金実施にとってマイナスであることは明らかであろう。

募金は、慈善事業の時代から行われてきたことである。しかも一九三〇年代は、東北凶作、三陸大津波、室戸台風などの災害が繰り返され、その都度義捐金が集められていたので、ごく日常的な事象になっていたといっても過言ではない。このことはむしろ、なぜわざわざ新たな募金運動を開始しなければならないのか、一般社会への理解を求めることが難しくなっていた面がある。

谷川はこうした状況のなかで、共同募金を語っていく。その議論の注目度は高く、私設社会事業関係者らにはよく読まれたものと思われるし、それゆえ事実を正確に把握したうえで、慎重に執筆したのではないだろうか。

谷川は、一九三〇年の論文で「共同募金についての諸問題が論ぜられつゝあるが理想論としてはとにかく、これも現在に於てはまだ実現性に乏しい」と述べている[18]。これは、セツルメントの経費を確保する方策を述べるなかでの記述であって、必ずしも共同募金自体を論じたわけではないが、一九三〇年の時点で共同募金の実施が現実的課題として熟していないという認識をもっていたことは確かである。

3　一九三一年の論文

しかし、谷川は一九三一年に共同募金について、『社会福利』に二つの論文を書いており、共同募金について学識を持つ論者として、現実の課題としてとらえる視点を深めつつあった。

まず「共同募金と私営社会事業」を発表している。(19) これは共同募金を本格的に論じた最初の論文であるうえ、私営社会事業それ自体のあり方をも論点に含んだ、谷川共同募金論の骨格をなすものである。

そこでは、社会事業が行き詰まっているという声があることを指摘し、理由の一つは「経済的方面」にあり、それは「私営の側に於てのみ」背負わされているという認識を示す。一方で公営の社会事業が広がっていて、ますます私営の立場が苦しくなっている。しかも不況による資金難も発生している。その打開策として共同募金があるとしている。そして、海外の文献を資料としつつ、共同募金のメリットとして、寄付者の増加、社会事業の総収入の増加、募金費用の減少、寄付者に対する便宜の増加、事業団体間の協力の増加、結果として大衆教育の実を挙げること、活動の統合をあげている。一方で問題点として、管理監督の危険、宗教系の施設と非宗教系の施設の財源が共同されてしまうこと、強固な団体を犠牲にして貧弱な団体を補助することになる、などを指摘している。

谷川の問題意識の前提として、公営社会事業が広がることにより、私営社会事業が圧迫されていることがある。しかしそれは私営が一方的に圧迫されているためではなく、私営の側にも活動の無秩序、無統制などの問題があり、その反省を求めている。共同募金それ自体を重視するより、「私営社会事業に於ける共同の普遍化によって、新しき社会事業の形態を樹立する」ことこそ重要であって、共同募金は「協同への一段階」として評価されている。谷川は自身も私設社会事業に身を置いており、私設社会事業の危機は自身の存在意義にもかかわる重要な問題であった。一方で、私設社会事業の抱える構造的な限界も熟知していた。したがって、共同募金について、資金集めという実際的な問題にとどまらず、より高い水準での私営社会事業の発展を志向している。

続いて発表したのが、「募金運動の組織に就いて」である。[20]「共同募金と私営社会事業」が総論ないし理念を中心に論じているのに対し、共同募金を現実的・実務的にとらえて論じている。まず、現状において無政府状態的な募金活動になっていて、これでは寄付が広がらないという危機意識を示す。しかも「過大の責任を有つ従事員が更にこの為にも心身を労さねばならぬといふが如きは、決して望ましきこと、はいへない」として、募金が従事者の過重労働をいっそう悪化させ、悪い結果をもたらしかねないことを戒めている。

ではどうすればいいかというと、組織的に行うことが重要だというのである。「組織的共同募金を開始するためには、各団体が個別的任意的に活動するよりは、これが一団となつて、共同の組織を形成するところにまで到達しなければならない」とする。そして谷川は、募金協定の成立という、具体的な提起をするのである。

そのうえで海外の文献を参照して、市民募金委員会、募金小委員会、実行委員会、期間前寄附勧誘委員会、宣伝委員会、財政・会計委員会、見積委員会、勧誘委員会、庶務委員会、寄附勧誘組織と、具体的に列挙して、その必要性の説明と、実務的な内容を述べている。論考の後半は、こうした実務的内容に終始しているのであるが、共同募金の議論がえてして、その必要性だけを力説して内容が抽象化しやすい。しかし、実際に行おうとすれば、実務的なさまざまな課題を越えていかなければならない。その課題を明確にしないと、上滑りな議論ばかりが横行して、実現を見通した建設的な議論につながらない。実現を視野に入れた、具体論に踏み込んでいるのである。

4　一九三三年の論文

谷川が再び共同募金を直接論じるのは、一九三三年である。共同募金を直接のテーマとした論文を三編、一九三四年にも関連の論文を、『社会福利』に発表している。この時期にこうして共同募金の論文を書いているのは、重田信一によると、東京府社会事業協会が、共同募金についての研究委員会を組織して構想の検討を行い、アメリカの募金運動の文献を参照して、共同募金の参考資料として、発表したという背景がある。[21] 谷川によると、その文献は"*The Finance of Social Work*"であるが、戦後に前述の経緯で葛西嘉資に渡して谷川に戻ってこなかったので、著者は不明だという。また、谷川が連続して執筆したのは、岡弘毅や中島千枝に頼まれたためである。[22]

したがって、純粋な谷川のオリジナリティによる論文とはいえない面がある。しかし当時の谷川が、社会事業雑誌に意欲的、論争的に積極的な執筆をしていたことを考えると、単なる翻訳、紹介ではなく、谷川の意図や考えも反映されているととらえるべきであろう。

一九三三年は東京私設社会事業連盟によって「社会事業デー」が企図され、実施されていくのと同時期である。「社会事業デー」は、期待されて実行され、広報活動は一見派手になされた。しかし募金活動の方は、一〇〇〇人が街頭に立って行ったものの、雨天のためもあって八〇〇円しか集まらず、赤字になった。私設社会事業連盟の加盟団体が赤字を補塡することになって、資金を確保するどころか、逆になってしまった。[23] 一〇月に予定されていた二回目の社会事業デーは実施されなかった。しかも、「このことに関する批判は、牧君以外には誰も積極的には試みなかった」というのである。[24] つまり失敗について、牧賢一を除いて総括もせず、責任の所在も明らかにしなかったのである。谷川は、その動きをすぐ近くで見ていて熟知していたはずであり、共同募金実施についても、期待から失望へと変わっていったのではないかと思われる。

そうしたなかで発表された論考であるが、まず「共同募金運動における宣伝ならびに寄付懇請の組織化」は、東京府社会事業協会や東京私設社会事業連盟において、共同募金の協議を行い、草案を作成するにいたったにもかかわらず、実施の見通しがないという問題意識から出発している[25]。しかもできない理由が、「第二義的な、しかしながら極めて重要な、各種複雑なる事情に支配せられた」という、私設社会事業をとりまく現実的状況にあるというのである。こういう暴露的な記述をするのは、二義的なことに支配される私設社会事業の実態への憤りであると同時に、それを克服できる見通しを、「社会事業デー」に見出したためである。この論考は「社会事業デー」実施前のものであることから、「社会事業デー」について「その企図するところが共同募金問題に関する将来への機縁たるの限りにおいて、それは相当の敬意を払いうる」ものとして評価している。「社会事業デー」の性格についても「当初より共同募金運動への前哨としての、明確な意識の下に企図されつつある」という認識を示している。

論考全体の趣旨は、共同募金の実施において、宣伝が成功の成否にかかわることを前提としておいたうえ、宣伝の具体的方法や課題を説明したものである。宣伝には、一年を通じて常時行う宣伝、常時的宣伝、募金開始直前に行う宣伝がある。また、一般社会の興味を醸成するための一般宣伝と、募金の使途や成果などを説明する特別宣伝がある。募金運動の組織や方法も発表すべきという。

各種の宣伝の方法として、新聞宣伝、演説・講演、ラジオ、一般的示威運動、屋外広告、活動写真・幻灯、新聞広告、印刷物郵送、宣伝ビラの配布、先行状況の報告と掲示を示し、その一つひとつについて、どのように行うべきなのかを詳細に説明している。

「宣伝」という用語で語っているが、その内容として、宣伝を行うための組織の充実が必要であること、また「宣伝」というより、現代風にいえば情報公開に類することが含まれている。共同募金が一時的短期的な行事では成功せず、責任ある実施主体のもとで、十分に広報しないと成功できないことを明らかにしている。ノウハウに類することを解説する記述が多いが、主な主張は宣伝を担いうる力量を問うているといってよい。

次に「共同募金運動における内部組織」を発表した。(26) この論考もなお、「社会事業デー」を共同募金実施へのプロセスとしてとらえており、「社会事業デー」の成功への期待を前提として書かれている。谷川の一連の論考のなかでもっとも、共同募金実施への期待感が強く表明されている。

この論考ではまず、共同募金は「個別的団体の利害関係を、連合体としての連盟の利害関係の中に、いわゆる小我を捨てて大我を生かす方途にまで止揚しえられるかどうか」にかかっているとする。見方を変えれば、現状は「個別的団体の利害」によって、共同募金の実施が困難になっているという指摘ととらえることもできよう。

そして共同募金にあたって、社会の信用と協力をえるためには、宣伝組織が必要であり、その組織がどのようなものであるべきかを論じている。内容的には一九三一年の「募金運動の組織に就いて」と重なっている。

募金組織には社会事業以外の諸団体から選ばれた市民委員会、実施に責任を持つ実行委員会、そのほか事前募金委員会、宣伝委員会、財政ならびに会計監査委員会、寄付者名簿作成委員会、募金運動従事者委員会、準備・集会・計画委員会、寄付募集組織を挙げている。また、特別な本部として開設した共同募金運動事務所を設置すべきであり、それは社会事業施設は避けるべきとする。ここで強調されているのは、責任体制を明確にすること、組織体制を明確にすること、社会事業以外の人を入れるべきであることなどであり、共同募金をすすめるうえで、社会からの信用の大切さを強調している。深読みすれば、共同募金運動は、簡便な資金調達手段ではなく、慎重に確実に遂行すべきものとして、注意を喚起している。「徹頭徹尾、加盟団体の結束力の強弱に依つて決定される」との「結語」で終わっており、社会事業界全体の結束を改めて訴えている。

続く「共同募金運動における事前的諸段階」は、社会事業への私見や総論的な記述はほとんどなく、冒頭から実務的内容になっている[27]。この論考は六月号の掲載であり、社会事業デー失敗の後に発表されている。執筆が社会事業デーの後かどうかは、微妙である。四月号の谷川の論考には末尾に「三・二七」とあって、これが脱稿した日と思われる。こちらには脱稿日の記載はないが、四月号のパターンでいくと、社会事業デー後に書かれたことになる。だとすると、共同募金についての私論を避けたのは、「社会事業デー」の惨憺たる失敗と、それゆえ共同募金実施が遠のいているということが影響していると考えてもおかしくない。

共同募金が「細大洩らさざる準備が、いかに周到に徹底的に、そしていかに迅速になされたかによって決定される」という問題意識のもとに、何をどう準備すべきかを説明している。募金開始前の四週間と募金開始後においてなすべき業務を第一週、第二週、というように逐一個別具体的に列挙している。さらに、寄付が予想される寄付見込者について、どう働きかけるかを述べている。かなりの部分が箇条書きであるうえ、結論もなく唐突に終わっている。

『社会福利』掲載の共同募金関係の論文は、これ以降は書かれていないが、谷川はこの三編の後も社会事業資金を広く募金することに関連する論文を書いている。すなわち一九三三年に「社会事業キヤムペーンに於ける事前的諸段階」、さらに一九三四年に入って「社会事業キヤンペーンにおける直接的段階」「社会事業キヤンペーンにおける文書懇請に就いて」を発表している。

「社会事業キヤムペーンに於ける事前的諸段階」は、「共同募金運動における事前的諸段階」の記述を受ける形で書かれているので、前者は後者の継続ないし補強する論考に一見見える[28]。しかし、「共同募金」という用語すら全く登場しない。なぜ共同募金の語を使わないのか説明が全くないが、共同募金実施の見通しがなくなった以上、共同募金に限定せず、寄付一般の課題とした方が有益であると判断したのではないか。内容の大部分は、「見込寄付者」にどう働きかけるかを実務的に説明している。

同論文は末尾に「(未完)」とあって、終結していないし、結論もなく中途半端で終わっている。同じタイトルの論文は書かれていないので、次に発表された「社会事業キャンペーンにおける直接的段階」が継続論文と考えられる。[29]

やはり共同募金という語は使われず、実務的内容に終始している。ただ、最後に「その他の留意事項」という見出しで、秩序のない乱雑な寄附懇請は避けるべきこと、資金寄附懇請の期間中は劇場や集会所での募金はすべきでないこと、バザー等の催しを避けるべきことを述べている。これは、そうしたことがなされかねない危惧を表明しているともいえよう。「結語にかえて」という表現があるので、この論考を一つの区切りと認識していると提示しているようである。

「社会事業キヤムペーンに於ける文書懇請について」は『社会福利』に二回にわたって発表されているが、[30]『社会福祉序説』に掲載されているのは前半のみである。先の三つの論考が一つのつながりと解釈すれば、この論考は、ある程度の独立性があるといえる。前半では、「文書懇請」について定義づけたうえで、郵送する場合の注意事項が細かく書かれていて、相手の名前を間違えて書いてはいけないというような、当たり前のことまで書かれている。後半は「米国に於ける専門家の意見」を含め、より具体的になっているが、返信用封筒に切手を貼るべきであることを詳細に述べたり、寄付者にただちに領収証を出すことなど、個別具体的なノウハウに類することが中心であることには変わりない。ここまで細かいことを書かなくてもよいと感じるが、あるいは当時の社会事業施設では、そこまで説明しないとできない実態があったのであろうか。

この論考で、共同募金に関連すると思われる一連の執筆が終了することになり、以後まとまって論じることはなくなる。ただし、一九三四年一二月号に「歳末と社会事業」を発表している。[31]社会事業の全般的な動向を論じているが、歳末の募金運動にも触れている。ただ、好意的な記述ではない。さまざまな募金があって、これでは、出す方も負担になる。そのため、「募金専門家は、いつも同じ手を繰り返さないで、新手を考案せねばならぬことになるのではないか」というのである。しかも、一九三四年は東北凶作の年であり、東北凶作の義捐金募集が盛んになされていた。社会事業の募金は「凶作地方救援運動に、すつかり圧倒された」という。

こうして、谷川による共同募金の議論が展開され、終結していくが、一連の論考は、論考というより、共同募金を実施する方法を説明したものであり、谷川自身の個人的な見解は一部の論考に限られている。ただ、これらを通して、共同募金は、単に呼びかければ資金が集まるといった安易なものではなく、周到な準備と計画、組織、宣伝などの要素がすべて結合してはじめて、有効になされるものであることを示した。

社会事業界における共同募金への関心は一九三四～一九三五年頃はまだ持続されていた。後述する一九三五年の全国私設社会事業統制協議会のほか、一九三四年の全国私設社会事業家大会では「社会事業共同募金制度促進運動ノ統制ニ関スル件」が提案され[32]、一九三五年の第八回全国社会事業大会では協議題として「共同醵金制度実施の件」が出されている（「共同醵金」というのは「共同募金」と同義であると提案者が述べている[33]）。しかし、その後実施への機運も消え、戦前は実現せず[34]、したがって谷川の一連の論考も、直接には役に立たないまま終わった。

5　以後の議論と谷川貞夫の共同募金論の意義

谷川による共同募金への言及は、以後もいくつかみられる。谷川は共同募金について熟考していただけに、安易な発想に対しては厳しい批判をしている。一九三五年三月に行われた全国私設社会事業統制協議会では、共同募金について推進する議論が多くみられた[35]。しかし、谷川は歓迎するどころか、これを厳しく批判する。この協議会では共同募金に関連して、「共同募金実施促進ニ関スル件」「全国社会事業週間実施並ニ共同募金ニ関スル件」という共同募金の実施の促進を求める議案が提出され、共同募金についての議論が熱心にかわされた。しかし谷川はそれを評価しなかった。むしろ「果して共同募金なるものを理解されているや否やを疑えるものすらあつたということもまた見逃せない」として、共同募金の基本的理解を欠いたまま、議論がなされていることにいらだちを見せている[36]。

たとえば、共同募金運動が第三者機関によって行われるべきことが共通理解になっているはずなのに、社会事業自体が主体になるかのような意見がみられたという。おそらく、光田鹿太郎が、私設社会事業連盟自体が実施することを求め、しかも「私ハ他力本願デナクテ自力デヤツテ行タイ」と述べていることであろう。あるいは「『さゝげノ日』制定方ノ件」という議案が出ている。その内容は、秋季皇霊祭にあたって、国民が社会事業に出捐するという趣旨で、共同募金のような近代的・組織的な募金運動とは程遠い精神主義的で非現実的な発想である。一九三五年頃の時代風潮を示しているが、さすがにこの提案は協議会の議論でもあまり相手にされていない。しかし、こういう発想があること自体、社会事業界の旧態依然とした姿を示しており、谷川には耐え難いものであったのではないか。そして、「共同募金問題は相当長い研究の時期を経過した。しかもそれが実施の機会は近づいたようでもあり、未だ前途遼遠のごとくでもある」と述べるが、後者のニュアンスが強い。

谷川は一九三七年二月には、「共同募金運動に関する計画等の如きも、その成立を簡単には期待し得られない」と記している[37]。この記述は私設社会事業の体質への批判的分析による主張ではなく、その当時の社会事業界の状況による客観的判断である。いずれにせよ、谷川は共同募金実施を前提とした議論への問題意識を失ったといってよい。以後の谷川を含めた社会事業界の関心は、戦時体制下の社会事業の統制や、また社会事業法制定への対処などに移行し、共同募金の本格的議論は戦後を待つことになる。

谷川の共同募金論の特徴は、第一に、私設社会事業の将来的な発展をベースにした議論であり、資金不足だから募金するといった場当たり的な発想ではなかった。私設社会事業のかかえる体質には厳しく対処しようとした。第二に、共同募金の「共同」にこだわった。単なる資金集めの手段としての活動ではなく、各社会事業団体の「共同」による、社会事業の改革をも求めているのである。第三に、実務的課題を詳細に提示した。一見すると、細かい課題にとらわれているように見えるが、そうではない。細かいようであるがゆえに、それらを実際に行おうとすれば、参加団体間の相当な調整が求められるはずであり、各団体間でかなりの意思疎通がなされないと実行不可能である。そうなると、社会事業関係者が共通の価値や目的をもたない限り、成り立たないのである。それゆえ、資金が不足するから共同募金を実施するといった、安直な発想には厳しい見解になる。

谷川の社会事業理論への貢献は、ケースワーク論など多岐にわたるが、共同募金論も貢献の一つである。戦後の共同募金の基本的枠組みは、谷川が論じた形に添ったものになっていく。戦後まもない時期に共同募金が発足し、すぐに定着できたのは、戦前の谷川の議論や情報提供という土台があって可能になったともいえよう。

注

（1）たとえば、塩崎勤「地域自治体が赤い羽根共同募金などを自治会費に上乗せして強制的に徴収する旨の総会の決議と公序良俗違反による無効――大阪高等裁判所平成一九年八月二四日判決」『民事法情報』第二六一号、二〇〇八年六月。

（2）葛西嘉資「思い出」『その人とその歩み――谷川先生社会事業生活満四十周年記念文集』「谷川先生社会事業生活満四十年記念文集」刊行委員会、一九六四年、二五頁。

（3）安田巌「いつまでも元気で、社会福祉のために」『その人とその歩み――谷川先生社会事業生活満四十周年記念文集』「谷川先生社会事業生活満四十周年記念文集」刊行委員会、一九六四年、一八頁。

（4）『みんな一緒に生きていく――共同募金運動50年史』中央共同募金会、一九九七年。

（5）『国民たすけあい共同募金　共同募金＝二十周年記念』中央共同募金会、一九六六年では、社会事業雑誌に多数の共同募金関係の論説が掲載されたことを述べているが、実名が出てくるのは牧賢一だけである（二四頁）。社会福祉研究所編著『東京の共同募金　40周年記念誌』東京都共同募金会、一九八七年では、谷川の資料を厚生省が活用したと記述している（一一四頁）。研究論文としては、石井洗二「共同募金運動における『国民たすけあい』理念――その歴史的考察」『社会福祉学』第四九巻第三号、二〇〇八年一一月が水準の高いものであるが、谷川への言及はみられない。

（6）庄司拓也「全日本私設社会事業連盟と施設運営の協同化――昭和前期における社会事業施設の運営合理化について」『長谷川仏教文化研究所年報』第二九号、二〇〇五年三月。

(7) 谷川貞夫『社会福祉序説　戦前、戦中、戦後の軌跡』全国社会福祉協議会、一九八四年。
(8) 仲村優一は谷川の著作が社会事業全般にわたり、それは日本の社会事業のニードにこたえることであった反面、「その点にこそ、先生の限界がある」と指摘している(『その人とその歩み――谷川先生社会事業生活満四十周年記念文集』「谷川先生社会事業生活満四十周年記念文集」刊行委員会、一九六四年、二二四頁)。
(9) 谷川貞夫「社会事業生活満四十年――カナダミッションの三先生を偲びつゝ」『その人とその歩み――谷川先生社会事業生活満四十周年記念文集』「谷川先生社会事業生活満四十周年記念文集」刊行委員会、一九六四年、二六二頁。
(10) 連盟と谷川との関係は谷川自身が、谷川貞夫『社会福祉事業論稿』緑蔭書房、一九八三年の「序にかえて」で詳細に述べている。
(11) 東京府社会事業協会編『共同募金調査』東京府社会事業協会、一九二九年。
(12) 『私設社会事業』第一号、一九三三年二月、八頁。
(13) 丸山鶴吉「社会事業デーに就いて」『私設社会事業』第二号、一九三三年三月。
(14) 具体的には、小林政助「米国に於ける共同募金の実況」『私設社会事業』第七～八号、一九三三年八～九月、無堂生「社会事業と共同募金に就いて」『私設社会事業』第一一～一二号、一九三三年一二月～一九三四年一月、福田愛蔵「米国共同募金の最新の情勢」『私設社会事業』第二〇号、一九三四年九月など。
(15) 徳永寅雄「共同募金」『社会福利』第一四巻第九号、一九三〇年九月。
(16) 「共同募金運動批判」『社会福利』第一四巻第一〇号、一九三〇年一〇月。
(17) 山室民子「共同募金に就いて」『救世軍士官雑誌』第二三巻、一九三三年。
(18) 谷川貞夫「その基調を教育運動と協同組合とに置きたい」『社会事業』第一四巻第三号、一九三〇年六月、七〇頁。
(19) 谷川貞夫「共同募金と私営社会事業」『社会福利』第一四巻第一〇号。
(20) 谷川貞夫「募金運動の組織に就いて」『社会福利』第一四巻第一二号。
(21) 重田信一「解題」谷川貞夫『社会福祉序説　戦前、戦中、戦後の軌跡』全国社会福祉協議会、一九八四年、七三六頁。
(22) 谷川貞夫「岡さんを偲ぶ」、「岡弘毅と社会事業」編纂刊行会『岡弘毅と社会事業――その足跡と遺稿』都政人舎出版部、一九八〇年、四〇三頁。
(23) 『みんな一緒に生きていく――共同募金運動50年史』、四頁。

(24)　谷川貞夫「昭和八年に於ける収穫としての社会事業論文について」『社会福利』第一七巻第一二号、一九三三年一二月、六〇頁。
(25)　谷川貞夫「共同募金運動における宣伝ならびに寄附懇請の組織化」『社会福利』第一七巻第二号、一九三三年二月。
(26)　谷川貞夫「共同募金運動における内部組織」『社会福利』第一七巻第四号、一九三三年四月。なお、この論考は谷川貞夫『社会福祉序説　戦前、戦中、戦後の軌跡』に収録されているが、『社会福利』掲載時に二九頁載っている図が、同書では省かれている。
(27)　谷川貞夫「共同募金運動における事前的諸段階」『社会福利』第一七巻第六号、一九三三年六月。
(28)　谷川貞夫「社会事業キャムペーンに於ける事前的諸段階」『社会福利』第一七巻第一〇号、一九三三年一〇月。
(29)　谷川貞夫「社会事業キャムペーンにおける直接的段階」『社会福利』第一八巻第一号、一九三四年一月。
(30)　谷川貞夫「社会事業キャムペーンに於ける文書懇請に就いて」『社会福利』第一八巻第五号、一九三四年五月。谷川貞夫「社会事業キャムペーンに於ける文書懇請に就いて(二)」『社会福利』第一八巻第六号、一九三四年六月。
(31)　谷川貞夫「歳末と社会事業」『社会福利』第一八巻第一二号、一九三四年一二月、七五頁。
(32)　『全国私設社会事業家大会報告』全日本私設社会事業連盟、一九三四年、五一〜五四頁。
(33)　『第八回全国社会事業大会議事録』中央社会事業協会、一九三五年、四七八〜四八二頁。
(34)　青木秀夫「共同募金運動概説」『社会事業講座　第五巻』福祉春秋社、一九五一年、六頁。
(35)　「全国私設社会事業統制協議会議事録」『私設社会事業』第二七号、一九三五年四月。
(36)　谷川貞夫「全国私設社会事業統制協議会における諸問題」『社会事業研究』第二三巻第五号、一九三五年五月。
(37)　谷川貞夫「社会法と私設社会事業」『私設社会事業』第四八号、一九三七年一二月、四頁。

第16章　服部団次郎——筑豊における実践の意味

1　キリスト教社会福祉の停滞

戦前の社会事業の発展に大きな役割を果たしたキリスト教社会事業であるが、戦後社会福祉において、役割が小さくなったことは否めない。その要因として、よく指摘されるのは、福祉国家への志向のなかで社会福祉の国家責任が強調されて民間の役割が軽視されやすかったこと、社会福祉法人制度や措置制度によって民間社会福祉が公的制度に組み入れられて独自性の発揮が困難になったこと、キリスト教と無関係な多数の施設・団体が設置されてキリスト教施設の位置が相対的に軽くなったことなどがあげられている。これらは、主にキリスト教外部の要因である。

一方で、キリスト教内部の要因も、指摘しなければならないであろう。キリスト教宣教開始後一世紀を経過するようになって、教会活動がそれなりに安定化した。そのことで情熱的な信仰者は少なくなった。そのため、社会福祉の領域でも、石井十次や山室軍平に匹敵するような人物は現れなくなった。賀川豊彦は一九六〇年まで生存しているが、賀川を継承するような人物もみられない。

個々に見ていくと、戦前に社会事業活動を開始し、戦後も長く活躍した人物として、松島正儀、潮谷総一郎、長谷川保といった人物がおり、戦後長く貢献した者として阿部志郎がいるので、人物がまるで得られなくなったわけではないが、全体として、強いリーダーシップをもつ開拓的人物は輩出しなくなった。ただこれは、時代背景の違いがあって、草創期と成熟期では、求められる人物像が異なることも確かであり、キリスト教側の努力不足といったこととは異なるように思える。

もっと大きな問題は、キリスト教において社会福祉をどうとらえるか、さらには宣教において社会福祉をどう位置づけるかということについて、主体的な把握がなく、社会状況のなかで右往左往してしまったためである。戦後のキリスト教は、戦前にも増して伝道を推進した。ラクーア伝道とか、東京クルセードといった本格的な伝道の試みがあったし、農村伝道はある時期まで主要な宣教課題として取り組まれていた。炭鉱伝道、北海道や奄美大島への開拓伝道もみられる。奄美大島に、プロテスタント系の保育所や高齢者施設が設置されているのも、伝道あっての成果である。しかし概して、伝道のなかで社会福祉は視野になく、社会福祉の活性化に結びつくことはなかった。

戦後のプロテスタントは、まず日本基督教団から、旧教派の分離が起こるものの、日本基督教団はなおプロテスタントの最大教派としてプロテスタントの中心の地位を占めた。一方で、新たな教派の設置も相次ぎ、特に「福音派」と呼ばれるグループが成長していくことになる。

こうしたなか、一九六〇年代末より日本基督教団内部で顕在化していくのは、「教会派」と呼ばれる伝統的教理を保持し伝道による教勢拡大に関心を寄せる立場と、「社会派」と呼ばれる差別問題など社会的諸問題に関心を寄せ、伝統的教理については必ずしも固守せず、むしろ批判的に乗り越えていくことを主張する立場に大きく分かれていく。[1] こうした対立の図式は、日本基督教団内部の限定的なものではなく、キリスト教全体の枠組みのなかでもみられたといってよい。

本章では、こうした対立について論評することは目的としていないのでコメントはしないが、ただこうした対立が社会福祉の発展に、プラスではなかったことは断定してよいであろう。日本基督教団と、日本基督教団系の社会福祉施設との関係は必ずしも良好ではなく、さまざまな軋轢があったことは、阿部志郎が繰り返し指摘してきた。[2] そこに加え、こうした対立が加わるなかで、社会福祉への関心は高まらず、結果として発展を阻害したといえよう。社会福祉について、どの立場であれ否定的であったわけではないが、「社会派」についていえば、部落問題、在日朝鮮人問題、沖縄問題など、直面する問題への運動的な取り組みに関心が集まって、たとえば高齢者介護が優先課題であったとは、とうていいえない。「教会派」については逆に、伝道や教勢拡大に関心が持たれるので、それに直結するわけではない社会福祉の優先順位は高いとはいえなかった。

「そんなことはない。現に○○氏の活動がある、○○園の活動がある」という反論もあるかもしれないが、それは多分に社会福祉に使命感を抱いた人物なり組織があらわれたということであって、優先的に取り組んだというわけではない。しかし、こうした状況というのは、プロテスタントの避けがたい、どうしようもないことであったのであろうか。それぞれが神学的・信仰的立場を保持しつつ、社会福祉実践へつなげていくことはできないことだったのであろうか。

2　服部団次郎の人物像

この問題意識について検討すべく、服部団次郎という人物を取り上げてみたい。服部は、戦前は日本基督教会の牧師であったが、いくつかの教会を経て沖縄に赴任し、初めは那覇で次いで沖縄北部の名護で活動する。名護では主として、ハンセン病患者の救済に尽力して国頭愛楽園（現・沖縄愛楽園）の設立に寄与し、園内での伝道にも活躍する。また、名護で保育所を設置する。太平洋戦争で沖縄戦が危惧されるなか、本土への帰還を余儀なくされたが、戦後は、日本基督教団の牧師でありつつ、みずから福岡県筑豊の炭鉱労働者として勤務して、炭鉱伝道の拠点としての教会を設置する。また炭鉱労働者の子どもを主な対象とした幼稚園の設置も行った。さらに部落解放運動にも参加していく。

服部の活動は、戦後に関しては狭義の社会福祉ではない。しかし、その生涯をみたとき、服部の立場は信仰的姿勢を保持しつつ、差別や困窮のなかにある人々の立場に立ってその解決を目指しており、それは社会運動というより、個々の実践によって対応しようとした点で、社会福祉的な発想を有していた。戦後の服部は、レッテル貼り的にいえば、「社会派」に含まれることになるのかもしれないし、元来の出発点であったカルヴィニズムからすれば、逸脱しているのかもしれないが、基本的には素朴なキリスト教信仰に立っているといってよいであろう。

服部についての学術的研究は管見では、ほとんどみられない。筑豊の地元でまとめられた簡略な伝記があるが、顕彰的な視点で書かれたものである。[3] 戦前のハンセン病への取り組みについては筆者がいくらか言及しているが、これもきわめて部分的である。[4] 沖縄の保育史研究において、服部を沖縄における保育の先駆者として分析した研究があり、数少ない、服部に関する学術的水準の高い研究であるが、沖縄保育史の枠内である。[5] また、死の直前に発刊された『一粒の麦』と死後の追悼録として『一粒の麦　その2』があり、服部の論考のほか、葬儀の式辞や関係者の追憶などが掲載されている。

服部自身の著作として、伝記『沖縄から筑豊へ』（一九七九年）をまとめており、同書で生涯の全体像が把握できる。やはり服部の著書『この後の者にも／連帯と尊厳も　ある炭鉱伝道者の半生』（一九八八年）は、『キリスト新聞』などに執筆してきた論考を収録したもので、炭鉱伝道の概要や服部の神学思想が明らかになっている。

服部のもう一つの単著として『沖縄キリスト教史話』（一九六八年）がある。書名のように、沖縄キリスト教史の概説書であり、ベルナルド・ジョン・ベッテルハイムによる宣教に始まって、戦前までの歩みの著述が中心である。服部自身の思想や立場が鮮明になる著作ではないが、ハンセン病救済については、服部の捉え方が把握できる。『礦山地区に於ける伝道の実際と方策』（一九五二年）も服部による著作であるが、三八ページの小冊子であり、著書と呼ぶには分量が少ない。ただ、炭鉱伝道を開始してまもない時期の貴重な著作として、本章を作成するうえで重視している。

こうした、広く公刊された著作とあわせ、服部は、筑豊で発刊された刊行物、あるいは実質的にはみずからが発行した刊行物に多量の著作を残している。一九八七年には『被差別に対応する理念』という冊子を自費で発行している。また、日本基督教団宮田教会の週報にも多数の原稿を書いている。こうしたものは、本音を書きやすく、出版社によって公刊された著作よりも、むしろ服部の思想がより、鮮明にあらわれているのではないかと考えられる。筆者は、これらについて、宮田教会より、閲覧・複写を許されて入手できた。ただ、教会に所蔵されていたものに限られるので、すべてを入手したわけではないであろう。

また、服部について、交際のあった人が多く残っている。幼稚園の園長であったので、かなり多数の園児や保護者と接してきて、現在でも服部を記憶にとどめている人は少なくないはずである。本来であれば、聞き取りを重視して、そうした人々からの情報収集に努めるべきであるが、本章の目的は、戦後のキリスト教社会福祉の手がかりを得ることであり、服部の人物研究や思想研究ではないので、聞き取りは最小限にとどまっている。

筆者は、戦後のキリスト教社会福祉が、さまざまな神学的立場を包含しつつ発展する可能性があって、それを具現化したのが服部ではないかと考えている。そこで本章では、服部の思想と行動を確認して、戦後のキリスト教社会福祉の可能性について検討したい。服部の活動は戦前に始まっているが、戦前の沖縄でのハンセン病救済を中心とした活動については すでに論じたので、ここでは一通りの確認にとどめ、主に戦後に焦点をあてて考察していく。

3　服部団次郎の活動

(1) 沖　縄

服部は、東京神学社神学校（現・東京神学大学）を卒業し、日本基督教会の牧師となる。[6] 大分県の森教会に牧師として赴任した後、沖縄の那覇教会に赴任する。那覇教会は、経済的・社会的に上位の階層の教会員が目立つ教会であった。服部は、沖縄にてハンセン病患者が浮浪して生活している実態を知り、そちらへの関心を深める。そして、那覇教会は一年一カ月ほどで去り、沖縄北部の名護で伝道を始めることになる。沖縄北部の名護は、那覇からも遠く離れ、現在でこそ那覇から高速道路も開通してそれなりに便利になったが、当時は本土出身者にとってはきわめて生活しづらい地であった。

服部はそこで、狭義のキリスト教伝道に邁進するのではなく、那覇在住時より気にかけていたハンセン病者の救済に全力を傾けていく。キリスト教系のハンセン病救済団体である沖縄ＭＴＬを立ち上げるとともに、病者である青木恵哉と連携しつつ、国立療養所国頭愛楽園の設立にいたることになる。愛楽園設立後も、足繁く園に通って、園内での宣教を熱心に継続した(7)。

服部の沖縄でのもう一つの足跡は、沖縄で最初ともいわれる保育所を設置したことである。一九三九年に名護保育園を設置した。名護保育園は保育を行うだけでなく、農繁期託児所をはじめとした後続の保育所のための講習を引き受けるなど、沖縄で保育事業を普及・充実させていく拠点ともなった。

しかし、戦争が服部の活動に制約を加え、ついには沖縄を出て行くことを余儀なくされる。戦時体制の進行のなかで、愛楽園の園長は、キリスト者の塩沼英之助から国家主義的な人物である早田皓に代わり、服部は早田によって一方的に園への出入りを禁じられる。また、保育園はやがて憲兵隊に接収されてしまった。ついには、服部自身が沖縄を出て行くことになる。

本土出身の牧師が、戦時下に沖縄を出て行ったことについて、沖縄を見捨てたという見解がある(8)。悲惨な沖縄戦を体験した者からすれば、重荷を共に担うことのなかった本土出身牧師に対して、そのような解釈をするのは、やむを得ない心情ではあろう。ただ、服部に関していえば、スパイ視されるなかで沖縄での活動が制約され、またハンセン病療養所での伝道や保育事業という活動ができなくなっていた。そういう状況のもと、沖縄での戦闘が不可避になるなか、本土への疎開が実施されていくが、その引率者となったのである。本土に渡ること自体も、学童ら一四〇〇名以上が犠牲になった対馬丸事件でも明らかなように、きわめて危険な行為であった。

さらに、学術的な議論ではないけれども、神の摂理、あるいは計画のなかに服部が用いられていたということを感じざるを得ない。服部が沖縄にとどまっていれば、他人の利益になるのであれば自分には不利な行動を厭わない服部の行動パターンからいって、沖縄戦で死亡したことは確実に思われる。しかし、服部は、戦後炭鉱伝道を担う役割が神から与えられていた。したがって、その役割を担うために、沖縄を離れることが、神からの命令であったと、情緒的な捉え方かもしれないが、筆者としてはそう考えている。

（2）炭鉱労働

本土にもどった服部は、戦後は郷里に近い島根県の日本基督教団津和野教会を経て、福岡県宮田町（現在は、隣接する若宮町と合併して宮若市）の貝島炭鉱経営の大之浦炭鉱で、炭鉱労働者として労働するようになり、労働者として働きつつ、炭鉱労働者への伝道に従事するようになった[9]。

自身の生活を支えるだけであれば、牧師として、ある程度の規模の教会に赴任すれば可能である。それにもかかわらず、きわめて異例な行動をとったのはどういうわけであろうか。服部の説明によれば、山口県宇部の教会に招かれた際に、教会員のなかに炭鉱労働者が何人かいて、彼らとの会話になかで炭鉱労働について知り、炭鉱労働者と関わっていくことが使命だと感じたという。そして、「自分自身としてもまず地の底から再出発するということのなかに沖縄につながる本当の生き方を見出すことができるのではないだろうか」と考えた。

山口県宇部は、近代になって炭鉱によって発展した都市である。現在は宇部興産をはじめとした工業都市であるが、かつては市内各所に大小の炭鉱があった。宇部興産自体、炭鉱会社から発展した企業である。宇部を訪問した際に、炭鉱都市としての宇部の姿を目撃したであろうし、炭鉱労働者と直接接するなかで、いっそう炭鉱への関心が深まった。

しかし、たまたま宇部を訪問したという偶然の産物ではない。服部は好んで沖縄を離れたわけではなかった。沖縄のハンセン病問題も、療養所ができたからといって解決をみたわけではないし、残すことになってしまった教会員もいたはずである。沖縄への想いはなお強烈なものがあった。沖縄で再度働くことがベストであったのであろうが、沖縄が本土から切り離された当時の状況では、それは困難であった。沖縄での活動を何らかのかたちで継続させたいと熱望していることで、炭鉱というものが見出されたのである。

服部は、一九四七年に筑豊の炭鉱の一つである、貝島炭鉱の大之浦炭鉱で働き始める。[10] 貝島炭鉱は、筑豊を代表する三つの炭鉱会社（他に麻生と安川）のうちの一つであり、大之浦炭鉱は、貝島炭鉱が経営する炭鉱のなかで最大規模の炭鉱として、会社の経営の柱になっていた。戦後の筑豊の炭鉱労働の悲惨な実態を描いた著名な文献として、上野英信『追われゆく坑夫たち』がある。[11] 上野が描いているのは、中小炭鉱の話であって、大手で労働組合もある大之浦炭鉱の場合と、同一視はできないであろう。しかしながら、肉体労働者ではなかった服部にとっては、炭鉱労働者として生きてきた、他の労働者と比べても、その労働による負荷は過酷であったと思われる。周囲から見ても、いかにも異なる雰囲気であったという。

また、炭鉱は、安定した労働が続けられる場でもなかった。戦後まもなくの時期は、日本全国で急速に労働運動が広がっていき、それはしばしば左派的な傾向をもっていた。炭鉱は労働条件が過酷なだけに、とりわけ労働運動の発生しやすい状況にあった。事実、服部の就職後まもなく、深刻な労働争議が発生した。[12] 一九四七年、既存の組合に対して、より過激な組合が結成されてストライキが発生したものだが、単なる労使対立を越えた複雑な構図で争議が展開したので、労働者同士の厳しい対立もあって職場が荒廃した。仕事ができないので、対立と無関係な服部自身の生活までも困窮した。このストライキのほかにも、繰り返しストライキが実行された。

服部は労働組合運動については、現実を間近で見ていたので、教条主義的に把握することなく、現実を直視していた。「日頃温順な礦員達も一度強烈なる煽動に乗ぜられる時如何に熱狂的憎悪と反抗に駆りたてられるものであるかを見て戦慄を覚えた」と述べて、ストライキが人心を荒廃させる実態を指摘している。[13] しかしだからといって、組合運動を軽視しているのではない。服部によれば、労組には、民主化された中庸の組合、共産主義的な強力な組合、御用組合の三種があり、とくに共産主義的な組合がキリスト教伝道に否定的であることを指摘し、キリスト教界から組合指導者が現れる必要性を述べている。[14]

服部は炭鉱で働くなか、まず五歳の男児をジフテリアで、次いで一七歳の女児を結核で失い、家庭的には決して幸せとはいえない状況になる。炭鉱労働自体は三年余で終えるが、筑豊にとどまり続けて、亡くなるまで宣教を継続していく。

（3）教会設置と幼児教育

服部は、炭鉱労働の経験を土台として、新たな実践を開拓していく。まず、炭鉱労働者へのキリスト教伝道の拠点として、一九五四年に大之浦教会を設立する。三～四名ほどの集会から始まったものが、教会堂と会館を設置するまでになった。

炭鉱伝道は、単に炭鉱地帯に教会が設置されていて、教会員の多くが炭鉱関係者であるということではなく、独自性をもっていた。[15] 労働者の感情やおかれた環境への配慮が求められた。一般の工場とは異なる炭鉱独特の勤務時間があり、そのために信徒が教会の各種の集会への出席が困難となる。服部はこうした炭鉱伝道の性格を把握し、一九五二年に『礦山地区に於ける伝道の実際と方策』を日本基督教団出版局より発行した。

炭鉱伝道は、服部だけが行ったわけではなく、炭鉱地域に教会が設置された場合、意図するかどうかにかかわりなく、炭鉱労働者が教会を訪れ、そこから洗礼を受けて教会に連なる者もあらわれることになる。服部が炭鉱労働を行うきっかけとなった宇部の教会もそうである。筑豊でも、たとえば日本基督教団田川教会には、炭鉱の盛衰のなかで、あるときは、礼拝で椅子が足りないほど人が集まり、しかし炭鉱の退潮は教会の退潮にもなっていった[16]。

あわせて、炭鉱労働者の子どもが、必ずしも良好な環境におかれていないことから、幼児教育の必要を感じ、保育所の設置を企図するようになった。服部は沖縄でも名護保育園を設置した経験があり、幼児教育への関心が向くのは自然な流れであった。まず、宮田町に保育所設置の動きがあって、その園長になることを打診された。公立の保育所であれば牧師との兼任には問題があるが、教育民生助成委員会の運営という形であったため、園長に就任することを引き受け、一九五〇年五月に、服部が園長となる宮田町第二保育園が開設される[17]。保育の仕事に移るため、三年四カ月続いた炭鉱労働者としての働きは終えることになる。

しかし、委員会の運営という形態であったものを、正式に町立の保育所に移管することとなった。そうなると、園長は公務員となって、服部が牧師と兼務するのは困難であるので、退任することになる。そこで服部はみずから、一九五四年に大之浦幼稚園を設立した。服部は沖縄で保育所を立ち上げた経験もあるし、社会福祉施設としての保育所の方が、服部の思想にも合致しているように思われるが、なぜ幼稚園であったのか[18]。

炭鉱労働者の子どもについて、筑豊をはじめ炭鉱地域では、幼児が日中放任されがちな状況にあることに対応して、戦前から保育所が設置されてきた。炭鉱会社自身、あるいは地域の篤志家が設置したケースなどがある。元来は保育所が炭鉱地域に適合的と考えられてきた。

にもかかわらず、児童福祉法による保育所ではなく、幼稚園という形態をとったのは、保育所が児童福祉法において保育に欠ける児童を対象にしており、入所可能児童に限定があった。そのため、日常的な幼児保育が必要と思われる子どもであっても、対象になりにくいケースも少なくなかった。幼稚園という形態の方が柔軟な対応ができたのである。

一般的なイメージからすれば、幼稚園は保育所に比べて、富裕な階層が利用する感があるが、服部の設置した幼稚園はもちろんそうではない。幼稚園の設置は、むしろ社会福祉的な発想からくることであった。

こうして服部は、炭鉱伝道と幼児保育を続けていく。一九五〇年代後半には「炭坑社会もようやく安定化の方向に進み…（中略）…今年になつて求道者の数も多くなつて来ており、教会の前途には新しい希望をもつて進んでいる」という状況になり、明るい展望を持ったこともある。[19] しかし、炭鉱は斜陽化し、筑豊の炭鉱も次々に廃坑になっていく。貝島炭鉱は、そうしたなか、ぎりぎりまで、炭鉱の維持にこだわり続けることになる。[20] ただ、大之浦炭鉱の採掘方法が代わり、露天掘りがなされるようになる。そのため、周囲に騒音や、何より発破作業に伴って石が飛び散るという問題が発生した。園児の安全を確保できない状態になってしまった。そのため、一九六四年に大之浦幼稚園を廃止せざるを得なくなった。代わりに、宮田町の中心部に教会と幼稚園を設置することを考えた。当初は、日本基督教団が補助金の申請を却下するなど、実現が厳しくなったこともあるが、実現にこぎつけた。

幼稚園は、一九六六年に宮田幼稚園として、再開された。ただ、園が町の中心部にあるうえ、スクールバスで町内各所から通園するようになったこと、炭鉱労働者の減少、さらには炭鉱そのものの廃止というなか、園の性格が変わっていったのは否めない。宮田幼稚園は、宮田町内に他にも幼稚園ができたことや、そもそもの目的であった炭鉱労働がなくなったことなどの背景のなか、一九七六年三月に廃止された。

一方で、服部が関心を寄せていくのは部落差別である。炭鉱は被差別部落出身者、在日コリアンら、何らかの差別を受けた人たちが働く場でもあった。服部は炭鉱地域の社会で暮らすなかで差別の重層性に気がついていく。また、部落解放運動が活性化していたこともあり、部落解放運動へのかかわりを深めていった。

幼児教育を実施している時期、石炭産業は衰退が著しく、大之浦炭鉱も、合理化が繰り返され、人員整理がなされて、ついに一九七三年に閉山されてしまった。一九七六年には貝島炭鉱は会社更生法の申請を行い、その後の清算手続を経て、企業としても消滅していくことになる。筑豊では、経済的な疲弊など地域の課題が広がっていくが、服部はそうした変化を見つつ、活動を続けていた。

（4）閉山後

日本経済自体は高度成長を続けていたので、全国的にみれば、筑豊への関心は決して高くはなかったかもしれないが、キリスト教においては、筑豊がまるで無視されたわけではなく、学生キャラバンの訪問という取り組みがあり、また一九六二年の日本基督教団総会では、「筑豊炭田地方奉仕活動計画に関する建議」が提案されている[21]。同建議は、筑豊地域の自立更生を図るために、コミュニティセンターを設置して、社会福祉活動を行い、離職者ら生活困窮者への支援を行おうという提案である。犬養光博のように、意図的に筑豊の教会に赴任し、地域の人々の生活に入り込んで宣教に従事しようとする牧師もあらわれた[22]。

筑豊から炭鉱がなくなったので、服部の後半生の課題であった炭鉱伝道は、もはやその対象者がいなくなったのである。しかし、炭鉱に雇用される労働者がいなくなったからといって、そこに住む人々の生活課題がなくなるわけではなく、むしろ失業、困窮など厳しい状況になってくる。服部の炭鉱伝道の契機となった宇部の場合、石油化学工業への転換に成功して、宇部は閉山後むしろ繁栄していく。今や、宇部興産の名を聞いて、それが炭鉱会社であったことを想起する者は宇部市民以外にはほとんどいないであろう。しかし筑豊の場合、炭鉱を代替する産業が成長することはなく、長く地域全体が経済的に疲弊していくことになる。

服部は炭鉱閉山やその後の地域の疲弊を座視したわけではなく、いくつかの取り組みをするが、全体の構造を動かす力にまではならなかった。そうしたなか、服部にとって、「復権の塔」（資料16-1参照）の設置が、最大の課題となる[23]。「復

資料16-1　復権の塔

権の塔」とは、筑豊の地で生きた人々を記念し、その人々の人間としての権利の回復を示すモニュメントである。かつて炭鉱が存在したことを示すモニュメント自体は、筑豊には少なくないし、そのなかには炭鉱で働く者の像など、労働者を意識したものもある。その限りでは、「復権の塔」は特異な発想ではない。

　しかし、他のモニュメントは、その地域が炭鉱で栄えた事実を後世に伝えることについては有意義な存在であるが、炭鉱労働の本質に迫って、炭鉱労働が何であったのかを考察する性格のものではなかった。筑豊では、多数の労働者が、基本的人権を奪われて厳しい労働に従事した。その実態は前述の『追われゆく坑夫たち』に描かれている。また、朝鮮人や中国人が、日本人以上に劣悪な条件での労働を強いられた。服部の働いた大之浦炭鉱も戦時下には多数の朝鮮人、中国人労働者が働いていた[24]。何より、労働のなかで、事故が発生して死亡した者も少なくない。事故は、不幸な突発的出来事ではなく、人間の命よりも石炭の産出を優先させた、必然的な結果であった。また、こうした厳しい労働が強いられたのも、日本の近代化、工業化において石炭はより多く、より安価に必要とされたためである。炭鉱と無関係に暮らしている者は、その事実を忘れて暮らしているのであって、実は生活と密着している問題なのである。

　しかしだからといって、閉山した時点において、怒るとか告発するといったことで解決できる問題ではない。炭鉱が栄えていた時期には、過酷な労働条件を押し付けることで過剰な利益をあげている資本家を告発する必要もあったであろう。しかしすでに直接的に誰かが利益を得ているわけではなく、とくに貝島炭鉱の場合は、会社自体が消滅したので、今さら会社へ向けて怒りをぶつける術もない。また、告発という形では、社会のなかで分断をまねくだけで、未来を築くことにならない。服部は、歴史の現実を直視するとともに、人間性の復権によって、未来を築こうとした。

服部の表現でいうと、「日本産業の根となり、その基礎をきずきあげて去っていった数知れない多くの労働者達を、私共の悲願によって、その人間性の復権を宣言することによって、それが後の世までも、社会革新の起点となるようなものをうち建てておこう」というものである。(25)

塔の設置には費用も必要であり、そのための募金集めに奔走することになる。まず、一九七〇年に炭坑犠牲者記念塔建設発起人会を開き、翌年に、炭坑犠牲者復権の塔建設協力会に変更した。『追われゆく坑夫たち』の巻末に「日本の中小企業とその労働者たち」を書いている正田誠一らが協力する。募金は容易ではなく、塔設置の実現が厳しかった時期もあるが、最終的には宮田町の協力も得られ、千石峡の公園の一角に土地を確保して設置された。塔には「すべての国の働く人々は　世界の仲間である　かつては断絶や抑圧もあったが　この後には連帯と尊厳があるように」との言葉が刻まれている。

一九八七年、宮田教会の教会堂が新築されるが、その年の九月に牧師を辞任する、一九八九年七月二三日に死去した。

4　服部団次郎の宣教思想

服部は、以上のような活動を通じて、キリスト教と社会実践をつなぐ、独自の思想を形成していくことになる。服部は現場での宣教のかたわら、執筆活動を熱心に行ってきた。それはすでに沖縄在住時から始まっている。実践を通じて形成された服部の思想は、社会福祉の枠に収まるはずのない広さをもちつつも、社会福祉との共通の基盤があると考えられる。本章は服部の思想の全体像ではなく、社会福祉につながる側面を見出すことを目指しているので、以下に述べることは服部の思想のある一部分を切り取ったものにすぎない。服部の思想は、実際にはより広がりを有しているのである。

沖縄で活動していたときには、『沖縄ＭＴＬ』などに執筆している。沖縄でのハンセン病救済が服部の以後の活動の原点であるが、すでに筆者は他書で触れているので、ここでは論じない。ただ、服部の当時の発言にのみ焦点をあてて、今日のハンセン病に関する知見と比較すれば、隔離政策に親和的であり、当時の「救癩」思想の「忠実」な継承者であったといわざるを得ないという面がある。それをどう解釈するかというのは、服部研究のうえでの課題であろう。

服部が、ハンセン病者の解放を願って行動を開始したことは明らかである。服部なりに、ハンセン病について情報を収集し、思考したと思われるが、当時のハンセン病関係の文献は、隔離主義の医師によるものなど、隔離政策を是認したものが大半であった。しかも当時の沖縄の通信・交通事情からすれば得られる情報には限りがあった。あとは、林文雄や青木恵哉ら、人間関係から得られる情報である。結果、救癩的な傾向を帯びることは避けられなかったであろう。しかし、最後は服部自身が療養所から追放されるにいたったように、隔離体制から追放されるのは、そもそも服部の思想や行動が隔離政策と一致するものではなかったことを示してはいないか。そのあたりは、今後のハンセン病史研究において検討していかなければならないが、いずれにせよ、服部を単なる隔離政策の継承者ととるのではなく、救癩的な限界と、炭鉱伝道につながる積極面をあわせて分析するべきであろう。

ハンセン病に限らず、沖縄での体験全体が、服部を支えていく。服部は沖縄を去ったからといって、沖縄を忘れてしまったわけではない。それどころか、一九六八年に『沖縄キリスト教史話』を出版して、沖縄への関心を改めて示した。同書は文字通り史書として発刊されているが、最後に「本土沖縄の架橋」という章があり、さらに「付録」として、服部が『キリスト新聞』や『琉球新報』に書いた論考が採録されている。

同書が発刊されたのは、日本基督教団においては、一九六八年に「第二次大戦下における日本基督教団の責任についての告白」(「戦争責任告白」)が出され、その賛否をめぐって教団内に論争が起き、また一九六九年に日本基督教団と沖縄キリスト教団の合同がなされた。社会的には、一九七二年の沖縄復帰へ向けてのさまざまな動きが活発化する時期である。

そこで服部は、本土と沖縄の「一体化」を訴え「本土の側から言うならば、沖縄の人々の立場に立って共に話し合うということであり、そのためには、日本の歴史的過去において、同じ同胞たる沖縄に対して本土は一体どのような関わり方をしたかということから、はじめられるべきであろう。もしそのようなことがなされないとするならば、沖縄に対する連帯責任の意欲もまた起らないにちがいない」と述べている。[26] 服部の基調は、「話合い」や「相互理解」であり、「主イエスによる十字架を土台とした架橋がなされることによって可能」ということである。

日本基督教団を中心にして、その後沖縄についてラジカルな議論が広がっていく。[27] 基地問題、沖縄への経済搾取、日の丸・君が代など本土の文化や価値観の押し付けなど、日本による沖縄への圧迫があり、それにキリスト教も加担しているという厳しい問いかけである。さらに、沖縄出身のキリスト者からは、被差別の側の当事者として、本土側の意識への問いかけも繰り返しなされた[28]。

そうした立場からすれば、服部の議論は微温的であり、欺瞞であるということになるのかもしれない。服部は、抽象的に、本土側が沖縄を圧迫したことを指摘するが、あまり具体的でないし、自身の過去の言動についても、おおむね肯定的である。服部の議論を批判するのは簡単であろう。しかし、服部の著作は、復帰前の時点であり、アメリカ支配による抑圧と、復帰運動の高揚という時代背景を考慮して分析すべきであろう。

服部は、伝道者として、宣教論を深めていく。元来服部は「高倉徳太郎先生の薫陶を受け、先生の牧された信濃町教会の信徒として最も純粋なカルヴィン主義の神中心的信仰に養われ」と述べているように、高倉徳太郎の弟子であり、高倉の福音的キリスト教の継承者であったといってよい[29]。服部の属していた教派は日本基督教会である。日本基督教会は、長老派の流れを引いた教派であるが、組合教会が「新神学」の影響を受けるなどして、自由主義的な神学が広がり、その結果国家主義や社会主義が広がりやすかったのに対し、日本基督教会は伝統的、保守的神学が保持されたといってよく、その典型的な人物が高倉徳太郎であった。

服部はそういう、伝統的神学を背景としてスタートしたのであるが、沖縄でのハンセン病救済、さらには炭鉱伝道のなかで、そこにとどまってはいなかった。服部は、カルヴァンの神学をそのまま現代にあてはめることは不適切と考えた。なぜなら、現代の物質文明と人間疎外の現実のなかで、差別・被差別の関係が形成されている。イエスの時代であれば、世俗社会から逃避して聖性を保持するという信仰がありえたかもしれないが、現代においては、新しい創造的理念による、実践が求められるのである。

より具体的には、伝道について、「インテリ中心の教会と異つた考慮を払わなければならない」として、労働者の現実を踏まえた宣教姿勢を提示した[30]。「核時代の日本伝道」という論文は、新教出版社創立二十周年記念『福音と世界』懸賞論文の佳作であるが、社会状況を見据えての伝道がどうあるべきかを、哲学や神学の著作を援用しつつ考察している[31]。

そもそも服部が、さまざまな神学思想を的確に理解していたのか疑問であるし、そこに接木するように服部の主張が展開されるので、服部の宣教論の把握は容易ではない。また、差別問題論や部落問題論は、一九七〇年代の部落解放同盟の主張に引きずられている感があり、ステレオタイプな差別社会論が展開されて、今日から見れば違和感がある。

服部は現場人である以上、学究的姿勢を持ちつつも当時の風潮に良くも悪くも影響されているのは否めない。服部は何か新しい神学を創ろうとしたわけではないし、自由主義的、あるいはときにラジカルな神学に同調したのではなく、基本的には聖書に基づく素朴な信仰から離れたわけではない。離れたのはむしろ、伝統的な神学を固守するあまりに、現実を直視しない立場であろう。

たとえば、戦前の日本基督教会のうち、とりわけ伝統的な改革派神学を信奉した人たちは、戦後は日本基督改革派教会（現・日本キリスト改革派教会）を創立する。改革派教会は一九七〇年代から一九八〇年代にかけて、南アフリカのアパルトヘイト体制を支える、南アフリカの白人教会を熱心に支持し、白人教会との連絡関係の締結、宣教師の受け入れ、日本の牧師による南アフリカへの留学などを行っていく。聖書の教えを根底から踏みにじる、日本キリスト教史上最悪といっても過言ではない行為の数々であった。[32]真摯に信仰的に生きた服部とは正反対の姿であって、神と聖書への信頼があればできない行動である。

服部は、日本基督改革派教会とは違って、あくまで信仰によって行動する姿勢を保持したのである。それは、俗世界から離れることではなく、社会の現実をもっとも生々しく示す場に出向くことであった。服部は、新たな神学を打ち立てて教会を分断することを望んだのではない。それは、いわゆる「教団紛争」への服部の態度からみてとれる。[33]

「教団紛争」とは、一九七〇年前後から鮮明になってきた、日本基督教団の内部の対立である。キリスト教の伝統的な立場を重視する「教会派」と呼ばれる人々と、伝統的な立場を批判し、現実の宣教の行動として、さまざまな社会変革の運動を重視する「社会派」と呼ばれる二つの立場の対立が激化し、万国博覧会にキリスト教館を出展することの賛否、東京神学大学の学園紛争をめぐる問題などで、対立を深め、東京教区や大阪教区では教区総会を開催することさえできなくなってしまった。ときに暴力がふるわれることさえあった。やがて暴力さえみられる状況は緩和され、教区総会も開催されるようになったが、両派の対立はなお続いている。[34]

服部を両派に位置づければ、「教会派」から出発したはずなのに、「社会派」に転じたということになるであろうが、しかし服部は一方の側に立って、他方を打倒するという発想ではない。服部の「教団紛争」への直接的な見解として、北九州地区信徒大会の講演録がある。[35]そこでは「両者が自分達の立場を絶対化する限りこのような泥沼からぬけ出すことはできない」として、自己の立場の絶対化を戒めている。また、分裂することは、日本基督教団に連なる、とりわけ弱小な教会の不利益になり、ひいては日本の教会全体への不利益となることも訴えている。

服部は、うわべだけの和解や、足して二で割る解決を目指したわけではない。社会構造が変化しているなかで、「歴史のなかの生のままのイエス」に立ち返ることを主張している。そして、教団の体質改善を強調し、何をどう改善するかというとき、キリスト教の原点、さらにはイエスの誕生にまで戻った信仰理解を求めている。

服部の信仰理解は、伝統的な神学そのままではなく、現状からの変革を求めているという点からすれば、「社会派」からの「教会派」への批判であることは明らかであるが、「社会派」が、マルクス主義的な社会把握を導入して、聖書そのものにまで懐疑的な目を向ける傾向があることからすると、問題解決の方向を聖書そのものに見出していこうとする態度である。

服部は、炭鉱での労働運動を見ていたので、社会運動の意義も限界も熟知していた。九州で活動していたことから、東京や大阪で繰り広げられている動きを、ある程度客観的に見ることができた。また、炭鉱閉山後、衰退するばかりの地域で教会を維持する責任を持っていたことから、この筑豊での福音伝道を絶やしてはならないという危機感もあったと思われる。それが、分裂や対立という非生産的な動きではなく、希望を見出す方向を志向することになった。

5　社会福祉実践としての可能性

前述したような戦後の服部の行動は、狭義の社会福祉には含まれない。戦後のいわゆる福祉六法に該当するのは保育所の園長の働きのみである。また、現在でいう、「相談援助」にあたるわけでもないし、あるいは朝日訴訟のように法制度の拡充を具体的に訴えたわけではない。しかしながら、沖縄でのハンセン病救済にしろ、筑豊での炭鉱伝道、幼児教育、部落解放運動にしろ、共通するのは、まず地域における生活課題を見出し、その課題の解決の方策を考えてその解決について、みずからができることを実行していくということである。そして、その活動は目前の個別のケースの解決を図ると同時に、社会変革をも見通すというものである。

服部自身も、「社会福祉」というものを意図したわけではなく、宣教者としての責務を考えた場合、まず着目したのは目前にいる人たちであった。服部は、それを社会とか政治体制の課題にして逃避するのではなく、自分自身がまずなすべき課題であると考えて、行動に移していった。

服部には、社会福祉それ自体の議論は少ないものの、生活保護などの課題を直視していたので、ある程度の発言はみられる。服部は「福祉社会の中にある人間不在の実態を見出す」と述べ、一見すると拡充する方向にある福祉について、問題の存在を指摘する。人間としての尊厳を回復するのではなく、逆である実態を批判した。福祉の限界として、生活保護についても例証としている。旧炭鉱地域では生活保護率が高くなりがちであり、現象的には不正受給や濫給がないわけではなく、そのために生活保護制度全体への非難、あるいは受給者への道徳的な非難が起こりやすい。服部はそれに対して、「不正の道徳観念だけで律することは出来ない」と述べて、筑豊の置かれた構造的問題とかかわらせて分析すべきことを指摘している[36]。

反面で、服部は対人的、個別的な支援活動に終わらせるのではなく、神学への還元、社会の変革につなげていった。戦後のキリスト教の動きを考えた場合、福祉国家がすすんだこともあって、社会福祉を国家の責任と考えて、宣教の課題とはせず、みずからは伝道に従事していく動きがあった。一方で社会悪の追求に傾いて、個別的な支援は温情的・慈恵的なものとする見方が広がった。そうした発想の中で、社会福祉は特異な世界に閉じ込められていった。戦後も、キリスト教社会福祉は、量的には必ずしも衰退したとはいえないけれども、印象的には退いていっている。阿部志郎はいくつかの著書で、教会と社会福祉との関係が決して良好ではなかったと述べている[37]。筆者の問題意識や立場は阿部とは異なるけれども、こういう状況は社会福祉にとっても、教会にとってもけっして望ましいものではなかった。

戦後のキリスト教社会福祉は、社会福祉事業法などの法制度のもとで、法に立脚した事業を行っていく。制度上、その道を選ぶ以外、社会福祉活動を継続できないのであるから、それは当然のことではあった。ただ、キリスト教の独自性を発揮する余地は少なくなった。また、意図的に支えなくても経営は安定することとなった。それが、教会や教会員の社会福祉への関心を失わせた。

そうなると、キリスト教の立場で、社会に発生する課題に取り組む場合、ストレートに社会運動の形態をとることになった。すると、社会運動に忌避的な発想をとる教会や教会員もあらわれることになる。その結果、社会運動に熱心な「社会派」とそうでない「教会派」の対立を生むことになる。そこだけを見ると、戦後のキリスト教社会福祉が微妙な位置に立つのは、必然的にも思える。

しかし、服部は社会変革的視点を持ちつつ、地域の個々の課題に取り組む方策を示していく。「苦難の神義論について繰り返し問い直すということ。そのことを通してはじめて、教会派、社会派といって、相対立する現下のキリスト教会の亀裂もいやされ、創造的前進への活路が開かれる」と述べている[38]。服部のこうした、現状を克服して、創造的な発想を目指す態度は、生活上の課題があっても、その解決策を見出すことで、社会の新たな方向を見出していく社会福祉の発想とも共通している。こうした立場から、キリスト教社会福祉の新たな展開につなげていく可能性が、服部の活動していた時期には、まだ存在したように思われる。

付　記

服部団次郎に関して、日本基督教団宮田教会（筆者の訪問当時は平島禎子牧師。その後は牧村元太郎牧師）より多量の資料の閲覧、複写を認めていただき、また教会員の鶴尾計介氏にも聞き取りや関係箇所の訪問など便宜をはかっていただいた。記して感謝したい。

注

（1）「福音派」と称することもある。しかし、日本基督教団以外の教派を形成して伝統的信仰の立場に立ち、『クリスチャン新聞』『百万人の福音』などを購読するグループも、「福音派」と呼ばれている。紛らわしいので、本章では日本基督教団内の伝統的立場の人たちを「教会派」と呼ぶ。
（2）阿部志郎『「キリスト教と社会福祉」の戦後』海声社、二〇〇一年、「キリスト教と社会福祉の戦後」『キリストこそ我が救い　日本伝道150年の歩み』日本基督教団日本伝道150年記念行事準備委員会、二〇〇九年など。
（3）中原信治「この谷に塔を建てよ（復権の塔）――ハンセン病患者と炭鉱労働者との連帯に生きた男」『復権の塔を考える（改訂版）』部落解放鞍手共闘会議、二〇〇四年。少人数の集まりの場だが、二〇一一年一二月五日の福岡キリスト教福祉懇話会で、牧村元太郎が「服部団次郎の足跡」と題して発表している。
（4）杉山博昭『キリスト教ハンセン病救済運動の軌跡』大学教育出版、二〇〇九年。
（5）神里博武・神山美代子「昭和戦前期における沖縄の保育事業」『沖縄キリスト教短期大学紀要』第二六号、一九九七年。『戦さ場と廃墟の中から――戦中・戦後の沖縄に生きた人々』日本キリスト教団沖縄教区、二〇〇四年では、「第一部　教会の社会への働き」で神山美代子が「沖縄の保育事情」を書いており、そこで「名護保育園（園長服部団次郎）」と題して紹介している（二四～三一頁）。
（6）服部の生涯については、服部団次郎『沖縄から筑豊へ』葦書房、一九七九年など、服部自身の回顧による。
（7）森川恭剛『ハンセン病差別被害の法的研究』法律文化社、二〇〇五年の第二章「無癩県沖縄への救癩運動」では、服部が軸になっているわけではないが、沖縄ＭＴＬの動きの分析のなかで、服部もたびたび登場している。服部を直接に批判しているわけではないが、沖縄で強制隔離が定着していく過程のなかに服部が登場するので、服部についてはネガティブな印象の残る論理構造になっている。
（8）大城実「廃墟の中から」日本基督教団沖縄教区編『27度線の南から　沖縄キリスト者の証言』日本基督教団出版局、一九七一年、一二〇頁。
（9）服部団次郎、前掲書、八〇頁。
（10）貝島炭鉱については、畠中茂朗『貝島炭礦の盛衰と経営戦略』花書院、二〇一〇年が詳しい。このほか、戦後の貝島炭鉱について、劉道学「第二次世界大戦後における貝島炭礦株式会社の経営動向――一九五〇～一九六五年を中心に」『エネルギー史研究』第二二号、二〇〇七年三月などがある。これら文献では、正式な社名を根拠として、「貝島炭礦」と表記している。こう表記するのが正確なのであるが、服部の後年の著作では通俗的に「貝島炭鉱」と書かれている。本章は炭鉱経営史ではないので、服部に従って、「貝島炭鉱」と表記する。

(11) 上野英信『追われゆく坑夫たち』岩波新書、一九六〇年。服部自身も、「中小炭鑛『ルポルタージュ』」『指』第五九号、一九五五年一〇月を書いて、中小炭鉱の実態を描きつつ、中小炭鉱労働者と教会とのつながりのあり方を論じている。

(12) 争議については『おおのうら十年史』貝島大之浦炭礦労働組合、一九六〇年に描かれている。同書は、「十年史」という短期間の歴史を扱っているのに、約七四〇頁の大著であり、叙述は詳細である。そこにも当時の労働運動の活気が示されている。

(13) 服部団次郎『礦山地区に於ける伝道の実際と方策』日本基督教団出版部、一九五二年、三頁。

(14) 同前書、八〜九頁。

(15) 七尾和光『炭鉱太郎がきた道』草思社、二〇〇九年では、筑豊においてキリスト教の関わりの足跡があまり見出せないことを指摘している（一三〇〜一三二頁）。同書のキリスト教理解はきわめて不十分に感じるが、第三者がそのように受け止めている事実は受け止めなければならないであろう。

(16)『日本キリスト教団田川教会創立八〇周年記念誌』日本基督教団田川教会、一九八三年。

(17) 宮田町誌編纂委員会編『宮田町誌　下』宮田町役場、一九九〇年、四三一〜四三五頁で、服部を軸にして、宮田町の保育所・幼稚園の歩みが記されている。

(18) 筑豊における炭鉱と保育所との関係について、戦前の動きについては、野依智子『近代筑豊炭鉱における女性労働と家族』明石書店、二〇一〇年に詳しい。同書では、戦前からすでに、服部の場合とは意図は異なるものの、炭鉱の保育所に幼稚園的な要素が広がっていったことが指摘されている。

(19) 服部団次郎「大之浦教会」『福音と世界』第一二巻第一〇号、一九五七年一〇月、二九頁。

(20) 戦後、貝島炭鉱が消滅するまでの動きは、畠中茂朗、前掲書の第五章「貝島太市の経営理念と戦後の貝島炭礦」に詳しい。

(21) 日本基督教団宣教研究所教団史料編纂室編『日本基督教団史資料集　第4巻』日本基督教団宣教研究所、一九九八年、二七五〜二七七頁。

(22) 犬養には、『筑豊に生きて』や『弔旗』などの筑豊関連の著作があるが、比較的最近のものとして「筑豊　おらぶ神、黙す神」『低きに立つ神』コイノニア、二〇〇九年。

(23)　塔の理念については服部団次郎『この後の者にも／連帯と尊厳を　ある炭鉱伝道者の半生』キリスト新聞社、一九八八年の第一部「炭鉱伝道と炭鉱犠牲者『復権の塔』建設」、また、『復権の塔』という、炭坑犠牲者「復権の塔」建設協力会の名で発行された手書きの機関誌に、服部が毎号寄稿して論じるなど、多数の発言がある。

(24)　畠中茂朗、前掲書、二五八頁。野添憲治『企業の戦争責任』社会評論社、二〇〇九年、三一九～三二二頁では大之浦炭鉱の中国人労働に触れている。

(25)　服部団次郎「『復権の塔』建設を目指して」『復権の塔』創刊号、一九七一年六月。

(26)　服部団次郎『沖縄キリスト教史話』キリスト新聞社、一九六八年、一一頁。

(27)　日本キリスト教団社会委員会編『沖縄レポート』日本基督教団出版局、一九八〇年。『新教コイノーニア5　沖縄から天皇制を考える』新教出版社、一九八八年。

(28)　日本基督教団沖縄教区編『27度線の南から　沖縄キリスト者の証言』。ただ、同書の論調は執筆者によって、かなりの幅がある。同書の執筆者でもある平良修は、『沖縄にこだわりつづけて』新教出版社、一九九三年、『小さな島からの大きな問い』新教出版社、一九九八年など、数多くの著作で課題を問うている。

(29)　服部団次郎、前掲書(23)、一六頁。

(30)　服部団次郎「大之浦教会」『福音と世界』第一二巻第一〇号、一九五七年十月、三〇頁。

(31)　服部団次郎「核時代の日本伝道」『福音と世界』第一九巻第一一号、一九六四年一一月。

(32)　杉山博昭「日本の教会とアパルトヘイト」『福音と世界』第四七巻第一一号、一九九二年一〇月。

(33)　「教団紛争」については、近藤勝彦『教団紛争とその克服──私の見方』日本伝道出版、一九九八年、千葉昌邦『日本キリスト教団紛争史』聖思社、二〇〇二年、最近では小林貞夫『日本基督教団　実録　教団紛争史』メタ・ブレーン、二〇一一年がある。いずれも、「教会派」から「社会派」側を厳しく批判している。

(34)　『キリストこそ我が救い　日本伝道150年の歩み』日本基督教団日本伝道150年記念行事準備委員会では、両派がそれぞれ直近の日本基督教団五〇年史を書くことになっていたが、「社会派」側の執筆予定者（桑原重夫）が最終的に執筆を断ったために（一一〇頁）「教会派」側による五〇年史のみが掲載されている。

(35)　服部団次郎「北九州地区信徒大会講演　これからの宣教と教会形成」『一粒の麦』一九八九年。講演自体は、一九七〇年に行われたものである。

(36) 服部団次郎「人間復権への連帯責任」『復権の塔』第四号、一九七二年六月。
(37) 注(2)と同じ。
(38) 服部団次郎、前掲書(23)、二二三頁。

第17章　松原若安——奄美大島におけるハンセン病問題のキーパーソン

1　キーパーソンとしての松原若安

ハンセン病をめぐる人権侵害を歴史にどう位置づけるべきか議論が続いている。その場合に留意しておくべきなのは、人権侵害の内容や展開がどこでも一律だったわけではないことである。特に鹿児島県の奄美和光園（現在は奄美市だが、本章が扱う時期は三方村及び名瀬市）では、入所者が出産するという特異な展開をみせる。特異でありえたことには、いくつかの要素があるのだが、キーパーソンとして存在したのが、松原若安《じょあん》である。松原は、一九五二年に奄美和光園の事務長に就任し、長く療養所の運営を支えていく。園長はたびたび入れ替わっていくが、そのなかで常に支え続けたのが松原であった。入所者による出産が可能になった理由の一つとして、カトリック信者の松原が管理職として存在し、しかも生まれた子どもを引き取って養育したことがある。

これまで、ハンセン病療養所における課題として、医師の思想や行動は議論されてきたが、事務職員に光が当たることは少ない。しかし、戦前の場合、キリスト者の事務職員として、プロテスタントの宮川量や井上謙がいて、影響を与えてきた。彼らは、熱烈な光田健輔の信奉者として、隔離政策を推進していくことになる。松原の場合は、戦後であり、カトリックということで、宮川、井上とはかなり異なる役割を果たしているので、同一視はできないが、注目すべき事務職員の一人である。

筆者はすでに、奄美大島のハンセン病をめぐる動きについては報告を試みてきた。そこでは松原の存在を言及しているが、松原の言動や思想について、詳細には触れていない。これまでと重なる点もあるが、松原という人物に焦点をあてて、改めて、奄美大島におけるハンセン病や社会福祉の動向を検討していきたい。

松原については、和光園の記念誌等で断片的には触れられてきており、ことに、五〇周年の記念誌として通史的にまとめられた『光仰ぐ日あるべし』では「一九〇八～九〇年。名瀬市浦上出身。昭和二七年から四三年まで和光園事務長。退職後、名瀬市議を二期務めた。宇検村の枝手久島の石油備蓄基地建設反対の郡民会議の議長となり、枝手久《えだてく》闘争のシンボル的存在であった」と記載し、写真も掲載されている。[1] しかし、松原の思想や行動についてまとまって論じられたことはなかった。奄美のハンセン病問題においても、もっとも詳細な研究をまとめたのは藤野豊であろうが[2]、藤野の研究では、松原の存在は重視されていはいない。また、後述のように、奄美和光園のルポなどで松原が登場することがあるが、あくまで背景としての位置づけである。しかし、筆者は、松原をぬきにして奄美和光園ひいては奄美大島のハンセン病史は描けないと考えている。逆にいえば、松原に焦点をあてることで、奄美のハンセン病の課題が鮮明になるとともに、それは同時にわが国のハンセン病問題自体を照射することにもなるであろう。

2　奄美和光園のカトリック教会と松原若安

奄美和光園が他の療養所と異なるのはカトリックの勢力が大きかったことである。ハンセン病療養所は、一般社会と比してキリスト教の教勢が大きいが、それは主にプロテスタントである。カトリック教会も大半の療養所に設置されてはいるが、プロテスタントに比べると園内での影響力は小さい。

奄美和光園創設時は、戦時下であるうえ、一九三〇年代に奄美大島では、カトリックへの迫害があったことから、カトリックによる組織的な宣教があったとは考えられない。しかし、戦後になってカトリックの勢力が増してくる。迫害があったとはいえ、奄美大島自体がカトリックの勢力の大きい地域であり、ことに和光園のある地域は大熊教会という信徒数の多い教会があり、ほかに浦上教会もあった[3]。特に宣教に熱心だったのは、パトリック・フィン神父である。パトリック神父は、園の横で暮らし、あたかも職員であるかのように園内で活動していた[4]。

カトリックの状況について、比較的公平な紹介と思われるのは、自治会長であった秋山徳重による紹介である。「園の敷地と橋で結んでいる河向うの多様な形の花園につゝまれている一八坪のトタン葺のカトリック教会から園内に流れる祈りの声や聖歌は平和的である。園内カトリック信者八〇余名に求道者が約三〇名で全入園者の三七％強が朝夕粗末な橋を往復している。全入園者から慈父と慕われたパトリック神父さんが去る六月上旬帰米したのは打撃的であったが、しかし同神父さんが育てた信仰生活は益々成長するであろう」と述べている[5]。

カトリック教会が成長した理由として、パトリック神父ら、外国人神父の宣教の成果として語られているが、松原若安も早くから貢献していたようである。『鹿児島カトリック教区報』（第一〇五号、一九七三年五月）の記事によると、「物資不足の終戦後人々は物心両面で不安な生活を送っていた。なかでも、療養生活を送っている人々はことにそうであった。こうした人々の不安を少しでも和らげてあげるべく愛の手を差しのべられたのが浦上教会の松原若安氏であった」と記しており、まだ和光園の職員ではない松原が、初期の宣教において、大きな役割を果たしたとされる。「園の好意で医局の内科室を使わせていただき、氏が浦上から週に一度通うことになった。昭和二十四年のことである。物静かで柔和な氏であるが、神さまのことを語る口調は熱っぽく、冷えた人々の心を次第に暖めていくのだった」とされている。この記事が事実なら、松原は和光園のカトリックの拡大に深く関与していたことになる。

こうした状況で、松原が事務長として、赴任することになる。松原は、戦前教員をし、一時期は台湾で農学校の教員をしていたが、敗戦とともに島に帰っていた。一九五二年に事務長に就任し、奄美和光園で勤務する。一九六八年に退職し、名瀬市議会議員などをつとめ、一九九〇年に死去した。

和光園事務長に就任した理由として「奄美群島政府が解消し、琉球政府に包含されたとき大巾な人員整理が行われ、和光園もその例に洩れず業務の混雑停滞はいちじるしいものがあったが、松原若安が事務長に任命され、再び職員を増やすことに成功し、ようやく平常に運営することができた」とされる[6]。この記述は松原在職時になされたものであり、信用性が高い。

戦後の奄美和光園をめぐる状況については、藤野豊による研究があるので詳しくは触れないが、物資も乏しいなか、入所者の生活や医療は貧弱、隔離や管理のみ過酷という状況であった。行政の管轄も四度にわたって移管された。特に一九五二年四月には、奄美群島政府が廃庁になり、琉球政府の管轄になったことで、職員三三人中一八名が退職した。園長も、他の職務と兼任した園長でしかもたびたび入れ替わった。奄美自体が、日本の犠牲になって翻弄され、その犠牲の重さが奄美和光園にのしかかっていたのである。

ようやく一九五二年六月に専任で大平馨が赴任した。大平は、長島愛生園での経験があったとはいえ、赴任当時はわずか二七歳であり、混迷の続く園を統括するにはとうてい経験不足である。かなり強力な支えが必要であり、それが園内からまかなえない以上、園外からむかえる必要があった。松原の着任は大平が着任する二五日前である。松原は四〇代半ばであり、当時の状況では社会の指導的立場に立っていく年齢である。

その後、馬場省二へと短期間で園長が代わっていき、また奄美大島が一九五三年一二月二五日に日本に復帰する。復帰自体は島民の悲願であって歓迎すべきことではあったが、またも管轄が変わったわけである。次々と園舎の増改築がすすめられるなど、業務はかなり過酷であったと推察される。

松原が、園の体制づくりで最も活躍したのは、大西基四夫が園長であった時期であると思われる。大西は、一九五六年八月三一日から一九六九年四月一日まで、七代目の園長をつとめている。在任期間が非常に長いこと、また前任地の星塚敬愛園でも園長をつとめていたこと、何といっても光田健輔の娘婿であることなど、他の園長とは異質であった。小規模な離島の療養所では考えられない、いわば大物園長であった。なお、隔離政策に批判的であったとして今日評価の高い小笠原登が和光園に医師として勤務したのは一九五七年から一九六六年であり、大西園長の時代と完全に重なっている。大西、松原、小笠原と、ユニークな人材が揃っている状況が生じた。大西は夫婦ともカトリックであり、園長、事務長ともがカトリックだという状況が生じた。

こうしたこともあって、大西は著書『まなざし　その二』のなかで、「島のヒゲ先生」という節をもうけ、松原について詳述している(7)。それによれば、松原は、「ヒゲ先生」と呼ばれて、島の人々に親しまれていた。あるとき、和光園の存続が問題となり、入所者を星塚敬愛園に移す案が出てきたことがあった。入所者側はコミュニケーションの問題などをあげて、存続を求めトラブルとなっていたが、厳しい局面で事態を収拾したのは松原の人徳による面が大きい。大西が和光園に行くことについては、「島流し」のように映り、宮崎松記などは猛烈に反対した。また大西には当時小学生の子どもがいて、私的にも困難があったが、それでもあえて赴任したのは松原の存在が大きかったというのである。

松原を追悼・思慕するための表現なので差し引いて読むべきではあるが、大西にとって奄美に行くことに大きな不安があったのは事実であろうし、松原が側近として支えたことで和光園での職務をこなせたことも確かであろう。

また、松原は土木工事を推進し、和光園と近隣の集落とを結ぶ道路の整備に奉仕活動によって推進し、「松原組」などと称され、松原によって和光園内外の環境が著しく整備された。松原が赴任していた時期は、全国的に療養所が整備されて、かつての人権侵害の場から、生活や療養の場へと変貌していく時期ではあったが、松原はそれを超えて、和光園の整備をすすめた。松原が来て、和光園がよくなったというのが一般的な評価でもある。

奄美和光園に現在も存在しているカトリック教会の聖堂が建設されたのも、大西園長時代である。しかも、設計は大西の兄が行った。また、一九七三年に松原が属する浦上教会の聖堂が建設されるが、この設計も大西の兄が無料で引き受けたのだという。聖堂建設にあたって、和光園の信徒も「患者さんたちは、生活をきりつめ、資金を寄附しました」と報告されている[8]。入所者からの寄附に、大西、松原の影響が全くなかったとはいえないであろう。

光田健輔が死亡したのも、大西園長時代であるが、園内で追悼ミサが行われている。一九六四年五月二五日に、園内の講堂で、里脇浅次郎司教の司式のもと、全島から、神父、修道女が集まり、園の職員入所者も加わり、三〇〇人もの規模であった[9]。光田自身が晩年カトリックの洗礼を受け、大西がその娘婿でカトリック信者とあって、こうした盛大な対応につながったのであろう。里脇はわざわざ来島した。当時の光田は、隔離政策の推進者として批判されている現在と違って、偉人として評価されていたので、こうした催しも当時としては、ごく自然なこととして行われたのではあろうが、大西・松原の体制でなければ、ここまで規模は大きくならなかったように思われる。

一面では、こうした状況は他宗教にとってみれば脅威であったことも否定できない。渡辺信夫によると、プロテスタントからカトリックに転じる入所者もいたという[10]。カトリックの方が何かと有利という発想が生じやすかったのかもしれない。浄土真宗の門徒にとっても同様だったようで、藤野豊は、「小笠原は入所者のなかでの少数派である浄土真宗の門信徒の精神的な拠り所となっていた」と記している[11]。

奄美和光園のカトリックを評価することが本章の目的ではない。ここで確認したいのは、和光園ではカトリックの影響が多大であり、それには松原の存在が寄与した面があるとともに、松原が業務を遂行するうえでカトリックを基盤する面が大きく、それがやはりカトリックである大西園長時代に最大限発揮されたという事実である。

3　松原若安の思想

松原は、あくまで一事務職員であって、数多くの執筆をしたわけではない。宮川量、井上謙、戦後では森幹郎といった事務職員は、大量の著述を残したが、そういうわけではないので、その思想を把握することは難しい。それでも和光園で発行していた『和光』にときおり執筆している。

ただ、その多くは哲学的ともいうべき内容で難解である。松原が、人間とか愛とか真理とかといった課題に関心を有し、探求していたことが把握でき、カトリック信者としての真摯な姿勢が理解できる。教育者であった松原は教養にも恵まれていたと思われ、カトリックの見識ともあわせ、物事の本質を議論することには関心があったようである。

ハンセン病自体にふれたものとして、「あづまやに立つて」（『和光』一九五八年五月）というエッセイがあるが、これは、開園一五周年特集号として、和光園の設立やその後の経緯を回顧したもので、私見はほとんどない。

隔離政策をどう考えていたかという点だが、一九六三年一二月に『和光』秋季号に発表したエッセイ「彼は世にあり」がまとまった記述であり、やや長くなるがそのまま引用したい。

「例えば二、三日前人権を無視した（らい予防法）を即時改正せよというビラを見た。果してこれは真理であろうか。真理は唯一なりという点から眺めてみたい。果して予防法という日本の国会を通過した法律が然も終戦後日本が相当民主々義の根本の上に凡ゆることを判断して行き度いと考えるようになつてから改正された法律が人権を無視して居るだろうか？……（中略）……いや民主々義を土台として考えたとしても日本の国会を通過しようが、この法律が全面的に人権を無視（その道の研究家、科学者達や政治家や法律家達が参画なされたと考えられるが）して居るという事実が存在するならば、この法律が人権を無視しているということが真理でなければならず、人権を無視している法律であればこれを改正するということはおかしいではないか。最も尊敬すべき人権を無視したとなるとこれは基本的人権を尊重すべき憲法に違反するので絶対に法律として存在する価値のないものであると解釈すべきではないか？人権を無視したらい予防法を無視したらい予防法を改正せよというその事はどうもこの法律の中には人権尊重という点から観て不都合な個所があるのでこれを削除して頂きたいと共に更に進んで示された四ヶ項目について考慮の上法律化して頂き度いということであろうか。

ところが問題は果して人権問題から考えて不都合な点があるか？について考えねばならない。人権問題についても法律の出来上つた十年前の世相（社会情勢、医学問題、国民の理解国家経済――予算）など、種々雑多な問題があったろうし、旧予防法とのつながり等もあつたろうし、それはまずおいて伝染病であるという事で隔離した場合、隔離された方の立場からは自由の束縛などから人権問題を取り上げられるかもしれないが隔離された以外の一般の約一万倍の大衆は伝染しない為の政策だとすれば是れは人権問題として保護された側である事実がそこに存する。その点に於ては両者の考えは一致しない筈である」。

この引用文は、らい予防法や隔離政策そのものを議論するために書かれたものではなく、「真理とは何か」という議論をする際に例示として出したものであり、したがって、患者運動を批判するために書いたものではないことに留意しておくべきである。とはいえ、ここから見る限り、松原はらい予防法は民主的手続きによって制定された法である以上、尊重されるべきであると考えていたと思われる。また、隔離政策については、それが患者にとって負担になることは認識しつつも、ハンセン病予防にとって有効であることが認識されている。

一九六五年五月発行の『和光』春季号掲載の「沖縄らい予防協会々長上原信雄先生にお話を聴く」という座談会の記

録では、松原の発言が三カ所ある。一つは入所者の外出についてであり「和光園でも丁度その通りだ。後遺症と言うなら、これよりひどい後遺症の人はいくらでもいる。例えば、原爆症とか小児麻痺とか。外出に就いては、後遺症の問題ではなくて菌の問題だと思う」と述べている。もう一つは「所得の格差に就いて」という問いに対してである。「酒を飲む自由を束縛するとなると、色々と考えさせられるが、酒というものが実際病気に悪いとなると、薬を飲むという気持で酒を止めれば体にいいのだが。そういう事に就いて医師の命令に従うとか、自制するということは非常に重大な問題だ。それと、金のある者が、自分の金だから何に使おうと勝手ではないかという考えは、周囲のためによくないと思う」と述べている。「隔離撲滅思想について」という問いでは「患者さん自身にしても、救うというのでは肩身の狭い思いがすると思う。救うという時代は過ぎたと思う」と述べている。

座談会の性格が、参加者の対等な議論ではなく、上原の話を拝聴するという性格のため、松原の発言も控えめで、これだけでは松原の真意はわからないが、療養所の変化にとまどいつつ、変化のなかでの新たな運営のあり方を模索しているように思われる。一九六三年の文の論旨と比較すると、変化を受容する姿勢にやや転じたようにもみえる。

一九六九年に皇太子夫妻（現・天皇・皇后）が和光園を訪問したことがあり、「皇太子殿下・同妃殿下を和光園にお迎えして」という文を『皇太子殿下皇太子妃殿下　行啓記念誌』に寄稿している。[12] しかしこれは、行啓の流れや、松原と皇太子とのやりとりが記載されていて当日の様子を把握するには有益だが、松原自身の思想などをつかむことはできない。松原が皇太子を歓迎し最大限の敬意を表しているのは、事務長としての職務によるものであり、それだけで批判的にとるべきではないだろう。

奄美和光園を訪問した日本基督教会（プロテスタント・長老派系）の牧師渡辺信夫は、訪問したときの松原の印象を、「事務部長の松原さんに会って、敬服もしたし、うれしくもなった。ごましおのひげが胸まで垂れた村夫子で、船旅をねぎらって、さっそく船酔の話を愉快に語り出す。建物だけでなく、人間も、厚生省の規格にはまっていない。わたしが本

資料17-1　雨宮惠教師（右）と松原若安（左）
――「島育ちの碑」の前で

出所：雨宮惠『共に生きる――離島伝道の喜びと希望・感謝の記録』キリスト新聞社，二〇〇七年。

館の第一印象を語ると、部長はちょっと頭をかしげて、おもむろに言った。『そうかもしれませんな』…（中略）…『国立療養所の中で、官舎の子どもたちが本館に遊びに来るのは、ここだけでしょうな。職員が叱るのですが、やっぱり遊びに来よります』と氏は目を細めた」と描いている。[13] 渡辺は、この記述の直前に、和光園が他のハンセン病療養所と異なり、「やわらかい空気が流れている」というのである。その理由の一つを、松原の性格に求めている。

松原の外見の特徴は、ひげを伸ばした特異な風貌であり、温厚な性格とあいまって、独特の雰囲気をかもしだしていたようである。この容貌で厚生省にも出向いていたため、厚生省内でもすっかり有名になっていたのだという。人間的魅力にあふれた人物であり、筆者が聞き取りを行った元職員はだれもがその人格を評価していたし、入所者からも悪い話を聴くことはない。風貌そのままのユニークで包容力ある人物である。しかし、目立ちたがるわけではない。ある元職員が所持していた奄美和光園関係の写真には、なぜか松原が写っていなかったし、そのほか和光園の記念誌などの写真を見ても、松原が写ったものがあまりみられない。

松原の人間性を示すエピソードの一つは、画家の田中一村との関係である。一村は死後、ＮＨＫ教育テレビ「日曜美術館」で紹介されたことで著名になる。無名画家であった一村は、一九五八年に奄美大島に渡り、知人の紹介により松原を訪ねる。初対面の人に会うには異様な姿であったようだが、松原は一村を暖かく受け入れるのである。そして、一村は和光園の官舎で小笠原登と生活するなど、和光園周辺で生活するようになる。松原の包容力がなければ、こうした展開にはならなかったであろう[14]。

個人的な人格と、果たした社会的役割とは峻別しなければならない。しかし、松原の場合、そのユニークな人格によって、困難な療養所運営を可能にしていった面がある。そこにカトリック信仰が加わって、活動が広がっていくのである。

4　奄美和光園での出産問題

こうした松原の業績として記録しなければならないのは、患者の出産問題での役割である。キリスト教系の療養所は結婚自体が禁止され、また国立療養所では、結婚が認められるかわりに断種が条件とされ、患者が出産することは認められていなかった。戦前は、非合法のはずなのに公然と行われ、戦後は優生保護法によって合法化される。それが現在、ハンセン病患者への一連の人権侵害の最たるものとして批判されている。ところが、園長であった大西は「奄美和光園は、本土の施設と若干趣の違った方法をとった。ここは若い患者も多かったのであるが、出産を希望すればその母親の病状にかかわらず出産させて。即時、母親から分離して一般のベビーホームに預け、さらに一般養護施設でそこの児童とともに育てた」と記している[15]。

しかし、そうなるには背景や動きがあった。奄美和光園では、カトリックの反対があって断種や中絶を拒否する患者が少なくなり、カトリック外の患者までもが出産、なかには出産目的で和光園に移る患者までいたという。

だが、生まれた子どもをどうするかという問題が残った。ハンセン病は感染力が弱いとされているが、親子が密着して生活する場合には、感染するとされている。したがって親がそのまま養育することはできなかった。そのため、松原が個人的に引き取って養育することとなったのである。松原が引き取るといっても、勤務があるので、実質的には妻と娘が世話をすることとなる。こうした実態について、厚生省（現・厚生労働省）からやめるように言われていて、松原自身が厚生省に行くたびに言われていたようであるが、それでやめることはなかった。

松原の行為、ひいてはこうした一連の出産をどうとらえるべきであろうか。松原自身がこの問題について述べているのは、「パトリック神父と和光園」というエッセイであり、『創立30周年誌』に掲載されている[16]。この時点で松原は退職しており、従来の著述が、事務長の肩書きで書かれてきたのに対し、比較的自由な立場で書かれたものである。

そこで松原は、「ハ氏病患者は結婚は認める然しそれには断種手術を受けることが前提とされる。若し妊娠しても本人の意志の如何にかかわらず胎児は陽の目を見ることなく消されなければならない。優生保護法によりこのことは何の抵抗もなく行われていた。現在もなお和光園以外の療養所ではその通り実施されている。パ神父は和光園でこの事を知るや敢然としてこれの廃止を訴えた。人間が結婚すればそこに子供が出来ることは当然のことである。それこそ神の摂理である。結婚を許しながら出産を認めないということは神の摂理に反する。日本は憲法に基本的人権の尊重を明らかにしている。然しながらハ氏病の妊娠出産を認めないとは明らかな人権無視であり差別である。彼は鋭くこの矛盾を衝いた。そして患者達に神の摂理を説いて廻った」と述べている。パトリック神父を紹介した形をとっているが、松原自身が、結婚を許しつつ出産を認めないのは不当であること、優生保護法の規定は憲法の基本的人権の立場に関することを認識していることを示している。

しかも松原は、「『子供を産むなら養育の義務がある。育てることの出来ない者は産む資格がない』『産まれた子が発病したらどうなるんだ。それこそ子供の不幸を親がつくってやっているんじゃないか』厚生省の某課長でさえもこのことで鋭く私に追求した。然し、義務とか資格とか責任とかは一体誰が言い得ることだろう。真実の人間の存在の尊厳性から考えるなら、もっとも深いところに考えを致すべきではないだろうか」として、厚生省の考えに、はっきりと抗議している。この文章は、事務長退職後のものなので、松原が在職時にここまで具体的に考えていたかは、断定できないが、松原がどこかの時点で、単にカトリックの教義の実践として入所者の出産を許容したのではなく、人間性を抑圧することへの抗議への意図をもつようになったことは明らかである。

では、松原のこうした姿勢を歴史的にどう評価すべきであろうか。古川和子は、和光園で出産が行われてきた事実を紹介し、かつ松原が厚生省の圧力に抗していたことを紹介している。[17]古川は、松原の著述を引用しつつ、「子どもを産み育てることを許さない政策」によって、入所者に義務と自己責任だけを追及したと指摘している。前述のように、松原の、隔離政策への批判的視点は曖昧である。松原の行為は厚生省のかたくなな姿勢への抗議ではあっても、断種を強いてきた隔離政策全体を否定するまでの視点をもつものではなかった。したがって、松原の憤りは、個人的な正義感を超えるものではなかった。そうした正義感を披露するだけでは、政策を変える力にもなりえなかった。

このような批判があるかもしれないが、動機は何であれ、隔離政策と異なる動きを実現したことも事実である。その事実は、光田健輔以来の断種・中絶が何ら正当性はなく、出産を認めても対応可能であることを示している。しかし、特に馬場省二園長は、厚生省の指導を受けて赴任し、中絶を実施させようとしていた。ところが、事務長が逆の立場であるから、すすむはずもない。馬場は、松原の態度に愚痴をこぼしていたという。強権的な園長であれば、園長の権限で禁止すればすむ話であるが、若くて経験が乏しく、また当初から一年間という約束で赴任してきた馬場（実際は約二年半勤務）と、[18]実質的に園を取り仕切る松原という逆転した関係の中、馬場が自分の立場を押し通すことはできなかった。

ただ、子どもが増えると松原の個人的善意だけでは限界があった。結局、子どもを預かる施設が設置されることになる。大西が言うには、大西がゼローム神父に相談するなかで、こうした解決策が見出されたという。大西が出産を是認していたとしても、大西は松原にも増して、隔離政策への抗議の意思があったとは全く考えられない。大西が光田健輔の娘婿という立場もあるし、入所者や大西を知る人からの聞き取りによれば、大西は和光園園長時代、隔離にこだわりがあったという。つまり、大西に、入所者の出産を是認することで隔離政策に風穴をあけようという意図があったとは考えられない。カトリックの大西が、カトリックの方針に反することもできず、現実的な判断をしたといえるであろう。

こうした異例の対応も、管理者側がカトリックという異例の状況があったからもたらされたことである。施設設置の直接の功労者はゼローム神父ということになっているが、松原の存在なしにはこういう結果にはならなかったであろう。

この施設は、一九五四年に「子どもの家」として設置され、一九五九年に正式な乳児院、名瀬天使園として認可を受ける。こうして乳児院に入所した子どもは、修道会の整理によると五二名になるという。松原は「パトリック神父と和光園」で「五〇名近い」と述べている。大西は「この方法で出産した児童は四十四名に及び、健康で立派に成長している」と述べている。何人だったのか、諸説あって正確な人数がはっきりしない[19]。

一方、乳児院の子どもは、成長にともなって乳児院の対象ではなくなるので、新たに、養護施設（現・児童養護施設）が設置されることとなり、名瀬市小俣町に白百合の寮が設置され、宮崎カリタス修道女会が運営にあたる。なお、乳児院は入所者の減少にともなって、廃止され、かわってつぼみの寮に移された。現在は同じ場所で、介護老人保健施設などの高齢者サービスが、行われている。つぼみの寮もその後廃止された。白百合の寮は、名瀬市内から、浦上に移転して現在にいたっている[20]。

こうして、他の療養所にはない特殊な状況が実現する。ここで疑問になるのは、生まれた子どもが、その後幸せになったのかという点である。子ども自身に取材することは実際的にも倫理的にも困難であるが、自らの出生を明らかにしている者もいる。自分の出生の経緯を公表するとともに、「私も園内出産時の一人であり、松原若安氏の書かれたこの記事（筆者注——前述の「パトリック神父と和光園」）に出合ったときは、深い感動に揺さぶられ涙せずにはいられなかった。今は亡きパトリック神父に出会ったことはないが、神の摂理にのみ純粋に生き、働いた師の愛情は今でも私の内に流れ、生きる勇気と希望になっている。もし師が来島しなかったなら自分の生命はなかったのではないかと思う」と述べている[21]。この文章の筆者は成人後は看護師として県立病院で欠かせない人材となっており、雇用の乏しい奄美大島では成功した人物であり、一般化することはできない。しかし、「ハンセン病患者の子だから不幸になる。だから断種や中絶が必要だ」といった発想が全くの誤りであることは、この当事者の発言によって明瞭に示されているといってよいであろう。

もっとも、美談ですませられるわけではない。産まれた子どもが親と面会するとき、和光園に流れる川を挟んでの面会しか許されなかった。あくまで、隔離政策を前提としての措置であることに変わりはなかった。また、結婚式にあたって、ある施設出身者は、和光園の人たちを招待する予定で出席予定者は背広の新調までしていたのに、結局断念することになったという。奄美和光園でも「病理標本」が発見されており[22]、入所者を研究対象視する視点は、他の療養所同様存在していた。入所者である山本栄良は、施設のあり方について批判的な視点をこめて論じている[23]。

また、注意しなければならないのは、出産やそれを支えるための児童施設の設置が、松原はじめ、パトリック神父、ゼローム神父といったカトリック関係者の業績として、これまで語られてきている[24]。しかし、いくら和光園では是認されていたとはいえ、入所者の出産にはさまざまな精神的圧迫があったと推測されるし、出産後自分の子どもを自分の手で養育できなかった負い目もつきまとったであろう。出産そのものを決断した入所者自身の立場を忘れてはならないはずである。

5　社会運動への参加――枝手久闘争をめぐって

国立療養所の管理職という立場にあった松原だが、一九六八年に退職した後、名瀬市議会議員選挙に立候補し、無所属で当選する。ただし、落選、当選を繰り返しており、選挙に強かったわけではない。退職直後の一九六八年の選挙では、七四四票を獲得して六位という高位で当選している。しかし、一九七二年では四六三票にとどまり、最下位当選者の四七五票に一二票届かず、落選した。一九七六年には一一一二票によりトップ当選した。枝手久闘争の先頭に立っていた時期であり、この躍進は、その影響と思われる。ところが、一九八〇年には得票が半減の五七三票にとどまり、最下位当選者の六一三票に四〇票足りず、惨敗といわざるを得ない。これは、前回選挙で躍進をもたらした枝手久闘争がほぼ終息していたうえ、松原が高齢になっていたこともあろう。この落選によって、そのまま市議からは引退しており、結局市議としては二期つとめた程度にとどまってしまった。ちなみに同じカトリックである別府治郎は松原と同期に初当選し、以後五期にわたって連続当選している。

松原の活躍は、何といっても、枝手久闘争の先頭に立ったことである。枝手久闘争とは、一九七三年一月、東亜燃料工業株式会社（現・東燃ゼネラル石油株式会社）が宇検村の枝手久島に石油精製工場建設を計画したことへの反対運動である。[25]奄美全島あげての反対運動の結果、工場建設は行われず、一九八四年一〇月に、進出断念が正式に発表された。一一年余続いた反対運動は、工場建設阻止という目的に関しては、勝利した形で終結することになる。近年、石油関係の工場は、縮小・統合の方向にあり、もし建設が実行されていたら、都市部から離れたこの工場は、真っ先に閉鎖の対象になったであろう。その場合、一気に地域の衰退・崩壊につながっていく。計画が実現しなかったのは、長期的に見ても、望ましいことであった。

宇検村内では、賛成派と反対派に分かれ、激しく対立した。反対運動は奄美全域に広がり、反対組織として、「公害から奄美の自然を守る郡民会議」が結成された。その議長に推されたのが松原である。枝手久闘争は、全国的にはあまり知られていないかもしれないが、闘争のもつ社会的な意義を考えると、成田空港闘争などに匹敵するといっても決して過言ではない社会運動である。島内だけでなく、鹿児島、関西、関東にも「奄美の自然を守る会」が結成され、全国的な広がりをみせることになる。

高度経済成長の末期に登場した問題であるが、当時の奄美は、振興事業がすすめられていたとはいえ、まだ道路の舗装率も低く、テレビはＮＨＫしか映らず、生活水準は本土と比べて歴然と低位にあった[26]。筆者は、父親の勤務の関係で、小学生であった一九七〇年代に奄美に住んでいたが、高度経済成長の果実が、奄美にはもたらされていないというのが実感であった。住民のなかに、経済発展への希求の気持ちがあったことは否定できないであろう。

反面で、全国各地で公害問題が深刻であり、ことに水俣病は鹿児島県にも被害者がいて、ローカルニュースでも頻繁に報道されていた。奄美はまだ公害には無縁であり、自然保護の点では優位にあった。アマミノクロウサギをはじめとした希少生物の減少など、自然破壊が深刻化するのはもう少し後の時期である。

宇検村は、奄美のなかでも名瀬市内から離れ、当時は名瀬市内までの道路は舗装されておらず、本土と奄美の格差があるのと同様の構図が、名瀬市と宇検村との関係にみられた。宇検村民が賛成派と反対派に分裂したのには、そうした錯綜した状況も背景にある。単なる工場進出是か非かという問題ではなく、奄美をとりまく社会構造全体が厳しく問われた問題である。

全島的にいえば、政治的な立場をこえた幅広い反対運動が展開されていく。それゆえ、反対運動の内実は複雑であった。保守系住民、労働組合、社会党、共産党、極左的なグループなど、雑多な集団であった。思想、運動の手段、運動の目標なども、ばらばらであった。なかには、実力行使を重視して、警察や海上保安部との対立を引き起こすグループもあり、片方には、警察の介入を恐れて穏健な手段を取るグループもあった。分裂しても不思議ではない状況であったが、そうしたものをまとめたのは、松原の力によるところが大きかった。松原は、単なる象徴的な存在ではなく、実際に運動の重要な局面で自ら動き、発言していく。メンバーが警察に逮捕された際に、郡民会議として抗議文を出している。実際に書いたのは松原ではないかもしれないが、松原の名で、警察への明確な抗議を示している。権力と妥協するということがなかった。また、会合なども最後まで出席していたという。名目上のトップではなく、実質的にも指導的立場に立っていた。[27]

また、松原が先頭にいることで、この運動が、他に真意のあるイデオロギー闘争ではなく、島民による生活闘争であることが示されていた。しばしば社会運動は、分裂したうえ、運動団体同士の対立に精力が注がれてしまうことがある。枝手久闘争がそうしたことにならなかったのは、松原のすぐれた人格や包容力によるところがきわめて大きい。

枝手久闘争には多様な側面があって、一概に反体制の運動とはみなせないが、しかし開発至上主義の状況への異議申し立てであることは確かである。松原がこうした運動の先頭にいることに、カトリック教会内部でも批判的な声が一部でみられたが、松原は終始運動を先導した。

松原がどういう意図でこの運動の先頭に立ったのか、不明な面もある。少なくとも、反体制的な志向や、まして反資本主義とか反天皇制といった発想で取り組んだわけではない。素朴な自然保護と、島への外部からの侵入への反発と考えるべきであろう。松原は一九八一年に、秋の叙勲で勲五等双光旭日章を受け、「ただ務めを果たしただけで、お受けするほどの仕事をしたとは思わないので、恥ずかしくて恐れいっています」という言葉を寄せている。[28] 国立療養所の事務長としての勤務と、市議をつとめたことによる受章であろう。この一事だけでの判断はできないが、松原が国家との関係をごく平凡な国民の一人としての受けとめをしているように思われる。

ただ、主観的な意図はどうあれ、運動を支え、工場建設阻止につなげたことは確かであろう。原発建設、空港建設など、全国各地で推進された開発の動きの多くは、反対運動があっても計画通りに実現されていった。設置主体が政府ではなく民間企業であったという面や、二次にわたるオイルショックを経て石油のもつ意味合いが変化したという背景があったとはいえ、特筆すべきものであろう。

6　実践者としての松原若安

松原については、入所者の出産への具体的な行動、隔離政策の捉え方、各園長をどう評価したか、特に大西との関係、カトリック信仰の内実、枝手久闘争への参加の経緯や動機などなお解明すべき点が多い。以下に述べるのは、あくまで現時点で収集できた資料や情報からの判断であり、今後新資料や聞き取りなどにより修正すべき点も出てくるかもしれないことをあらかじめ断っておきたい。

松原は、行政的には奄美大島が日本復帰を果たし、本土化を目指す時期、らい予防法の面では、戦後の法が制定されて隔離政策が確認され、しかし園内の生活が改善されていくという過渡期に療養所に勤務した。ひたすら隔離政策を推進すればよかった戦前と異なり、時代の変化に対応しなければならなかった。また、園内においては、転勤でやってくる園長や医師、自治会、カトリック以外の宗教団体など、諸勢力との調整も必要であった。松原が勤務したのは、複雑な状況下であったことを理解しなければならない。しかも、奄美和光園の療養体制は物質的にも、人的な面でも劣悪であり、その整備も求められた。園長はじめ医師は、奄美大島に骨を埋めるわけではない本土の人間であり、彼らに奄美和光園の抜本的な改善への努力を期待することはできず、それはもっぱら松原の役割であった。

松原はそうした困難を克服して奄美和光園の一応の安定した運営を可能にすることができた。松原が難しい仕事をやりとげたのは、彼自身の特異な人格と、カトリックへの信仰による面が大きいであろう。隔離政策のなかで、多くのキリスト者がハンセン病にかかわっていくが、松原はそうした系譜の一人という面は否定できない。

しかし、松原は晩年に社会運動に参加し、権力への抵抗を示すことになる。これはたまたま松原にそういう機会がまわってきたということではなく、松原の思想や視点のなかに、権力に追随しない独自のものが内包されていたと考えるべきであろう。松原の生涯をみる限り、それが生まれたのは、優生保護法におけるハンセン病の取り扱いに異議を唱え、入所者の出産を定着させていくところから生まれてきた。松原の出発は、カトリックの教義の実践にすぎなかったのかもしれないが、結果的にはそこにとどまることはなかった。松原をそうさせていくのは、ハンセン病にしろ、奄美大島というものにしろ、辺境におしやられて、犠牲を強いられていく存在のなかで生き続けたことによるのではないだろうか。松原が奄美大島のハンセン病問題の展開に影響を与える一方で、奄美大島のハンセン病問題の性格が松原という特異な人物を形成したのである。

付　記

本章作成にあたり、森山一隆氏に資料貸与や聞き取り調査の斡旋などさまざまな協力をいただいた。国立療養所奄美和光園（調査当時は前川嘉洋園長）から、園内での資料調査などの協力を得た。また、下記の方々から聞き取りを行い、またその際に資料の提供や閲覧をいただいた。記して、厚く感謝したい。雨宮惠、石原英一、久野豊重、泉正雄、佐多志穂子、瀧憲志、南谷豊子、川端スエノ、松原千里、大津幸夫、新元博文。

注

（1）『光仰ぐ日あるべし　南島のハンセン病療養所の五〇年』柏書房、一九九三年、九五頁。
（2）藤野豊『ハンセン病と戦後民主主義』岩波書店、二〇〇六年。藤野豊『忘れられた地域史を歩く』大月書店、二〇〇六年。
（3）奄美和光園の設置された地域のカトリックの動向として、安斎伸「奄美大島におけるカトリック教の伝播と受容」『人類科学九大会連合』第三二号、一九七九年や、『大熊教会創立85周年』大熊教会創立85周年祭記念誌編集委員会、一九七七年がある。
（4）小坂井澄『ある昭和の受難「悲しみのマリア」の島』集英社、一九八四年。
（5）国立療養所奄美和光園『創立四〇周年記念誌』国立療養所奄美和光園、一九八四年、一四一頁。

(6)『奄美和光園の歩み』国立療養所奄美和光園、一九六五年、六頁。
(7)大西基四夫『まなざし　その二——癩に耐え抜いた人々』みずき書房、一九九一年、五八～六八頁。
(8)『カトリック鹿児島教区報』第一三号、一九六三年六月。
(9)『カトリック鹿児島教区報』第二四号、一九六四年五月。
(10)奄美和光園のプロテスタント伝道に貢献した雨宮恵『共に生きる　離島伝道の喜びと希望・感謝の記録』キリスト新聞社、二〇〇七年には、雨宮と松原がともに写っている写真が掲載されている。カトリックとプロテスタントには、協調と緊張の両側面があったようである。
(11)藤野豊『忘れられた地域史を歩く』八二頁。
(12)『皇太子殿下・皇太子妃殿下　行啓記念誌』国立療養所奄美和光園、一九六九年。
(13)渡辺信夫『ライ園留学記』教文館、一九六八年、三一～三二頁。
(14)田中一村の伝記として南日本新聞社編『アダンの画帖　田中一村伝』道の島社、一九八六年。大矢鞆音『田中一村　豊饒の奄美』NHK出版、二〇〇四年。湯原かの子『絵のなかの魂　評伝田中一村』新潮社、二〇〇六年があるが、いずれもこのエピソードを記している。短文だが、前川嘉洋「奄美和光園に住んだ二人の異邦人」『日本医事新報』第四三四三号、二〇〇七年でも紹介している。
(15)大西基四夫『まなざし——癩に耐え抜いた人々』みずき書房、一九八六年、一九六～一九七頁。
(16)『行幸啓記念誌　創立30周年誌』国立療養所奄美和光園、一九七四年、八一～八四頁。
(17)古川和子「断種への旅Ⅲ——『公共の福祉』と優生思想（奄美和光園）」『福祉労働』第八一号、一九九八年。
(18)馬場省二「私にとっての和光園」『皇太子殿下・皇太子妃殿下　行啓記念誌』国立療養所奄美和光園、一九六九年、一四五頁。
(19)大西基四夫、前掲書、一九七頁。成田稔『日本の癩対策から何を学ぶか　新たなハンセン病対策に向けて』明石書店、二〇〇九年、二二四頁でも触れていて、同書では五三名となっている。この問題の研究として、森山一隆・菊池一郎・石井則久「ハンセン病患者から生まれた子供たち——奄美大島における妊娠・出産・保育・養育のシステムの軌跡」『Jpn. J. Leprosy』第七八号、二〇〇九年。
(20)蘭由岐子『「病いの経験」を聞き取る』皓星社、二〇〇四年、三四頁では、「例外的に、奄美和光園では、となりに白百合寮と呼ばれる子どものための施設があり、熊本や鹿児島からそちらに出向いて出産したという話をきいている。成田稔多磨全生園名誉園長によるとカトリック系乳児院の名瀬天使園とのことである」と書いているが、正確ではない。「白百合寮」ではなく、「白百合の寮」であるし、白百合の寮と名瀬天使園は別の施設である。また、いずれも和光園の「となり」ではない。

(21)『鹿児島カトリック教区報』第三五五号、一九九六年三月。

(22) つむらあつこ「検証・ハンセン病隔離の歴史　検証会議報告書『病理標本』をめぐって奄美和光園・旧解剖室で発見された臓器は語る」『ヒューマンライツ』第二二〇号、二〇〇六年。

(23) 山本栄良『人は人の中で生きて死ぬ』自家版、二〇〇五年。

(24) ゼローム神父記念誌編集委員会『奄美の使徒ゼローム神父記念誌』ゼローム神父記念誌刊行実行委員会、二〇〇六年。

(25) 枝手久闘争については、鹿児島県地方自治研究所編『奄美戦後史』南方新社、二〇〇五年。闘争当時の文献として、高槻博「石油を拒否する奄美の住民」『エコノミスト』第五五巻第五〇号、一九七七年一一月が公平でかつ詳細である。

(26) 久保全雄「ルポ　奄美いまだ祖国に復帰せず」『月刊福祉』第五一巻第一二号、一九六八年一二月では、一九六〇年代後半でもなお、奄美における生活水準が低位にあることを報告している。

(27)「えだてく」編集委員会『奄美えだてく』第一七号、一九八一年など。また、聞き取りのなかでもそのような回答ばかりであった。越間誠『奄美　静寂と怒涛の島　日本復帰から平成への記録』南方新社、二〇〇二年は、奄美の戦後史を写した写真集であるが、一〇五頁に松原が集会で演説している写真が掲載されている。

(28)『鹿児島カトリック教区報』第一九九号、一九八一年一一月。

おわりに

一九八〇年代から「改革」がいわれ始めた社会福祉は、二〇〇〇年頃より明らかに大きく変貌した。当事者の主体性の尊重など望ましい変化もあったが、懸念される状況も生まれている。特に懸念されるのは、社会福祉実践の根底にあるべき思想や価値が軽視されていることである。社会福祉の実践活動は「サービス」と称されるようになり、価値や思想が骨抜きにされ、単に「ニーズ」に対応するものになってきた。社会福祉士養成の教科書には、思想、価値、倫理が大切と書いてあるが、実態が伴っているのであろうか。社会福祉実践は、社会的思想的実践としての性格を失いつつある。

大学の社会福祉学科が不人気になって、学生募集が困難になった。それを、福祉職場の低賃金とか、マスコミのネガティブな報道とか、少子化とか、いわば他人のせいにして語られる。そんなことは今に始まったことではない。むしろ、社会福祉自身の変質にこそ原因があるのではないのか。若者が、思想を欠いた無機質な業務に関心を寄せ、生涯を賭けようと思うであろうか。

本書で紹介した実践は、キリスト教信仰の具現化としてなされた実践である。社会悪への抗議であり、社会から排除された人の復権のための真摯な行動であった。社会福祉実践の根源に立ち返らない限り、社会福祉は怪しい存在に堕していくばかりであろう。実践の構造を解明して、そこから学ぶことこそ、現状を打開する有効な方策である。

もっとも、キリスト教国でない日本で、キリスト教を社会福祉の思想として重視することへの異議があるかもしれない。そもそも、キリスト教は草創以来、数々の誤りや犯罪的行為があった。それらは社会福祉のあり方からすれば、正反対のものである。キリスト教が社会福祉思想の前提になりうるのかという疑問は当然に起きうるであろう。

確かに、日本のキリスト教の歴史をみるだけでも、憤りを感じる事象は少なくない。本文中でも触れた、日本キリスト改革派教会がアパルトヘイトを支持する南アフリカの白人教会と密接な関係を持ったのは、その典型例であるし、他にもいくつも見出せるであろう。こういう事象を目の当たりにすると、キリスト教は、権力やお金の好きな人が、それを得るための道具にすぎないのではないかと思いたくなる。しかし、研究のなかで、すぐれた人物に出会うこともまた事実であり、こうした出会いがあるから、研究を継続することができた。外国人では、アキスリング、ストーン、あるいは聖園テレジアら来日して生涯を日本の福祉に捧げた修道女であり、日本人では、石田英雄、木立義道、服部団次郎、松原若安などである。これらの人たちは、すっかり忘れられた存在であるが、生前は地道に自分の持ち場で福祉の実現に尽力した。人間的には欠けも目立つ。しかし、生きることにつまずく人がいたときに、寄り添うことを続ける生き方をした。その源泉がキリスト教信仰であったことは間違いなく、その信仰と実践を継承する責任を痛感する。

なお、本書は、主にすでに発表した論考を前提として作成した。論考の初出は以下の通りである。

・「キリスト教福祉実践史」『社会事業史研究』第四六号、二〇一四年九月。
・「キリスト教による社会事業思想の受容と展開」『社会事業史研究』第三八号、二〇一〇年九月。
・「社会事業史・社会福祉史から見た渋沢栄一」第一九一回渋沢研究会、二〇一三年一〇月一九日、早稲田大学。
・「東京におけるプロテスタント系のセツルメント」『戦前期における社会事業の展開——自由と全体性の変遷をめぐって』社会福祉形成史研究会、二〇一五年二月。
・「戦前におけるカトリック系セツルメントの展開」『ノートルダム清心女子大学キリスト教文化研究所年報』第三六号、二〇一四年三月。

・「近代日本カトリックの医療活動」『純心現代福祉研究』第一一号、二〇〇七年三月。
・「戦前におけるカトリック養老院」『純心福祉文化研究』第五号、二〇〇七年五月。
・「秋田における聖心愛子会による社会事業」『東北社会福祉史研究』第二九号、二〇一一年三月。
・「昭和恐慌下におけるキリスト教と農村社会事業」元村智明編『日本の社会事業』社会福祉形成史研究会、二〇一〇年。
・「一九三四年東北凶作へのキリスト教界による救護活動」『東北社会福祉史研究』第三〇号、二〇一二年三月。
・「一九三四年東北凶作での救世軍による婦女売買防止運動」『東北社会福祉史研究』第二八号、二〇一〇年三月。
・「戦後の農村伝道とキリスト教社会福祉」『社会福祉科学研究』第三号、二〇一四年六月。
・「奄美大島におけるカトリック福祉の展開」『純心人文研究』第一三号、二〇〇七年三月。
・「アキスリングの社会事業活動と思想」『社会福祉科学研究』第二号、二〇一三年七月。
・「賀川豊彦と優生思想」『賀川豊彦研究』第一八号、二〇一〇年六月。
・「戦前における共同募金をめぐる議論――谷川貞夫の共同募金論を中心に」『福祉研究』第一〇七号、二〇一四年六月。
・「戦後キリスト教社会福祉の可能性――服部団次郎をめぐって」『社会福祉科学研究』創刊号、二〇一二年九月。
・「奄美大島におけるハンセン病問題とカトリック――松原若安を中心に」『純心現代福祉研究』第一二号、二〇〇八年。

また、研究にあたっては多くの方の協力をいただいた。直接の聞き取りなどは個々の章で付記しているが、そのほかにも、大学関係の図書館として、同志社大学、同志社大学神学部、同志社大学人文科学研究所、東京神学大学、上智大学、上智大学キリシタン文庫、日本社会事業大学、天理大学、梅光学院大学、長崎純心大学、日本聖書神学校、その他の史料保存機関として、石川武美記念図書館、長島愛生園神谷文庫、国立ハンセン病資料館、賀川豊彦記念松沢資料館、山室軍平記念救世軍資料館、公立図書館・文書館として、秋田県立図書館、秋田県公文書館、群馬県立図書館、東京都立中央図書館、大阪府立中央図書館、大阪府立中之島図書館、岡山県立図書館、山口県立図書館、熊本県立図書館、長崎県立図書館、鹿児島県立図書館、鹿児島県立奄美図書館、ネット上からは、国立国会図書館、沖縄県公文書館などを利用させていただいた。

研究経費の一部は、以下の科学研究費からいただいている。「東北アジアにおけるカトリック社会福祉の歴史的研究」（研究代表二〇〇四〜二〇〇六年度一番ヶ瀬康子、二〇〇七年度片岡瑠美子）、「戦前日本の社会事業の現代的特質に関する研究——社会・共同性を中心に」（研究代表：元村智明）、「岡山孤児院の国際性と実践内容の質的分析に関する総合的研究」（研究代表：細井勇）、「戦前期における社会事業の展開——自由と全体性の変遷をめぐって」（研究代表：杉山博昭）。いずれも共同研究であり、他の研究者からの助言や刺激によって研究をすることができた。

本書の研究期間はおおむね、長崎純心大学と現在のノートルダム清心女子大学勤務の期間に該当する。各大学の教職員の方々にも助けていただいた。永岡正己先生には、学生時代よりご指導いただいている。長崎純心大学勤務時には、一番ヶ瀬康子先生よりカトリック社会福祉史研究へのきっかけをつくっていただいた。社会事業史学会や日本キリスト教社会福祉学会では、会員の先生方より、キリスト教信仰と社会福祉との関係について、示唆をいただいている。

本書によって、キリスト教社会福祉への理解が深まり、実践への関心、掘り起こしがすすんで、今後の社会福祉に資することを期待している。

二〇一五年五月

杉山博昭

ま　行

や　行

ら・わ行

た　行

な　行

は　行

索　引

あ　行

か　行

さ　行

著者紹介

杉《すぎ》山《やま》博《ひろ》昭《あき》

1962年生。

1987年　日本福祉大学大学院修士課程修了。博士（学術・福祉）。

現　在　ノートルダム清心女子大学人間生活学部・キリスト教文化研究所教授。

主　著　『キリスト教福祉実践の史的展開』大学教育出版，2003年。

『近代社会事業の形成における地域的特質――山口県社会福祉の史的考察』時潮社，2006年。

『キリスト教ハンセン病救済運動の軌跡』大学教育出版，2009年。

『日本キリスト教社会福祉の歴史』（共著）ミネルヴァ書房，2014年。

Minerva Library〈社会福祉〉 2
「地方」の実践からみた日本キリスト教社会福祉
――近代から戦後まで――

2015年11月20日　初版第１刷発行　〈検印省略〉

定価はカバーに
表示しています

著　者　杉　山　博　昭
発行者　杉　田　啓　三
印刷者　林　初　彦

発行所　株式会社　ミネルヴァ書房
607-8494　京都市山科区日ノ岡堤谷町１
電話代表　(075) 581-5191
振替口座　01020-0-8076

太洋社・新生製本

ISBN978-4-623-07450-1
Printed in Japan